निम्नवर्गीय प्रसंग-2

निम्नवर्गीय प्रसंग

भाग-2

संपादक

शाहिद अमीन

ज्ञानेंद्र पांडेय

राजकमल प्रकाशन

ISBN : 978-81-267-0127-8

मूल्य : ₹ 795

पहला संस्करण : 2002
दूसरा संस्करण : 2010
This book is printed on **Print on Demand** Technology : 2024

प्रकाशक : राजकमल प्रकाशन प्रा.लि.
1-बी, नेताजी सुभाष मार्ग, दरियागंज
नई दिल्ली-110 002

शाखाएँ : अशोक राजपथ, साइंस कॉलेज के सामने, पटना-800 006
पहली मंजिल, दरबारी बिल्डिंग, महात्मा गांधी मार्ग, प्रयागराज-211 001
1, अनमोल सोराबजी संतुक लेन, धोबी तलाव, मरीन लाइंस, मुम्बई-400 002

वेबसाइट : www.rajkamalprakashan.com
ई-मेल : info@rajkamalprakashan.com

NIMNAVARGIYA PRASANG (Vol. 2)
Edited by Shahid Amin, Gyanendra Pandey

मरहूम दोस्त अरविंद नारायण दास के नाम...
जो इस संकलन पर भी एक जुझारू
समीक्षा अवश्य लिखता

याद सी आईं इस तरह भूली हुई कहानियाँ,
खोए हुए दिलों में आज दर्द उठा के रह गईं।

—फ़िराक़ गोरखपुरी

आभार

इन लेखों का अनुवाद नरेश 'नदीम' ने किया जिनके हम आभारी हैं। इस अनुवाद के मसौदे पर रविकांत, उमेश झा, मुकुल शर्मा और संतोष राय ने मिलकर हमारी मदद की। हम अपने इन सब सहयोगियों के आभारी हैं। अन्तिम चरण में संतोष राय ने प्रूफ़ बहुत ध्यानपूर्वक पढ़े।

इन लेखों का अनुवाद काफ़ी हद तक 'सझिया' में किया गया है : इसके जहाँ फ़ायदे हैं, वहाँ कुछ नुक़सान भी हो सकते हैं, जिनके लिए हम पाठकों से क्षमा माँगते हैं।

अन्त में हम आभारी हैं राजकमल प्रकाशन और विशेषकर श्री अशोक महेश्वरी के जिन्होंने हमारे इस बेड़े को आख़िरकार पार लगा ही दिया।

रणजीत गुहा, डेविड आनर्ड, गौतम भद्र और ज्ञानेंद्र पांडेय के लेख सबॉल्ट्र्न स्टडीज़ शृंखला, अंक IV, V और VII में छपे थे; पार्थ चटर्जी का लेख उनकी पुस्तक *द नेशन ऐंड इट्स फ्रैग्मेंट्स* (1994) से लिया गया है। ज्ञान प्रकाश का लेख *मॉडर्न ऐशियन स्टडीज़,* 20:2 (1986) में पहले छपा था। शाहिद अमीन का लेख अरविंद नारायण दास के न्योते पर आद्री संस्थान में दिसम्बर 1994 में हिन्दी दिए गए व्याख्यान पर आध ारित है।

शाहिद अमीन
ज्ञानेंद्र पांडेय

अनुक्रम

'पक्की' से हट कर...

'शहर से लगभग चार मील की दूरी होगी; ततमा लोग बोलते हैं—कोसभर। ततमा टोली से पश्चिम, सेमल-पेड़ के निकट, बकरहट्टा की परती है, उसके बाद है घाङरटोली। दक्षिण की तरफ़ से 'कारीकोशी' की सूखी धारा गुज़रती है—लोग कहते हैं—'मरनाधारा'। परती के बीचोबीच गुज़रती है—कोशीसिलुगुड़ी रोड। ततमा टोली के लोग इस सड़क को कहते हैं—'पक्की'।

—सतीनाथ भादुड़ी, **ढोड़ायचरित मानस**
बंगला से हिन्दी अनुवाद : मधुकर गंगाधर
(लोकभारती प्रकाशन, इलाहाबाद, 1981) पृ. 2

निम्नवर्गीय प्रसंग के इस दूसरे संकलन को प्रस्तुत करते हुए हमें इतिहास और उसके बदलते आयामों पर एक बार फिर सोचने-विचारने का मौक़ा मिला है। इस सोच में हम अकेले नहीं हैं और इस बात में 'कोई दावा, कोई फ़रियाद, कोई तंज़' भी नहीं है...एक अरसे से हमारी बातचीत विभिन्न सहयोगियों, सहपाठियों, बुजुर्गों और 'माट-साहबों' से होती रही है।

अगर इस 'तारीख़ी' गुफ़्तगू' में हाल-में पेचीदगी आई है, तो वह इसलिए कि यह वार्ता एक अहम सवाल—इतिहास, उसकी बदलती रचना और मायनों से ताल्लुक़ रखती है। और चूँकि 'इतिहास का प्रश्न' दुनिया की बदलती तक़दीरों और तदबीरों से जुड़ा हुआ है, इस कारण बदलती राजनैतिक परिस्थितियों पर भी सोचना लाज़मी हो गया है। जहाँ इतिहास-लेखन का सुघड़ रूप पिछली सदी के उत्तरार्ध में ही उभर कर सामने आया, वहीं ऐतिहासिक रचना को ता-ज़माना कई इंकलाब, कई तलातुम, कई बवंडरों से भी गुज़रना पड़ा है। इतिहास की सरस्वती अब अपने पुराने तौर-तरीक़ों से हमारे 'आज के अतीत' के हर छोटे-बड़े झरोखे को प्रकाशमय करने में कुछ अशक्त-सी दीखती है।

उन्नीसवीं सदी राष्ट्रवाद और राष्ट्र-राज्य की सदी रही है। इसी सौरी में जन्मा आधुनिक इतिहास मोटे तौर पर राष्ट्रों का, राज्य-राष्ट्र का ही बखान करता रहा है, गरचे इसमें आम जनता के इतिहास बनने की संभावनाएँ भी थीं।

पिछली सदी साम्राज्यवाद की भी सदी थी और समाजवाद के सपनों की भी, मगर

साम्राज्यवाद की 'स्वाभाविकता' चिरस्थायी नहीं रही। समाजवाद भविष्य में था। राष्ट्रवाद अपेक्षाकृत ज़्यादा स्थिर था, है और शायद रहेगा। उन्नीसवीं सदी के आख़िरी दशकों से लेकर हाल तक यह सहमति-सी बनी रही कि प्रत्येक मनुष्य और हर समुदाय का एक राष्ट्र होना चाहिए। किसी राष्ट्र का अंश होना एक स्वाधीन संप्रभु राष्ट्र में ज़िन्दगी बसर करना, अपनी राष्ट्रीय बाट ख़ुद जोहना ज़रूरी माना गया। यही प्राकृतिक था, उत्तम था; प्रगति का प्रतीक भी। राजनैतिक स्तर पर मानवीय सामूहिकता के प्रबन्ध का एक ही ज़रिया स्वभावगत और लाज़मी सा नज़र आने लगा : दुनिया का राष्ट्रों में बँट जाना और लोगों का राष्ट्र-राज्यों में, राष्ट्रवाद के साँचे में ढलकर जीना।

कई वामपंथी चिन्तक मानते थे कि राष्ट्र और राष्ट्रवाद एक ख़ास ऐतिहासिक सन्दर्भ की उपज थे और एक वर्ग-विशेष (या कुछ वर्ग-विशेष) के फ़ायदे के लिए गढ़े गए राजनैतिक हथियार, किन्तु ऐसे चिन्तकों का प्रभाव सीमित रहा। सन् 1916 आते-आंते फ्रांसीसी क्रान्ति के 'इन्सानी हक़' के साथ 'क़ौमी (राष्ट्रीय) हक़' भी एक सर्वव्यापी और स्वाभाविक सच के रूप में जुड़ गया। सन् 1914 से 1918 के 'यूरोपीय युद्ध' में, जिसे 'प्रथम विश्वयुद्ध' की संज्ञा दी गई, कई समाजवादी चिन्तक अपना अन्तर्राष्ट्रीय दृष्टिकोण त्यागकर राष्ट्रवाद के पाले में चले आए।

दूसरे विश्वयुद्ध के बाद के दो-तीन दशकों में एशिया और अफ्रीका में अनेक नए आज़ाद देशों का सृजन हुआ। इस दौर में राष्ट्रवादी चिन्तन की धाक कुछ इस क़दर जमी कि उसके बारे में सवाल तक उठाना नामुमकिन-सा हो गया; ऐसे प्रश्न करना एक ग़ैर-ज़िम्मेदाराना दुःसाहस समझा गया, या फिर देश-विभाजन षड्यंत्र। कुछ ऐसी ही प्रतिक्रिया 1982-84 के बीच छपे *सबॉल्टर्न स्टडीज़* के पहले दो-तीन अंकों को लेकर भी हुई, हालाँकि आज कहा जा रहा है कि प्रारम्भिक अंक ही विचारशील और प्रगतिशील थे, उसके बाद से सबॉल्टर्न स्टडीज़ में लिखने वाले गुमराह होते चले जा रहे हैं।

राष्ट्रीयता और राष्ट्रवाद की धाक के सामने चुप्पी साधे रहने की यह स्थिति हिन्दुस्तान और दुनिया के अन्य भागों से अभी भी पूरी तरह गई नहीं है। फिर भी, राष्ट्रवादी चिन्तक राष्ट्र-राज्य और राष्ट्रवाद को 'स्वाभाविक' और मानव-जाति का अन्तिम उद्देश्य क़रार देने की चाहे जितनी कोशिश कर लें, मनुष्य-जाति को राष्ट्रों में जकड़ देने के बाद इतिहास ठहर नहीं गया है। न ही राष्ट्रवाद और राष्ट्रीयता की ऐतिहासिकता विलीन हुई है। नए विचार, नई उम्मीदें, नए संघर्ष उभरते जा रहे हैं; आज बीसवीं सदी के अन्तिम दशक में राष्ट्रवाद व राष्ट्रीयता का युग पूर्ववत स्थिर और अडिग नहीं रहा।

दूसरे विश्वयुद्ध के बाद, अफ्रीकी राष्ट्रों के आज़ाद होने के ज़माने से ही, अफ्रीकी (और अरब) एकता की बातें तथा कोशिशें होती रही हैं। हाल के दिनों में ऐसी ही कोशिशें यूरोप में भी पनपी हैं, और पूर्वी यूरोप व पूर्व सोवियत संघ के 'समाजवादी' राष्ट्र राज्य भी इस यूरोपीय एकता की प्रक्रिया में शामिल होने को तैयार हैं। अपने इलाक़े दक्षिण एशिया में अलग-अलग राष्ट्रों से परे कुछ छोटे-छोटे क़दम उठाए गए हैं और कुछ 'राष्ट्र-विरोधी' सवाल भी उठे हैं मसलन, ये राष्ट्र (भारत, पाकिस्तान, बंगलादेश,

श्रीलंका) पहले क्या थे, राष्ट्र कैसे बने और किसकी ख़ातिर ? अपनी राजनैतिक मजबूरियों के कारण लोग भले ही खुलकर न पूछें, सवाल तो उठता ही है कि क्या राष्ट्र-राज्यों में बँटकर रहना ही मानवीय कल्पना की चरम सीमा है ?

इतिहास की छानबीन करने वालों को मानना पड़ा है कि हर राष्ट्र कुछ ख़ास वर्गों, कुछ भाषाई-इलाक़ाई-सांस्कृतिक समुदायों के हित में बनता है, और कुछ की ही माँगों को पूरा करने की बहुरूपी मुहिम-सा बनकर रह जाता है। राष्ट्र अगर कई तरह के तत्त्वों, श्रेणियों और पुरुषों के लिए नए रास्ते खोलता है, तो औरों के लिए कुछ रास्ते बन्द भी कर देता है।

राष्ट्र अगर प्रगति और आज़ादी के प्रतीक होते हैं, तो कई के लिए अत्याचार के स्रोत भी बन सकते हैं। क्या हमारे अपने राष्ट्र-राज्य का इतिहास कुछ ऐसा ही नहीं रहा है ? या उस मियाँ मिट्ठू 'महान' पूँजीवादी राष्ट्र, अमेरिका का इतिहास ? भारत के दलितों का, बन्धुआ मज़दूरों का, औरतों का, उत्तर-पूर्व की जातियों का या फिर कश्मीर का पिछले 50 साल का इतिहास क्या रहा है ? और अमेरिका के मूल निवासियों का (जिन्हें यूरोप से आए श्वेतों ने 'रेड इंडियन्स' बना दिया), अश्वेतों का, पुएर्तोरिको और मैक्सिको से आए प्रवासियों का, और समाजवाद के समर्थकों का इतिहास ?

इतिहास-लेखन के सन्दर्भ में इसके कुछ नतीजे स्पष्ट हैं। आधुनिक काल में 'इतिहास' मूलतः राष्ट्रीय इतिहास ही रहा है, मगर अब 'इतिहास' इसी राष्ट्रीय इतिहास के रूप में, यानी राष्ट्रीय एकता (या राष्ट्र) कायम करने का प्रचार बनकर नहीं रह सकता। ऐसे इतिहास का औचित्य क्षीण हो गया है। साथ में एक और बात तय है। 'इतिहास' के अपने अन्तर्विरोधों और इतिहास की अपनी ऐतिहासिकता से अब मुँह नहीं फेरा जा सकता।

कल और आज की राजनैतिक परिस्थितियों की तुलना करने पर एक और ख़ासियत सामने आती है। अठारहवीं सदी से आज तक के इतिहास को प्रजातंत्र की लड़ाई—व्यक्तिगत स्वाधीनता की, सामूहिक हक़ों की, विश्वभर के हरेक जनसमूह की बराबरी की—मानना ग़लत न होगा। ज़ाहिर है कि इस व्यक्तिवादी/उदारवादी आन्दोलन के साथ-साथ जातीय-क्षेत्रीय, राष्ट्रीय, भाषाई, सांस्कृतिक अस्मिता की लड़ाई भी जुड़ी रही हैं। आज जहाँ एक तरफ़ अमेरिकी किस्म के पूँजीवाद और सैटेलाइट टेलीविज़न के ज़रिए नई बाज़ारी संस्कृति और नए पश्चिमी फ़ैशन दुनिया-भर में फैल रहे हैं; और जब राष्ट्रीय शक्तियाँ नए आर्थिक प्रबन्ध और नई ('राष्ट्रीय') संस्कृतियाँ कायम कर रही हैं; वहीं दूसरी तरफ़ जातीय, क्षेत्रीय, भाषाई तथा छोटी कौमों की और पिछड़े/पीड़ित वर्गों की सांस्कृतिक लड़ाइयों ने भी नया रूप धारण किया है।

दुनिया के, राष्ट्र के, क्षेत्र के हरेक बाशिंदे को बराबरी का दर्जा मिले—इस माँग के साथ-साथ अब माँग उठ रही है, हर छोटे-बड़े समूह (सम्प्रदाय, जाति, छोटी राष्ट्रिक ताक़तों, हाशिये पर बिठाए गए समूहों) की स्वायक्तता के अधिकार की। इसके कितने ही उदाहरण हमारे सामने हैं—ऑस्ट्रेलिया के आदिवासियों की माँगें, जिन्हें आज अदालती मान्यता भी मिल गई है; हिन्दुस्तान के मुसलमानों की माँगें; इंग्लैंड में युगांडा से गए और

दक्षिण एशिया से छठे और सातवें दशक में बुलाए गए हिन्दुस्तानी–पाकिस्तानी–(आज के) बंगलादेशी प्रवासियों की भाषाई–मज़हबी–सांस्कृतिक ज़रूरतों की माँगें। आज प्रजातंत्र की लड़ाई व्यक्तिगत हक़ों की ही नहीं, खुले तौर पर ऐसे सामूहिक हक़ों की लड़ाई भी बन चुकी है।

पूँजीवाद और राष्ट्रवाद के दबदबे के बावजूद, दुनिया-भर में उनके फैल जाने, अपनी संस्कृति, अपना दृष्टिकोण, अपने तौर-तरीक़े का वर्चस्व कायम करने के बावजूद मानव समाज में अलग-अलग संस्कृतियाँ, अलग-अलग आकांक्षाएँ, अलग-अलग संघर्ष और इतिहास अभी बाक़ी हैं। यही वजह है कि 'प्रगति' और 'आधुनिकता' और 'अस्मिता' के मायनों को, इनके इतिहास को (और इनके बदलते अर्थों के इतिहास को) फिर से बारीकी से जाँचना ज़रूरी है। नतीजतन आज इतिहास को उस तरीक़े से लिखना नामुमकिन हो गया है, जिसमें सारे जहाँ का इतिहास एक ही रहगुज़र पर, एक ही मंज़िल का मुसाफ़िर बनकर रह जाए, जिसमें पूरे विश्व का इतिहास एक सीधी-पतली पगडंडी पर एक ही मंज़िल-ए-मक़सूद की ओर बढ़ता नज़र आए और जहाँ आर्थिक-राजनैतिक प्रबन्ध के लिहाज़ से सबसे 'विकसित' देश (उन्नीसवीं सदी का ब्रिटेन और बीसवीं सदी का अमेरिका या कल का सोवियत संघ या आज का जापान) इस इतिहास के उत्तम, अनुकरणीय और आधुनिक उदाहरण बन जाते हैं–और बाक़ी दुनिया के पास इनकी अच्छी या बुरी फ़ोटो-कॉपी बनने के अलावा और कोई विकल्प नहीं होता है।

II

पिछले दो-ढाई दशक के जन-सम्बन्धी इतिहास लेखन ने हमें यह सिखाया है कि न तो हमारे 'मूल तथ्य' (और विशेषतः निम्नजनीय तथ्य) पारदर्शी हैं और न ही निम्नजन का इतिहास (या कोई भी इतिहास) किसी निर्धारित और पूर्वकल्पित फ़र्मे पर, चाहे वह फ़र्मा पूँजीवादी हो या मार्क्सवादी, हिन्दुस्तानी हो या इस्लामी, खींचतान कर चढ़ाया जा सकता है।

भारत में और अन्यत्र भी, मार्क्सवादी लेखन की एक लम्बी और सक्षम परम्परा रही है। सबॉल्टर्न स्टडीज़ का जन्म-विकास इसी घराने में, पर इसकी कई ठोस दीवारों को फलाँग कर ही हुआ। और अगर हमने एक 'सम्पन्न' कुल में रहकर अपने हाथ-पाँव निकाले हैं (जिसका कुछ सहयोगियों को मलाल है), तो भारत में, और ख़ास कर औपनिवेशिक भारत में प्रभुत्व और मातहती के बहुआयामी द्वंद्व को अच्छी तरह नापने की ख़ातिर ही। 'बिनु प्रयोग सृजन न होत गोपाला'! क्या भारत के सबसे सृजनात्मक मार्क्सवादी इतिहासकार दामोदर धर्मानन्द कोसांबी ने ऐसी ही रीति नहीं अपनाई थी ?

हाल के दिनों में जहाँ मार्क्सवादी इतिहास लेखन में कुछ तब्दीलियाँ हुई हैं, वहाँ 'नवसामाजिक इतिहास' भी विश्व और भारत के इतिहास-विभागों में उभर कर सामने आया है। यहाँ पर इतना कह देना काफ़ी होगा कि यह 'नवसामाजिक इतिहास' बहुत

हद तक मार्क्सवादी इतिहास-लेखन और पिछले तीन दशकों की मानवशास्त्रीय उपलब्धियों का मिश्रण है, इसकी अपनी उपलब्धियाँ भी हैं। मलाल तो इस बात का है कि किताबी और पंक्तिशुद्ध मार्क्सवाद तथा मानवशास्त्र की ही तरह 'नवसामाजिक इतिहास' का स्वरूप भी प्रत्यक्षवादी और सोद्देश्यवादी रहा है। इन निश्चितताओं से हटना या कम-से-कम इन पर सवाल दागना आज ज़रूरी हो गया है।

'निम्नवर्गीय इतिहास' अब 'निम्नवर्गीय दृष्टिकोण की खोज' और उससे जुड़े सपनों और नए रास्तों की खोज ही हो सकता है। शायद शुरू से ही हमें यह समझ लेना चाहिए था, क्योंकि न तो निम्नवर्गीय इतिहास और न ही निम्नवर्गीय दृष्टिकोण पहले से तय या ज्ञात हैं। इस खोज में बराबर पूछना होगा कि 'निम्न वर्ग' कौन-सा था ? किस हद तक 'निम्न' था और किस मायने में वर्ग ? या फिर, इसका 'दृष्टिकोण' या दृष्टिकोण बनाने के पीछे क्रियाशील तत्त्व क्या थे ? और यह भी पूछना होगा कि इसे (इन्हें) ढूँढ़ा कैसे जाए, दर्शाया कैसे जाए ?

ज़ाहिर है, 'निम्न जन' के इस सांस्कृतिक मानसिक अन्तर्विरोध का इतिहास लिखना सरल नहीं है। यह किसी संवैधानिक या प्रशासनिक प्रक्रिया का इतिहास नहीं है, न ही किसी राजनैतिक दल के उदय का इतिहास, जिसके लिए नाना प्रकार के दस्तावेज़ फ़ौरन उपलब्ध हो जाते हैं। न ही यह किसी मज़दूर-आन्दोलन या किसान-विद्रोह का इतिहास, जिसे लेकर सरकार ने संभवतः जाँच-पड़ताल की हो, या फिर अदालत में पेशी हुई हो या राजनैतिक दलों ने जिसकी रपट लिखी हो।

हमारा मानना तो यह है (बल्कि मशहूर इतिहासकार एडवर्ड थॉम्पसन की 'दि मेकिंग ऑफ़ दि इंग्लिश वर्किंग क्लास' (1963) के प्रकाशनोत्तर शायद इतिहास के अधिकांश विद्यार्थियों का भी मानना यही है) कि किसी मज़दूर-आन्दोलन और कृषक-विद्रोह की समझ भी तभी पैनी हो सकती है। जब हम किसानों-मज़दूरों-दलित जन के सांस्कृतिक संघर्ष और मानसिक द्वंद्व की तहों में जा सकें, और जब हम यह भी मानने को तैयार हों कि निम्नस्थत संस्कृति और ख़यालों से पूर्णतः जुदा नहीं हैं, बल्कि बहुतेरे मुद्दों पर उनसे प्रेरित हैं।

निम्नवर्गीय दृष्टिकोण की खोज (और 'निम्नवर्ग' की खोज) के साथ एक अन्य सवाल भी जुड़ा हुआ है। इस अस्थिर, बदलते हुए 'निम्नवर्ग' का इतिहास, इस दृष्टिकोण का इतिहास कैसे क़लमबद्ध किया जाए ? जब 'इतिहास' राष्ट्रों और राजसत्ताओं, बड़े लोगों और स्थायी संगठनों का स्वायत्त इतिहास नहीं होगा, जिनका केन्द्र मालूम है और विस्तार लगभग तय है और जिनके स्रोत अभिलेखागारों में और पुस्तकालयों में भरे पड़े हैं, तो हम यह नया इतिहास लिखेंगे कैसे ?

यहाँ पर प्रश्न केन्द्रीय स्तर को त्यागकर स्थानीय स्तर पर शोध भर का नहीं है। ज़रूरत तो इतिहास-लेखन मात्र को अभिजन या फिर राज्य/राष्ट्र के प्रांगण से बाहर निकालने की है। 'स्थानीय इतिहास' बहुत आसानी से ज़िला, तहसील या गाँवों के स्तर पर सुनिश्चित केन्द्रीय मुद्दों का ही चित्रण बन कर रह सकता है। हमारे विश्वविद्यालयों और विद्यापीठों में 'स्वतंत्रता संग्राम में अमुक जनपद का योगदान 1857-1917 (या फिर

1920-1947), जैसे कितने ही प्रकाशित-अप्रकाशित शोध-प्रबन्ध उपलब्ध हैं। ये सभी अनूठे और देशज प्रमाणों के बावजूद योगदान-अनुदृश्य के चलते अन्ततः स्वतंत्रता-संग्राम की इतिहासरूपी मुख्य धारा में विलीन हो जाते हैं।

इस प्रकार का क्षेत्रीय शोध मुख्यधारात्मक इतिहास को बहुस्रोती जलार्पण कर उसे और अधिक लम्बा, चौड़ा और वेगवान ही बनाता है। 'मुख्यधारात्मक इतिहास' को प्रश्नचिह्नित करने के लिए सिर्फ़ अब तक दबी घटनाओं को गोड़ निकालने भर से काम नहीं चलेगा; हालाँकि यह कार्य भी अपनी जगह महत्त्वपूर्ण है। निम्नवर्गीय इतिहास इससे आगे बढ़कर राजकीय और राष्ट्रीय मुख्यधारा आख्यानों के स्वरूप, उनके तथ्यों की प्रामाणिकता, सर्वविदित घटनाओं की उनकी इकहरी विवेचना को प्रश्नचिह्नित करने का दम भरता है। निम्नवर्गीय दृष्टिकोण अब तक की सत्तारूढ़ इतिहास-रचना को कई मायनों में और कई सतहों पर चुनौती देता है। हमारी नज़र में स्थानीय स्तर के (न कि कोरे स्थानीय) निम्नवर्गीय इतिहास-लेखन का रचनात्मक और समालोचनात्मक 'योगदान' यही है। शाहिद अमीन का लेख, 'स्मृति और इतिहास : चौरी-चौरा, 1922-1992' इसी प्रयास की एक कड़ी है।

हमारी खोज इतिहास के स्वरूप और लेखन में एक नई परम्परा की ही नहीं, एक नई ज्ञान-मीमांसा की भी रही है। तथ्य और लेखन का नाता सीधा-सादा या मायूस नहीं है, यह बात प्रायः सभी इतिहासकार मानते हैं। निम्नवर्गीय प्रसंग, भाग 1 की प्रस्तावना में हमने लिखा था :

"कर्त्ता की अपनी आवाज़ इतिहास-लेखन में किस प्रकार पेश की जाए; दस्तावेज़ में से किसकी और कौन-सी आवाज़ किन शब्दों, लय और सुर में उभरकर हमें सुनाई दे रही है; होनी और उसकी खबर किसने, कैसे और किस मुराद से दी; कर्त्ता, घटना और दस्तावेज़ में कैसा तात्कालिक तालमेल पैदा हुआ; समयोपरान्त इतिहासकार इस सबका किस प्रकार का लेखा-जोखा कर सकता है—ऐसे सवालों का झुंड हर एक इतिहास लेखन के लिए कठिनाइयाँ खड़ी कर देता है।"

इस बात के एक ख़ास पहलू पर ज़ोर देना मुनासिब होगा। आज इतिहास की अनेकानेक निश्चितताएँ उखड़ गई हैं। इसकी दिशा अब पूर्वनिर्धारित नहीं समझी जा सकती। इसके अलावा, यह मानी हुई बात है कि मानसिक अन्तर्विरोधों (और ख़ासकर साधारण जनों के मानसिक अन्तर्विरोध) का इतिहास पेचीदा है और किसी ठोस रूप में कुछ निश्चित पुस्तकों या दस्तावेज़ों में उपलब्ध नहीं है।

इन्हीं कारणों से आज स्रोत ('पाठ') को नए सिरे से पढ़ने, उसे विखंडित करने की ज़रूरत समझी जा रही है।

इस सन्दर्भ में उत्तर-आधुनिकता के कुछ प्रस्ताव महत्त्वपूर्ण नज़र आते हैं, हालाँकि यह कह देना ज़रूरी है कि हमारी समझ में उत्तर-आधुनिकता भी आधुनिकता का एक अंग है, और यह भी कि इस तरह के प्रश्न और प्रस्ताव पहले से ही आधुनिकता के आख्यान और विचार-विमर्श में पाए जा सकते हैं। एक 'पाठ' कैसे रचा गया—चाहे वह

सरकारी दस्तावेज़ हो, अदालत में दी गई गवाही या कोई चश्मदीद बयान, अथवा आत्मकथा अथवा लोकगीत ही। इसको सँवारने के नियम, तौर-तरीक़े क्या हैं ? यह जाँचने के बाद ही हम तय कर सकते हैं कि हम इस पाठ या स्रोत को 'पढ़ें' कैसे ? इसमें किसकी 'आवाज़ें' किस रूप में उपलब्ध हैं ? और शायद हमें यह मानकर चलना पड़ेगा कि निम्नजन की आवाज़ें नहीं, उनकी भनक मात्र ही हमें मिल सकती हैं।

इसी भनक, इन्हीं ज़र्रों के आधार पर हम एक वैकल्पिक इतिहास की कल्पना कर सकते हैं। हमें पूछना होगा कि मौजूदा इतिहास, दस्तावेज़ या क़िस्से के कर्त्ता को किसने बनाया ? उसके केन्द्र को 'केन्द्र' और मुख्य धारा को 'मुख्य धारा' कैसे बनाया गया ? क्या यहाँ, इस इतिहास/दस्तावेज़/दास्तान में अन्य कर्त्ता, अन्य केन्द्र, अन्य इतिहासों की 'मुख्य धाराएँ' छिपी नहीं हैं ? इतिहास आख़िर आज के मनुष्य द्वारा–आज के मुनष्य के लिए–रचा हुआ एक वृत्तान्त है। अस्तु, इतिहास के विद्यार्थी का फर्ज़ है कि वह पूछे–इस दास्तान को या इस दास्तान के किसी ख़ास रूप को, किस तरह रचा-बुना गया ?

इतिहास बनते, बदलते हैं : लिखित रूप में भी बनाए और बदले जाते हैं, इस तथ्य से जुड़ा एक और तथ्य है–जो इतिहास पर पुनर्विचार करने वालों के लिए महत्त्वपूर्ण है–कि भाषा और कल्पना के बाहर कोई तथ्य नहीं होता। 'तथ्य' कोई शून्य में लटके, पूर्णतः स्वतंत्र, स्वायत्त चीज़ नहीं होते हैं, जिन्हें हम उसी तरह स्रोतों के माध्यम से पकड़ या देख सकते हैं, जैसे फ़्रेम किए शीशे के पीछे के चित्र को, बल्कि फ़्रेम का रूपक आगे बढ़ाएँ, तो चित्र भी फ़्रेम के ज़रिए बनता है। फ़्रेम कितना बड़ा है, कहाँ चित्र की सीमाएँ निर्धारित कर देता है ? चित्र किस क़िस्म के प्रकाश में किस जगह पर रखा गया है ? यही नहीं, चित्र के अर्थ, चित्र का 'सच' देखने वाले नज़रिये पर भी निर्भर हैं।

ठीक यही बात इतिहास और ऐतिहासिक 'तथ्यों' पर भी लागू होती है। आज इतिहासकारों में आम सहमति बन रही है कि इतिहासकार के सवालों के आधार पर ही 'स्रोत' पैदा होते हैं और अपना 'सच' बतलाते हैं; और हमारा तात्कालिक सन्दर्भ और हमारी लेखनी (हमारी गाथाएँ) ही उन्हें ख़ास मायने प्रदान करते हैं। इन गाथाओं में, इन सन्दर्भों में जगह पाने से ही 'तथ्य' 'तथ्य' बनते हैं, और तथ्यों के बीच के रिश्तों को समझा जा सकता है, समझाया जा सकता है।

III

प्रस्तुत संकलन में कई लेख आधे-अधूरे स्रोतों को आधार बनाकर, किस प्रकार की मीमांसाओं, संरचनाओं और प्रासंगिक व अनुशासित काल्पनिकता के ज़रिये इतिहास रचा जा सकता है, इसकी अनुभूति कराते हैं। रणजीत गुहा का निबन्ध 'चन्द्रा की मौत' 1849 के एक पुलिस-केस के आंशिक इक़रारनामों की बिना पर भारतीय समाज के निम्नस्थ स्तर पर स्त्री-पुरुष प्रेम-सम्बन्धों की विषमता का मार्मिक चित्रण है। चंद्रा

बागडन को इस कहानी में अपनी आशनाई (बंगला में भी यही शब्द आता है) का ख़ामियाज़ा कोख और जान–दोनों गँवाकर भुगतना पड़ता है। यहाँ गुहा मंझे हुए इतिहासकार की अपनी लेखनी से कुछ मिचुड़ी-सिकुड़ी, कटी-फटी बयानहल्फ़ियों की नई, वैकल्पिक ताबीर के ज़रिये एक अनुकरणीय पहल-कदमी करते हैं।

इसी प्रकार ज्ञान प्रकाश दक्षिण बिहार के बंधुआ, कामिया-जनों की दुनिया में झाँकते हैं कि ये लोग अपनी कमज़रफ़ी (अधीनस्थता) को अपनी दिनचर्या और लोक-विश्वास में कैसे आत्मसात करते हैं। इस महत्त्वपूर्ण सवाल का जवाब खोजने के लिए वे समकालीन अभिलेखों के साथ-साथ गया ज़िले में आज के कामियों से साक्षात्कार करते हैं।

इस संकलन के लेख अन्य प्रश्न भी उठाते हैं। स्मृति और विस्मृति के इतिहास का स्वरूप क्या हो ? अधिकृत ऐतिहासिक महानायकों के उद्घोषों, कारनामों और संस्मरण-पोथियों के बरक्स किस प्रकार वैकल्पिक इतिहास का सृजन हो ? लोक या फिर व्यक्तिगत (या पारिवारिक) याददाश्त के ज़रिये 'सर्वविदित' घटनाओं को कैसे नए सिरे से उठाया जाए, आँका जाए, पढ़ा जाए, प्रस्तुत किया जाए ? (देखें शाहिद अमीन का लेख)।

मिसाल के तौर पर, हम इस बात पर ग़ौर करें कि हम हिन्दुस्तान के विभाजन का इतिहास अभी तक क्यों नहीं लिख पाए हैं ? एक तरफ़ हैं मंटो, राजिन्दर सिंह बेदी, राही मासूम रज़ा, कुर्रतुल ऐन हैदर और कृष्णा सोबती की कृतियाँ। दूसरी तरफ़ हैं ऋत्विक घटक और एम.एस. सथ्यू की फ़िल्में। एक तरफ़ हैं दिल्ली, पंजाब व बंगाल (पूर्वी और पश्चिमी), बिहार, उत्तर प्रदेश और उप-महाद्वीप के अन्य भागों के बँटवारे की यादें। और दूसरी तरफ़ है हमारा इतिहास-लेखन, जो आज तक यही दोहरा रहा है कि यह अंग्रेजों की एक चाल थी, नेहरू-गांधी अथवा माउंटबेटन की ग़लती थी, कुछ लोगों, ख़ासकर जिन्ना का षड्यंत्र था, जिससे जनता बिफर गई; वरना असल में हमारे देशवासी (ख़ासकर बहुसंख्या में रहने वाले हिन्दू) हमेशा शान्तिप्रिय, अहिंसात्मक और सर्वधर्मप्रेमी रहे हैं। यही इतिहास, यही मनोवृत्ति 1984 और 1992-93 के भयानक हादसों के बाद भी क़ायम है।

मगर विभाजन का इतिहास लिखें, तो कैसे ? किस तरह इसे परम्परा और आधुनिकता के बीच खींची गई रेखा पर जगह दी जाए (जो अमूमन हर ऐतिहासिक घटना को दी जाती है) ? किस तरह से उस समय की मानसिकता–पशुता, दर्द, उल्लास, घृणा-द्वेष, कर्म-कुकर्म, आशा-निराशा और दीगर भावों के दूरगामी नतीजों को इतिहास में उकेरा जाए ?

इतिहास के शोधार्थियों के पसंदीदा स्रोत सरकारी दस्तावेज़, अख़बार, नेताओं के निजी कागज़ात आदि इस हिंसा और पीड़ा तक पहुँचने में अक्षम हैं। फिर ऐसी हिंसात्मक, 'अस्वाभाविक', परिस्थितियों में कितने ही दस्तावेज़, कागज़ात, लिखित स्रोत ग़ायब और नष्ट भी हो जाते हैं।

रह जाती हैं उन लोगों की यादें, जो इस दौर से गुज़रे हैं। हाल के इतिहास के लिए यह मौखिक स्रोत बहुत महत्त्वपूर्ण हैं, परन्तु यादें भी बनती हैं, बदलती हैं, 50 साल की जद्दोजहद-भरी ज़िन्दगी में अपना ख़ास जामा पहन लेती हैं। कुछ बातें ओट में चली जाती

हैं, अन्य तूल पकड़ लेती हैं। 'पुराना ज़माना' नए रंगों में नज़र आता है और तरह-तरह के कौशल से, भाँति-भाँति दास्तानों में पेश होता है। ग़ौरतलब है कि इन कहानियों में हिंसा हमेशा कहीं और, अपने नहीं, किसी और के हाथों होती दिखाई जाती है।

इन मौखिक स्रोतों को 'पढ़ना', इनके आधार पर उस पीड़ा और हिंसा का इतिहास लिखना आसान काम नहीं, मगर इस पीड़ा और हिंसा के बग़ैर विभाजन का इतिहास, और तब से आज तक का उपमहाद्वीप का इतिहास, क्या हो सकता है ?

इस अंक के सभी वृत्तान्त—क्या बँटवारा, क्या चौरीचौरा, क्या चन्द्रा की मौत, क्या बिहार के 'मालिक देवताओं' की दैनिक दण्ड-कथा या उन्नीसवीं सदी के राष्ट्रवादी चिन्तन में 'भारतीय नारी का सवाल'—अधिकृत ऐतिहासिकता की दृष्टि से सुनिश्चित और प्रामाणिक न सही (और न ही इन्हें होना चाहिए), पर निराधार और कपोलकल्पित भी नहीं है : यह सब राजनियंत्रणवाद के विपरीत और मुख्य धारात्मक राज्य-इतिहास से जूझते हुए निम्नवर्गीय और वैकल्पिक इतिहास-लेखन की विभिन्न क्रियाएँ हैं। कुछ कोशिशें हैं इतिहास के इलाक़े में 'पक्की' से हटकर नई बस्तियाँ आबाद करने की।

IV

आख़िरी बात भाषा को लेकर ! इस संकलन में (और सबॉल्टर्न स्टडीज़ के सभी अंकों में) प्रयास नए प्रसंग का ही नहीं, इतिहास-लेखन के नए आयामों को भी उभारने का रहा है। इतिहासकार का 'स्वधर्म' देश या फिर किसी विशिष्ट समुदाय को इतिहास-बोध कराना मात्र नहीं हो सकता, और न ही हमेशा ठोस प्रमाणों की उगाही ही। ये बातें अपनी जगह हैं, पर एक बात इतनी आम है कि हम ठहरकर उसकी अहमियत पर ग़ौर नहीं करते—और वह बात यह है कि इतिहासकार द्वारा रचित इतिहास आख़िरकार एक रचना है। यह जीती है, जागती है, जगाती है और सराही जाती है, अपने 'अंदाज़-ए-बयाँ' के चलते; बयान किए बग़ैर इतिहास ज्ञान तो क्या देगा, इतिहास ही नहीं होगा और बयान करने के लिए शिल्प, कला तथा शैली की उतनी ही ज़रूरत है, जितनी 'तथ्यों' और सबूतों की।

यह भी ज़ाहिर है कि यह अंदाज-ए-बयाँ किसी इतिहासकार, समाजशास्त्री या रचनाकार की मर्ज़ी-भर से नहीं बन जाता, बल्कि वह निर्भर करता है विधा-विशेष की क्षमता पर, उसके नियमों पर, नए सवालों और नई पेचीदगियों से दो-चार होते हुए नई बातों को नए ढंग से पेश करने पर। आज प्रत्यक्षवाद और इतिहास की पुरानी बखिया उधड़ जाने से इतिहास-लेखन में नई समस्याएँ सामने आई हैं। इन दुश्वारियों से जूझने के लिए सबॉल्टर्न स्टडीज़ में (और अन्यत्र) लिखने वाले इतिहासकारों ने इतिहास की पेशकश, उसके प्रस्तुतीकरण के कुछ नए तरीक़े ही नहीं अपनाए, नई शब्दावली भी विकसित की है।

कुछ विद्वानों ने इन कोशिशों को मात्र फ़ैशन बताकर इनकी कड़ी आलोचना की है।

हम यहाँ इतना दोहराना चाहते हैं कि प्रत्येक अकादमिक क्षेत्र–इतिहास, समाजशास्त्र, साहित्य-आलोचना, संस्कृति-सम्बन्धी अध्ययन–में प्रस्तुति के अपने विशिष्ट तरीक़े हैं, अपनी विशिष्ट शब्दावली है, जो परिस्थितियों के साथ परिवर्तनशील है। सवाल जो भी हों, उनसे जूझने के लिए एक स्तर पर वह जटिल, विशिष्ट अकादमिक शोध भी ज़रूरी है, जो एहतियात-भरी तहक़ीक़ात और श्रमसाध्यता की अपेक्षा रखती हैं। किमाश्चर्यम कि कई बार शोध-प्रबन्धों में जटिलताओं व बारीकियों की सघन बुनावट पाई जाती है। यही काम किसी हेगेल, किसी मार्क्स और किसी अल्थूसर को भी करना पड़ा था, और इसी तरह के काम में हर एक छोटे-बड़े इतिहासकार व समाजशास्त्री को समय-समय पर लगना पड़ता है।

इस सन्दर्भ में ऐसे इतिहासकार या समाजशास्त्री से यह माँग करना कि वह एक उम्दा पत्रकार की सरल भाषा इस्तेमाल करे और उसी की तरह अपनी कहानी सफ़ाई से पेश करे, कोई ख़ास मायने नहीं रखती। हाँ, इस बात को स्वीकार करना जटिल भाषा या लफ़्फाजी का बहाना नहीं बन जाना चाहिए।

'निम्नवर्गीय प्रसंग' को प्रासंगिक बनाने के लिए केवल एक ही प्रकार के लेखन से काम नहीं चलेगा। हमें आवश्यकता है नई वैचारिकता, नई शब्दावली, नई भाषा (अपने विस्तृत मायने में), नवीन कथनशैली, मुख़्तलिफ़ क़िस्म की दास्तानगोई की, जो बौद्धिक तो हो मगर कुंठित न हो; प्रयोगात्मक तो हो, मगर आडंबरी न हो; व्यापक तो हो, मगर बेमानी न हो; देशज तो हो, मगर राजकीय न हो और हिन्दी तो हो, मगर 'शास्त्रीय' न हो। हिन्दी या हिन्दुस्तानी में इतिहास-लेखन की ज़ुबान क्या हो, इस सवाल का जवाब भी हमें ढूँढ़ना होगा। राज्यभाषा की बहुतेरी कठमुल्लई सुनिश्चितताओं से जूझते हुए ही निम्नवर्गीय इतिहास के नए 'अन्दाज़-ए-बयाँ' उभर कर सामने आएँगे।

मिसाल के तौर पर डेविड आर्नल्ड के प्लेग से संबंधित मूल अंग्रेजी लेख में 'Touching the Body' शीर्षक का प्रयोग जिन मायनों में किया गया है, उसका सीधा उल्था कुछ जँच नहीं रहा था। आख़िर हमने 'दस्तदराज़ी' शब्द का इस्तेमाल ही बेहतर समझा। दस्त=हाथ, दराज़=लम्बा : हाथ लम्बा कर के छुलाना, काफ़ी हद तक अश्लील तरीक़े से। 'ज़ुल्म; अत्याचार; दुस्साहस; गुस्ताख़ी; मार-पीट'। देखें, मुहम्मद गुस्तफ़ा खाँ 'मद्दाह' संकलित, **उर्दू-हिन्दी शब्दकोश** (उत्तर प्रदेश हिन्दी संस्थान, सप्तम संस्करण, लखनऊ, 1992), पृ. 312। गोरखपुर के एक अंग्रेज़-परस्त उर्दू अख़बार में छपी यह रिपोर्ट दस्तदराज़ी शब्द के इस्तेमाल को भली-भाँति उजागर करती है :

> 1921 के जेठ के बाले मियाँ के मेले में एक हिन्दू और एक मुसलमान नान-कोआपरेटर साहब का ज़िक्र है कि दोनों ने एक औरत पर दस्तदराज़ी की। हिन्दू साहब की हिन्दू औरत ने एक चप्पल रसीद किया, और मुसलमान साहब एक शनासा को देखकर तुर्की टोपी में मुँह छुपाकर ग़रक-ए-निदामत हुए।–**मशरिक**, 'लोकल', 2.6.1921।

'स्मृति और इतिहास' को छोड़ अन्य सभी लेख अंग्रेज़ी ये अनूदित हैं। सहयोगियों की

मेहनत और काफ़ी सोच-विचार के बावजूद अनुवाद में कई जगह कमी रह गई है। इस अधपकेपन के लिए हम माफ़ी चाहते हैं। कम-से-कम हम जैसे इतिहासकारों के लिए अंग्रेज़ी से हिन्दी में उल्था आसान काम नहीं रहा है। अगली जिल्दों में और सुघड़ हिन्दी-हिन्दुस्तानी ज़ुबान में पाठकों से बातचीत करने की कोशिश जारी रखेंगे :

गुफ़्तुगू बंद न हो, बात से बात चले...

—शाहिद अमीन/ज्ञानेंद्र पांडेय

चन्द्रा की मौत

रणजीत गुहा

यह लेख शुरू ही होता है एक अतिक्रमण, एक अवज्ञा से। इसका शीर्षक मात्र उन दो ख़ास आधिकारिक मंशाओं की अवहेलना करता है जिनके अन्तर्गत नीचे उद्धृत पाठ को पहले-पहल विशिष्ट काज के लिए उगाहा और सँजोया गया। पहली तो क़ानून की वह प्राधिकारिकी जिसके तहत यह वाक़या अपने वर्तमान रूप में दर्ज किया गया। और दूसरे उस सम्पादक का अधिकारिक आयास, जिससे इस पाठ को अनन्य अभिलेखों से अलहदा कर एक नूतन क्रम–समाजशास्त्रीय दस्तावेज़ों के एक संकलन–में एक ख़ास जगह दी गई। इस पाठ का इन दो प्रभावशाली मंशाओं–क़ानूनी और विद्वानवत–के तहत गुज़र कुछ अन्य ही संकल्पों और अभिप्रायों का सूचक है। ये अभिप्राय और संकल्प मानवशास्त्रीय, साहित्यिक, प्रशासनिक, या फिर कुछ और ही क्यों न रहे हों, इनके ज़ेर-ए-असर इस पाठ को मुख़्तलिक नाम दे, बिल्कुल ही अलग श्रेणियों, नामावलियों में वर्गीकृत कर अन्य ही काम निकाले होंगे–इसका एक दृढ़ विश्वास के सिवाय हमारे पास और सबूत नहीं। बहरहाल इस पाठ की छँटनी और अन्य सूत्रों में गुँथनी–यह प्रक्रिया अन्तरकाल में कैसी भी हुई हो–हुई तो अवश्य होगी। और हस्तक्षेप का यही सिलसिला एक और दख़लअन्दाज़ी को हमारी नज़र में वाजिब ठहराता है। हमारे अपने हस्तक्षेप की मंशा उस आरम्भबिन्दु पर पहुँचने की है–वह बिन्दु जहाँ क़ानूनी और सम्पादकीय दोनों ही मंशाएँ पूर्व विराजमान हैं। हमारा प्रयास इन दोनों ही सशक्त मंशाओं को मटियामेट कर निम्नलिखित उद्धरण को प्रयोजनार्थ, पाठ्यरूपेण प्रस्तुत करने का है–और वह प्रयोजन है इतिहास के लिए इस दस्तावेज़ को चुरा लेने...बाँच लेने का। दस्तावेज़ का उद्धरण नीचे पेश है[1]–

[आह्वान का संकेत]

'(...) एक ख़ुराक (...) और मैंने भोर को फिर दवा का लेप बनाकर चन्द्रा को खिलाई। इससे गर्भ को कोई नुक़सान नहीं पहुँचा। अगले दिन जब मैं अपनी माँ और चन्द्रा के साथ उसी काली बागड़ी के पास गई तो उसने एक बूटी दी जिसे किसी होरी टुकी (दवा के काम आनेवाला एक जंगली फल) और बखोर गुली (गर्भ गिराने के लिए बूटियों और चावल से तैयार

की गई एक वस्तु) की दो गोलियों के साथ और चूने के पानी में गीला करके दिन में तीन बार *(जोरी तीन पान)* लेना था। चैत्र[2] की 12 तारीख को मैंने अपने हाथों से दवा का लेप बनाया और रात के दूसरे पहर[3] के चार घड़ी बाद चन्द्रा को खिलाया। फिर दूसरे पहर के चार घड़ी बाद गर्भ का नुक़सान हुआ और वह ज़मीन पर गिर पड़ा। मेरी माँ ने ख़ून से सने मांसपिंड को एक डंडी पर उठा लिया और दूर फेंक दिया। फिर भी चन्द्रा के पेट का दर्द बढ़ता ही रहा और अभी रात 4 या 5 डंडो[4] बाक़ी थी कि वह मर गई। फिर चन्द्रा के शरीर को मेरे भाई गयाराम, उसके साले और मेरे मामा होरीलाल ने (नदी के) मोड़ के पास दफ़न कर दिया। मैंने दवा तो इस भरोसे पर दी थी कि उसका गर्भ नष्ट हो जाएगा और यह नहीं समझती थी कि उससे उसकी मौत हो जाएगी।' (बयान खत्म।)

जब इस बयान के आधार पर दूसरे मुजरिमों को गिरफ़्तार किया गया तो मरहूम चन्द्रा की माँ भगवती चाशिन ने बृन्द्रा के बयान की ही तर्ज़ पर एक बयान अपने लिए लिखवाया और उसमें आगे कहा : ''पिछले फागुन[5] के आख़िर में मागाराम चाशा मेरे गाँव आया और बोला, 'पिछले चार-पाँच महीने से आपकी बेटी चन्द्रा चाशानी के साथ मेरा ग़ैरक़ानूनी प्रेम-सम्बन्ध (आशनाई) चल रही है जिससे उसके हमल ठहर गया है। उसे अपने घर बुला लो और उसे कोई दवा दिलवाने का बन्दोबस्त करो। वर्ना मैं उसे भेक[6] में रखवा दूँगा।'' इसके दो दिन बाद मैंने चन्द्रा को लाने के लिए अपनी बेटी बृन्द्रा और अपनी बहन की बेटी रंगू चाशानी को भवानीपुर भेजा। उसी दिन वे रात ढलने के कोई पहर भर बाद चन्द्रा चाशानी के साथ मझग्राम वापस आ गए, और रंगू ने बतलाया कि चन्द्रा की सास श्रीमती और उसके पति के बहनोई मागाराम चाशा ने उन्हें गर्भपात की दवा प्राप्त करने का बन्दोबस्त करने (का ख़र्च उठाने) के लिए पीतल का एक बर्तन और काँसे का एक कटोरा दिया था।'' (बयान खत्म।)

मुद्दालेह कालीचरण बागड़ी ने अपने बयान में कहा : ''अभी इस साल फागुन के जाने में पाँच-सात दिन बचे थे कि मैं एक रोज़ नदी के किनारे अपने सब्ज़ियों के खेत में था। दिन के दूसरे डंडो के आसपास रंगू चाशनी मेरे पास आई और बोली : 'मेहरबानी करके हमारे घर आइए। जब आप आइएगा तो जो कुछ मुझे कहना है, कहूँगी।' अगले रोज़ मैं मझग्राम के बोंगशी बागड़ी के घर गया, मगर रंगू चाशानी से न मिल सकने के कारण मैं वापस घर जा रहा था कि मेरी मुलाकात भगवती चाशनी से हुई जिसने कहा : ''मेरी बेटी चन्द्रा चाशनी के गर्भ का तीसरा महीना चल रहा है। कृपा करके हमें गर्भ गिराने की कोई दवा दो और हम तुम्हें एक बर्तन और एक कटोरा देंगे।'' मैंने (उसकी गुज़ारिश) नहीं मानी। अगले रोज़ मैं अपने सब्ज़ियों के खेत पर था कि दिन के डेढ़ डंडो पर सिमला गाँव के एक बुजुर्ग किसान के साथ वही भगवती चाशिन मेरे पास आई। वह भगवती के बेटे का ससुर है मगर मैं उसका नाम नहीं जानता था। भगवती ने कहा, ''मेहरबानी करके हमें हमल गिराने की कोई दवा दो। चाहो तो हम इसका नक़द दाम

दे देंगे।'' चूँकि उस रोज़ हमल गिराने की दवा मेरे पास नहीं थी, सो मैंने भगवती से कहा, ''कल मुझे यहीं सब्ज़ियों के इसी खेत में मिलो और दवा ले जाओ; तुम्हारे बेटे के ससुर को दोबारा तकलीफ़ करने की ज़रूरत नहीं है।'' अगले रोज़ मैं अपने सब्ज़ियों के खेत पर था। जब दोपहर के वक़्त यही भगवती अपनी बेटी चन्द्रा चाशनी के साथ मेरे पास आई और मैंने दवा का दाम इस समझ के आधार पर माँगा कि पिछले दिन के वादे के मुताबिक़ भगवती के बेटे का ससुर नक़द दाम देगा तो मरहूमा चन्द्रा ने मुझे एक पैसा (ताँबे का सिक्का जो रुपए का चौसठवाँ हिस्सा होता है) दिया। मैंने वह पैसा ले लिया और उन्हें सब्जी के खेत पर बैठने के लिए कहकर...'' (1849 ई.।)

2

इस दस्तावेज़ को इतिहास हेतु दस्तयाब किया जाए तो कैसे ? यहाँ इतिहास-लेखन के आम उपकरण ख़ास मदद नहीं कर सकते। बड़ी-बड़ी घटनाओं और संस्थाओं के लिए तैयार किए गए इसके उपकरण उन वृहत्तर घटनाओं पर ही सबसे अधिक कारआमद होते हैं जो इतिहास के मलबे से बाहर झाँकती नज़र आती हैं। फलस्वरूप इतिहास-शास्त्र ने आवर्तक मशक के ज़रिए ऐसी परम्परा का विकास किया है जो सामाजिक अस्तित्व की अदना क्रियाशीलता और बारीकियों की उपेक्षा करती है, ख़ासकर निचली सतहों पर। कालक्रम में एक निम्नवर्गीय जीवन के संकेत ढूँढ़ने के लिए ज़मीन से जुड़कर आलोचनात्मक इतिहास-लेखन इस कमी की भरपाई कर सकता है।

लेकिन जैसा कि हमारे मौजूदा आंशिक इक़रारनामें से ज़ाहिर है, यह कोई आसान काम नहीं है। कठिनाई का कारण इसकी अप्रामाणिकता नहीं है। इसके विपरीत दस्तावेज़ की भाषा और प्रस्तुति, दोनों ही बयानशुदा घटना के सच्चे होने की दलील देती हैं। यह दस्तावेज़ लिखा गया है देहाती बँगला में (और ज़ाहिर है कि अनुवाद में इसका कुछ मज़ा जाता रहा है), और इसमें हिज्जे की बहुत सी ग़लतियाँ हैं। फिर इस देहाती लिप्यन्तरण में विराम-चिह्न और पैराग्राफ़ों के विभाजन भी नहीं हैं (जैसा कि हमने अनुवाद में अपनी तरफ़ से जोड़ दिए हैं।) इसका आरम्भ आह्वान के एक चिह्न के साथ होता है जिसमें परम्परागत चिह्न अंजी (बँगाली की संख्या सात और उसके ऊपर दूज का चाँद) के साथ सम्मानसूचक शब्द 'श्री' शामिल है जिसे प्रभाव डालने के लिए होरी देवता के नाम के साथ जोड़ा गया है। ये बातें, और साथ में देहाती बोली और अदालतों से लिए गए फ़ारसी जुमलों का बेतुका सा मिश्रण—इससे बेशुबहा यह पता चलता है कि इसे क़ानून के स्थानीय कर्ता-धर्ताओं के लिए नियुक्त किसी गँवई मुंशी ने लिखा है। इस नाते यह दस्तावेज़ 19वीं सदी के मध्य तक भारतीय ग्रामीण समाज में औपनिवेशिक शासन द्वारा स्थापित अदालती व्यवस्था की शक्ति की गवाही देता है। लेकिन अपनी तमाम प्रामाणिकता के बावजूद यह दस्तावेज़ इतिहास-लेखन के एक आम-ओ-फ़हम फर्मे पर फिट नहीं बैठता और वह है प्रासंगिकता का प्रतिबन्ध। कारण कि जब तक इतिहासकार अपनी सामग्री को किसी प्रसंग-विशेष से नहीं जोड़ लेता है, तब तक

इतिहास लेखन का कारोबार चले नहीं चलता। कथ्यात्मक सामग्री पर तो यह दुशवारी और भारी पड़ती है, क्योंकि किसी भी दास्तानगोई या आख्यान के लिए आवश्यक है शुरुआत और ख़ातिमा, आदि और अन्त। ऐतिहासिक शोध को प्रचुरता और बहुताती की लौ ही बुनियादी शक्ति प्रदान करती है। दरअसल यह एक अतृप्त, या यूँ कहिए अपूरक 'उधेड़बुन' है जो अतीत की चार-चार हुई चादर में अधिकाधिक तत्त्व पिरो उसे एक तामीरशुदा, मुकम्मल दास्तान की ओढ़नी पहनाने का दम भरती है। भंजित तत्त्वों से दो-चार हो अमूमन इतिहासकार हताश हो जाता है; और वह इसलिए कि अपूर्ण और प्रसंगमुक्त अतीत के ये ज़र्रे इतिहास-निर्माण की सुचारु तपस्या में विघ्न डाल देते हैं—बखान की कड़ियाँ छितराकर, कथानक को अर्धकथानक कर डालते हैं। मौजूदा दस्तावेज़ एक ऐसा ही स्वच्छन्द और अड़ियल तत्त्व है, जो एक गुमशुदा शुरुआत से चलकर एक आकस्मिक अन्त पर अकारण विलीन हो जाता है। एक सन्दर्भ रहित किस्सा, अतीत के एक लुंज अवशेष के रूप में ही हम तक पहुँच पाया है यह पाठ...।

अगर इस टुकड़े को एक शृंखला में व्यवस्थित करके हम सन्दर्भहीनता के प्रभावों पर क़ाबू पा सकते तो शायद हमें कुछ मदद मिलती। कारण कि शृंखला के निर्माण के सिद्धान्त और शृंखला बनानेवाले का चरित्र, ये सभी शृंखलाबद्ध तत्त्व की समझ के लिए प्रासंगिक हैं। इतिहासकार यह बात मान कर चलते हैं कि किसी सरकारी अभिलेखागार या किसी कम्पनी के रिकार्ड-रूम में किसी शृंखलाबद्ध दस्तावेज़ों का काफ़ी कुछ अर्थ सम्बन्धित सरकार या फ़र्म के अभिप्रायों और हितों से जुड़ा होता है। विचाराधीन सामग्री भी एक शृंखला की ही कड़ी है—दस्तावेज़ों की एक पुस्तक में सम्पादकीय तौर पर निर्मित एक शृंखला। लेकिन अफ़सोस कि इसको तैयार करने में देश-काल की सम्बद्धताओं के प्रति इतनी लापरवाही बरती गई है और इसकी अन्तर्वस्तु को इतने अधिक व्यापक ताने-बाने में रखा गया है कि इस विशेष दृष्टांत में शृंखला बनाना हमारे सन्दर्भ की तलाश में क़तई मददगार नहीं है।

यह तलाश क़ानून के हस्तक्षेप के कारण और भी कठिन हो जाती है। इस दस्तावेज़ का एक-एक वक्तव्य प्रत्यक्ष उक्ति में है और यह उक्ति एक हत्या समझी जानेवाली घटना में सरकारी तफतीश की ज़रूरतों से उपजी है। फूको का कथन है कि "हत्या ही वह बिन्दु है जहाँ इतिहास अपराध से टकराता है," और उनके अनुसार "अपराध का वृत्तांत[7] ही टकराव का वह स्थल है। विपत्र के विमर्श की जिस विधा में यह अपने सबसे जनप्रिय और सुलभ रूप में व्यक्त होती है उसके संवाद का कार्य है "उसके पैमाने को बदलना, उसके अनुपात को बढ़ाना, इतिहास के मामूली ज़र्रे को दर्शनीय बनाना और तर्ज़-ए-रोज़मर्रा के लिए वृत्तांत की सुगमता सम्भव बनाना।" ऐसे वृत्तांत ठीक इसी ढंग से "परिचित और उल्लेखनीय के बीच रोज़मर्रा और ऐतिहासिकता के बीच के आदान-प्रदान में अपनी भूमिका निभाते हैं।" निर्ममता के प्रति सभी संस्कृतियों में जो अनदेखी की भावना पाई जाती है उसके कारण क्षुद्र दिखाई देनेवाली मामूली हत्या ऐन इसी संवाद को साधन बनाकर उस अनिश्चित सीमा को पार करती

है जो उसे एक युद्ध की 'बेनाम हत्याओं' से अलग ठहराती है, और इतिहास की सीमा में प्रवेश करती है–"उस इतिहास में जो स्वामी-विहीन है, जो तीव्र और स्वायत्त घटनाओं से भरा है, जो शक्ति के सोपान से नीचे और क़ानून के लिए त्याज्य है।"

अगर विपत्र का संवाद इतिहास की सीमा में अपराध के प्रवेश में सहायक होता है तो वहीं एक विधा के रूप में न्यायिक आख्यान का काम है इस रास्ते को काट देना। इसके लिए वह अपराध को उसकी विशिष्टता का बन्दी बनाकर रख देता है, उसके तमाम महत्त्व को संकीर्ण ढंग से परिभाषित क़ानूनी बातों तक सीमित कर देता है और उसे विद्यमान व्यवस्था के नकारात्मक आयामों में से एक आयाम ठहराकर उसी व्यवस्था का अंग बना देता है। हमारे दस्तावेज़ में जो 'इक़रार' (अपराध-स्वीकृति के लिए प्रयुक्त क़ानूनी शब्द) पाए जाते हैं, एक अनुभव को उसके जीवन्त सन्दर्भ से काट देने और उसे इतिहास से बाहर एक खोखली प्रत्यक्षवादिता के रूप में स्थापित करने की ऐन इसी प्रक्रिया की गवाही देते हैं। यह वह प्रक्रिया है जिसका मक़सद इन बयानों से वह सब कुछ ख़ारिज कर देना है जो सहानुभूति और दया के लिए आता हो। इसका मक़सद यह है कि इस कर्म की सूखी हड्डियों अर्थात 'अपराध' के 'तब' और 'वहाँ' के अलावा उसमें कुछ भी बाक़ी न रहने दिया जाए।

क़ानूनी विमर्श की रणनीति इस प्रक्रिया को कैसे आरम्भ करती है, क़ानून इस घटना को कैसे एक नाम देता है और कैसे उस पर एक उद्देश्य की मुहर लगाता है, यह बात इन इक़रारों के क्रम से पता चलती है। यह बात एक बहुत ही स्पष्ट अर्थ में दंड-प्रक्रिया के समान है जिसमें एक आरम्भिक बयान के चलते गिरफ़्तारियाँ होती हैं और फिर और भी बयान सामने आते हैं। क़ानून की हाकिमाना आवाज़ हमारे दस्तावेज़ के पहले दो बयानों के बीच में सुनाई देती है : 'जब इस (वृन्दा के) बयान के आधार पर दूसरे मुजरिमों को गिरफ़्तार किया गया तो मरहूम चन्द्रा की माँ भगवती चाशिन ने वृन्दा के बयान की तर्ज़ पर एक बयान अपने लिए लिखवाया और उसमें आगे कहा..." लेकिन घटनाओं के वास्तविक क्रम और दस्तावेज़ में उनके दर्ज किए जाने के बीच की असंगति इतनी दो टूक नहीं है। हमें प्राप्त सूचनाओं से यह बात स्पष्ट है कि अपनी बेटी के हमल की बात सुनकर भगवती ने जो कदम उठाए और काली बागड़ी के साथ उसका जो सौदा हुआ वह वृन्दा द्वारा दवा खिलाए जाने और उसकी बहन के मरने से *पहले* हुआ। फिर भी बयानों के सिलसिले में वृन्दा को पहले बयान देना पड़ा। फलस्वरूप 'वक्तव्य' कहानी के बीच में शुरू होता है जिसमें उसने अपनी कहानी और अपनी बहन की मौत की बात कही और फिर पीछे हटकर दो और बयानों अर्थात भगवती और काली के बयानों के आधार पर पृष्ठभूमि की कहानी तैयार की गई। दूसरे शब्दों में, मृत्यु को हत्या, देखभाल करनेवाली बहन को हत्यारन, एक त्रासदी के पात्रों को मुलज़िम, और शोक-संतप्त स्थिति में उन्होंने जो कुछ कहा उसे इक़रार बनानेवाले क़ानूनी हस्तक्षेप के तर्क के अनुसार इन घटनाओं को ढालने के लिए, दस्तावेज़ का वृत्तांत इन घटनाओं के वास्तविक क्रम की अवहेलना करता है। इस प्रक्रिया में एक यथार्थ ऐतिहासिक अनुभव

को अमूर्त क़ानूनियत में रूपान्तरित कर दिया गया, ताकि राजसत्ता की इच्छा जनता की इच्छा में उसी तरह दाख़िल हो सके, उसे टुकड़े-टुकड़े करके दोबारा जोड़ सके और अंशतः उसे उसी तरह नियन्त्रित कर सके जिस तरह ईश्वर का विधान मानव के बेचारे भाग्य पर लद जाता है।

इस तार्किक छलाँग का परिणाम यह होता है कि हमारे सामने मौजूद बयानों का क्रम एक और अर्थात, क़ानून-व्यवस्था के क्रम से जोड़ दिया जाता है, अपनी अभिव्यक्ति के साथ अन्तःवस्तु के जितने सम्बन्ध हो सकते हैं उनमें से केवल एक सम्बन्ध चुना जाता है तथा उस सम्बन्ध, उस विशेष भाव को एक ऐसी घटना का *सत्य* कह दिया जाता है जिसे पहले ही अपराध की श्रेणी में रखा जा चुका है। सम्बन्धित व्यक्तियों अर्थात एक माँ, एक बहन और एक पड़ोसी से दर्ज किए गए उद्‌गारों की बहुलता को ठीक यही विशेष वरीयता प्राप्त भावार्थ न्यायिक साक्ष्यों का रूप देता है और राजसत्ता की हाकिमाना आवाज़ को इस क़ाबिल बनाता है कि सिसकियों और फुसफुसाहटों में बात करनेवाले साधारण किसानों की आवाज़ों को दबा दे। इन किसान आवाज़ों को दर्ज करने की कोशिश करना उस अमूर्त एकस्वरता के चिखावों की अवज्ञा करना है जो मानव-नियति के इस बहुपक्षीय और जटिल ताने-बाने को एक 'मुक़दमा' का नाम देने पर आमादा है। कारण कि इस शब्द का अर्थ 'घटना का दृष्टांत' या 'निर्णयाधीन तथ्यों का बयान'[8] लगाना, जैसा कि अक्सर लगाया जाता है, इन बयानों पर यह दायित्व लादना है कि वे इस मौत का वर्णन उसे सिर्फ़ एक घटना कहकर करें इसे एक ऐसा तथ्य बतलाएँ जो निर्णयाधीन होने के अलावा दूसरी सारी निर्णयात्मकताओं से वंचित है। यह ऐसा ही था गोया कि इस वर्णन में किसी इच्छा या उद्‌देश्य की कोई जगह हो ही नहीं, और जो कुछ कहा गया वह सिर्फ़ एक कर्ताविहीन घटना का वर्णन था।

हेगेल के अनुसार, ''अपराधी की विशेष इच्छा ही वह एकमात्र सकारात्मक अस्तित्व होती है जो हानि (इंजरी) के पास होती है।''[9] अपराध क़रार देने के बावजूद तथाकथित अपराधी की 'विशेष इच्छा' को बहिष्कृत करना तथा इन इक़रारों को इस तरह पढ़ना कि 'मात्र घटना' की खोखली तथ्यात्मकता को चन्द्रा की 'हानि' के 'एकमात्र सकारात्मक अस्तित्व' की जगह रखना उनके कर्त्ताओं को और उन कर्त्ताओं के अनुभवों को इतिहास की प्रक्रिया से बाहर रखने के बराबर है। इसके विपरीत इन बयानों को एक अभिलेख की तरह समझना उन्हें एक ऐसे संघर्ष के दस्तावेज़ी रूप में महिमामंडित करने के बराबर है जिसका उद्‌देश्य इतिहास के लाभार्थ अतीत के एक विस्मृत खंडहर में दबे हुए अनुभव का उद्धार करना है।

यह संघर्ष दो तरह की राजनीतियों के टकराव से कोई कम नहीं है। इनमें से हरेक का उद्‌देश्य चन्द्रा की मौत की घटना को एक असम्बद्ध तथ्य के रूप में लेना है–एक के सिलसिले में राजसत्ता की ओर से और दूसरी के सिलसिले में समुदाय की ओर से। लेकिन सच्चाई यह है कि क़ानून राजसत्ता के दूत के रूप में इस स्थल पर इतिहासकार से पहले ही पहुँच चुका था और इस घटना को एक 'मुक़दमा' का, मौत को 'अपराध'

का और उसका बयान करनेवाले उद्गारों को 'इक़रार' का नाम देकर उस पर अपने अधिकार का दावा कर चुका था। इस अपहरण का परिणाम यह हुआ कि जो परिप्रेक्ष्य इस घटना को एक समुदाय के जीवन में अवस्थित करते थे, जहाँ तरह-तरह की चिन्ताओं और हस्तक्षेपों से उसे उसका वास्तविक ऐतिहासिक अन्तःतत्त्व मिलता था, उन परिप्रेक्ष्यों को काटकर फेंक दिया गया। अगर हम इन बयानों को क़ानून की प्रक्रियाओं का अंग बनाने की रणनीति के मुक़ाबले उनकी ऐसी समझ को रखें जिनमें उन्हें असफल ढंग से ही सही, सामूहिक रूप से एक संकट का सामना करने के सिलसिले में एक बागड़ी परिवार के प्रयासों के रूप में स्वीकार किया जाता हो, तो सम्भवतः ऐसे कुछेक परिप्रेक्ष्यों को वापस पाया जा सके।

3

ये बागड़ी औपनिवेशिक समाज में उस पाताल-लोक के प्राणी थे जहाँ घोर दरिद्रता और अपमानजनक अशुद्धता ने इन्हें वर्ग और जाति का सबसे नीचे का सोपान बना दिया था। साहित्य के एक अधिकारपूर्ण सरकारी वर्णन में उनको प्रभुत्वशाली सवर्ण हिन्दू समाज के बाहर रखा गया है ('हिन्दुत्व की बहिर्सीमाओं के निवासी')[10], जबकि एक और वर्णन उन्हें इतिहास के ही बाहर ठहराता है। ('निम्न शूद्र जाति जिनका अधिकांश दृष्टांतों में कोई इतिहास नहीं मिलता')[11]। यह विशेष परिवार और उनके नातेदार बंगाल के एक पश्चिमी जिले बीरभूम में कुछ आसपास बसे गाँवों में रहते थे जो ज़िले के सबसे उत्तरी भाग में दुवराजपुर थाने के अन्तर्गत थे।[12] ये लोग ज़ाहिर है कि पेशे से खेतिहर थे जैसा कि उनके उपनामों चाशा और चाशानी से पता चलता है। (चाशानी और चाशिन, शब्द चाशीनी के ही भिन्न रूप हैं।) इस प्रकार उन्हें एच.एच. रिज़ले की नृजातीय शब्दावली में 'काश्तकार जाति' (कल्टीवेटिंग कास्ट) की श्रेणी में रखा जा सकता है।[13] लेकिन उनके वास्तविक कार्यकलाप और स्थानीय समाज में उनकी स्थिति की रोशनी में देखें तो इस वर्णन को ग्रामीण सर्वहारा का पर्याय कहा जा सकता है। कारण कि ब्रिटिश राज की समाप्ति से पन्द्रह साल पहले तक बागड़ियों तथा साथ में ज़िले के दूसरे निम्न समुदायों को 'मुख्य रूप से...खेत मज़दूर' कहा जा सकता था जो 'खेती के लिए तमाम आवश्यक सेवाएँ प्रदान करते हैं (थे)।'[14] दुवराजपुर समेत तीन थानों में उस समय किए गए एक सर्वेक्षण से पता चलता है कि 'ज़िले की भू-सम्पत्ति से' उनके किस तरह 'अनुपात से बहुत कम हित' जुड़े हुए थे।[15] जहाँ ब्राह्मण आबादी का कुल 6.48 प्रतिशत थे मगर कुल ज़मीन के 72.25 प्रतिशत भाग पर मालिकों की तरह क़ाबिज थे, वहीं बागड़ी, जो आबादी का 9.13 प्रतिशत थे, ज़मीन से एकदम वंचित थे। इसी तरह ब्राह्मण 56.73 प्रतिशत ज़मीन पर दख़लदारों (टेन्योर-होल्डर्स) और 15. 08 प्रतिशत पर रैयत की तरह क़ाबिज थे, वहीं बागड़ियों के हिस्से क्रमशः 0.24 और 2.37 प्रतिशत थे। लेकिन रैयत से भी नीचे की हैसियत से ज़मीन पर कब्जे को देखें तो अहम बात यह दिखाई देती है कि ये अनुपात उलट जाते हैं–4.85 प्रतिशत पर ब्राह्मण

और 9.15 प्रतिशत पर बागड़ी खेती कर रहे थे।[16] इस तरह 1930 के दशक के दौरान एक तरफ़ सामाजिक सोपान के एक सिरे पर स्थित शुद्धतम और समृद्धतम जातियों तथा दूसरी तरफ़ दूसरे सिरे पर स्थित अशुद्धतम और निर्धनतम जातियों के बीच संसाधनों के असमान वितरण पर इससे बेहतर ढंग से रोशनी नहीं डाली जा सकती। इस तरह हम देखते हैं कि 50 वर्षों के कालक्रम में ब्रिटिश राज की प्रगति बागड़ियों की स्थिति में कोई परिवर्तन नहीं ला सकी। कारण कि 1881 की जनगणना के आधार पर जैसा कि रिज़ले ने कहा था–

> अधिकांश बागड़ी आमतौर पर कुर्फ़ा का निम्नी-रैयतों (अंडर-रैयत्स) के रूप में कुछ हद तक खेती में लगे हैं और अपेक्षाकृत थोड़े से हिस्से ने ही दाख़िलदार किसानों की कुछ अधिक सम्मानजनक स्थिति प्राप्त की है। पश्चिमी बंगाल में हम उनमें से एक बड़ी तादाद को भूमिहीन दिहाड़ी मज़दूरों के रूप में काम करते हुए देखते हैं जिनको नक़द या वस्तु रूप में भुगतान किया जाता है, या फिर वे घुमक्कड़ काश्तकार हैं जो भाग-जोत प्रथा के आधार पर दूसरों की ज़मीनें जोतते हैं जिसके अन्तर्गत उन्हें उपज का एक निश्चित भाग दिया जाता है–कभी आधा तो कभी इससे कम, जैसा की फ़ौरी ज़मींदार से तय हो जाए। मुझे कोई ऐसा दृष्टान्त याद नहीं आता जिसमें कोई बागड़ी किसी ज़मींदारी पर या थोड़ा-बहुत अहम, इससे भी श्रेष्ठ दाख़िलदारी, जैसे पटनी या मुक़र्ररी पर काबिज़ हो...[17]

इस तरह श्रमशक्ति के रूप में ये बागड़ी बंगाल की खेतिहर अर्थव्यवस्था की बुनियाद में एक उपजाऊ मिट्टी की हैसियत रखते थे जबकि साथ ही साथ उन्हें उस ग्रामीण समाज की तहों में जमा गन्दगी का ढेर समझकर उनसे घृणा की जाती थी। इस प्रकार वे जिस चौतरफ़ा आर्थिक और सांस्कृतिक शोषण के शिकार थे वह उन्हें आत्मसम्मान से भी वंचित रखता था। किसान के रूप में वे अपनी कड़ी मेहनत से धरती से सोना उपजाते थे, तथा लठैतों और चौकीदारों की हैसियत से वे अपने भूस्वामियों के लिए उस दौलत की हिफ़ाजत भी करते थे, और फिर भी ये भूस्वामी उन्हें नस-नस तक अपराध प्रवृत्ति से भरा हुआ क़रार देते थे, इसी तरह इस समुदाय पर सवर्ण भूस्वामी अभिजात वर्ग का प्रभुत्व बागड़ी स्त्रियों को पुरुषों की वासना पूर्ति का साधन बना देता था, और फिर भी पितृसत्तावादी गाथाओं में उन्हें ऐसी हरजाई समझा जाता था जो वासना-पूर्ति के साधन के रूप में अपने को सौंपने के लिए चौबीस घंटे तैयार रहती हों। यह ऐसा पाखंड था जिसमें देसी सामन्ती विचारधारा औपनिवेशिक मानवशास्त्र से दूध-शक्कर हो जाती थी। इस पाखंड की एक झलक पाने के लिए हम रामेश्वर भट्टाचार्य कृत *शिवायन* (ख़ासकर एक नृत्य-नाटिका के *बागड़िनी पल*) को देख सकते हैं जिसमें एक विलासिनी बागड़िनी ख़ुद भगवान शिव को लुभाती है।[18] लेकिन यह ब्राह्मणवादी फंतासी भी रिज़ले की पुस्तक *ट्राइब्स एंड कास्ट्स* के विद्वतापूर्ण परोक्ष आक्षेपों से जाकर मिल जाती है; ये आक्षेप ''यौन नैतिकता के विषय पर...बागड़ियों के

उन्मुक्त विचारों' के बारे में है। उनके अनुसार, यह उन्मुक्तता इस बात से ज़ाहिर होती है कि वे ''अपनी स्त्रियों को दूसरी जातियों के पुरुषों के साथ खुले तौर पर रहने की छूट देने के लिए'' तत्पर रहते हैं और ''अपनी लड़कियों के विवाह-पूर्व उन्मुक्त यौन-सम्बन्धों'' के प्रति लापरवाही बरतते हैं।[19]

ऐसी पितृसत्तावादी नैतिकता का दबाव पूरे बागड़ी समुदाय की क़ूवत को टूटन की सीमा तक ले जा सकता था। और हमारे दस्तावेज़ में दिए गए उदाहरण में लगता है कि ऐसा ही हुआ होगा। जो भाग्यहीन परिवार इस संकट का केन्द्र था उसकी मुखिया उस समय भगवती चाशानी नामक विधवा थी। (दस्तावेज़ में एक बेटे के अलावा किसी पुरुष सदस्य के होने का ज़िक्र नहीं मिलता है और शब्दशः ज़िन्दगी और मौत के सवालों पर प्रभाव डालनेवाले तमाम अहम फ़ैसले, लगता है ख़ुद भगवती को करने थे; अगर उसके पति के रूप में कोई पुरुष जीवित होता तो ऐसा होने की कोई सम्भावना शायद नहीं होती।) उसके तीन बच्चे थे जिनमें चन्द्रा नाम की एक बेटी भी थी। इसी चन्द्रा के गर्भवती होने और गर्भ को गिराने के लिए की गई कोशिशों के कारण बाक़ी परिवार और उसके रिश्तेदार इसके बाद होनेवाली घटनाओं की चपेट में आ गए। दूसरी बेटी वृन्दा एकमात्र ऐसी सदस्या है जिसके विवाह द्वारा स्थापित सम्बन्धों का कोई हवाला नहीं मिलता। चूँकि यह अनुल्लेख पूरी नातेदारी की सक्रियता के सन्दर्भ में पाया जाता है, इसलिए इसका एकमात्र यह अर्थ हो सकता है कि वह अविवाहित थी और अपनी माँ के साथ रहती थी। इसमें कोई अजीब बात नहीं है क्योंकि हमें पता है कि 19वीं सदी में पश्चिम बंगाल के बागड़ी 'बाल-विवाह और वयस्क-विवाह एक जैसी लापरवाही के साथ सम्पन्न करते थे।'[20] ज़ाहिर है कि वृन्दा इतनी बड़ी ज़रूर थी कि एक ही दिन में अपनी बहन की ससुराल जाकर वापस आ सकती थी, उसे दवा देने की ज़िम्मेदारी और आमतौर पर उसकी देखभाल करने की ज़िम्मेदारी उठा सकती थी। ऐसे हालात में एक परम्परागत बंगाली घराने में ये सब काम परम्परा से किसी अनब्याही बेटी को सौंपे जा सकते थे।

विधवा भगवती के बेटे गयाराम की मदद दूसरी तरह की थी। शादीशुदा होने के कारण उसने अपनी ससुराल से मदद हासिल की। वृन्दा के इक़रार में जिन तीन लोगों ने लाश को हटाकर दफ़न किया उनमें गयाराम के साले पीताम्बर का भी ज़िक्र किया गया है; बाक़ी दो में एक तो ख़ुद गयाराम था और दूसरे उसका मामा यानी भगवती का भाई होरीलाल था। पीताम्बर के परिवार का एक और सदस्य उसका बाप यानी सिमला गाँव का वह बुज़ुर्ग चाशी था जिसकी मौजूदगी के कारण कालीचरण बागड़ी हमल गिराने की दवा देने पर तैयार हुआ था। यह ऐसा अहम ब्यौरा है जो एक नातेदारी समूह की एकजुटता और उसमें पुरुष की प्रधानता, दोनों को दर्शाता है। कालीचरण के लिए विधवा की बात ही काफ़ी नहीं थी; उसके साथ कोई ऐसा पुरुष भी होना चाहिए था जो बुज़ुर्गों में उसके मृत पति के बराबर हो। दूसरे शब्दों में विधवा के परिवार में पुरुष के अभाव की पूर्ति विवाह-सम्बन्ध में बँधे एक और परिवार से एक पुरुष उधार लेकर की गई।

चन्द्रा की नातेदारी

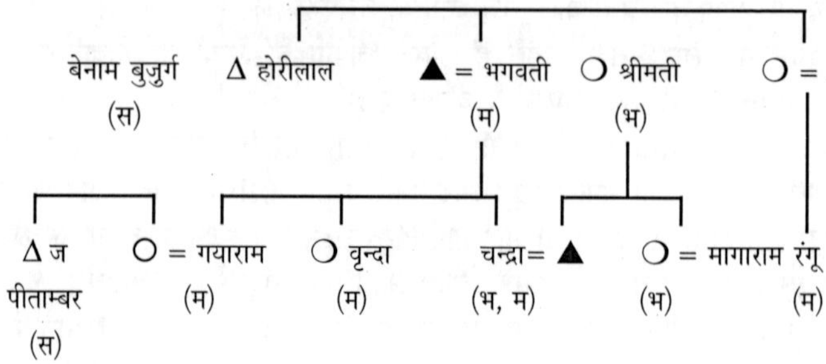

▲ स्वर्गवासी पुरुष भ=भवानीपुर म=मझग्राम स=सिमला

विवाह द्वारा स्थापित सम्बन्धों के कारण दूसरी जगहों से भी मदद मिली। रंगू विधवा भगवती की बहन की बेटी थी, और अगर उसके अपने बयान और कालीचरण के बयान के आधार पर देखें तो वह बोंगशी बागड़ी के परिवार की सदस्या थी। इससे साफ़ ज़ाहिर है कि वह विवाहिता थी। लेकिन यह जानने का कोई रास्ता नहीं कि यह बोंगशी उसका पति था या ससुर था। ख़ैर, सम्बन्ध जो भी हो, दस्तावेज़ में उसकी कोई भूमिका नज़र नहीं आती। इसके विपरीत गर्भवती स्त्री को वापस माता-पिता के घर लानेवाली और दवा के लिए बातचीत करनेवाली के रूप में रंगू की बहुत अहम भूमिका दिखाई देती है। मदद चन्द्रा के क़रीबी ससुरालियों से भी मिली—उसकी सास श्रीमती, और उसकी ननद के पति मागाराम से। उन्होंने मिलकर गर्भपात का ख़र्च उठाने के लिए एक बर्तन और काँसे की कटोरी दी। यह और सवाल है कि मागाराम के योगदान को सहायता कहा जा सकता है या नहीं, यह इस मुआमले का अहम बिन्दु है जैसा कि हम आगे देखेंगे।

जैसा कि दस्तावेज़ से पता चलता है, बर्तन और कटोरी से दवा की पूरी क़ीमत अदा नहीं हो पाई। सोखैत नक़दी लिए बिना दवा देने पर तैयार न था। ब्रिटिश राज में ग्रामीण बंगाल में बर्तन आमतौर पर ऐसे परिवारों की सबसे क़ीमती वस्तुओं में गिने जाते थे और वे सेवाओं या वस्तुओं के बदले में दिए जा सकते थे या फिर क़र्ज़ लेने के लिए गिरवी रखे जा सकते थे।[21] इस भुगतान को लेने से कालीचरण के इनकार और नक़दी लेने पर उसके ज़ोर का कुछ सम्बन्ध उस मौसमी अभाव से भी हो सकता है जो आमतौर पर बंगाली पंचाँग के अन्तिम भाग में देहातों पर हावी होता था। इस समय तक यानी चैत्र (मार्च-अप्रैल) में गाँवों के ग़रीब, जाड़े की धान की फ़सल के बाद अनाज या नक़द के रूप में जो कुछ भी बचाकर रखते, वह समाप्त हो जाता था। पिछले क़र्ज़ों का एक हिस्सा चुकाने और आमतौर पर इस मौसम की सामाजिक माँगों को पूरा करने के बाद फिर अनाज या रुपयों के रूप में नए क़र्ज़ पाने की कोशिश करते थे ताकि अगले महीने के शुरू में पड़नेवाले पुण्याहा यानी हिसाब-किताब साफ़ करने के अनुष्ठान तक ज़मींदारों

या इससे ऊपर के दाख़िलदारों के सारे लगान चुका दें और साथ ही मानसून के बाद बोने के लिए बीज और अगली फ़सल तक खाने-पीने के लिए अनाज जमा कर सकें। बीरभूम में और पश्चिमी बंगाल के राढ़ कहे जानेवाले पूरे इलाके में यह गर्मी और सूखे का मौसम होता है जब भुखमरी, क़र्ज़ देनेवालों और लगान वसूलनेवालों के तकाज़ों के मिले-जुले प्रभाव के कारण गाँवों के ग़रीब एक बार फिर छोटी-छोटी रकमें और अनाज के क़र्ज़ लेने के लिए घर की चीज़ें गिरवी रखने लगते हैं। मुकुन्दराम चक्रवर्ती की रचना *चंडीमंगल* के कालकेतु कांड की नायिका फुलौरा अपने शोकगीत में इस इलाक़े के तमाम हीन और निम्नजन का दुख-दर्द बयान करती है–

अनोल शोमान पोरे चैतर खारा
चलुशेरी बँधा दीनु मटिया पथोरा।[22]
(चैत्र के सूखे ने आग की तरह झुलसाकर रख दिया। मैंने अपना मिट्टी का कटोरा सिर्फ़ एक सेर चावल के बदले गिरवी रख दिया।)

यह बात सोलहवीं सदी की है। इसके 270 साल बाद औपनिवेशिक शासन में भी मौसम की कठोरता किसान को चावल की भीख माँगने के लिए मजबूर कर रही थी। मगर एक अन्तर के साथ–अब मिट्टी नहीं, धातु का बर्तन गिरवी रखना पड़ रहा था। लेकिन जहाँ क़र्ज़ देनेवाले के पास काँसे और पीतल की वस्तुओं का अम्बार लग रहा था वहीं धातु की इकाई वज़न के पीछे दिए जानेवाले अनाज की मात्रा घट रही थी। इसके विपरीत नक़दी की अस्थायी कमी के कारण सामान्य लेन-देन में उसका महत्त्व बढ़ रहा था। कालीचरण बागड़ी इतना होशियार तो था ही कि साल के इन दिनों में अर्थात चैत्र के पहले पखवाड़े में अपनी सेवा के लिए नक़द भुगतान किए जाने पर ज़ोर देता। कारण कि विशेषज्ञता का तकाज़ा रखनेवाली इन सेवाओं की ज़बर्दस्त माँग थी। वह एक ग़रीब किसान था जो सूखे के कारण मजबूर होकर धान की खेती छोड़कर दिन भर सब्ज़ियों की एक छोटी सी क्यारी की देखरेख कर रहा था, और वह अपने कौशल की क़ीमत जानता था, जैसा कि उसके इक़रार से स्पष्ट है–

> जब दोपहर के वक्त यही भगवती अपनी बेटी चन्द्रा चाशानी के साथ मेरे पास आई और मैंने दवा का दाम यह सोचकर माँगा कि पिछले दिन के वादे के मुताबिक़ भगवती के बेटे का ससुर नक़द दाम देगा तो चन्द्रा ने मुझे एक पैसा दिया। मैंने वह पैसा ले लिया...

एक पैसा ! इतनी मूल्यवान विशेषज्ञता के लिए या फिर ज़िन्दगी और मौत का फ़ैसला करनेवाली दवा के लिए यह कोई बड़ी रक़म नहीं थी। मगर फिर भी इस तरह की अदायगी पर ज़ोर देकर कालीचरण ने जाति से बागड़ी होते हुए भी ख़ुद को नक़द के जाल में फाँस लिया, जो रक्त-सम्बन्धों और विवाह-सम्बन्धों के पूरे तन्त्र से अलग था। और यह सौदा–नातेदारों को लगी चिन्ता के ताने-बाने में मुद्रा का यह अतिक्रमण–काफ़ी हद तक दस्तावेज़ की अमूर्त क़ानूनियत को कमज़ोर बनाता है, तथा लोलुपता और एकजुटता के परस्पर-विरोधी तत्त्वों के घात-प्रतिघात की नाटकीयता को बढ़ाता है।

4

दुबराजपुर थाने के अन्तर्गत और उसके इर्द-गिर्द, बीरभूम ज़िले के दक्षिणी-पश्चिमी कोने में गाँवों का एक समूह संकट से पैदा इस एकजुटता का क्षेत्रीय आधार था। होरीलाल कहाँ का था, इसका दस्तावेज़ में ज़िक्र नहीं मिलता। लेकिन हमें इतना यक़ीनी तौर पर पता है कि उसकी बहन भगवती और एक भांजी रंगू, दोनों ही मझग्राम में ब्याही गई थीं। लेकिन भगवती के अपने बच्चों के ब्याह कहीं और हुए—बेटे गयाराम का सिमला में और बेटी चन्द्रा का भवानीपुर में। जिस घर में वह गई उसकी मुखिया उस समय उसकी सास श्रीमती थी जो सम्भवतः विधवा थी (उसके पति का कोई ज़िक्र नहीं मिलता), और उसकी बेटी उसी गाँव के मागाराम को ब्याही थी। बागड़ी विवाह-नियमों के अनुसार वर और वधू एक ही उपजाति के दो अलग-अलग गोत्रों से होने चाहिए[23], और इसके कारण लगता है कि इस विशेष दृष्टान्त में नातेदारी का ऐसा तन्त्र विकसित हुआ जो तीन गाँवों में फैला हुआ था। जैसा कि मानचित्र से पता चलता है, इनमें से कम-से-कम दो गाँव यानी मझग्राम और भवानीपुर कोई छः मील के अन्दर-अन्दर स्थित थे जो सचमुच पैदल की आसान दूरी है, और अपने इक़रार में भगवती ने कहा भी था कि फागुन के महीने में उसने एक दिन वृन्दा और रंगू को भवानीपुर भेजा था कि चन्द्रा को साथ लेकर उसी रोज़ शाम तक वापस मझग्राम वापस आ जाएँ। तीसरा गाँव सिमला मझग्राम के दक्षिण में कोई दो मील पर था और गयाराम के ससुर जैसे बुज़ुर्ग के लिए यह इतनी बड़ी दूरी न थी कि ऐसे नाजुक मौके पर तय नहीं करता, लेकिन लगातार दो दिन चलने के लिए शायद यह कुछ ज़्यादा ही थी। कुल मिलाकर इन गाँवों में छः बागड़ी परिवारों की नातेदारी थी और ये सभी चन्द्रा के गर्भवती होने पर गम्भीर रूप से सशंकित थे।[24]

इस बात पर वे डरे हुए थे कि नातेदार समझे जानेवाले दो व्यक्तियों के अवैध अर्थात समाज द्वारा निषिद्ध सम्बन्ध से एक बच्चे के पैदा होने पर पूरे समुदाय के लिए उसके गम्भीर परिणाम हो सकते थे। अगर यूरोप में फूको के अनुसार, 18वीं सदी से ही 'यौन का फैलाव' (डिप्लायमेंट ऑफ़ सेक्सुआलिटी) सामाजिक नियन्त्रण के एक स्वतन्त्र साधन के रूप में विकसित हो चुका था और खुद को 'सम्बन्ध (एलायंस) के फैलाव'[25] पर आरोपित भी कर चुका था, तो वहीं, उसके विपरीत, 19वीं सदी के भारत में विवाह, नातेदारी, 'नामों और सम्पत्तियों का लेनदेन' आदि तमाम सामाजिक आदान-प्रदान के लिए और उनमें व्याप्त तमाम सिद्धान्तों के लिए यौन अभी तक सम्बन्ध में ही समाहित था। इसलिए यौन-नियन्त्रण का दायित्व पंचायतों, आदेशों और निषेधों जैसी उन तमाम सत्ताओं और साधनों पर था जो सम्बन्धों की व्यवस्था के नियामक थे। ख़ासतौर पर ग्रामीण बंगाल की बातें करते हुए यह बात कही जा सकती है कि वहाँ यौन पर नियन्त्रण का कार्य समाज के दायित्व में आता था ! (यह ऐसा शब्द है जिसमें समाज के संस्थागत पक्ष तथा उनकी नैतिक और राजनीतिक व्यवस्थाएँ बड़े अच्छे ढंग से समा जाती हैं।), एक जाति या उपजाति पर या फिर एक या एक से अधिक गाँवों पर आधारित एक बहुजातीय समुदाय से निर्मित स्थानीय समाज किस तरह अपने सदस्यों के यौन सम्बन्धी

आचरण पर अपनी सत्ता का आरोपण करता था, इसे इसी क्षेत्र से जमा किए गए दूसरे अनेक दस्तावेज़ों से समझा जा सकता है। ये दस्तावेज़ भी 19वीं सदी के पूर्वार्ध में पश्चिमी बंगाल के राढ़ इलाक़े की दशाओं का वर्णन करते हैं।[26] क्षेत्र और कालक्रम, दोनों की दृष्टि से ये दस्तावेज़ ग्रामीण राजनीति की उस परम्परा में आते हैं जिसे 1849 की मझग्राम की घटना ने एक पल के लिए नाटकीय रूप दे दिया था। इस कारण उनको अनुशासन और दंड की कुछ ऐसी व्यवस्थाओं के उदाहरणस्वरूप प्रयुक्त किया जा सकता है जिन्हें चन्द्रा की मौत पर किए जानेवाले इक़रारों में सिर्फ़ मान लिया गया है मगर कहीं भी स्पष्ट रूप से उनका ज़िक्र नहीं किया गया है।

लेकिन उन इक़रारों के विपरीत इस सामग्री का सरकारी न्याय से कोई सम्बन्ध नहीं है। यह सही और ग़लत के उस हल्क़े से ताल्लुक़ रखती थी जिसमें अंग्रेज बहादुर का कुछ भी दख़ल न था। इसलिए यह देसी सामाजिक संघर्ष के सबसे अहम कुछ मुद्दों को अपनी वर्चस्ववादी न्याय-प्रणाली में स्थान देने में ब्रिटिश राज की उस असफलता की गवाह है जो एक ऐतिहासिक असफलता है, भले ही उसे स्वीकार न किया गया हो। कारण कि इनमें से हरेक दस्तावेज़ एक ऐसे न्यायाधिकरण को सम्बोधित था जो औपनिवेशिक अदालती व्यवस्था से परे और उसके समान्तर कार्य कर रहा था। वैयक्तिक या सामूहिक रूप से सक्रिय ब्राह्मणों या किसी जाति या उपजाति के नेतृत्व द्वारा गाँव के स्तर पर गठित[27] यह न्यायाधिकरण 'विहित और अविहित, वैध और अवैध को परिभाषित करनेवाले नियमों की एक (ऐसी) व्यवस्था के रूप में'[28] कार्य कर रहा था जिसका सरकार के आईन और अदालत के नियम-क़ायदों से शायद ही कुछ लेना-देना था। ये नियम स्थानीय प्रथा, जातिगत परम्परा तथा शास्त्रों के एक चलताऊ और फ़ौरी पाठन बल्कि अक्सर उनके उद्धरण मात्र के समन्वय पर आधारित थे। इनकी मदद से किए गए फ़ैसले धार्मिक दंड के विधान के रूप में सामने आते थे जिसे तकनीकी दृष्टि से *ब्यबोस्था* (संस्कृत शब्द व्यवस्था का स्थानीय तद्भव रूप) कहा जाता था। गाँव के मुंशियों के हाथों *ब्याबोस्था, बेबोस्ता* बल्कि *ब्रोबोस्ता* के रूप में भी इस शब्द का भ्रष्टीकरण, या इन प्रार्थनापत्रों की रूखी बंगाली भाषा पर भ्रष्ट संस्कृत में अर्धशिक्षित ब्राह्मणों द्वारा लादे गए फ़ैसले–शास्त्रीय और पारम्परिक कुसमन्वय का इससे सुन्दर उदाहरण नहीं दिया जा सकता।

लेकिन शब्दावली की तद्भवता या व्याकरण की अवमानना *ब्यबोस्था* की शक्ति को शायद ही नष्ट करती रही हो। इक़बालिया मुजरिम बिना किसी अपवाद के ख़ुद ही इसकी गुहार लगाते थे–यही इसकी शक्ति का साक्षी है। यह शक्ति सीधे-सीधे पंचायत और पुरोहित के माध्यम से संस्थागत स्तर पर तथा प्रथा और शास्त्र के माध्यम से वैचारिक स्तर पर क्रियाशील एक समाज की सत्ता से आती थी जिसका मक़सद था अनाधिकृत यौन-सम्बन्धों से 'सम्बन्धों की व्यवस्था' को क्षत-विक्षत होने से बचाना। कारण कि प्रत्येक दृष्टान्त में अपराध यौन-सम्बन्ध की समाज सम्मत सीमाओं से बाहर स्थापित सम्बन्ध से पैदा होता था और व्यवस्था की गुहार लगानेवाला प्रार्थी हमेशा ही उस सम्बन्ध के किसी एक पक्ष का कोई सम्बन्धी होता था। इसलिए ऐसे हालात में

ब्यबोस्था की माँग करने का मतलब होता था खुद को जान-बूझकर फँसाना तथा प्रायश्चित का निश्चित दंड भोगना; जुर्माना या भोज देना और व्रत रखना, प्रायः प्रायश्चित के तरीक़े थे। लेकिन इच्छापूर्वक ऐसे अनुशासन को शीश झुकाना प्रार्थी की एक रणनीति थी ताकि बहिष्कार के अन्तिम सामाजिक दंड से बचा जा सके। इस प्रथा के लिए प्रयुक्त बंगाली शब्द *जातमारा* अर्थात शब्दशः जाति का विनाश बड़े सटीक ढंग से बहिष्कार के आतंक को व्यक्त करता है। संक्षेप में लोग अपनी इच्छा से नहीं बल्कि भय के कारण *ब्यबोस्था* की माँग करते और प्रायश्चित को स्वीकार करते थे।

अपराधी से प्रार्थी के सम्बन्ध पर अगर हम विचार करें तो इस भय की प्रकृति और गुरुता को शायद सबसे अच्छी तरह समझा जा सके। इनमें से हर दस्तावेज़ में किसी ग्रामीण ने किसी सम्बन्धी को ही अपराधी क़रार दिया है; बल्कि वे सभी रक्त-सम्बन्धी थे, सिर्फ़ एक को छोड़कर (जिसका ताल्लुक़ भाई की बीवी से था)।[29] इसके अलावा हर दृष्टान्त में वह सम्बन्धी कोई स्त्री थी जिसे '*मेरी* बेटी,' '*मेरी* बहन' या '*मेरी* भावज' कहा गया है। हमारे इस सैम्पल में पुरुष अपराधियों की कमी होना पुरुषों की बजाय स्त्रियों के यौन-सम्बन्धों पर अधिक नियन्त्रण लगाने के पितृसत्तावादी सरोकार का एक मुखर उदाहरण है। कारण कि स्त्री-पुरुष, दोनों के यौन-विचलन के प्रति समाज की प्रतिक्रिया एक जैसी नहीं थी। चूँकि किसी जाति की प्रतिष्ठा उसकी शुद्धता की कोटि के अनुसार कम या ज़्यादा होती थी,—और चूँकि स्त्रियों की शारीरिक बनावट और पुरुषों की वासना-पूर्ति के साधन होने की सांस्कृतिक धारणा के कारण वे पुरुषों की निगाहों में अधिक अशुद्धता का शिकार हो सकती थीं—इसलिए किसी कुँवारी का कुँवारापन, किसी विधवा का सतीत्व या पति के प्रति किसी स्त्री की यौन निष्ठा, इन सबको समाज सदगुण मानता था। इस बारे में नियमों का कोई भी उल्लंघन अपराधिनी के सभी नातेदारों और ख़ासकर उसके रक्त-सम्बन्धियों के लिए अशुद्धि का कारण हो सकता था। साथ ही यह कर्म विवाह के माध्यम से स्त्रियाँ प्राप्त करने या आदान-प्रदान करके खुद को बनाए रखने और अपना पुनरुत्पादन करने की समूह की क्षमता को भी घटाता था। इसलिए चेमेगोई (*जनोरोब*) की पहली फुसफुसाहट नातेदारी की पूरी व्यवस्था को बदलकर रख देती थी (अधिकांश प्रार्थनापत्र इस चेमेगोई की शक्ति की गवाही देते हैं), और फिर कोई पिता, भाई या पति बिना कोई और प्रमाण माँगे लामुहाला स्त्री के अपराध का विश्वास कर लेता था, ब्यबोस्था की माँग करता और जो भी दंड उसे दिया जाता उसे स्वीकार करके पुरोहितों और पंचायतों के साथ शान्ति स्थापित कर लेता था। ये दंड कुछ अपेक्षाकृत कम समृद्ध ग्रामीणों के लिए गलाघोंटू हो सकते थे : उनमें से एक ने एक ही साथ सुनवाई की माँग की और अपनी ग़रीबी का रोना रोया (*इह अति दरिद्र*) यह न्यायाधिकरण (इस मुआमले में जाति-पंचायत) का दिल पिघलाने की एक हताश कोशिश थी ताकि वह प्रायश्चित का भार घटाकर इतना कर दें कि वह उसे उठा सके।[30] लोग ऐसे दंडों और उनके अनुशासनिक विधानों को भी बरदाश्त करते थे—यही बात जाति-बाहर किए जाने के ख़ौफ की गुरुता का सूचक है।

इन हालात में यह ख़ौफ़ एकजुटता का उलट होता था। मझग्राम के बागड़ियों के

सर पर जो आफ़त टूटी उसके प्रति समुदाय की प्रतिक्रिया को ठीक-ठीक समझने के लिए इन दोनों तत्त्वों को एक साथ रखना होगा। कारण कि इस एकजुटता का आधार भी वही होती थी जो अपने अपराध के कारण उन लोगों को शर्मिंदा कर सकती थी, जिनसे वह अपना अपराध साबित हो जाने की दशा में सहारा पाने की सबसे ज़्यादा उम्मीद कर सकती थी और जो समाज द्वारा निर्धारित समस्त दंड को झेलने में उसके हिस्सेदार हो सकते थे। फलस्वरूप किसी नातेदारी समूह में एकजुटता की सीमाएँ जातिगत दंड के प्रति उसके सदस्यों के भय का पर्याय होती थीं, और अहम पात्र द्वारा सहायता की गुहार का जवाब बाक़ी समूह सहानुभूति मगर आशंका के साथ देता था। मसलन सहोदरों में मुसीबत में बहन की गुहार भाई के नाम होती थी और उसका प्रत्युत्तर बहन के प्रति उसके दायित्व से जितना प्रेरित होता था उतना ही इस भय से कि उसने अगर यह मदद नहीं दी तो उसकी बहन की नैतिक भूल-चूक का वह अपराधी होगा। दूसरे शब्दों में, नातेदारी की शब्दावली में मौजूद अन्योन्य शब्द (रेसिप्रोकल्स) उस विशेष नातेदारी समूह में मौजूद एकजुटता और भय की अन्योन्यता के संगत होते थे। चन्द्रा की मौत से पहले के चार नाज़ुक अहमियत रखनेवाले दिनों में उसके सम्बन्धियों की सक्रियता इस कोटि की संगति को स्पष्ट रूप से दर्शाती है। कारण कि, जैसा कि नीचे दिखाया गया है, उसके भाई, भाई के साले, भाई के ससुर, मामा और ज़ाहिर है कि उसकी माँ, बहन, मौसेरी बहन और सास के रूप में जो लोग उसकी मदद करने को दौड़े, वे वही लोग थे जिनको जातिगत दंड का सबसे अधिक भय हो सकता था, और वह भी इसलिए कि अपराधिनी चन्द्रा उनसे क्रमशः बहन, बहन की ननद, बेटी की ननद, बहन की बेटी, बेटी, बहन, मौसेरी बहन या बहू के रूप में जुड़ी थी।

नातेदारी के शब्द तथा चन्द्रा (अहम पात्र) की सहायता करनेवाले सम्बन्धियों को निरूपित करते अन्योन्य शब्द

सम्बन्धी का नाम	**सम्बन्धी के लिए अहम पात्र का शब्द**	**अन्योन्य शब्द**
गयाराम	भाई	बहन
पीताम्बर	भाई का साला	बहन की ननद
पीताम्बर का पिता	भाई का ससुर	बेटी की ननद
होरी लाल	मामा	भांजी
भगवती	माँ	बेटी
वृन्दा	बहन	बहन
रंगू	मौसेरी बहन	मौसेरी बहन
श्रीमती	सास	बहू

5

एकजुटता और भय का यही घात-प्रतिघात इस त्रासद घटना को ग्रामीण बंगाल की पितृसत्तावादी राजनीति में अवस्थित करता है। कारण कि यह स्त्रियों के यौन-विचलन के नतीजों से स्वयं को सुरक्षित रखने के पितृसत्तावादी समाज के सरोकार का सीधा नतीजा है। ऊपर *ब्यबोस्था* की माँग करते हुए जो प्रार्थनापत्र हम देखते हैं उनमें यह सरोकार साफ़ दर्ज है। इनमें से हरेक में एक पुरुष ही किसी स्त्री के 'पाप' की ख़बर देने आगे बढ़ता है, फिर कोई और पुरुष औपचारिक गवाही देकर उसकी पुष्टि करता है; तथा पंडित में साकार या पंचायत में संस्थाबद्ध पुरुष-प्रधान समाज की सत्ता अपराध का फ़ैसला और प्रायश्चित का विधान करती है। इसके विपरीत स्त्री पर या फिर पूरे समाज पर पुरुष की सत्ता का दस्तावेज़ी रूप मझग्राम के इक़रारों में एक औपचारिक अनुपस्थिति–मागाराम चाशी की अनुपस्थिति–में ज़ाहिर है। पहले गर्भपात और फिर मौत का कारण बननेवाली घटनाओं में पूरी तरह लिप्त होकर भी वह इस घटना के शुद्ध क़ानूनी नियामकों से अलग रहता है। उससे कोई इक़रार नहीं लिया जाता क्योंकि तकनीकी दृष्टि से वह क़ानून के दायरे से बाहर है; क़ानून उसकी ओर नहीं देखता, देखने की ज़रूरत ही नहीं है।

वैसे तो अनुपस्थित चन्द्रा भी है और उसकी अनुपस्थिति उसकी खामोशी से हम-मानी है। (उसके जीते-जी उसकी एक झलक हम तभी पाते हैं जब पैसा–शायद खामोशी की हालत में ही–उसके हाथों से निकलकर काली के हाथों में जाता है।) फिर भी, चन्द्रा के विपरीत, मागाराम को दस्तावेज़ में एक वाणी दी गई है। वह बोलता है भगवती चाशिन के मुँह से जो उसे इस तरह उद्धृत करती है–

> पिछले चार-पाँच महीने से आपकी बेटी चन्द्रा चाशानी के साथ मेरा गैर-क़ानूनी प्रेम-सम्बन्ध (आशनाई) चल रहा है जिससे उसके हमल ठहर गया है। उसे अपने घर बुला लो और उसे कोई दवा दिलवाने का बन्दोबस्त करो। वर्ना मैं उसे *भेक* में रखवा दूँगा।

तीन छोटे-छोटे वाक्य और ये भी खुद वक्ता के मुँह से नहीं। फिर भी वे दस्तावेज़ पर वक्ता की इच्छा आरोपित करने से बाज़ नहीं आते। बल्कि इस कथन का दूसरे के मुँह से कहलवाया जाना उसके प्रमुख पहलू पर ज़ोर ही देता है। यह पहलू एक अनदेखी मगर सर्वव्यापी सत्ता की वाणी की तरह गूँजता है। कारण कि मागाराम की इच्छा ही, इस रिपोर्टिंग के माध्यम से, मंच तैयार करती है, उसके सन्दर्भ को निरूपित करती है और उस पर खेले गए सभी दृश्यों का निर्धारण करती है। जैसा कि उनके अभिव्यंजनात्मक भेदों से स्पष्ट है, ये तीन वाक्य मिलकर यही सब प्रभाव पैदा करते हैं। पहला अस्पष्ट और मात्र घोषणात्मक वाक्य बाक़ी दो वाक्यों के आज्ञार्थक और अभिप्राय-सूचक चरित्र से स्पष्ट रूप से भिन्न है। ये तीनों मिलकर उन सभी पहलकदमियों के लिए धुरी का काम करते हैं जो इस कथन के इर्द-गिर्द सम्भव हो पाईं–एक सामाजिक सम्बन्ध-व्यवस्था के बीच एक अवांछित गर्भ की गम्भीरता के प्रति लोगों को सचेत करना; चन्द्रा को अपने गाँव में वापस ले आना; सलाह-मशविरे और दवा-दारू के लिए तेज़ी से साधन जुटाना; गर्भ गिराने और अपनी बहन को बचाने के सिलसिले

में वृन्दा के हताशापूर्ण प्रयास; लाश को दफ़नाने के लिए तड़के सुबह दुख के साथ चोरी-छिपे क़ब्र की खुदाई। इस तरह मागाराम की वाणी इस दस्तावेज़ में प्रमुखता रखती है। वह इस नाटक को ही नहीं, उसकी राजनीति को भी समझने का सूत्र प्रदान करती है।

कारण कि उसने जो कुछ कहा उससे ताक़तों का वह खेल खुलकर सामने आ गया जो निहित तो सभी बयानों में था मगर जिसे खोलकर कहना मात्र उसकी ज़िम्मेदारी बन गई थी। ऐसा वह इसलिए कर सका कि वह खुद क़ानून की प्रत्यक्ष प्रक्रिया से बाहर था : दूसरों की तरह वह खुद कोई 'प्रतिवादी' नहीं था। वाक़ई इन दस्तावेज़ों में उसकी आवाज़ वाहिद ऐसी आवाज़ थी जिस पर क़ानून और व्यवस्था का संवाद आरोपित नहीं हो सका—ऐसी अकेली आवाज़ जो इक़रार न थी। इस कारण उसके लिए ऐसे शक्ति-सम्बन्ध की भाषा में बात करना सम्भव था जो स्थानीय समाज में गहरे, औपनिवेशिक राजसत्ता के अनुशासन-तन्त्र की पहुँच के बाहर स्थित था। वहाँ अभी तक सक्रिय सामन्ती संस्कृति के धुँधलके में स्त्री की यौनेच्छा पर इतने व्यापक और निरन्तर पहरे लगे रहते थे कि एक प्रेमविहीन विवाह और नीरस घरेलू कामकाज की मिली-जुली कठोरता से कोई स्त्री सिर्फ़ तिकड़म और खुफ़िया सम्बन्धों के ज़रिए ही राहत पा सकती थी। वह तिकड़म के सहारे अपनी दमित इच्छा की पीड़ा को एक हद तक समाज-सम्मत संवाद में अर्थात हँसी-मज़ाक में घुला सकती थी। मज़ाकिया सम्बन्ध मानव शास्त्र की भाषा में एक ऐसी विधा है जिसमें सामाजिक अन्तर्विरोध की शब्दावली बोलचाल की शब्दावली में समाहित हो जाती है, या दूसरे शब्दों में अनधिकृत यौन-वृत्ति का विरोधाभास से मेल होता है, और ऐसे सम्बन्ध की सिर्फ़ छूट ही नहीं होती थी बल्कि इसे प्रोत्साहित किया जाता था, जैसा कि बंगला भाषा की इस तरह की बहुत सारी उक्तियों से स्पष्ट होता है। लेकिन जो यौन-वृत्ति हँसी-मज़ाक से अवरुद्ध और दमित नहीं होती थी वह खुफ़िया रास्तों पर जा निकलती थी तथा अवैध और असम्मत आवेग के साथ गुप्त ढंग से फलती-फूलती थी।

उस समय के बंगाली समाज में परिहास की आड़ से फ़िसलकर खुफ़िया ताल्लुक़ात में फँस जाना जिस क़दर दमित था उसी क़दर सामान्य भी था, हालाँकि किसी भी विशेष दृष्टान्त में इस परिवर्तन की वास्तविक प्रक्रिया और उसके अहम क्षणों को दस्तावेज़ी रूप देने से अधिक कठिन कोई भी काम नहीं है। कारण कि इस तरह का विचलन गुप्त रूप से जन्म लेता था और गुप्त रणनीतियों के सहारे ही चलता रहता था। किसी नातेदारी समूह की यौन-राजनीति की निर्धारित सीमाओं का अतिक्रमण करनेवाली किसी हरकत को बर्दाश्त करने या कम-से-कम उसे अनदेखा किए जाने के पीछे चुप्पी और उपेक्षा, डर और लोकलाज जैसे तत्त्व सक्रिय रहते थे, जब तक कि हिंसा के कारण या क्षैतिज निष्ठाओं की ख़ामोश शिरकत के भंग होने के कारण यह हरकत सबके सामने नहीं आ जाती थी। इसलिए यह बात हम कभी नहीं जान सकेंगे कि एक सलहज (साले की बीवी) और उसके ननदोई (पति के बहनोई)[31]—चन्द्रा और मागाराम के रिश्ते को अन्योन्य शब्द से परिभाषित करते हैं—के बीच हँसी-मज़ाक का जो पूरी तरह समाज-सम्मत सम्बन्ध था, आशनाई में कैसे बदल गया, अर्थात क्या यह आपसी लगाव से विकसित

हुआ या ऐसे हालात के दबाव में विकसित हुआ जिसमें एक ग़रीब विधवा अपने घनिष्ठ सम्बन्धियों में एक अधिकार सम्पन्न पुरुष की वासना का शिकार बनी। इस आशनाई की शुरुआत के बारे में चाहे जो सच्चाई हो, इन बयानों में ऐसा कुछ भी नहीं है जो दिल के रहस्यों पर रोशनी डाले। ये सिर्फ़ उसके अन्त पर एक फीकी-सी रोशनी डालते हैं जहाँ एक स्त्री को मुसीबत में डालनेवाले पुरुष ने ही उसे बेरहमी के साथ ठुकरा दिया। दो व्यक्तियों के अन्तरंग सम्बन्धों का जो कुछ भी मतलब हो सकता था उस सबके साथ यह सम्बन्ध कहाँ भंग हो गया और कहाँ निषिद्ध प्रेम पर समाज का अनुशासन लागू हुआ—इसका पता इसी ठुकराव से चलता है।

प्रेमी की भूमिका से पितृसत्तावादी नैतिकता के एक रखवाले की भूमिका में संक्रमण करते हुए मागाराम एक अर्ध-सामन्ती समाज के सभी पुरुषों की ओर से बल्कि खुद पुरुष की प्रधानता की ओर से अपनी बात कहता है। जो कुछ वह कहता है उसमें एक प्रेमी की भावनाओं का नाम-ओ-निशान तक नहीं है और न ही अपनी संगिनी के साथ लूटे गए यौन-आनन्द का कहीं कोई स्वीकार है। यह आवाज़ एक और पुरुष की आवाज़ है—उसकी नहीं जो बंगाली लोकगीतों में प्रेम के रोमांचक गीत भावविभोर होकर गुनगुनाता है, बल्कि उसकी जो अनुशासन की बातें करता है, जो लोक-नैतिकता के ख़िलाफ किए गए अपराध की निशानदेही करता है और सज़ा सुनाता है : 'गर्भपात या भेक !' या, ऐसा तो नहीं कि यह एक ही पुरुष की आवाज़ है जो दो भिन्न-भिन्न मगर परस्पर-पूरक भाषाओं में बातें करता है—एक तो सामन्ती प्रेम की भाषा में जिसकी जड़ें स्त्री-पुरुष सम्बन्धों की असमानता में हैं और दूसरे, उस दंड की भाषा में जो स्त्री-जाति को अनुशासन में रखने के काम में आती है ? कुछ भी हो, जो चेतावनी वह देता है उसके द्वारा मागाराम अपनी विशिष्टता से ऊपर उठकर उस सार्वभौम पुरुष के रूप में सामने आता है जो अपनी यौन-संगिनी को नैतिकता के उस उल्लंघन के लिए दंड देता है जिसके लिए वह भी कम-से-कम बराबर का अपराधी तो है ही। कारण कि उसकी धमकी में ठीक यही बात निहित है—गर्भपात के एकमात्र विकल्प के रूप में चन्द्रा पर एक वैष्णव का जीवन लादना।

वैष्णव का जीवन स्वीकार करना अर्थात ऐसे वस्त्र, आभूषण और शारीरिक प्रतीक धारण करना जो भेक नामक समूह की पहचान है, जाति से बाहर जाने के समान है। जैसा कि अपनी अधिकारपूर्ण कृति *भारतवर्षीय उपासक सम्प्रदाय* में अक्षयकुमार दत्त ने लिखा है, "जो लोग अपनी जाति और अपने परिवार को छोड़कर संसार-त्याग की आकांक्षा से भगवान गौरांग की (आध्यात्मिक) शरण में जाना चाहते हैं, उन्हें भेक में जाना चाहिए।'[32] (यह कृति विचाराधीन दस्तावेज़ की लगभग समकालीन है।) लेकिन स्वेच्छा से ब्राह्मणवादी हिन्दुत्व की संस्थाओं का त्याग करके चैतन्य की शिक्षाओं से प्रेरित जीवन स्वीकार करने की इस भावना के साथ कालान्तर में एक और अर्थ जुड़ गया जिसके अनुसार यह शब्द जातिहीन होने का पर्याय हो गया। फलस्वरूप इस शब्द के अर्थ का विस्तार हुआ और स्वेच्छा की वह शक्ति कम हो गई बल्कि जाती रही जो मूल विचार में पाई जाती थी, और भेक त्याग की जगह बहिष्कार के कारण जातिहीन होने

का सूचक हो गया। कारण कि जाति के नियमों को तोड़ने के कारण बहिष्कृत किए गए व्यक्ति के लिए वैष्णव धर्म की दीक्षा लेना आख़िरी सहारा होता था। यह एक ऐसा उपाय था जिसके द्वारा स्थानीय हिन्दू समाज अपनी तरतमतामूलक धार्मिक व्यवस्था को सुरक्षित रखने का प्रयास करता था। लेकिन ऐसी चीड़फाड़ का हमेशा ही वांछित प्रभाव नहीं होता था। इससे पैदा होनेवाला घाव नासूर बन सकता था और समाज को उन्हीं स्वतन्त्रताओं की छूत लगा सकता था जिनका दमन करना उसका पहला मक़सद था। कारण कि जाति-बहिष्कृत व्यक्ति भेक की संगति में अपने गाँव आ सकता था और समाज की सत्ता को वही अपराध करके कमज़ोर बना सकता था, और उसके लिए वैष्णव रूप में वह हिन्दू नैतिकता के रखवालों के सामने जवाबदेह नहीं होता था।

1853 के एक प्रार्थनापत्र में दर्ज एक घटना हमें (बीरभूम जिले के नानूर थाना के अन्तर्गत) नबोस्ता गाँव में जातिगत दमन से पीड़ित दो व्यक्तियों के बारे में बतलाती है कि उन्होंने ठीक इसी ढंग से किस तरह अपना दमन करनेवालों की जूती उन्हीं के सर पर दे मारी। साकी नाम की एक विधवा और रामकुमार घोष नाम के एक पुरुष को एक तथाकथित अवैध सम्बन्ध का दोषी पाया गया और उन्हें गाँव छोड़ने के लिए मजबूर कर दिया गया। इसके लिए जातमारा को दंडित करने के लिए परम्परा से प्रयुक्त उपाय का सहारा लिया गया, उनका अपने नातेदारों के साथ खाने-पीने का अधिकार छीन लिया गया, और पुरोहितों और नाइयों की ज़रूरी धार्मिक सेवाओं से उन्हें वंचित कर दिया गया। (*आमरा नापित पुरोहित गेत मेला सकोले अटोक कोरियाच्ची।*) लेकिन इस जोड़े ने एक पड़ोसी गाँव बाह्मनखंड में जगोमोहन फ़ोइदार नामक किसी आदमी के हाथों वैष्णव धर्म स्वीकार कर लिया और कुछ समय बाद नबोस्ता लौटा जिससे उन्हें बहिष्कृत करनेवालों में काफ़ी खलबली मची। जैसी कि इन लोगों ने शिकायत की, वह औरत अब उसी घर में खुलकर अपने प्रेमी के साथ रहने और साथ खाने-पीने लगी, और इस तरह एक हिन्दू विधवा के जीवन में यौन और खान-पान के नियामक कुछ बुनियादी नियमों का उल्लंघन करने लगी। यहाँ तक कि उसे 'कलाइयों में चूड़ियाँ पहने भी देखा गया'—सधवा स्त्री की यह पहचान विधवाओं के लिए पूरी तरह वर्जित थी। फिर भी गाँव के अगुवे अपने बीच ऐसी उच्छृंखलता होते देखकर भी कुछ न कर सके क्योंकि मन मसोसकर भी वे यह बात समझ रहे थे कि 'वैष्णव (किसी जातिगत अनुशासन का पालन करने के लिए) किसी भी तरह बाध्य नहीं हैं।' (*बोइष्णोबेर पक्षो दया नई।*)[33]

जाति-प्रथा से बहिष्कृत होकर वैष्णव धर्म स्वीकार करनेवालों में से हरेक में इस विधवा और उसके प्रेमी जैसा साहस नहीं होता था कि घर और गाँव से खदेड़नेवाले स्थानीय तानाशाहों के मुक़ाबले खड़ा हो सके। इसके विपरीत भेक में जाने के लिए मजबूर किए गए अधिकांश व्यक्ति *अखाड़ों* की शरण लेते थे। अखाड़े एक प्रकार के संघ थे जो न सिर्फ़ उनके प्रमुख निवास पूजा-पाठ के स्थान का काम करते थे बल्कि हिन्दू समाज की तमाम मुर्दा रूहों *के अधर-स्थल* भी होते थे। यहाँ सभी जातियों से बहिष्कृत व्यक्ति एक उपसमाज का निर्माण करते थे और उनमें एक बड़ी तादाद उन

स्त्रियों की होती थी जो यौनाचार के समाज-सम्मत नियमों से विचलन के कारण बहिष्कृत होती थीं—उस विचलन के कारण जो पुरुषों की वासना और पाशविकता से प्रोत्साहन पाता बल्कि अक्सर आरोपित होता था। इस कारण किसी अखाड़े में पतित स्त्रियों—बलात्कार और अपहरण की शिकार स्त्रियों, परित्यक्ताओं, बचपन में तय किए गए विवाह-सम्बन्ध का विरोध करने के कारण घर से निकाल दी गई स्त्रियों, विवाह के लिए माता-पिता द्वारा तयशुदा दहेज न दे पाने के कारण पति के परिवार द्वारा सताई गई स्त्रियों, विवाह से इतर बच्चे पैदा करनेवाली स्त्रियों, या अपने प्रेमियों द्वारा बेसहारा छोड़ दी गई स्त्रियों—का एक बड़ा जमावड़ा देखना कोई असामान्य बात नहीं थी। लेकिन अधिकांश अखाड़ों में बहिष्कृत स्त्रियों में सबसे बड़ा समूह उन हिन्दू विधवाओं का था जो अपनी यौन-वृत्ति पर स्थानीय पितृसत्ताओं द्वारा लगाए गए नियन्त्रण को भंग करने के कारण बहिष्कृत की हुई होती थीं।

लेकिन विडंबना यह थी कि अखाड़े में शरण लेकर भी स्त्री पितृसत्तात्मक प्रभुत्व से मुक्त नहीं थी; उसका रूप भले ही बदल जाए। यह दूसरे प्रकार का प्रभुत्व अपनी अभिव्यक्ति के लिए ब्राह्मणवादी हिन्दुत्व या जाति प्रथा की विचारधारा पर निर्भर भी नहीं था। उसे पता था कि अपने मक़सद के लिए वैष्णववाद के अपेक्षाकृत उदार विचारों और उसकी ढीली-ढाली संस्थागत संरचना को अपने इस्तेमाल के लिए किस प्रकार तोड़ा-मोड़ा जा सकता था। इस प्रकार वह दर्शाता था कि किसी धर्म के प्रत्येक तत्त्व में जहाँ उत्पीड़ित जनता की आह शामिल होती है वहीं उसके संगत अफ़ीम जैसा तत्त्व भी शामिल होता है। इस विशेष दृष्टान्त में भक्ति की यही अफ़ीम इस दमन तन्त्र का सहारा बनी जिसने एक *सेवादासी*—शब्दशः '(आध्यात्मिक या दैविक) सेवा के प्रति समर्पित एक स्त्री'—को पुरुषों द्वारा शारीरिक श्रम और यौन के शोषण का साधन बनाकर रख दिया। वास्तव में इस कोटि का शोषण इतना प्राचीन है कि वह एक परम्परा बनकर रह गया है और यह परम्परा हमारे समय में भी जारी है। यह ऐसी निरन्तरता है जो ग्रामीण बंगाल और ख़ासकर वहाँ की निम्नवर्गीय जनता के हिन्दू वैधव्य नामक त्रासद संस्था के बल पर फलती-फूलती है। हाल ही में एक हमदर्द और पैनी नज़रवाले प्रेक्षक ने चन्द्रा की मौत के स्थान से नातिदूर पश्चिम बंगाल के एक गाँव के अखाड़े का दौरा किया और यह लिखा—

> मेरे दिमाग में यह लगातार कौंधता रहा कि ये सभी सेवादासियाँ आती कहाँ से हैं ?...फ़ौरन मेरे ज़ेहन में इसका एक जवाब उभरा। इस अभागी धरती पर विधवाओं की और इसलिए सेवादासियों की भी कोई कमी नहीं है। क्या देहातों में ग़रीब, परमुखापेक्षी, निःसन्तान विधवाओं की कोई कमी है ? वे अपने पतियों के बड़े या छोटे भाइयों की आक्रामक वासना से बचने के लिए किस प्रकार एक गुरु से दीक्षा लेती हैं, किस प्रकार वे अखाड़ों में पनाह लेती हैं, वे कौन से लोग हैं जो उन्हें रिझाते, फुसलाते और गुप्त रोगों का शिकार बनाते हैं—इन सबका सामाजिक इतिहास कौन लिखेगा ?[34]

स्त्रियों को भ्रष्ट करने के लिए किस प्रकार धर्म का दुरुपयोग किया जाता है, इस

पर कुछ स्थानीय पुरुष प्रत्युत्तरदाताओं ने इस प्रेक्षक से कड़वाहट से सनी बातें कहीं। जहाँ तक ग्रामीण समाज के दिल में पनप रहे नासूर की सही-सही पहचान करने का सवाल है, इस निन्दा में एक अर्धसत्य की सारी ताक़त और झूठगोई मौजूद थी, मगर जिस प्रक्रिया के तहत धर्म स्त्रियों का यह हाल बनाता था उसमें पुरुषों की भागीदारी को न स्वीकार करने के कारण यह निन्दा, उसके कारणों को पहचानने में असफल रहती है। मसलन, एक पुरुष का कथन था कि–

> जितनी सेवादासियों को आप देखते हैं उनमें सचमुच की भगतिनें कितनी हैं ? इनमें से ज़्यादातर तो भटकी हुई हैं। कोई नहीं जानता कि ये आई कहाँ से हैं। वे दलालों की भरती की हुई हैं। सारे अखाड़ों की कहानी यही है। ख़ुद तो भ्रष्ट हैं ही वे दूसरों की बीवियों और बेटियों को यहाँ धर्म के नाम पर लाती हैं और उन्हें भी भ्रष्ट करती हैं।

एक और ग्रामीण ने इन अखाड़ों को 'गर्भपात केन्द्र' की संज्ञा दी। उसके विचार में–

> इन देहाती इलाकों में कभी-कभी अपनी कुँवारी बेटियों के गर्भवती हो जाने पर अभिभावक उसे ऐसे किसी अखाड़े में लाते हैं और यहाँ एक आध महीने के लिए छोड़ जाते हैं। गाँववालों से कहा जाता है कि लड़की कुलगुरु की सेवा में भेजी गई है। कामयाबी से गर्भ गिराए जाने के बाद ही वह घर लौटती है। कभी-कभी (इस अमल में) कोई लड़की मर भी जाती है। खैर, ऐसे मर्द भी होते हैं जो नदी की तलहटी में गड्ढा खोदते हैं और वहाँ लाश को दफ़ना आते हैं। पुलिस नज़रें चुरा लेती है। थाना बहुत दूर है। वहाँ निश्चित समय पर गुरु अपना नज़राना भेजता रहता है। सब कुछ ठीक-ठाक चलता रहता है।[35]

मागाराम चाशा की चेतावनी इसी कहानी का एक और रूप थी : ''हमल गिराने का बन्दोबस्त करो, वर्ना उसे अखाड़े में फेंक दिया जाएगा !'' भ्रूण की हत्या कर या गर्भवती को अखाड़े में ज़िन्दा मौत जीने के लिए भेजकर पितृत्व से पल्ला झाड़ने का यह प्रयास शक्ति के ऐतिहासिक सम्बन्ध में–धर्मसम्मत पुरुष-प्रधानता के सम्बन्ध में–मागाराम को एक स्थान का अधिकारी बनाता है। यह एक ऐसा सम्बन्ध है जो इस 'मुकदमे' में 'एक या एक से अधिक मुलज़िमान' को अपराधी ठहराने के क़ानूनी सरोकार के कारण हमारे दस्तावेज़ में धूमिल होकर रह जाता है। लेकिन इतिहास के लिए इस सामग्री को गोड़ निकालने की परियोजना उल्टी दिशा में चलने का तकाज़ा करती है ताकि अमूर्त क़ानूनियत का कुहरा फटे और एक ग़ैर ज़िम्मेदार प्रेमी और एक तानाशाह समाज की दोहरी भूमिकावाली पितृसत्ता के रूप में सही क़ातिल की पहचान की जा सके।

6

अन्त में, यह दस्तावेज़ बिना किसी दुराव-छिपाव के बता देता है कि जीत पितृसत्ता की

लेख में वर्णित गाँवों को दर्शाता बीरभूम ज़िले के दूवराजपुर थाना के एक भाग का नक़्शा

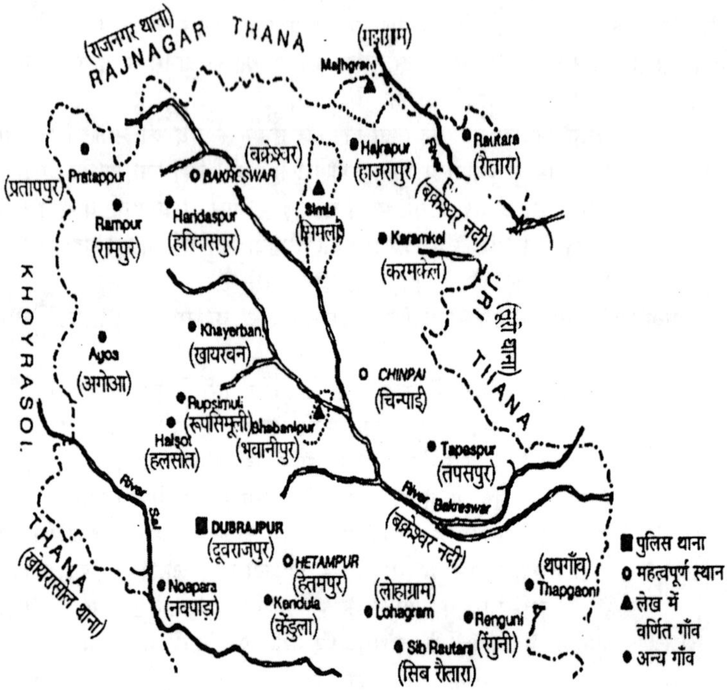

हुई। मागाराम की चेतावनी का वांछित प्रभाव पड़ा। गर्भ गिरा दिया गया। भ्रूण और उसे तीन माह तक धारण करनेवाले शरीर, दोनों को रास्ते से हटा दिया गया। लेकिन यह जीत आसानी से हासिल नहीं हुई। भय से पैदा होनेवाली इस एकजुटता के अन्दर *एक और एकजुटता* छिपी थी जो एक भिन्न बल्कि विरोधी सिद्धान्त अर्थात तद्रूपता (एम्पैथी) के सिद्धान्त से पैदा हुई। अगर पहलीवाली एकजुटता पितृसत्ता की शक्ति से पैदा हुई तो दूसरीवाली एकजुटता को स्त्रियों की समझदारी ने पैदा किया।

इस बारे में बृन्दा से लिया गया इक़रार सबसे अधिक उल्लेखनीय है। इसमें वह बड़ी सूक्ष्मता और विस्तार से उस दवा को पाने, तैयार करने और खिलाने की बातें करती है जिसने चन्द्रा की जान ली। क़ानून उसके बयान से ठीक यही आशा भी करता है ! क़ानून की नज़रों में वह *फ़ौरी* कर्ता के रूप में अपराध के सबसे क़रीब खड़ी है और इसलिए उससे आशा की जाती है कि वह पूरी-पूरी तफ़सील के साथ इस अपराध की प्रक्रिया का बयान करेगी। इस तरह उन चार दिनों के बारे में हमें उसका बयान हासिल होता है जिनमें दवा

के लिए बूटियाँ किसी से ली जाती हैं, एक रात में दो बार करके सही ख़ुराक देने के लिए इन बूटियों को मिलाकर पीसा जाता है, और अगले चौबीस घंटों तक उस गर्भवती स्त्री की देखभाल की जाती है जब तक कि उस स्त्री का गर्भ गिर नहीं जाता और वह बेहद तकलीफ़ के साथ ख़ून में शराबोर होकर मर नहीं जाती, दफ़न नहीं कर दी जाती। यहाँ आकर जब दवा देने, गर्भपात होने, मौत होने और दफ़नाए जाने के सिलसिले के बाद क़ाबिल-ए-बयान कुछ नहीं बचता तब वह चीख़ उठती है : "मैंने दवा तो इस उम्मीद से दी थी कि उसका गर्भ नष्ट हो जाएगा और मुझे क्या पता कि इससे उसकी मौत हो जाएगी।" इन शब्दों के साथ वह अपने बयान की लाक्षणिक तन्द्रा से जागती है और अपनी पहचान एक अपराध करनेवाली मुलज़िमा के रूप में नहीं, अपनी बहन की बात करनेवाली व्यक्ति तथा एक दूसरी औरत की बात करनेवाली स्त्री के रूप में कराती है। हिंसा की उस रात का वर्णन–बुख़ार और दर्द से तड़प रही चन्द्रा के शरीर, गिराए गए गर्भ, रक्तस्राव और मृत्यु, भोर से पहले अँधेरे में चुपके से दफ़न की गई लाश का यह वर्णन, और इन सबसे बढ़कर एक पुरुष द्वारा गर्भवती की जानेवाली एक स्त्री को ठुकराए जाने की सबसे बड़ी हिंसा का वर्णन–ये सब मिलकर एक ऐसी आवाज़ को जन्म देते हैं जो क़ानून की मीन-मेख को ठुकराकर इस दस्तावेज़ को एक त्रासद-विमर्श का दर्जा देती है।

अब यह उदाहरण व्यावहारिक ज़रूरत या फिर भाग्य के हाथों आकांक्षा या विकल्प को नष्ट कर देने का शास्त्रीय दृष्टान्त है। कारण कि चन्द्रा उसी कृत्य के कारण मरी जिसका मक़सद उसे समाज के हाशिए में तिरस्कृत नरक में ज़िन्दा मौत के हवाले होने से बचाना था। लेकिन तमाम त्रासदियों की तरह इसमें भी भाग्य की विजय मानवीय गरिमा को–गर्भ गिराने की स्त्रियों की इच्छा और तदनुसार कर्म करने के उनके निश्चय की गरिमा को–कम करने की बजाय और बढ़ाती ही है। जिन अन्तर्विरोधों से गुज़रकर वे इस इच्छा की मंज़िल तक पहुँची वे उसकी गुरुता और उसकी जटिलता, दोनों के सूचक हैं। स्थानीय समाज में एक हरामी बच्चे को लेकर सम्मान के साथ जीने के एक विधवा के संकल्प को पूरा न होने देने के 'समाज' के निश्चय की अवज्ञा वे नहीं कर सकती थीं। ग्रामीण बंगाल में ऐसी कोई बात सम्भव हो सके, इसमें अभी एक लम्बा समय लगेगा। इस कारण, ऐतिहासिक दृष्टि से देखें तो एक हराम की औलाद के लिए केवल माता को ज़िम्मेदार ठहराने, उसे समाज से निष्कासित करने और उस औलाद के पिता को सरकारी साँड की तरह घूमने की छूट देनेवाली, सही अर्थों में तोताचश्म नैतिकता को पराजित करने के लिए उनके पास केवल गर्भपात का ही रास्ता बचता था। इन हालात में चन्द्रा के गर्भ को गिराने के प्रति उनके फ़ैसले को एक ऐसा अन्तःतत्त्व प्राप्त हुआ जो मागाराम की उस सोच से बहुत ही भिन्न था, जिसके तहत उसने चन्द्रा की माता के सामने एक विकल्प रखा था। यह उसके लिए अपना दामन बचाने का उपाय मात्र था। लेकिन इस संकट के समय चन्द्रा के साथ खड़ी होनेवाली स्त्रियों के लिए भ्रूण का विनाश एक और स्त्री को सामाजिक विनाश से बचाने, अपने ही समाज में सम्मान के साथ जीने के उसके अधिकार के वास्ते लड़ने की ख़ातिर एक हताशा से भरी मगर सोच-विचारकर अपनाई गई रणनीति था। इस

प्रकार वह फ़ैसला जो भगवती, बृन्दा, रंगू और खुद चन्द्रा का फ़ैसला था, उस पितृसत्तावादी परम्परा के प्रति एक विद्रोह के बराबर था जो एक और स्त्री को अपना शिकार बनाना चाहती थी; और उनका यह प्रतिरोध उसी लाक्षणिक रूप में व्यक्त हुआ जहाँ अनुज्ञा का स्वांग रचकर उत्पीड़ित वस्तुतः उत्पीड़कों के नापाक इरादों को नाकामयाब करते हैं।

इस दृष्टि से देखें तो इस दस्तावेज़ में इन स्त्रियों का कृत्य एक उल्लेखनीय विशेषता का पात्र बन जाता है। वास्तव में यह कृत्य एक ऐसी घटना के सबसे स्पष्ट पहलुओं में से एक पहलू है जो अन्यथा भेद और लोकलाज के पर्दे में छिपी होती है। इसे अधिकतर स्त्रियाँ ही गति प्रदान करती हैं। पुरुषों की एक सहायकवाली भूमिका अवश्य होती है मगर वे स्पष्ट रूप से गौण महत्त्व रखते हैं : काली बागड़ी को दवा बेचने के लिए खुशामद की ज़रूरत पड़ी, सिमला से आए बुजुर्ग ने गर्भ गिराने के प्रति भगवती के फ़ैसले का अनुमोदन मात्र किया; और तीन पुरुष सम्बन्धी सिर्फ़ सहायक के रूप में सामने आते हैं। इसके विपरीत, मागाराम की चेतावनी के बाद जो कुछ हुआ उसमें पहलक़दमी स्त्रियों ने की। स्त्रियाँ ही भवानीपुर जाकर जवान विधवा को उसके मैके ले आईं। सोखैत से सौदा उन्होंने ही पक्का किया; दवा उन्होंने तैयार की, चन्द्रा को दवा उन्होंने पिलाई और जब वह दर्द से तड़प रही थी तो उसकी देखभाल उन्होंने ही की। इन हस्तक्षेपों से पुरुषों का अलगाव आकस्मिक तो शायद नहीं ही था। वे अलग रहे तो इसलिए कि इन हस्तक्षेपों का सम्बन्ध एक ऐसे क्षेत्र से था जो स्त्रियों का क्षेत्र माना जाता था। सीमों दे ब्यूवोर के अनुसार, स्त्री-काया ही वह क्षेत्र है जहाँ 'गर्भधारण सबसे पहले एक ऐसा नाटक होता है जिसे स्त्री अपने अन्दर ही मंचित करती है', और यह मंचन उसकी काया की तात्कालिकता (इमैनेंस) और उसकी परकीयता (ट्रांसेंडेंस) के परस्पर-विरोधी खिंचावों के अन्तर्गत होता है : 'गर्भवती स्त्री अपनी काया की तात्कालिकता को ठीक उसी समय महसूस करती है जब वह परकीयता की स्थिति में होती है।'[36] इस नाटक का वाद-संवाद और विकास क्रम एक ओर उस काया की तात्कालिकता में निहित होते हैं जब वह 'उबकाई और बेचैनी की स्थिति में खुद पर बोझ बन जाती है' और उसके कारण काया 'एक स्थूल और मौजूद यथार्थ' के सिवा कुछ और महसूस नहीं होती। दूसरी तरफ़ ये चीज़ें काया की परकीयता में निहित होती हैं जब ''काया मूल-स्रोत और उद्गम-धारा...भविष्य की दिशा में एक स्फुरण बन जाती है, जब ''वह (अपने अन्दर गर्भ को धारण करके) स्वयं को विश्व जितना व्यापक महसूस करती है।'

इसलिए अगर विचाराधीन समाज जैसे अनेक समाजों में जचगी की देखभाल की ज़िम्मेदारी स्त्रियों पर होती है तो सिर्फ़ इसलिए नहीं कि पुरुष ऐसा चाहते हैं। इसके विपरीत यह ज़िम्मेदारी स्त्री के इस निश्चय के सामने पितृसत्ता के झुकने का सूचक भी हो सकती है कि वह ऐसे समय में अपने शरीर की स्वामिनी स्वयं होगी जब गर्भावस्था में उसे पता होता है कि 'उसकी काया अन्ततः उसकी अपनी है क्योंकि इसका अस्तित्व उसके अपने बच्चे के लिए है।''[37] यह ज्ञान एक ऐसी चुनौती है जिससे पुरुषों की सत्ता सचमुच भय खाती है। कारण कि यह ज्ञान उस सीमा-क्षेत्र में कार्यरत होता है जो पूरी

तरह पतियों और पिताओं की इच्छा के अधीन नहीं होता—ऐसा क्षेत्र जो इन पतियों और पिताओं को अनिश्चय और ख़तरे से भरा हुआ लगता है, क्योंकि यहाँ स्त्री उस भाषा में बातें करती है जिसे पुरुष पूरी तरह समझ नहीं पाते और उसका आचरण उन कर्मकांडों से संचालित होता है जो पुरुषों की बुद्धि से परे हैं।

इसलिए, ठीक इसी चुनौती का सामना करने के लिए पितृसत्तावाद ने आत्मरक्षा का एक लम्बा-चौड़ा ढाँचा खड़ा किया है—शास्त्रों के विधान जो प्रसव के समय स्त्री की काया को ही अपवित्र बतलाते हैं; प्रसव के फ़ौरन बाद घरेलू कार्यक्षेत्र से उस काया का भौतिक अलगाव, प्रसव की अशुद्धता से समाज की काया की सुरक्षा सुनिश्चित करने के लिए निषेधों और शुद्धता के नियमों द्वारा लादा गया अलगाव, आदि। ऐसे विधि-विधान में प्रायः पुरुषों द्वारा मातृत्व का गुणगान होता है, तो इसमें कोई आश्चर्य नहीं। कारण कि इस तरह के आदर्शीकरण का दोहरा उद्देश्य होता है—एक तरफ़ उन प्रतिबन्धों और अलगावों पर पर्दा डालना जो आत्मरक्षा के प्रति पुरुष-वर्चस्व के भय के प्रतीक हैं, और दूसरी तरफ़ एक परम्परागत समाज में प्रत्येक प्रसव के वक़्त स्त्री की चेतना पितृसत्ता की व्यवस्था के लिए जो ख़तरे पैदा करती है उन्हें समाप्त करने की तकनीक के रूप में।

यही कारण है कि मझग्राम की पूरी पितृसत्तात्मक व्यवस्था के नाम पर एक पुरुष ने माँग की तो स्थानीय बागड़ी स्त्रियों ने गर्भपात की व्यवस्था करने के लिए तमाम साधन और कौशल जुटाते समय भी अपने लिए निमित्त की भूमिका से बढ़कर एक भूमिका तय की। शिशु को जन्म देने जैसी इस सामाजिक भूमिका ने नकारात्मक अर्थ में उनकी स्वाधीनता का निरूपण किया क्योंकि उन्होंने चन्द्रा के गर्भपात के लिए आवश्यक तमाम फ़ैसलों और पहलक़दमियों से पुरुषों को बाहर रखा। इससे अधिक नहीं तो इतनी ही अहम बात यह है कि अपनी ज़ाहिरा सहमति के बावजूद उन स्त्रियों ने ऐसी योजना पर अमल किया जो किसी भी तरह मागाराम की योजना से एकरूप नहीं थी। मागाराम की चेतावनी में चन्द्रा के गर्भपात या उसके भेक में जाने के दो विकल्प थे। इनमें से कोई भी विकल्प उसके अपने मक़सद को पूरा करता, और यह मक़सद था फन्दे से निकलना और समाज के दंड से बचना। वह सिर्फ़ अपने अपराध के प्रमाण को मिटाना चाहता था, और इसलिए यह मक़सद गर्भ के भौतिक विनाश से या उसे धारण करनेवाली के सामाजिक विनाश से एकसमान ढंग से पूरा हो सकता था। लेकिन जो स्त्रियाँ चन्द्रा की मदद के लिए आगे आईं उनके लिए इन दोनों विकल्पों का एकसमान महत्त्व नहीं था। उनकी राय में अपने तमाम ख़तरों के साथ गर्भपात भेक से बेहतर था। यह ऐसा फ़ैसला था जो उन स्त्रियों ने पूरी तरह अपने बल-बूते पर किया ताकि पुरुष की सत्ता एक स्त्री को स्थानीय समाज में उसके स्थान से वंचित न कर सके।

सिर्फ़ नातेदारी और कुटुम (कुटुम्ब) के दायित्वों के रूप में इस प्रतिरोध की व्याख्या करना उसकी विशिष्टता को तथा उसे नातेदारी की एकजुटता से भिन्न ठहरानेवाले तत्व को अनदेखा करना होगा। ऐसी एकजुटता की एक बुनियादी शर्त यह होती है कि समूह की संरचना जैसी भी हो, उसके अन्दर स्त्री-पुरुष सम्बन्ध सुगठित

और अशत्रुतापूर्ण होने चाहिए। कारण कि ऐसे सुगठित सम्बन्ध के बिना मानव-जाति का पुनरुत्पादन नहीं होगा और इसलिए नातेदारी भी नहीं रहेगी। लेकिन जब भी पितृसत्ता की व्यवस्था गर्भपात की शर्त लादती है तो यही सम्बन्ध शत्रुतापूर्ण बन जाता है। ऐसे मौक़ों पर पुरुष की सत्ता स्त्री के हित की इतनी सुस्पष्ट विरोधी होती है कि धार्मिक या समाजशास्त्रीय, कोई भी तिकड़म प्रभुत्व और अधीनता के सम्बन्ध के रूप में उस सम्बन्ध की सच्चाई को छिपा नहीं सकती। बलात्कार को छोड़ दें तो और कोई भी अनुभव स्त्री के लिए यौन-राजनीति को इससे अच्छे ढंग से व्यक्त नहीं कर सकता। प्रवंचना का शिकार होने और ख़ून में लथपथ होने के बाद वह जिस चीज़ को आपसी रज़ामन्दी समझती है उसमें बल प्रयोग के एक तत्त्व का और जिसे अपना प्रेमी समझती है उसमें एक अमूर्त पुरुषत्व का दर्शन करती है। इस मोहभंग की कड़वाहट के बारे में सीमों दे ब्यूवोर ने इस प्रकार अपनी बात कही है–

> पुरुष के रूप में अपने भवितव्य को सफलता के साथ साकार करनेवाला पुरुष जब स्त्री से अपनी प्रजनन-सम्भावनाओं को कुरबान करने की माँग करता है तो वह पुरुष प्रधान नैतिक-व्यवस्था के पाखंड को ही बेनक़ाब करता है। सार्वभौमिक तौर पर तो पुरुष गर्भपात की मनाही करते हैं मगर व्यक्तिगत तौर पर वे इसे एक समस्या के सुविधाजनक समाधान के रूप में स्वीकार भी करते हैं; निहायत गैर ज़िम्मेदाराना ढंग से इस तरह वे खुद को झुठलाते हैं। लेकिन इन विरोधाभासों को स्त्री अपनी ज़ख्मी काया में महसूस करती है; वह आमतौर पर इतनी दब्बू होती है कि पुरुष की कुआस्था के ख़िलाफ खुला विद्रोह नहीं कर सकती, वह खुद को ऐसे अन्याय का शिकार समझती है जो उसे खुद उसकी इच्छा के ख़िलाफ अपराधी बना देता है, और साथ ही वह खुद को दूषित और अपमानित भी महसूस करती है। वह अपने-आप में ठोस और तात्कालिक रूप में पुरुष के दोषों का साकार रूप है; गुनाह वह करता है मगर उसे स्त्री के सर लादकर छूट जाता है...स्त्री यह सब 'जानना' शुरू करती है तो अपने पहले गर्भपात के बाद। अनेक स्त्रियों के लिए दुनिया फिर पुरानी दुनिया नहीं रह जाती है।[38]

पुरुष की कुआस्था का यही ज्ञान लिंगभेद से निरपेक्ष होने का दावा करनेवाली एकजुटता की सीमाओं को समझने में स्त्री को समर्थ बनाता है। कौटुम्बिक जगत की परिचित एकात्मकता उसके भरे-पूरेपन का अहसास स्त्री के लिए जाता रहता है। 'दूषित और अपमानित' होकर वह एक *वैकल्पिक एकजुटता* का, स्त्री-जाति की एकजुटता का, सहारा लेती है। बिगुल और परचम से लैस एक 'खुला विद्रोह', न सही, यह प्रतिरोध फिर भी एक ऐसे समाज में स्पष्ट और मुखर प्रतिरोध ज़रूर होता है जिसमें केवल पुरुष को ही पहल और मुखरता सौंपी गई है। कारण कि लाख दब्बू सही, कोई पीड़ित स्त्री जब खुद को अन्याय का शिकार मानने लगती है तो वह फ़ौरन ही उस व्यवस्था के आलोचक की भूमिका अपना लेती है जो उसे उत्पीड़ित करती है। इस समालोचना से

प्रेरित किसी भी कर्म में विरोध के तत्त्व भी ज़रूर होते हैं। मागाराम द्वारा, और जिस समाज की ओर से वह बोलता है उसके द्वारा, ठुकराए जाने की घड़ी में चन्द्रा के साथ खड़ी होकर मझग्राम की इन स्त्रियों ने नातेदारी के सम्बन्धों की सीमाओं का भी अतिक्रमण किया। भेक के एकमात्र विकल्प के रूप में गर्भपात को स्वीकार करके उन्होंने ज़िन्दा मौत की उस सज़ा की अवज्ञा की जो चन्द्रा को पहले ही सुनाई जा चुकी थी। चन्द्रा को बचाने के लिए दूसरी स्त्रियों द्वारा किए गए प्रयासों के ही फलस्वरूप उसकी जान चली गई, यही बृन्दा के बयान में पाए जानेवाले दुख का त्रासद पहलू है : ''मैंने दवा तो इस भरोसे पर दी थी कि उसका गर्भ नष्ट हो जाएगा पर यह नहीं समझती थी कि इससे उसकी मौत हो जाएगी।'' यह त्रासदी उस काल में स्त्री-जाति की एकजुटता की शक्ति और उसकी सीमा की सूचक थी।[39]

सन्दर्भ और टिप्पणियाँ

1. यह दस्तावेज़ पंचानन मंडल, (सं), *चिट्‌ठीपत्रे समाजचित्र,* खंड 2 (कलकत्ता, 1953), पृ. 277-78 में मद संख्या 380 के रूप में प्रकाशित हुआ है; इस पुस्तक को मैं संक्षेप में *पी.एम.सी.एस.* कहूँगा। यह दस्तावेज़ विश्वभारती विश्वविद्यालय के अभिलेखागार से लिया गया है। बंगाली संवत् में इसका वर्ष 1255 दिया गया है। चूँकि इसमें वर्णित घटना चैत्र के महीने में हुई थी (नीचे टिप्पणी 2 देखें), इसलिए ईसाई संवत् में इसका संगत वर्ष 1849 होना चाहिए। दस्तावेज़ में कुछेक नाम अनेक ढंग से लिखे गए हैं : उपनाम चाशानी को चाशीनी और चाशिन तथा प्रथम नाम बृन्दा को वृन्द्रा, रंगो को रंगू, कालीचरण को काली भी लिखा गया है। अनुवाद में इन भिन्नताओं को सुरक्षित रखा गया है।
2. चैत्र बंगाली पंचाँग का बारहवाँ महीना होता है और यह मोटे तौर पर मार्च के उत्तरार्ध से लेकर अप्रैल के पूर्वार्ध तक के संगत होता है।
3. *पहर* और इसका एक और रूप *प्रहर* मोटे तौर पर 24 घंटे के दिन के आठवें भाग के बराबर होता है। इसलिए 'रात के दूसरे पहर के चार घड़ी बाद' का मतलब मोटे तौर पर आधी रात के पैंतालीस मिनट बाद लगाया जा सकता है।
4. *डंडो* समय का एक माप है; यह मोटे तौर पर 24 मिनट के बराबर होता है। इस कारण 'रात 4 या 5 डंडो बाक़ी थी' का मतलब यह हो सकता है कि भोर होने में अभी डेढ़ से दो घंटे तक का समय शेष था। इसी तरह 'दिन के दूसरे डंडो' का मतलब है सूर्योदय के कुछ कम एक घंटे बाद का वक्त।
5. फाल्गुन बंगाली पंचाँग का ग्यारहवाँ महीना होता है और मोटे तौर पर फरवरी के पूर्वार्ध से लेकर मार्च के उत्तरार्ध के संगत होता है।
6. वैष्णव पन्थ के एक अनुयायी की पोशाक।
7. एक उद्धरण तथा इस परिच्छेद में लिए गए दूसरे उद्धरण मिशेल फूको की रचना *मोआ, पियेर रिवेर, अयाँ एग्रोज़े या मेर, मा सूर ऐ मों फ्रेर* (पेरिस, 1973), पृ. 269-71 से लिए गए हैं। उन उद्धरणों का अनुवाद मैंने किया है जिसका मक़सद यह है कि ये *आई, पियरे रिविए...*शीर्षक से प्रकाशित अंग्रेज़ी अनुवाद (हारमंड्स वर्थ, 1978), पृ. 204-6 के अनुवाद के अपेक्षा मूल के अधिक निकट रहें।
8. *कंसाइज ऑक्सफ़ोर्ड डिक्शनरी,* छठा संस्करण (ऑक्सफ़ोर्ड, 1976), पृ. 152।

9. *हेगेल्स फिलॉसफी ऑफ़ राइट,* टिप्पणियों के साथ टी.एम. नाक्स द्वारा अनूदित (ऑक्सफ़ोर्ड, 1967), अनुच्छेद 99, पृ. 69 देखें। इस उद्धरण पर नाक्स की टिप्पणी मेरे तर्क के लिए महत्त्व रखती है। वे लिखते हैं : 'अपराध का अस्तित्व एक तथ्य, एक घटना के रूप में होता है, और यह उस सीमा तक 'सकारात्मक' होता है जहाँ तक वह *घटना* के रूप में दुर्घटनाओं जैसी दूसरी घटनाओं से किसी आपराधिक चरित्र के कारण भिन्न नहीं होता। एक *अपराध* के रूप में इसका अस्तित्व केवल उन्हीं के लिए होता है जो इसे अन्दर से अर्थात एक *सोद्‌देश्य* कर्म के रूप में समझते हैं, और इस एतबार से इसमें एक घटना *मात्र* की सकारात्मकता का अभाव होता है; यह इसमें अपराधी की इच्छा की मौजूदगी के ही कारण सचमुच सकारात्मक कोई चीज़, दुर्घटना नहीं बल्कि एक अपराध बनता है; और इस अर्थ में यह केवल इसलिए 'सकारात्मक' होता है कि यह उसके चेतन उद्‌देश्य को पूरा करता है।' उपरोक्त, पृ. 331 देखें।
10. एच.एच. रिज़ले, *दि ट्राइब्स एंड कास्ट्स ऑफ़ बंगाल,* खंड 1 (पुनर्मुद्रण : कलकत्ता, 1981), पृ. 43।
11. बंगाल सरकार, *फ़ाइनल रिपोर्ट आन दि सर्वे एंड सेटिलमेंट ऑपरेशंस इन दि डिस्ट्रिक्ट ऑफ़ बीरभूम, 1924-1932* (कलकत्ता, 1937), पृ. 17; इस कृति से आगे सभी हवाले *फ़ाइनल रिपोर्ट* नाम से दिए गए हैं।
12. इस पहचान के और अधिक ब्यौरों के लिए आगे टिप्पणी 24 देखें।
13. रिज़ले, पृ. 37।
14. *फाइनल रिपोर्ट,* पृ. 15।
15. उपरोक्त, पृ. 15।
16. यह सांख्यिकीय सूचना 'कम्पेरेटिव स्टेटमेंट शोइंग दि इनटेरेस्ट्स इन लैंड ऑफ़ सर्टेन कास्ट्स इन थानाज़ सूरी, खैरासोल और दुवराजपुर इन दि डिस्ट्रिक्ट ऑफ़ बीरभूम', उपरोक्त, पृ. 71 से ली गई है।
17. रिज़ले, पृ. 42।
18. *शिव संकीर्तन व शिवायन,* जोगीलाल हलदार द्वारा सम्पादित (कलकत्ता : कलकत्ता विश्वविद्यालय, 1957), पृ. 225-77।
19. रिज़ले, पृ. 39, 41।
20. उपरोक्त, पृ. 39।
21. विभूतिभूषण बन्द्योपाध्याय के उपन्यास *पाथेर पांचाली* में एक ग़रीब ब्राह्मण स्त्री एक अठन्नी के बदले काँसे का एक थाल गाँव के नाई की पत्नी को दे देती है। इस कहानी का समय इस सदी के आरम्भिक दशक हैं, लेकिन लगता है कि यह प्रथा स्वाधीनता के बाद भी ज़ारी रही। *विभूतिरचनावली,* खंड। (कलकत्ता : बंगाली वर्ष 1386 : पुनर्मुद्रण), पृ. 145-46, और एन.के. चन्द्रा, 'एग्रिकल्चरल वर्कर्स इन बर्दवान', रणजीत गुहा द्वारा सम्पादित *सबाल्टर्न स्टडीज़* II, (दिल्ली, 1983) में संकलित, पृ. 243, 247 देखें।
22. *कविकम्कान-चंडी,* भाग 1, सम्पादक : श्रीकुमार बन्दोपाध्याय और विश्वपति चौधुरी (कलकत्ता : कलकत्ता विश्वविद्यालय, 1958), पृ. 262।
23. 'कोई बागड़ी अपनी उपजाति के बाहर विवाह नहीं कर सकता, और न उस गोत्र के अन्दर जिससे उसका सम्बन्ध होता है। मसलन एक तेंतुलिया को एक तेंतुलिया से ही विवाह करना होगा लेकिन एक सालऋषि-गोत्रीय पुरुष, चाहे उसकी उपजाति कुछ भी हो, एक सालऋषि-गोत्रीय स्त्री से विवाह नहीं कर सकता', रिज़ले, पृ. 38 देखें।
24. इन गाँवों के बारे में मेरी पहचान *अल्फाबेटिकल लिस्ट ऑफ़ विलेजेज़, वेस्ट बंगाल,* सम्पादक : पी. सी. बनर्जी (अप्रकाशित टंकित प्रति, बंगाल सरकार, जनगणना अधीक्षक कार्यालय, कलकत्ता 1956) तथा *फ़ाइनल रिपोर्ट,* परिशिष्ट सात, भाग दो (मानचित्र) और परिशिष्ट सात, भाग दो की अनुक्रमणिका (गाँवों की सूची) पर आधारित है। *अल्फाबेटिकल लिस्ट* में मजग्राम नामक एकमात्र

गाँव से इस गाँव की पहचान की गई है (हालाँकि वहाँ उसे 'मझग्राम' लिखा गया है)। भवानीपुर गाँव इस नाम के दो गाँवों में से कोई भी हो सकता है; ये दोनों मझग्राम से लगभग बराबर, कोई छः मील की दूरी पर स्थित हैं; इनमें से एक उत्तर में राजनगर थाना के तहत और दूसरा दक्षिण में दुवराजपुर थाना के तहत स्थित है। अगर तीसरे गाँव सिमला को लें तो दूसरा वाला गाँव एक ग्रामसमूह का अंग दिखाई देता है और इसलिए मैंने इसी को वरीयता दी है; यह सिमला गाँव सिमलाकुड़ी का संक्षेप है जो मझग्राम से दो मील दक्षिण में स्थित है।

25. मिशेल फूको, *दि हिस्टरी ऑफ़ सेक्सुएलिटी,* खंड 1 (लन्दन, 1978), पृ. 106-7।
26. *पी एम सी एस,* पृ. 166-68, 175, 176, 179-80 देखें। बीरभूम और बाँकुड़ा से प्राप्त इन सभी दस्तावेज़ों की क्रम संख्याओं के साथ उनकी तिथियाँ कोष्ठकों में दिखाई गई हैं, जैसे 225 (1840), 227 (1804), 229 (1819), 240 (1823), 241 (1824) और 247 (1834) आदि।
27. ऐसी आदेश मूलक सत्ता से विभूषित व्यक्ति का उदाहरण देखने के लिए *पी एम सी एस,* दस्तावेज़ संख्या 225 (पृ. 166-67) और संख्या 247 (पृ. 179-80) देखें। एक और दस्तावेज़ संख्या 227 (पृ.167-68) में छः ब्राह्मणों के समूह की सामूहिक सत्ता देखी जा सकती है। दस्तावेज़ संख्या 229 (पृ. 169-70) में प्रार्थी अपनी जाति के अगुवों को सम्बोधित करता है।
28. फूको, *दि हिस्टरी ऑफ़ सेक्सुएलिटी,* खंड 1, पृ. 106।
29. *पी एम सी एस,* संख्या 240, पृ. 175।
30. उपरोक्त, संख्या 229, पृ. 169-70।
31. मेरा विचार है कि बंगाली समाज में हँसी-मज़ाक के सम्बन्धों के दायरे का बयान करते हुए रोनाल्ड बी इंडेन और राल्फ डब्ल्यू निकोलस कुछ ज़्यादा ही संकुचित रहे हैं। सलहज-ननदोई के सम्बन्ध तथा इन विद्वानों द्वारा इंगित न किए गए कुछ और सम्बन्धों को पूरी वैधता के साथ उनकी सूची में शामिल किया जा सकता है। इंडेन और निकोलस, *किनशिप इन बंगाली कल्चर* (शिकागो, 1977), पृ. 31-32 देखें।
32. बिनोय घोष द्वारा सम्पादित इस कृति (कलकत्ता, 1970) में पृ. 105 पर भेक के अनुष्ठान का वर्णन इस प्रकार किया गया है : 'गोस्वामी (कहलानेवाले पन्थ के अगुवा आमतौर पर इस संस्कार के लिए अपने फ़ौजदार और छोरीदार (कहलानेवाले सहायकों) पर निर्भर रहते हैं। छोरीदार एक नवदीक्षित का मुंडन और स्नान कराते हैं, उसे कमर के लिए एक गाँठदार धागा (डोर), कटिवस्त्र (कोपीन), एक ऊपर पहनने का कपड़ा (बहिर्बास) और माथे पर पन्थ का सूचक चिह्न (तिलक), धार्मिक संकेतों की शिक्षा (मुद्रा) और पहनने के लिए तीन तारोंवाली एक माला (त्रिकोंठिका गलोमाला) प्रदान करते हैं। फिर वे उसे मन्त्र की दीक्षा देते हैं। इन सबके लिए वे न्यूनतम सवा रुपए लेते हैं। इसके अलावा इस अवसर पर भगवान अद्वैत, भगवान नित्यानन्द और भगवान चैतन्य को भोग भी लगाना पड़ता है और भारी पंगत में वैष्णवों को भोज देना पड़ता है। आमतौर पर यह माना जाता है कि भेक (भेकाश्रम) की स्थापना भगवान नित्यानन्द ने की थी।'
33. *पी एम सी एस,* संख्या 248, पृ. 180-81।
34. सुधीर चक्रवर्ती, 'गोभीर निर्जन पथेर उलटो बाँके', *बारोमाश,* 6 (2), मार्च-अप्रैल 1985, पृ. 4।
35. उपरोक्त, पृ. 4-5।
36. यह उद्धरण और इस अनुच्छेद में दिए गए दूसरे उद्धरण सीमों दे ब्यूवोर की रचना *दि सेकंड सेक्स* (हारमंड्सवर्थ, 1984), पृ. 512-13 से लिए गए हैं।
37. उपरोक्त, पृ. 513।
38. उपरोक्त, पृ. 509-10।
39. इस लेख के एक मसौदे पर निम्नवर्गीय प्रसंग के सम्पादकमंडल के साथियों की तथा साथ ही अहमद कमाल, राज्यश्री पांडे और जेम्स स्कॉट की टिप्पणियों के लिए मैं उनका आभारी हूँ।

राष्ट्र और उसकी महिलाएँ

पार्थ चटर्जी

महिला प्रश्न में मौजूद विरोधाभास

बंगाल में 19वीं सदी के आरम्भिक और मध्य भागों में अर्थात उसके तथाकथित पुनर्जागरण के काल में 'महिलाओं का प्रश्न' सामाजिक सुधार को लेकर चलनेवाली सबसे विवादग्रस्त बहसों का केन्द्रीय प्रश्न रहा है। राममोहन राय की ऐतिहासिक ख्याति मुख्यतः विधवाओं को सती करने की प्रथा के ख़िलाफ़ उनके अभियान पर आधारित रही है और विद्यासागर की प्रसिद्धि विधवा-विवाह को क़ानूनी वैधता प्रदान कराने और कुलीनों में बहुविवाह को समाप्त कराने के प्रयासों की उपज रही है। 1870 के दशक में विवाह क़ानूनों और 'विवाह की आयु' के सवाल पर ब्रह्म समाज दो बार दो फाड़ हुआ। लेकिन इतिहासकारों को जो चीज़ परेशान करती रही है वह यह है कि 19वीं सदी के अन्त तक ऐसे प्रश्न सार्वजनिक बहसों की विषय सूची से लगभग एकाएक ग़ायब हो चुके थे। उसके बाद समाज में स्त्रियों की स्थिति को लेकर उठनेवाले प्रश्न जनता में उतना जोश और कड़वाहट पैदा नहीं करते थे जितना उसके कुछ ही दशक पहले तक करते आए थे। इस समय के प्रमुख प्रश्न सीधे-सीधे राजनीतिक प्रश्न थे जो राष्ट्रवादी राजनीति से सम्बन्धित थे।

इस परिवर्तन की व्याख्या हम करें तो कैसे करें ? इस समस्या को सबसे स्पष्ट और दो टूक ढंग से गुलाम मुर्शिद ने सामने रखा है।[1] अगर 19वीं सदी के मध्य में बंगाल में महिलाओं की दशा से जुड़े 'आधुनिकीकरण' के प्रयासों को हम गम्भीरता से अर्थात उनकी उदार, बुद्धिवादी और समतावादी भावना के साथ लें तो फिर राष्ट्रवाद के युग में जो कुछ हुआ वह स्पष्ट रूप से प्रतिगामी रहा है। आधुनिकीकरण का आरम्भ 19वीं सदी के पूर्वार्ध में पश्चिमी विचारों के आगमन के कारण हुआ। थोड़ी-बहुत सीमित सफलता के बाद सुधार-आन्दोलनों में तब स्पष्ट ह्रास देखा गया जब उनके प्रति जनता का रवैया कठोर हो गया। नई राष्ट्रवादी राजनीति ने "भारत के अतीत का महिमामंडन किया और हर परम्परागत प्रथा का समर्थन किया।" प्रथाओं और जीवन-शैलियों को बदलने के तमाम प्रयासों को पश्चिमी रंग-ढंग की नक़्क़ाली समझा जाने लगा और उन्हें सन्देह की नज़र से देखा जाने लगा। फलस्वरूप राष्ट्रवाद ने सामाजिक आचार-विचारों के प्रति स्पष्ट रूप से एक अनुदार रवैये को बढ़ावा दिया।

राष्ट्रवादी राजनीति ने आधुनिकीकरण के आन्दोलन को ठप कर दिया।

राष्ट्रवाद के सामाजिक निहितार्थों की यह समालोचना अपेक्षाकृत सरल और एकरैखीय इतिहासवादी मान्यताओं से उपजती है। मुर्शिद बात को स्वीकार करते हैं कि सामाजिक सुधार के आरम्भिक प्रयासों को यूरोप से ग्रहण किए गए राष्ट्रवादी और प्रगतिशील विचारों ने बढ़ावा दिया, इतना ही नहीं, वे यह मानकर भी चलते हैं कि पश्चिम की तरह भारत में भी ऐसे सुधारों का अनिवार्य ऐतिहासिक उत्कर्ष सामाजिक संस्थाओं और आचारों में उदारवादी जीवनमूल्यों की पूर्ण अभिव्यक्ति में होना चाहिए था। इन मान्यताओं से अनिवार्यतः राष्ट्रवादी विचारधारा और आचारों की समालोचना उपजती है; यह समालोचना उन उपनिवेशवादी इतिहासकारों की समालोचना जैसी ही है जो यह तर्क देते हैं कि भारतीय राष्ट्रवाद औपनिवेशिक शासकों के साथ राजनीतिक सत्ता में साझेदारी के जोड़-तोड़ के अलावा कुछ भी नहीं था; कि उसका जनाधार परम्परागत जजमान-कामगार सम्बन्धों को सफलता के साथ सक्रियता प्रदान करना भर था; कि उसका आन्तरिक संवाद संकीर्ण गुटों का जोड़-तोड़ भर था; और यह कि उसकी विचारधारा नस्लवादी नफ़रतों और अलगाव के लिए सिर्फ़ एक मुलम्मा थी।

ज़ाहिर है कि राष्ट्रवाद के काल में महिला-प्रश्न के कम होते हुए महत्त्व की समस्या मुर्शिद के दिए हुए उत्तर से एक भिन्न उत्तर की माँग करती है। सुमित सरकार का तर्क है कि उदार और समतावादी सामाजिक परिवर्तन की मुहिम को आगे बढ़ाने में राष्ट्रवादी विचारधारा की सीमाओं को पहले के एक मूलगामी सुधारवादी चरण के पीछे हटना नहीं कहा जा सकता।[2] वास्तव में ये सीमाएँ पहले के चरण में भी मौजूद थीं। उन्होंने यह दिखाया है कि पुनर्जागरण सुधारक यूरोप के उदारवादी विचारों को स्वीकार करने के मामले में बेहद चयनवृत्ति से काम लेते थे। जातिगत भेदभावों और परिवार में सत्ता के पितृसत्तावादी रूपों को बनाए रखना, शास्त्र की सत्ता को स्वीकार करना, सामाजिक आचार-व्यवहार में ठोस की बजाय केवल प्रतीकात्मक परिवर्तनों को वरीयता देना—सामाजिक रूढ़िवाद के ये तमाम मूलभूत तत्त्व 19वीं सदी के आरम्भिक और मध्य भागों के सुधार आन्दोलनों में मौजूद थे।

इस आधार पर हम यह सवाल पूछ सकते हैं : जो कुछ यह सुधारक चाहते थे उसका चयन किस प्रकार करते थे ? दूसरे शब्दों में, वह कौन सी विचारधारात्मक छलनी थी जिसमें वे यूरोप से नव-आयातित विचारों को छानते थे ? अगर हम राष्ट्रवादी विचारधारा के इस ढाँचे की पुनर्रचना कर सकें तो हम कहीं बहुत बेहतर ढंग से इस बात का निश्चय कर सकेंगे कि राष्ट्रवाद के दावों में महिला प्रश्न की ठीक-ठीक स्थिति क्या थी। अगर मैं अपने तर्क को संक्षेप में यहीं प्रस्तुत करना चाहूँ तो मैं कहूँगा कि इस तरह हम देखेंगे कि राष्ट्रवाद ने सचमुच 'आधुनिक' समाज में महिलाओं की स्थिति के बारे में नई सामाजिक और सांस्कृतिक समस्याओं का जवाब पेश किया था, और यह जवाब पश्चिम की सांस्कृतिक आधुनिकता के गोचर रूपों से समानता नहीं बल्कि भेद बनाए रखकर पेश किया गया था। इस तरह मेरा तर्क यह होगा कि 19वीं सदी के अन्तिम

दशकों में महिला-प्रश्न की सापेक्ष महत्त्वहीनता की व्याख्या इस तथ्य के आधार पर नहीं की जानी चाहिए कि इसे सुधारों की कार्यसूची से ख़ारिज कर दिया गया था; इसकी व्याख्या राजनीतिक संघर्ष के अधिक महत्त्वपूर्ण और अधिक भावनात्मक मुद्दों के आधार पर की जानी चाहिए। इसका कारण प्रभुसत्ता के एक आन्तरिक क्षेत्र में 'महिला-प्रश्न' को अवस्थित करने में राष्ट्रवाद की सफलता में निहित है, और यह क्षेत्र औपनिवेशिक राजसत्ता के साथ राजनीतिक टकराव के क्षेत्र से काफ़ी दूर था। राष्ट्रीय संस्कृति का यह आन्तरिक क्षेत्र 'परम्परा' की खोज की पृष्ठ-भूमि में तैयार किया गया था।

'परम्परा' में महिलाओं का प्रश्न

अंग्रेज़ों की विजय से पहले भारत की राजनीतिक दशा को अराजकता, ग़ैर-क़ानूनियत और निरंकुश सत्ता की अवस्था ठहराना ब्रिटिश औपनिवेशिक सत्ता के वैचारिक औचित्य का एक केन्द्रीय तत्त्व था। लेकिन इस चरित्र-चित्रण के अलावा भारतीय जनता की उन 'पतित और बर्बर' सामाजिक प्रथाओं की आलोचना भी होती रही जो धार्मिक परम्परा से सम्मत थे या इस प्रकार सम्मत माने जाते थे। इसलिए शासन की एक सुव्यवस्थित, क़ानून पर आधारित और बुद्धिसंगत प्रणाली की स्थापना करने के प्रयासों के अलावा उपनिवेशवाद ने खुद को एक 'सभ्यताकारी ध्येय' से युक्त भी समझ लिया। इस परम्परा को 'पतित और बर्बर' ठहराते हुए उपनिवेशवादी आलोचकों ने हमेशा ही भारतीय स्त्रियों पर हुए अत्याचारों की एक लम्बी सूची भी पेश की; ये अत्याचार पुरुषों या उनके विशेष वर्गों द्वारा उतने नहीं किए जाते थे जितने कि धार्मिक नियमों और कर्मकांडों द्वारा किए जाते थे। ये नियम और कर्मकांड, इन आलोचकों की राय में, धार्मिक सिद्धान्तों के एक पूरे-के-पूरे ढाँचे में इन अत्याचारों का औचित्य प्रदान करके उत्पीड़कों और उत्पीड़ितों, दोनों की नज़रों में उन्हें उचित आचार-व्यवहार के आवश्यक चिह्नों के रूप में प्रस्तुत करते थे। भारत की पराधीन और पीड़ित महिला-जाति के प्रति सहानुभूति का रवैया अपनाकर औपनिवेशिक मानस भारतीय स्त्री की इस तस्वीर को देश की पूरी सांस्कृतिक परम्परा की मूलतः दमनकारी और पराधीन प्रकृति का सूचक ठहराने में कामयाब रहा।

मिसाल के लिए भारत में 19वीं सदी के आरम्भिक वर्षों में आनेवाले एक ब्रिटिश यात्री के इस विवरण को देखा जा सकता है–

> जीवन के किसी भी काल में, समाज की किसी भी अवस्था में किसी स्त्री को कोई भी कार्य केवल अपनी प्रसन्नता के लिए नहीं करना चाहिए। उनके पिताओं, उनके पतियों, उनके पुत्रों को उनका संरक्षक कहा जाता है; मगर क्या यही संरक्षण है ! रात-दिन क्या स्त्रियों को उनके संरक्षकों द्वारा पूरी तरह आश्रित बनाए रखा जाना चाहिए ? कहा जाता है कि स्त्री कभी स्वतन्त्रता के योग्य नहीं होती, या उसे स्वाधीन नहीं छोड़ा जा सकता...उनके ईश्वर ने स्त्रियों को शैया-प्रेम, आसन-प्रेम, आभूषण-प्रेम,

अपवित्र इच्छाओं, क्रोध, लोच, कुकर्म की इच्छा और दुराचरण से विभूषित कर रखा है। भले ही उसका पति तमाम सद्गुणों से वंचित हो मगर फिर भी उसके नैतिक चाल-चलन और मर्यादाओं के प्रति उनकी धारणा ऐसी है कि उन्होंने स्त्री को पति की देवता-समान पूजा करने के लिए, पति चाहे जिस प्रकार उसे उत्पीड़ित करे, पीछे के अंगों पर बेंत से मारे या रस्से से, उसे स्वीकार करने के लिए बाध्य कर रखा है...हिन्दुओं में स्त्री-जाति के लिए निर्भरता की जो स्थिति निश्चित कर दी गई है उससे अधिक कठोर, अपमानजनक और निष्ठुर स्थिति की आसानी से कल्पना नहीं की जा सकती; और इस कलंक को और गहरा बनाने के लिए, स्त्री के दुखों के प्याले को और भरने के लिए, गोया कि वह अमरत्व से और न्याय से, आशा और आनन्द से वंचित रखे जाने की पात्र हो, यह व्यवस्था दी गई है कि वेद-ग्रन्थों से स्त्री का कोई सरोकार नहीं रहेगा—कि पापनाशक ग्रन्थों और विधि का कोई ज्ञान न होने के कारण पापी स्त्री स्वयं असत्य जितनी घृणित रहेगी और साक्षी बनने के योग्य नहीं होगी। उनके लिए बुद्धि का मार्ग बन्द है, ज्ञान के स्रोत सूख चुके हैं, उनके धर्म में विहित वैयक्तिक सान्त्वना के स्रोतों पर पहरा है और निर्मम दुख और तड़प-भरी प्यास के क्षणों में भी ये स्रोत स्त्रियों के लिए निषिद्ध हैं; और चूँकि वह परित्यक्त है इसलिए दुख और सन्ताप के क्षणों में, अपने संसाधनों से वंचित...और चूँकि वह सगे-सम्बन्धियों द्वारा त्याज्य है इसलिए क्या इसमें कोई आश्चर्य की बात है कि हताशा की घड़ी में वह अपने एकाकीपन और अपमान की, निर्मम कष्टों और दुखों की अवस्था को और लम्बा खींचने की बजाय जलती चिता और उसकी लपकती अग्नि को गले लगा लेती है ?[3]

इस प्रवाहमय गद्य में उत्पीड़ित के प्रति सहानुभूति के उद्गारों के साथ उस परम्परा की पूर्ण नैतिक भर्त्सना भी पाई जाती है जिसे इन बर्बर प्रथाओं को जन्म और शक्ति देनेवाला समझा जाता है। और इसमें शक नहीं कि भर्त्सना के इस उद्गार को सबसे बड़ा प्रमाण सती की प्रथा के रूप में मिला जो इस प्रथा के उन्मूलन के लिए क़ानून बनानेवाले गवर्नर-जनरल विलियम बैंटिक के शब्दों में 'उनकी प्रथाओं में सर्वप्रथम और सबसे अपराधपूर्ण प्रथा' थी। वास्तव में भारतीय जनता को 'सभ्य बनाने' का ध्येय अनिवार्य रूप से भारतीय परम्परा की इस आलोचना का व्यावहारिक निहितार्थ था। उपनिवेशवादी आख्यान का पूरा-का-पूरा ढाँचा मूल रूप से इसी परियोजना पर खड़ा था।

निश्चित ही इस प्रकार के आख्यान में इस परियोजना को लागू करने की ठोस विधियों को लेकर काफ़ी-कुछ वाद-विवाद चलता रहता था। उसके लिए उपलब्ध विकल्पों में ईसाई मिशनरियों द्वारा धर्म-परिवर्तन, औपनिवेशिक राजसत्ता की क़ानूनी और प्रशासनिक कार्यवाई, और प्रबुद्ध पाश्चात्य ज्ञान-विज्ञान का क्रमिक प्रसार आदि बहुत सी बातें शामिल थीं। इनमें से हर विकल्प के पीछे यह उदारवादी औपनिवेशिक विचार मौजूद

था कि अन्ततः खुद भारतीय लोग अपनी परम्परागत प्रथाओं की व्यर्थता में विश्वास करने लगेंगे तथा सभ्य और बुद्धिसंगत समाज-व्यवस्था के नए रूपों को अपनाएँगे।

हमने अन्यत्र इस सभ्यताकारी ध्येय की कुछेक राजनीतिक रणनीतियों पर विचार किया है। यहाँ ध्यान देने की बात यह है कि 19वीं सदी के आरम्भ के भारतीय सामाजिक सुधारों की कार्यसूची में तथाकथित महिला-प्रश्न का सम्बन्ध विशिष्ट सामाजिक सम्बन्धों में महिलाओं की विशिष्ट दशाओं से उतना नहीं था जितना कि एक औपनिवेशिक राजसत्ता और एक विजित जनगण की तथाकथित 'परम्परा' के टकराव से था; और जैसा कि सती-दाह के उन्मूलन सम्बन्धी अपने अध्ययन[4] में लता मणि ने दिखाया है, यह परम्परा खुद ही औपनिवेशिक आख्यान की उपज थी। यह तो खुद औपनिवेशिक आख्यान ही था जिसने ब्राह्मणवादी धर्मग्रन्थों की श्रेष्ठता और इन ग्रन्थों के प्रति सभी हिन्दुओं के पूर्ण अनुकरण-भाव की मान्यताओं को स्वीकार करके उस परम्परा को परिभाषित किया जिसकी आलोचना और जिसका सुधार करना ज़रूरी था। भारतीय राष्ट्रवाद ने औपनिवेशिक शासन से भिन्न राजनीतिक रुख़ अपनाकर भी महिला-प्रश्न को अपने लिए पहले से निर्धारित एक समस्या के रूप में, अर्थात भारतीय परम्परा की एक समस्या के रूप में स्वीकार किया।

राष्ट्रवाद में महिला-प्रश्न

मैंने अन्यत्र इसका वर्णन किया है कि राष्ट्रवाद ने संस्कृति का दो क्षेत्रों में, अर्थात सांसारिक और आध्यात्मिक संस्कृति में विभाजन किस प्रकार किया। पश्चिमी सभ्यता के दावे भौतिक क्षेत्र में ही सबसे प्रबल थे। विज्ञान, प्रौद्योगिकी, आर्थिक संगठन के बुद्धिसंगत रूप, राजतन्त्र-संचालन की आधुनिक विधियाँ—इन सबने यूरोपीय देशों को ग़ैर-यूरोपीय जनगणों को अधीन बनाने और पूरी दुनिया पर अपना प्रभुत्व स्थापित करने की शक्ति प्रदान की थी। इस प्रभुत्व को समाप्त करने के लिए उपनिवेशों में रहनेवाली जनता के लिए ज़रूरी था कि वह भौतिक जीवन के संगठन की इस श्रेष्ठतर तकनीकों को सीखे और उन्हें अपनी संस्कृतियों में समाहित करे। अपनी जनता की परम्परागत संस्कृति को बुद्धिसंगत बनाने और उसका सुधार करने की राष्ट्रवादी परियोजना का यह एक पहलू था। लेकिन इसका मतलब यह न था कि जीवन के हर क्षेत्र में पश्चिम की नक़्क़ाली की जाए क्योंकि फिर तो पूर्व और पश्चिम में कोई भेद ही नहीं रहेगा और राष्ट्रीय संस्कृति की अपनी अस्मिता ही ख़तरे में पड़ जाएगी। वास्तव में, जैसा कि 19वीं सदी के अन्तिम वर्षों के भारतीय राष्ट्रवादियों का तर्क था, भौतिक जीवन को छोड़ किसी और क्षेत्र में पश्चिम का अनुकरण करना अवांछनीय ही नहीं, अनावश्यक भी था। कारण कि पूर्व, आध्यात्मिक क्षेत्र में पश्चिम से श्रेष्ठतर था। ज़रूरत थी तो इसकी कि आधुनिक पश्चिमी सभ्यता की भौतिक तकनीकों का ज्ञान प्राप्त किया जाए, और साथ ही राष्ट्रीय संस्कृति के विशिष्ट आध्यात्मिक सारतत्त्व को सुरक्षित रखा तथा और भी प्रबल बनाया

जाए। इस प्रकार राष्ट्रवादी परियोजना का निरूपण पूरा हुआ, तथा पाश्चात्य आधुनिकता के चुनिन्दा स्वीकार के वैचारिक औचित्य के रूप में इसका प्रभाव आज तक बना हुआ है।

राष्ट्रवादी आख्यान से पता चलता है कि सांसारिक और आध्यात्मिक का यह भेद इससे मिलते-जुलते मगर वैचारिक रूप से इससे भी कहीं बहुत शक्तिशाली एक भेद में व्यक्त हुआ; यह भेद आन्तरिक और बाह्य का था। राष्ट्रवादी लेखकों का तर्क था कि सांसारिक क्षेत्र हमसे बाहर स्थित है; यह मात्र एक बाह्य तत्त्व है जो हमें प्रभावित करता है और हमें इससे तालमेल बिठाने के लिए मजबूर करता है। अन्ततः इसका कोई महत्त्व नहीं होता। लेकिन आध्यात्मिक तत्त्व हमारे अन्दर स्थित है, और वही हमारा सच्चा स्वत्व है; यही सचमुच मूलभूत तत्त्व है। इससे फिर यह निष्कर्ष निकाला गया कि जब तक भारत अपनी संस्कृति की आध्यात्मिक विशिष्टता को सुरक्षित रखता है तब तक वह अपनी सच्ची पहचान को खोए बिना आधुनिक सांसारिक जगत की आवश्यकताओं के अनुसार ख़ुद को ढालने के लिए ज़रूरी समझौते और तालमेल कर सकता है। 19वीं सदी में सामाजिक सुधार के मुद्दों ने जो पेचीदा समस्याएँ खड़ी कीं, राष्ट्रवाद ने उनके समाधान की यही कुंजी प्रदान की।

रोज़मर्रा के जीवन की ठोस सच्चाइयों पर आन्तरिक और बाह्य के इस भेद को लागू करने से सामाजिक क्षेत्र भी घर और बाहर में विभाजित हुआ। विश्व तो बाह्य तत्त्व है, यह सांसारिक क्षेत्र है, जबकि घर व्यक्ति के आन्तरिक आध्यात्मिक स्वत्व का, उसकी सच्ची अस्मिता का परिचायक है। विश्व सांसारिक हितों की पूर्ति का एक कपट से भरा क्षेत्र है जहाँ व्यवहार-बुद्धि का सर्वोच्च महत्त्व होता है। यह ख़ास तौर पर पुरुषों का क्षेत्र भी है। घर का मूल तत्त्व सांसारिक जगत की निकृष्ट गतिविधियों से अप्रभावित रहना चाहिए—और इस क्षेत्र का प्रतिनिधित्व स्त्री करती है। इस प्रकार हमें लिंग-भेद से सामाजिक भूमिकाओं का समीकरण प्राप्त होता है जो घर और बाहर में सामाजिक क्षेत्र के विभाजन के संगत है।

अभी तक हम ऐसी किसी धारणा पर नहीं पहुँचे हैं जो परम्परागत पितृसत्तावादी व्यवस्था में लिंग-सम्बन्धी भूमिकाओं की मिसाली धारणा से अलग हो। अब अगर हम 19वीं सदी के सामाजिक सुधारों में इन सामाजिक रवैयों को जारी पाते हैं तो लाज़मी सा लगता है कि हम इसे 'रूढ़िवाद' या परम्परागत आदर्शों का समर्थन मात्र कहें; भारत के उदारवादी इतिहासकारों ने वास्तव में इसी ढब पर लिखा भी है। लेकिन ऐसा करना ग़लत होगा। उपनिवेशवाली स्थिति और भारतीय परम्परा की समालोचना के प्रति राष्ट्रवाद के वैचारिक प्रत्युत्तर के कारण इन शब्दों को एक बिल्कुल नया अर्थ मिला और उनका रूपान्तरण हुआ। सांसारिक और आध्यात्मिक का भेद जिनके संगत शब्द क्रमशः *दुनिया* और *घर* थे, जैसा कि कहा गया है, राष्ट्रवादी मानस में एक बहुत ही विशेष अर्थ से विभूषित हुआ। दुनिया तो वह जगह थी जहाँ यूरोपीय शक्ति ने ग़ैर यूरोपीय जनगणों को ललकारा था और अपनी श्रेष्ठतर सांसारिक संस्कृति के कारण उनको अधीन बनाने में कामयाब रहा था। लेकिन राष्ट्रवादियों का दावा था कि वह शक्ति पूर्व की आन्तरिक,

मूलभूत अस्मिता का औपनिवेशीकरण करने में नाकाम रही थी और यह अस्मिता पूर्व की विशिष्ट, और श्रेष्ठतर, आध्यात्मिक संस्कृति में निहित थी। यहाँ पूर्व किसी का अधीनस्थ न था, खुद-मुख़्तार था, अपनी क़िस्मत का मालिक था। उपनिवेश बन चुके एक जनगण के लिए दुनिया एक दुखद बाधा थी जो उस पर उसकी भौतिक कमियों के कारण, लाद दी गई थी। यह जगह थी दमन और रोज़मर्रा के अपमान की, जहाँ उपनिवेशवादी के आदर्शों को मजबूरी में मानना पड़ रहा था। फिर कुछ ही समय बाद राष्ट्रवादियों ने यह तर्क देना शुरू कर दिया कि यही जगह वह जगह है जहाँ राष्ट्रीय स्वाधीनता की लड़ाई लड़ी जाएगी। पराधीन जनता को पश्चिम से आधुनिक ज्ञान-विज्ञान और भौतिक जगत की कलाएँ सीखनी होंगी ताकि वह शक्ति प्राप्त कर सके और अन्ततः उपनिवेशवादी की सत्ता को उखाड़ फेंके। लेकिन राष्ट्रीय संघर्ष के पूरे काल में बुनियादी ज़रूरत थी राष्ट्रीय संस्कृति के अन्तःतत्त्व को, आध्यात्मिक सारतत्त्व को, सुरक्षित रखने और प्रबल बनाने की। उस आन्तरिक क्षेत्र में उपनिवेशवादी के दख़ल की कोई इजाज़त नहीं होनी चाहिए। दुनिया में तो पश्चिमी आदर्शों का अनुकरण और अनुकूलन एक आवश्यकता थी; घर में यही कार्य अपनी पहचान को ही नष्ट करने के समान था।

एक बार हम घर और दुनिया के भेद के इस नए अर्थ को लिंग-भेद के आधार पर सामाजिक भूमिकाओं के निर्धारण से जोड़कर देखने में कामयाब रहे तो हमें वह वैचारिक ढाँचा प्राप्त होगा जिसके अन्दर राष्ट्रवाद ने महिला-प्रश्न को उठाया। इस कार्य को पश्चिम का पूर्ण अस्वीकार समझना भारी ग़लती होगी, जैसा कि राष्ट्रवादी आचार-व्यवहार में सामाजिक रूढ़िवाद के अनेक चिह्नों को देखकर और उन पर दुखी होकर उदारवादी समझ बैठते हैं। बात इसकी उल्टी है : वास्तव में राष्ट्रवादी ढाँचे ने *चयन* का एक वैचारिक आधार प्रदान किया। यह आधुनिकता की अस्वीकृति न थी बल्कि आधुनिकता को राष्ट्रवादी परियोजना के अनुसार ढालने का प्रयास था।

भेद चयन के आधार के रूप में

19वीं सदी में महिलाओं सम्बन्धी साहित्य किस सीमा तक बंगाली महिलाओं के पश्चिमीकरण के ख़तरे से सम्बन्धित है, इसे देखकर हैरानी होती है। लिखित, मौखिक और दृश्य संवाद के लगभग हर एक रूप में इस विषय को उठाया गया है–19वीं सदी के नैतिकतावादियों के सर-तोड़ निबन्धों से लेकर उपन्यासों, प्रहसनों, झलकियों और बेसुरी झंकारों तक, और पटुआ पर की गई चित्रकारियों तक। सामाजिक विद्रूप (पैरोडी) इस वैचारिक प्रचार का सबसे लोकप्रिय और सबसे कारगर माध्यम था। ईश्वरचन्द्र गुप्त (1812-59) और 19वीं सदी के आरम्भिक *कबियालों* (गवैये) से लेकर आधुनिक बंगाली रंगमंच के यशस्वी अग्रजों, जैसे माइकल मधुसूदन दत्त (1824-73) दीनबन्धु मित्रा, ज्योतिरींद्रनाथ ठाकुर (1849-1925) उपेन्द्रनाथ दास (1848-95) और अमृतलाल बसु (1853-1929) तक हर एक ने इस विषय को उठाया। किसी मेम साहब के तौर-तरीक़ों

की नक़ल करने की कोशिश में रत एक बंगाली महिला के विचार का मखौल उड़ाना स्त्री-पुरुष, दोनों प्रकार के दर्शकों में हँसी के फ़व्वारे उठाने और नैतिक भर्त्सना की भावना जगाने का एक अचूक नुस्ख़ा था। (और यह बहुत कुछ एक विचार ही था। इसका ऐतिहासिक साक्ष्य मिलना मुश्किल है कि 19वीं सदी के मध्य में कलकत्ता के पश्चिमी रंग में बेहद रंगे हुए परिवारों में भी वास्तव में ऐसी स्त्रियाँ थीं जो इस मख़ौल की पात्र स्त्रियों से थोड़ी सी भी मिलती-जुलती रही हों।) और निश्चित ही यह आलोचना थी तौर-तरीक़ों की; नए-नए कपड़ों जैसे ब्लाउज़, पेटीकोट और जूती की (और अजीब बात यह थी कि ये सभी चीज़ें कुत्सित समझे जाने के बावजूद जिस्म को उस पँचगज़ी साड़ी की बजाय बहुत बेहतर ढंग से ढँकती थीं जो 19वीं सदी के मध्य तक सम्पत्ति और सामाजिक स्थिति के भेदों के बावजूद बंगाली स्त्रियों में प्रचलित थी); यह आलोचना थी पश्चिमी सौन्दर्य-प्रसाधनों और आभूषणों के प्रयोग की; उपन्यास पढ़ने की; कढ़ाई-बुनाई की (जिसे अनुपयोगी और ख़र्चीला वक्त-गुज़ार काम समझा जाता था), और खुली बग्घियों में घूमने की। यह मख़ौल इस निरन्तर संकेत से और भी ज़ोरदार बन जाता था कि पश्चिमी रंग में रंगी स्त्रियाँ व्यर्थ की विलासिता की शौक़ीन हैं और घर-बार के कल्याण का तनिक भी ध्यान नहीं रखतीं। इन सभी बातों में उस आलोचना को, ईर्ष्या से भरी ताना-तिशनी को शायद अनदेखा किया जा सके जो उस नए सामाजिक अभिजात वर्ग की सम्पत्ति की और विलासिता की आलोचना थी जो औपनिवेशिक प्रशासन की संस्थाओं और व्यापार के सहारे पैदा हो रहा था।

मिसाल के लिए 'मिस्टर धुरन्धर पकराशी' नामक पात्र को लें जिसकी शिक्षित पत्नी उसे बराबर (अंग्रेज़ी में) 'फ़ूल' और 'रास्कल' कहती रहती है और मेरी कोरेली की तरह एक 'उपन्यास-लेखिका' बनना चाहती है। यहीं पर उनकी बेटी फूलकुमारी का प्रवेश होता है :

फूलकुमारी : पापा ! पापा ! मैं घुड़दौड़ देखने जाना चाहती हूँ; मुझे ले चलिए।

धुरन्धर : टेनिस खेल चुकीं ?

फूलकुमारी : हाँ, अब मैं घुड़दौड़ के लिए जाना चाहती हूँ। और आपको मेरे लिए एक नई साइकिल भी ख़रीदनी है। पिछले साल जो आपने ख़रीदी थी, मैं उस पर सवारी नहीं करूँगी। मेरा फ़ुटबाल भी फट चुका है; आप मेरे लिए नया फ़ुटबाल ख़रीदेंगे। और पापा, आप मेरे लिए एक खुद से चलनेवाली कार भी ख़रीद दीजिए। और एक सुन्दर घोड़ा भी। और मेरे ड्राइंग रूम में बिजली का एक लैम्प भी लगवाइए; मैं गैस की रोशनी में ठीक तरह से नहीं देख सकती।

धुरन्धर : और कुछ नहीं ? अगर हम बनर्जी एंड कम्पनी से कहें कि इस घर को वे ऊपर से नीचे करके नया बनवाएँ, छत नीचे

और फ़र्श ऊपर कर दें तो कैसा रहे ?

फूलकुमारी : ये भला कैसे होगा पापा ? ऐसा नहीं हो सकता कि आप मुझे शिक्षा दिलाएँ और फिर मुझसे घटिया पसन्द की आशा भी करें ?[5]

या फिर इस दृश्य को लें जिसमें सुधारकों के पश्चिमी तौर-तरीक़े सम्बन्धी दिखावों की पैरोडी के साथ-साथ अंग्रेजों की हिंसा और अपमानजनक व्यवहार के सामने उनकी पूरी-पूरी शक्तिहीनता पर एक टिप्पणी भी पाई जाती है। प्रबुद्ध व्यक्तियों का एक दल अपनी शिक्षित पत्नियों के साथ बैठा हुआ 'स्त्री-मुक्ति' की योजनाओं पर विचार कर रहा है कि तीन अंग्रेज सिपाही आकर उसमें दख़ल देते हैं, और उनके नाम हैं–जी हाँ !–जेम्स, फ़्रेडरिक और पीटर। (मूल पाठ में यह अधिकांश दृश्य अंग्रेज़ी में है।)

जेम्स : क्या बात है ? प्यारे–लगता है कि कुछ मौज-मस्ती चल रही है ?

उन्नत बाबू : मौज-मस्ती, सचमुच–गोया बीस के सामने नब्बे–हिन्दू स्त्रियों की स्वतन्त्रता के लिए एक सभा है।

जेम्स : हिन्दू स्त्रियों की स्वतन्त्रता के लिए सभा ? यह ग़रीबी और ऐसी उम्दा बात !

फ़्रेडरिक : कौन लोग बैठे हैं वहाँ ? पुरुष और स्त्रियाँ साथ-साथ ?

पीटर : लगता है ये हिन्दू हीरो हैं जो अपनी पत्नियों की बुर्क़े में ढकी नाक उधेड़ने आए हैं।

फ़्रेडरिक : सिर्फ़ नाक से कुछ नहीं होता–अगर आँखों और सर को भी पूरा उधेड़ दिया जाए तो हिन्दू औरतें सचमुच देखने की चीज़ होंगी।

पीटर : देखने की, सुन्दर, और दान में देनेवाली चीज़ें भी।

उन्नत बाबू : यह हमारी तौहीन है–तौहीन है हमारी।

जेम्स : कुछ भी तौहीन की बात नहीं है–कुछ भी नहीं।

उन्नत बाबू : चले जाओ यहाँ से फिरंगियो ! तुम फ़ालतू दख़लअन्दाज लोग, तुम आए क्यों यहाँ ?

जेस्स : अपने पूरब के उभरते हुए बन्धुओं के साथ–नाचने, गाने और मौज-म़स्ती मनाने के लिए।

वह उन्नत बाबू की पत्नी का हाथ पकड़कर उसके साथ गाता और नाचता है, और फिर उसे चूमता है।

उन्नत बाबू : (जेम्स का हाथ पकड़कर) : छोड़ो उसे, उसे छोड़ दो। वह मेरी बीवी है, मेरी ब्याहता बीवी है।

जेम्स : (उन्नत को धकेलकर ज़मीन पर गिरा देता है) :
अरे तू, मोम-मक्खन का बना काला मानुष

मेरा हाथ थामने की यह जुरअत !
खुद इन्द्र, अगर हाथ में वज्र लेकर हमसे आए लड़ने तो हम
उसका मुकाबला भी करेंगे।
(अपनी तलवार निकाल लेता है)
देख, मेरी ये तलवार तो देख
आ, ज़रा इसे अपने ख़ून से तो रंग दे।
(फ़्रेडरिक और पीटर भी अपनी तलवारें निकाल लेते हैं)
मारो, उस शैतान को मारो, दाएँ मारो, बाएँ मारो
बाक़ी को हम देख लेते हैं।

अंग्रेज सिपाही उन्नत की पत्नी से यह कहते हुए बाहर चले जाते हैं :

जेम्स : ...ऐ हसीना ! हम चले अब।
जा, अब जा, आगे बढ़
अपने पति को देख और उस
बदतमीज़, निकम्मे बुज़दिल की निगरानी कर।[6]

19वीं सदी के पूर्वार्ध का यह विद्रूप-व्यंग्य साहित्य साफ़ तौर पर ऐसी बहुत सी बातों से भरा है जो मौजूदा प्रथाओं के खुले समर्थन और एक नए सिरे से निषेध की भावना से प्रेरित है। इस राष्ट्रवादी चिन्तन की रूपरेखा अभी भी स्पष्ट नहीं थी। आज पीछे मुड़कर हम देखें तो राममोहन से विद्यासागर तक का यह दौर शिक्षितजन के बीच भारी सामाजिक उथल-पुथल और वैचारिक भ्रमों का दौर नज़र आता है। लेकिन फिर 19वीं सदी के उत्तरार्ध में एक नए प्रकार का संवाद सामने आने लगा जो अनेक स्रोतों पर आधारित था। यह संवाद राष्ट्रवाद का संवाद था।

मिसाल के लिए 1851 में एक पुरस्कार-प्राप्त निबन्ध 'हिन्दू स्त्री-शिक्षा' में इसके प्रमाण दिए गए थे कि प्राचीन भारत में स्त्री-शिक्षा को प्रोत्साहन दिया जाता था, और इतना ही नहीं कि यह हानिकारक न था बल्कि शिक्षित होनेवाली स्त्रियों के लिए स्पष्ट रूप से लाभदायक था।[7] इसमें अनेकों व्यावहारिक तर्क देकर कहा गया था कि प्रतिष्ठित परिवारों की स्त्रियाँ किस प्रकार अपनी जाति या अपने सम्मान को दाँव पर लगाए बिना पढ़-लिख सकती थीं। लेकिन 1870 में पत्नी के कर्त्तव्यों सम्बन्धी एक लेख में यह घोषणा की गई थी कि स्त्री-शिक्षा विरोधी पुराने पूर्वाग्रह लगभग समाप्त हो चुके थे। "अब समय ऐसा आ गया है कि अधिकांश लोग यह मानने लगे हैं कि...स्त्रियों को शिक्षा देने से देश की दशा सुधरेगी और सामाजिक जीवन में प्रसन्नता, कल्याण और सभ्य आचार-विचार का उदय होगा।"[8]

इन नई बहसों का मक़सद राष्ट्र के 'आधुनिक' जगत में स्त्रियों की स्थिति निर्धारित करने के लिए सामाजिक और नैतिक सिद्धान्तों का निरूपण करना था। मिसाल के लिए इस विषय पर सबसे स्पष्ट ढंग से लिखी गई सूचनाओं में एक रचना को लें। यह रचना है भूदेव मुखोपाध्याप की *पारिवारिक प्रबन्ध* जो 1882 में प्रकाशित

हुई थी। भूदेव ने अपनी ख़ास दोटूक शैली में इस समस्या को इस तरह रखा है –

> अंग्रेज़ी जीवन-पद्धति की बाहरी चमक-दमक और दिखावे के मोह के कारण...हमारे घरों में आज एक उथल-पुथल मची है। पुरुष अंग्रेज़ी सीखते और साहब बन जाते हैं। औरतें अंग्रेज़ी नहीं सीखतीं मगर फिर भी वे बीवियाँ बनने की कोशिश करती हैं। सौ रुपए कमानेवाले घरों में भी स्त्रियाँ अब पकाना, झाड़ू-बुहारू और बिस्तर लगाना नहीं करतीं... हर काम नौकरों और नौकरानियों द्वारा किया जाता है; (स्त्रियाँ) केवल पुस्तकें पढ़ती, दरी सिलती और ताश खेलती हैं। नतीजा क्या हुआ ? घर और घर के सामान गन्दे होते हैं, भोजन खराब बनता है, परिवार के हर सदस्य का स्वास्थ्य खराब होता है; बच्चे कमज़ोर और मरियल पैदा होते हैं और हमेशा रोगों से ग्रस्त रहते हैं–वे जल्द ही मर जाते हैं।
>
> आज अनेक सुधार-आन्दोलन चल रहे हैं; ख़ासकर स्त्री-शिक्षा की बातें लगातार की जा रही हैं। लेकिन हम शायद ही कभी उन महान कलाओं के बारे में सुनते हों जिनमें स्त्रियाँ कभी पारंगत थीं–यह ऐसा ज्ञान था जो अगर आज भी प्रचलन में होता तो हम उस संकट पर क़ाबू पा सकते थे जो अन्धाधुन्ध नक़्क़ाली के कारण पैदा हो गया है। मुझे लगता है कि अब हम उस ज्ञान के बारे में फिर कभी नहीं सुन सकेंगे।[9]

इस तरह यहाँ समस्या को प्रत्यक्षवादी समाजशास्त्र की अनुभववादी शब्दावली में रखा गया है जिसे भूदेव के काल के गम्भीर बंगाली लेखक बहुत पसन्द करते थे। लेकिन उन्होंने जिस संकट की चर्चा की है वह बहुत हद तक वास्तविक था। भूदेव तब बंगाल के नवोदित मध्य वर्ग के एक बड़े हिस्से की भावनाओं को व्यक्त कर रहे होते हैं जब वे यह कहते हैं कि औपनिवेशिक शासन की विशेष दशाओं के कारण घर और परिवार जैसी संस्थाएँ ही ख़तरे में पड़ गई हैं। हमारे ऊपर एक पूरी तरह अभूतपूर्व बाहरी दशा लाद दी गई है; हम उन दशाओं से तालमेल बिठाने के लिए मजबूर हैं जिसके लिए बाहरी तौर-तरीक़ों की नकल एक हद तक अनिवार्य हो गई है। लेकिन क्या नक़्क़ाली की इस लहर को अपने घरों में घुसने की इजाज़त हम दे सकते हैं ? क्या इससे हमारी आन्तरिक अस्मिता नष्ट नहीं होगी ? फिर भी यह बात स्पष्ट थी कि पारिवारिक जीवन के पुराने आदर्शों को दोहराने भर से काम नहीं चलेगा; हालात की अपराजेय शक्ति के कारण ये आदर्श टूट रहे हैं। ऐसे नए आदर्शों की आवश्यकता है जो आधुनिक विश्व की बाहरी दशाओं के अधिक अनुकूल हों और फिर भी पश्चिम की नक़्क़ाली मात्र न हों। वे सिद्धान्त कौन से हैं जिनके आधार पर इन आदर्श नियमों की रचना की जाएगी ?

भूदेव ने इसका शुद्ध राष्ट्रवादी उत्तर दिया है। 'विनम्रता' शीर्षकवाले एक निबन्ध में वे उन प्राकृतिक और सामाजिक सिद्धान्तों की बातें करते हैं जो स्त्री के गुणों के लिए एक आधार प्रदान करते हैं।[10] उनका कहना है कि विनम्रता एक विशिष्ट मानवीय गुण है; यह पशु-जगत में नहीं पाया जाता। शुद्ध पाशविक विशेषताओं के प्रति मानव की

वितृष्णा ही विनम्रता जैसे गुणों को जन्म देती है। इस सम्बन्ध में मानव स्वयं में और अपनी सभ्यता में ऐसे आध्यात्मिक या दैवी गुणों को विकसित करने का प्रयास करते हैं जो पूरी तरह पाशविक जगत में प्रचलित व्यवहार के रूपों के विपरीत हों। इसके अलावा मानव-प्रजाति में भी पुरुषों की अपेक्षा स्त्रियाँ इन दैवी गुणों का विकास और संरक्षण अधिक करती हैं। बाहरी दुनिया में जीविका अर्जित करने की शुद्ध दुनियावी दौड़-धूप से एक सीमा तक सुरक्षित रहकर स्त्रियाँ अपनी सूरत और सीरत से उन आध्यात्मिक गुणों को व्यक्त करती हैं जो सभ्य और परिष्कृत मानव-समाज की विशेषताएँ हैं।

यहाँ सभी प्रासंगिक विभाजन और सादृश्य पाए जाते हैं। सांसारिक और आध्यात्मिक के भेद के संगत यहाँ पाशविक और दैवी गुणों का भेद है जो फिर पुरुषों और स्त्रियों के अपने-अपने गुणों के संगत है। भूदेव ने फिर इस वैचारिक स्वरूप को शुद्ध राष्ट्रवादी अन्तःतत्त्व से विभूषित किया है–

> जिस समाज में पुरुष और स्त्री मिलते हैं, हमेशा आपस में बातें करते रहते हैं, साथ खाते-पीते और साथ सफ़र करते हैं, उसमें सम्भव है कि स्त्रियों के तौर-तरीक़ों में कुछ भोंडापन आ जाए, वे आध्यात्मिक गुणों से वंचित हो जाएँ और पाशविक गुण इनमें अपेक्षाकृत प्रधान हो जाएँ। इस कारण मैं यह नहीं मानता कि ऐसे समाज की प्रथाएँ तमाम दोषों से मुक्त होंगी। कुछ लोगों का तर्क है कि स्त्रियों के ऐसे सान्निध्य के कारण पुरुषों के चरित्र में कुछ कोमलता और आध्यात्मिक गुणों का समावेश होगा। मैं इस बात को माने लेता हूँ। लेकिन क्या स्त्री के चरित्र में आए ऐसे भौंड़ेपन और पतन के कारण होनेवाली हानि पुरुष में एक हद तक आई कोमलता से पूरी हो सकेगी ?

फिर वे इसी बात को पूरी शक्ति से सामने रखते हैं –

> जिन लोगों ने हमारे धार्मिक नियम निर्धारित किए उन्होंने ऐसे आन्तरिक आध्यात्मिक गुण को ढूँढ़ निकाला था जो होता तो घोर पाशविक वृत्तियों में भी है मगर जिसे मानव को भी चाहिए कि विकसित करें, और इस तरह इन कार्यों से पाशविक गुणों को समाप्त कर दे। यूरोप में ऐसा नहीं हुआ है। वहाँ धर्म (सांसारिक) जीवन से पूरी तरह अलग है। यूरोपीय लोग अपने जीवन के सभी पक्षों को धार्मिक नियमों से संचालित करने का इरादा नहीं रखते; वे पुरोहितवाद कहकर इसकी भर्त्सना करते हैं...आर्य व्यवस्था में प्रधानता आध्यात्मिकता की है; यूरोपीय व्यवस्था में दुनियावी सुखों की। आर्य व्यवस्था में पत्नी देवी-समान होती है। यूरोपीय व्यवस्था में वह साझेदार और संगिनी होती है।[11]

आधुनिक विश्व की दशाओं में पारिवारिक जीवन का संगठन करने और स्त्रियों के लिए सही आचरण का निर्धारण करने के इस नए मानदंड को अब हम आसानी से समझ सकते हैं। आवश्यकता सांसारिक गतिविधियों वाली बाहरी दुनिया में समायोजन करने की

है और इसका बोझ पुरुषों को उठाना पड़ेगा। परिवार जिस सीमा तक व्यापकतर सामाजिक सम्बन्धों में गुँथा हुआ होता है उस सीमा तक वह भी बाहरी दुनिया में होनेवाले परिवर्तनों के प्रभावों से बच नहीं सकता। फलस्वरूप घर में जीवन के संगठन और उसकी शैली में भी परिवर्तन आवश्यक है। लेकिन बुनियादी ज़रूरत देसी सामाजिक जीवन की आन्तरिक आध्यात्मिकता को बचाकर रखने की है। घर राष्ट्रीय संस्कृति के आध्यात्मिक गुण की अभिव्यक्ति का प्रमुख क्षेत्र है, और इस गुण को सुरक्षित रखने, उसे प्रबल बनाने का प्रमुख दायित्व स्त्रियों को उठाना चाहिए। स्त्रियों के जीवन की बाहरी दशाओं में चाहे जो भी परिवर्तन आ जाएँ, उन्हें अपने मूलतः आध्यात्मिक (अर्थात स्त्रैण) सद्गुणों से वंचित नहीं होना चाहिए; दूसरे शब्दों में मूलतः उन्हें पश्चिमी रंग-ढंग नहीं अपनाना चाहिए। इससे सुधारों की वांछनीयता को परखने का एक सरल मानदंड यह निकलता है कि सांसारिक और आध्यात्मिक सद्गुणों की दृष्टि से पुरुषों और स्त्रियों की सामाजिक भूमिकाओं का मूलभूत अन्तर हर समय बने रहना चाहिए। राष्ट्र की आधुनिक दुनिया में पुरुषों से भिन्न, स्त्रियों के पश्चिमीकरण की सीमा और ढंग में एक स्पष्ट *अन्तर* होना ही चाहिए।

समाधान की वंशावलि

यही वह केन्द्रीय सिद्धान्त था जिसके आधार पर राष्ट्रवाद ने खुद की ऐतिहासिक परियोजना की दृष्टि से महिला-प्रश्न का समाधान किया। ज़ाहिर है कि इसके ब्यौरे फ़ौरन तय नहीं किए गए। वास्तव में 19वीं सदी के मध्य से लेकर आज तक घर/दुनिया, आध्यात्मिक/सांसारिक और स्त्रैण/पुरुषोचित के उन भेदों के सटीक व्यवहार को लेकर अनेक वाद-विवाद हुए हैं जो 'आधुनिक' स्त्री को रोज़मर्रा के जीवन के विभिन्न क्षेत्रों में पाए जाते हैं—जैसे उसका वस्त्र, उसका भोजन, उसके तौर-तरीक़े, शिक्षा, घरेलू ज़िन्दगी के संगठन में उसकी भूमिका, घर के बाहर उसकी भूमिका। ये ठोस समस्याएँ उस तेज़ी से बदलती, बाहरी और अन्दरूनी दोनों प्रकार की स्थितियों से पैदा हुईं जिनमें नए मध्यवर्गीय परिवार ने खुद को पाया। इसके विशिष्ट समाधान अनेक स्रोतों से निकाले गए—एक पुनर्रचित 'शास्त्रीय' परम्परा से, आधुनिकता से ग्रस्त लोकगाथाओं से, नौकरशाहाना और औद्योगिक आचार-व्यवहार के उपयोगितावादी तर्क से, एक उदारवादी लोकतान्त्रिक राजसत्ता में समानता के क़ानूनी विचारों से। इस समाधान का अन्तःतत्त्व न तो पूर्व निर्धारित था और न ही अपरिवर्तनशील था, लेकिन उसके स्वरूप का उन भेदों के अनुरूप होना आवश्यक था जिन्होंने राष्ट्रवादी परियोजना को निर्धारित किया था और जिनमें वह परियोजना व्यक्त होती थी।

इस प्रकार से परिभाषित नई स्त्री एक *नई* पितृसत्ता के अधीन बना दी गई। वास्तव में घर और परिवार को जोड़नेवाली जिस सामाजिक व्यवस्था में राष्ट्रवादियों ने नई स्त्री को स्थापित किया उसे केवल आधुनिक पश्चिमी समाज के मुक़ाबले ही पेश नहीं किया गया; उसे देसी परम्परा की पितृसत्ता से भी स्पष्ट रूप से भिन्न बतलाया गया। यह वही परम्परा

थी जिसे औपनिवेशिक निन्दकों ने मुजरिमों के कटघरे में खड़ा किया था। इतना तो निश्चित है कि अपनी देसी सांस्कृतिक पहचान की निशानियों के रूप में राष्ट्रवाद ने परम्परा से अनेक तत्त्वों को अपनाया, लेकिन अब यही एक 'शास्त्रीकृत' परम्परा थी—सुधरी हुई, नवरचित, बर्बरता और अबुद्धि के आरोपों से सुरक्षित।

यह नई पितृसत्ता उस फ़ौरी सामाजिक-सांस्कृतिक दशा से भी स्पष्ट रूप से भिन्न थी जिसमें अधिकांश जनता जी रही थी। कारण कि यह 'नई' स्त्री उस 'आम' स्त्री से ठीक उलट थी जो भोंडी, गन्दी, मुँहफट, झगड़ालू, श्रेष्ठ नैतिक भावनाओं से वंचित, संभोग-प्रेमी, पुरुषों के वहशियाना शारीरिक दमन का शिकार थी। 19वीं सदी के साहित्य में पश्चिममुखी स्त्री के पैरोडी के अलावा इस दूसरे रूप पर बार-बार ज़ोर दिया गया है। इसके लिए अनेकों निम्नवर्गीय स्त्री पात्र गढ़े गए हैं जो इस नए मध्यवर्ग के सामाजिक परिवेश में सामने आते रहते हैं जैसे—नौकरानियाँ, धोबिनें, नाइनें, बिसाती स्त्रियाँ, कुटनियाँ, वेश्याएँ। महिलाओं की ठीक इसी पतित दशा को सुधारने का दावा राष्ट्रवाद द्वारा किया गया, और इन्हीं अन्तरों के सहारे राष्ट्रवादी विचारधारा की नई स्त्री को औपनिवेशिक सम्बन्धों के सहारे पनपनेवाले धनिक नौदौलतिया परिवारों की पश्चिममुखी महिलाओं तथा साथ ही निम्नवर्गों की साधारण महिलाओं से श्रेष्ठतर सांस्कृतिक स्थिति प्रदान की गई। अपने खुद के प्रयासों से एक श्रेष्ठतर राष्ट्रीय संस्कृति की उपलब्धि को स्त्री की नवप्राप्त स्वाधीनता का चिह्न समझा गया। महिला-प्रश्न के राष्ट्रवादी समाधान की सबसे अहम वैचारिक शक्ति यही थी।

पिछले सौ-एक वर्षों में मध्यवर्गीय स्त्रियों के जीवन और दशा में जो परिवर्तन हुए हैं उनके अनेक विशिष्ट पक्षों में हम इस समाधान के रूप देख सकते हैं। मसलन स्त्री-शिक्षा को लें। यह वह विवादास्पद विषय है जिसने 19वीं सदी के समाज-सुधारकों का बहुत कुछ ध्यान बँटाए रखा।[12] स्त्रियों के लिए विद्यालय खोलने के प्रस्तावों के आरम्भिक विरोधों में कुछ को परम्परा के नाम पर उचित ठहराया गया। इस परम्परा के बारे में माना जाता था कि यह स्त्रियों को किताबी ज्ञान दिए जाने का निषेध करती है, लेकिन इस तर्क को मुश्किल से ही समर्थन मिला। वास्तविक ख़तरा तो इस बात का समझा गया कि आरम्भिक विद्यालयों और घरों में स्त्रियों की शिक्षा का बन्दोबस्त ईसाई मिशनरियों द्वारा किया जा रहा था; इस तरह सामने धर्म-परिवर्तन का ख़तरा भी था और स्त्रियों पर हानिकारक पश्चिमी प्रभाव पड़ने का भी।[13] यह ख़तरा 1850 के दशक में दूर हुआ जब खुद हिन्दुस्तानियों ने लड़कियों के लिए विद्यालय खोलने शुरू किए। 19वीं सदी के उत्तरार्ध में बंगाल की मध्यवर्गीय स्त्रियों में औपचारिक शिक्षा का उल्लेखनीय प्रसार हुआ। 1863 में लड़कियों के लिए 95 विद्यालय थे जिनमें कुल 2,500 लड़कियाँ पढ़ती थीं मगर 1890 तक विद्यालयों की संख्या बढ़कर 2,238 और छात्रों की संख्या 80,000 से ऊपर हो चुकी थी।[14] उच्च शिक्षा के क्षेत्र में बंगाली स्त्रियों की क्या उपलब्धि हो सकती थी, इसके लिए चन्द्रमुखी बोस (1860-1944) और कादम्बिनी गांगुली (1861-1923) को आदर्श रूप में प्रस्तुत किया गया; इन्होंने 1883 में कलकत्ता

विश्वविद्यालय से कला-स्नातक की उपाधि प्राप्त की थी, तब जबकि ब्रिटिश विश्वविद्यालयों ने स्त्रियों को प्रवेश देना आरम्भ भी नहीं किया था। फिर कादम्बिनी मेडिकल कॉलेज में गईं और पेशेवर शिक्षा से लैस पहली महिला डॉक्टर बनीं।

बंगाली भाषा में शिक्षाप्रद साहित्य और अध्यापन-सामग्री का विकास होने के कारण निश्चित ही मध्यवर्गीय स्त्रियों में औपचारिक शिक्षा का आम फैलाव सम्भव हुआ। एक उपयुक्त 'स्त्री पाठ्यचर्या' के बारे में 19वीं सदी की लम्बी-लम्बी बहसें आज अपेक्षाकृत पुरातन लगती हैं, लेकिन सरोकार के वास्तविक मुददे को पहचान सकना कठिन नहीं है। आधुनिक विद्यालय-शिक्षा अन्तःतत्त्व के काफ़ी बड़े भाग को 'नई' स्त्री के लिए महत्त्वपूर्ण माना गया, लेकिन अंग्रेज़ी भाषा में इसे प्रस्तुत कर सकना व्यावहारिक दृष्टि से कठिन था। यह अप्रासंगिक भी था क्योंकि शिक्षित स्त्री का प्रमुख क्षेत्र अभी भी घर ही था, और यह ख़तरे का कारण भी था क्योंकि स्त्री की जो सामाजिक स्थिति निर्धारित की गई थी उससे वह वंचित हो सकती थी या उसका महत्त्व कम हो सकता था। इस समस्या को शिक्षितवर्ग के प्रयासों के द्वारा हल किया गया जिसने एक फैलते हुए पाठकवर्ग के लिए उपयुक्त एक आधुनिक भाषा और साहित्य के सृजन को राष्ट्रीय परियोजना का एक मूलभूत कार्यभार बना दिया था; इस पाठकवर्ग में नवशिक्षित स्त्रियाँ भी शामिल थीं। पाठ्य-पुस्तकों, पत्रिकाओं और रचनात्मक कृतियों के द्वारा एक प्रमुख शक्ति ने बंगाल के नए साहित्य की रूपरेखा निर्धारित की, और यह शक्ति थी, इस साहित्य को स्त्रियों तक पहुँचाने की आकांक्षा जो केवल एक भाषा, मात्र अपनी मातृभाषा में ही पढ़-लिख सकती थीं।

जब यह बात स्पष्ट हो गई कि घर में अपनी स्थिति को गँवाए बिना यानी एक मेमसाहब बने बिना एक स्त्री के लिए आधुनिक शिक्षा से मिलनेवाला सांस्कृतिक परिष्कार पा सकना सम्भव है तो औपचारिक शिक्षा भद्र महिला के लिए स्वीकार्य ही नहीं, वास्तव में आवश्यक भी बन गई। वास्तव में नई स्त्री की राष्ट्रवादी धारणा को वैचारिक शक्ति शिक्षा के द्वारा सांस्कृतिक परिष्कार के लक्ष्य को एक निजी चुनौती बनाकर प्राप्त हुई। इस प्रकार उसने एक ऐसे क्षेत्र को खोला जहाँ स्त्री एक स्वायत्त कर्ता थी। स्वयं मध्यवर्गीय स्त्रियों में औपचारिक शिक्षा पाने और उसका उपयोग अपने लाभ के लिए करने के प्रति जो उल्लेखनीय उत्साह पैदा हुआ, उसकी बड़ी हद तक व्याख्या इसी तथ्य से होती है। उन्होंने अपने निजी जीवन में और अपनी इच्छाशक्ति के उद्देश्य के रूप में भी अपने लिए यह लक्ष्य निर्धारित किया : इसे पाना स्वतन्त्रता पाने के समान था।[15] वास्तव में विभिन्न क्षेत्रों में सांस्कृतिक श्रेष्ठता के दावे इस उपलब्धि की विशेषता थे। उनके विश्वास में यह पश्चिमी स्त्रियों के मुक़ाबले उनकी श्रेष्ठता का सूचक था जिनके बारे में यह माना जाता था कि वे शिक्षा को केवल भौतिक कुशलताएँ पाने का साधन मानती हैं ताकि सांसारिक स्तर पर वे पुरुषों से मुक़ाबला कर सकें, और इस प्रकार वे स्त्रैण (आध्यात्मिक) गुणों से वंचित हो गई हैं। यह घरों में रहनेवाली, पिछली पीढ़ियों की महिलाओं के मुक़ाबले उनकी श्रेष्ठता का सूचक था जो एक उत्पीड़क और

पतित सामाजिक परम्परा के हाथों स्वतन्त्रता से वंचित रही हैं। फिर यह निम्नवर्गीय महिलाओं पर भी उनकी श्रेष्ठता का सूचक था जो सांस्कृतिक दृष्टि से स्वतन्त्रता के मूल्य को समझने से असमर्थ थीं।

महिलाओं की मुक्ति और स्वमुक्ति, दोनों की परियोजना के रूप में (और इसलिए स्त्री-पुरुष, दोनों की भागीदारी की माँग करनेवाली परियोजना के रूप में) सुधारों की यही विशेष राष्ट्रवादी धारणा इस बात की व्याख्या भी करती है कि पहली पीढ़ी की शिक्षित महिलाओं ने खुद ही 'नई स्त्री' की राष्ट्रवादी धारणा को इतने मनोयोग से प्रचारित क्यों किया। उदारवादी वृत्ति के हाल के इतिहासकार 19वीं सदी की महिला लेखिकाओं के उद्‌गारों पर अकसर हैरान होते रहे हैं; इनमें मध्यवर्गीय परिवारों की वे महिलाएँ भी थीं जो सुधार-आन्दोलनों में आगे-आगे थीं और तथाकथित स्त्रैण सद्‌गुणों के महत्त्व का औचित्य सिद्ध करती थीं। मिसाल के लिए 1875 में राधारानी लाहिड़ी ने लिखा : "औरतों को जिन विषयों की शिक्षा ग्रहण करनी चाहिए उनमें सबसे महत्त्वपूर्ण गृहकार्य है...वह चाहे जितना ही ज्ञान प्राप्त कर ले, तब तक प्रतिष्ठा का दावा नहीं सकती जब तक वह गृहकार्य में प्रवीण न हो।"[16] दूसरी महिलाओं ने भी शिक्षित स्त्रियों के लिए सतीत्व, आत्म-बलिदान, अधीनता, समर्पण, दयालुता, धैर्य और प्रेम जैसे स्त्रैण गुणों के विकास करने की आवश्यकता बताई है। 'स्त्रीत्व' के इन दावों (और इसलिए एक नई पितृसत्तावादी व्यवस्था के स्वीकार) को जिस वैचारिक दृष्टिकोण के सहारे अनिवार्य बना दिया वह समस्या के राष्ट्रवादी समाधान से ही उपजता था। 1870 में लिखते हुए कुन्दनमाला देवी ने इस बात को अच्छी तरह व्यक्त किया था। तब उन्होंने दूसरी स्त्रियों को यह सलाह दी थी–

> अगर आपने सच्चा ज्ञान प्राप्त कर लिया है तो फिर दिल में मेमसाहब जैसे व्यवहार को क़तई जगह न दीजिए। एक बंगाली गृहिणी के लिए यह शोभा देनेवाली बात नहीं है। देखिए तो सही कि एक शिक्षित स्त्री कितने सोचे-समझे और व्यवस्थित ढंग से घर का काम करती है जिसका ज्ञान भी अज्ञानी, अशिक्षित स्त्री को नहीं है। और यह भी सोचिए कि अगर ईश्वर ने हमें घर में यह स्थान प्रदान नहीं किया होता तो दुनिया कितने दुखों से भरी हुई होती।[17]

इस तरह शिक्षा का मक़सद स्त्रियों में सद्‌गुणों अर्थात् 'अनुशासनबद्धता' के नए सामाजिक रूपों से मेल खानेवाले बुर्जुवा गुणों का विकास करना था। जैसे–सुव्यवस्था, मितव्ययिता, स्वच्छता, ज़िम्मेदारी की निजी भावना, साक्षरता, हिसाब-किताब और घर की साफ़-सफ़ाई जैसे व्यावहारिक कौशल, बाहरी दुनिया द्वारा निर्धारित नई भौतिक और आर्थिक दशाओं के अनुरूप घर को चलाने की योग्यता। इसके लिए ज़रूरी है कि उसे घर से बाहर की दुनिया का भी कुछ ज्ञान हो और अगर उसके स्त्रीत्व पर ख़तरा नहीं आता तो वह इस दुनिया में विचर भी सकती है। एक विशिष्ट राष्ट्रवादी अन्तःतत्त्व से लैस होने के बाद इसी अन्तिम मानदंड के घर की पुरानी सीमाओं को विस्थापित कर दिया। पहले यह सीमा भौतिक सीमा थी जो पर्दे के नियमों से निर्धारित होती थी। मगर

अब यही सीमा अधिक लोचदार हो गई, और फिर भी यह सांस्कृतिक स्तर पर निर्धारित सीमा थी जो पुरुषोचित और स्त्रियोचित आचरण के सामाजिक रूप से स्वीकृत *भेदों* से तय होती थी। एक बार स्त्रियों के मूलभूत स्त्रीत्व का निर्धारण सांस्कृतिक स्तर पर गोचर कुछ आध्यात्मिक गुणों से हो जाए तो फिर वे विद्यालय भी जा सकती हैं, सार्वजनिक वाहनों में यात्रा कर सकती हैं, लोक-मनोरंजन के कार्यक्रम देख सकती हैं और समय आने पर घर से बाहर रोज़गार भी पकड़ सकती हैं। लेकिन अब उसके वस्त्रों में, उसकी खान-पान की आदतों में, उसके सामाजिक कर्मों में और उसकी धार्मिकता में उसके स्त्रीत्व के 'आध्यात्मिक' चिह्न अधिक स्पष्ट रूप से निरूपित हो चुके हैं।

ये विशिष्ट सूचक विभिन्न स्रोतों से प्राप्त हुए और उद्‍गम की दृष्टि से हरेक का अपना विशेष इतिहास था। मिसाल के लिए मध्यवर्गीय स्त्रियों के लिए तथाकथित ब्राह्मिका साड़ी (ब्लाउज, पेटीकोट और जूती के साथ विशेष ढंग से पहनी जानेवाली एक साड़ी जो ब्रह्मो परिवारों में प्रचलित थी) को मानदंड के रूप में स्वीकार किए जाने से पहले भद्र महिला के वस्त्रों के बारे में अनेक प्रयोग किए गए।[18] यहाँ भी आवश्यक अन्तर्राष्ट्रीय अस्मिता, सामाजिक मुक्ति और सांस्कृतिक परिष्कार के दृष्टिकोण से निश्चित किए गए। दूसरे शब्दों में ये मेमसाहबों से, पिछली पीढ़ियों की महिलाओं से और निम्नवर्गीय महिलाओं से अन्तर के सूचक थे। इसके अलावा जीवन के दूसरे पक्षों की तरह इस पहलू में भी उसके चरित्र की आध्यात्मिकता पर ज़ोर दिया गया जबकि पुरुष इसके विपरीत असंख्य विधियों से सांसारिक दबावों के आगे झुक जाते हैं। घर से बाहर की दशाओं से तालमेल बिठाने की आवश्यकता ने पुरुषों के वस्त्रों, खान-पान की आदतों, धार्मिक क्रियाओं और सामाजिक सम्बन्धों में अनेक परिवर्तनों को जन्म दिया। इनमें से हर समर्पण की क्षतिपूर्ति अब स्त्रियों की आध्यात्मिक शुद्धता के दावों से की जाने लगी। उन्हें पुरुषों की तरह खाना, पीना या धूम्रपान नहीं करना चाहिए, उन्हें ऐसी धार्मिक प्रथाओं का पालन करते रहना चाहिए जिन्हें सम्पन्न कर सकना पुरुषों के लिए कठिन हो रहा है; उन्हें पारिवारिक जीवन को सुगठित और नातेदारों से एकजुटता बनाए रखनी चाहिए जिनकी ओर अब पुरुष अधिक ध्यान नहीं दे सकते। राष्ट्रवाद ने जिस नई पितृसत्ता की पैरवी की उसने स्त्रियों को एक नए सामाजिक दायित्व से सम्मानित किया और स्वतन्त्र राष्ट्र के ऐतिहासिक लक्ष्य से स्त्री-मुक्ति के लक्ष्य को जोड़कर स्त्रियों को एक नई मगर अभी तक पूरी तरह वैध दासता से ग्रस्त कर दिया।

जैसा कि प्रभुत्व स्थापित करने के तमाम वर्चस्ववादी रूपों के साथ होता है, इस नई पितृसत्ता में भी बल पर आधारित सत्ता समझाने-बुझाने की सूक्ष्म शक्ति से घुली-मिली थी। इसकी सबसे सामान्य अभिव्यक्ति स्त्री-पुरुष के बीच शक्ति के सम्बन्ध के उल्टे वैचारिक रूप में हुई। इस सम्बन्ध में स्त्री की पूजा देवी या माता के रूप में की जाती थी। भारत के प्राचीन धर्मों या मध्यकालीन धार्मिक प्रथाओं में इसका स्रोत चाहे कहीं भी हो, भारत के आधुनिक साहित्य और कलाओं में 'भारतीय स्त्री' की जो धारणा हम पाते हैं उसका यह विशिष्ट वैचारिक रूप पूरी तरह और निश्चित रूप से

एक प्रभुत्वशाली मध्यवर्गीय संस्कृति की देन है जो राष्ट्रवाद के युग के साथ पैदा हुई। 'राष्ट्र' के प्रतीक रूप में 'स्त्री' की इस नई धारणा में जो तत्त्व स्त्रीत्व की प्रमुख विशेषता बन चुके थे उन पर इस विचारधारा ने पौराणिक प्रेरणा की पूरी शक्ति से ज़ोर दिया। आत्मबलिदान, विनम्रता, समर्पण, धार्मिक आदि के आध्यात्मिक गुण ही ये तत्त्व थे। जैसा कि हमने देखा, यह आध्यात्मिकता स्त्री को घर की चहारदीवारी से निकलने से रोकती नहीं थी; इसके विपरीत उसने इसे बढ़ावा दिया और अगर स्त्रीत्व के लिए ख़तरा न पैदा हो तो ऐसी दशाओं में दुनिया में उसके प्रवेश को सम्भव बनाया। वास्तव में स्त्री की देवी या मातावाली छवि ने घर से बाहर की दुनिया में उसकी लैंगिकता (सैक्सुअलिटी) को मिटा ही दिया।

इस धारणा के अनेक महत्त्वपूर्ण निहितार्थ हैं। मिसाल के लिए अक्सर व्यक्त किए जानवाले एक मुशाहिदे पर विचार कीजिए। यह है : भारत में मध्यवर्गीय व्यवसायों में लिंग-भेद का सापेक्षित अभाव, जबकि पूँजीवादी पश्चिम की महिलाओं के अधिकारों की माँगें इसी क्षेत्र में केन्द्रित हैं। इस अपेक्षाकृत सतही निरीक्षण के पीछे अनेक जटिलताएँ मौजूद हैं, इस बात से इनकार किए बग़ैर भी यह बात निश्चित रूप से विरोधाभास से भरी है कि जहाँ मध्यवर्गीय रोज़गार जाति, धर्म, भाषा आदि पर आधारित सांस्कृतिक समूहों के बीच तीखी प्रतियोगिता का विषय है वहीं भारत में राष्ट्रवादी और उपनिवेशोत्तर राजनीति के पूरे काल में लिंग-भेद सार्वजनिक विवादों का विषय कभी नहीं रहा। स्त्री-जाति को मताधिकार स्वाभाविक रूप से मिलेगा, इस बात को सभी ने मान लिया—इस बात से उन शब्दों के पूर्ण विपर्यय का संकेत मिलता है जिनमें पुरानी परम्परागत पितृसत्ता व्यक्त होती थी। राष्ट्रवादी विचारधारा ने पुरुषोचित और स्त्रियोचित गुणों को सांसारिक-आध्यात्मिक भेद के रूप में निर्धारित अगर किया तो इससे व्यवसायों में प्रवेश कर चुकी स्त्रियाँ रोज़गार के इच्छुक पुरुषों की प्रतियोगी नहीं बन जातीं। कारण कि इस धारणा में ऐसे विशिष्ट सांस्कृतिक चिह्न नहीं है जो भौतिक जगत में स्त्रियों को पुरुषों से भिन्न ठहराते हों।

वास्तव में अकसर महत्त्वपूर्ण बन जानेवाले भेद तो वे हैं जो घर से बाहर की दुनिया में स्त्रियों के *बीच* देखे जाते हैं। ये भेद वस्त्रों, खाने-पीने की आदतों (शराबनोशी या धूम्रपान), स्त्रैण स्थिति के धार्मिक चिह्नों का सम्मान, पुरुषों के प्रति व्यवहार आदि के द्वारा कुछ स्त्रियों को दूसरों से अलग ठहराते हैं और उन्हें पश्चिम-मुखी, परम्परावादी, निम्नवर्गीय आदि श्रेणियों में (या इनकी सूक्ष्म उपश्रेणियों में) विभाजित करते हैं; ये सभी बातें एक स्वीकृत मानदंड से विचलन की सूचक हैं। मिसाल के लिए पश्चिममुखी के रूप में पहचानी जानेवाली स्त्री से वे सभी विशेषताएँ जोड़ी जाएँगी जो 'सामान्य' स्त्री से नहीं जोड़ी जातीं, जैसे निर्लज्ज, धनलोलुप, अधार्मिक, कामुक और उनसे ये विशेषताएँ सिर्फ़ पुरुष नहीं जोड़ते बल्कि वे स्त्रियाँ भी जोड़ती हैं जो खुद को वैध मानदंडों का पालन करनेवाली समझती हैं। यह बात ठीक इसी वैचारिक धारणा की वर्चस्ववादी प्रकृति की सूचक है। ऐसे ही कुछ और भेद सामान्य स्त्रियों से निम्नवर्गीय या साधारण

स्त्रियों को अलग ठहराते हैं। (सम्भवतः राष्ट्रवादी के लिए घोरतम अपमान का पात्र एंग्लो-इंडियन त्रिया की रूढ़ धारणा है; ये एक ही साथ पश्चिममुखी और साधारण दोनों होती हैं।) इसलिए ताज्जुब नहीं कि मानदंडों से विचलन के साथ तरह-तरह के अस्पष्ट अर्थों की सम्भावना भी पैदा हो जाती है—अवैधता के चिह्न ऐसे व्यवहार की छूट बन जाते हैं जो 'सामान्य' स्त्रियों के साथ नहीं किए जा सकते। इस प्रकार के अर्थ वही हैं जिनका पूरा-पूरा इस्तेमाल, मिसाल के तौर पर, फ़िल्म, विज्ञापन और फ़ैशन जैसे व्यापारिक माध्यमों द्वारा किया जाता है। अगर पश्चिमी पितृसत्ता में स्त्री को सम्भोग की वस्तु माना जाता है तो वहीं यह बात राष्ट्रवादी विचारधारा में स्त्री की धारणा के रूपान्तरण का एक और उदाहरण है। राष्ट्रवादी पुरुष अपनी पत्नी/बहन/बेटी को ठीक इसी कारण से 'सामान्य' समझता है कि यह 'सम्भोग की वस्तु' नहीं है जब कि वे जो 'सम्भोग की वस्तु' हो सकती हैं, 'सामान्य' नहीं है।

समाधान की समालोचना के तत्त्व

राष्ट्रवाद ने अपनी ऐतिहासिक परियोजना के अनुरूप महिला-प्रश्न का समाधान जिस प्रकार से करने का प्रयत्न किया उसकी एक और विशेषता की ओर ध्यान दिलाकर मैं इस लेख का समापन करूँगा। इसका सम्बन्ध उस प्रश्न के एक पहलू से है जो प्रत्यक्ष रूप से राजनीतिक था, जो राजसत्ता के साथ सम्बन्धों को लेकर था। जैसा कि हमने देखा है, राष्ट्रवाद ने अपनी आत्मनिष्ठा को संस्कृति के आध्यात्मिक क्षेत्र में स्थापित किया जहाँ वह खुद को पश्चिम से श्रेष्ठ और इस कारण अविजित और स्वतन्त्र समझता था। इस क्षेत्र में औपनिवेशिक सत्ता की दख़लअन्दाज़ी उसे गवारा नहीं थी। औपनिवेशिक राजसत्ता के क़ानूनी उपायों के द्वारा सामाजिक सुधार लागू करने के प्रस्तावों के प्रति विशिष्ट राष्ट्रवादी प्रतिक्रिया का निर्धारण इसी तथ्य से हुआ। राममोहन से लेकर विद्यासागर तक के आरम्भिक सुधारकों के विपरीत 19वीं सदी के अन्तिम भाग के राष्ट्रवादी आमतौर पर ऐसे प्रस्तावों का विरोध करते थे। कारण कि उन्हें लगता था कि सुधार की ऐसी विधि उस क्षेत्र में भी राष्ट्र की कार्यवाई की क्षमता को नकारती थी जिसमें वह प्रभुता-सम्पन्न था। फलस्वरूप स्त्रियों के जीवन-सुधार के विशिष्ट दृष्टान्त में राष्ट्रवादी रवैया इस मान्यता पर आधारित था कि यह वह क्षेत्र था जिसमें राष्ट्र औपनिवेशिक राजसत्ता के मार्गदर्शन और हस्तक्षेप से बाहर रहकर अपने बूते पर सक्रिय था।

इस लेख के आरम्भ में मैंने जो ऐतिहासिक समस्या उठाई थी उसका पूरा-पूरा उत्तर हमें अब जाकर मिलता है। 19वीं सदी के अन्तिम भाग में 'स्त्री-मुक्ति' का प्रश्न राष्ट्रवादी आन्दोलनों की सार्वजनिक कार्यसूची से ग़ायब होता क्यों दिखाई देता है, इसका कारण यह नहीं है कि राजनीतिक सत्ता से सम्बन्धित अधिक भावनात्मक प्रश्नों ने उसे पीछे धकेल दिया। बल्कि इसका कारण महिला-प्रश्न को औपनिवेशिक राजसत्ता के साथ राजनीति विचार-विमर्श का प्रश्न बनाने से राष्ट्रवाद के इनकार

में निहित है। सीधा-सादा ऐतिहासिक तथ्य यह है कि औपनिवेशिक भारत के अन्तिम चरण में जनता का जो भाग व्यवहार में 'राष्ट्र' की हैसियत रखता था, उससे आनेवाली मध्यवर्गीय स्त्रियों का जीवन ऐन राष्ट्रवादी आन्दोलन के दौर में ही सबसे अधिक तेज़ी से बदला–इतनी तेज़ी से कि पिछले सौ वर्षों में प्रत्येक पीढ़ी की स्त्रियाँ बड़ी सच्चाई के साथ कह सकती थीं कि उनका जीवन पिछली पीढ़ियों के जीवन से स्पष्ट रूप से भिन्न था। औपनिवेशिक काल में ये परिवर्तन अधिकतर राजनीतिक आन्दोलन के दायरे से बाहर घटित हुए–एक ऐसे क्षेत्र में जिसमें राष्ट्र अपने को तब भी स्वतन्त्र समझता था। सुधार के विचार को विवाह के, सम्पत्ति के अधिकारों, मताधिकारों, समान वेतन, अवसर की समानता आदि से सम्बन्धित क़ानूनों में समाहित करने की प्रक्रिया को वैधता केवल स्वतन्त्रता के बाद मिली जब राष्ट्र राजनीतिक प्रभुसत्ता प्राप्त कर चुका था। अब स्त्रियों का प्रश्न राष्ट्र-राज्य के जीवन में निश्चित रूप से, फिर एक बार राजनीतिक प्रश्न बन चुका था।

समानता और स्वतन्त्रता के लिए स्वयं महिलाओं द्वारा चलाए गए किसी स्वायत्त संघर्ष का अभाव एक और समस्या है जिस पर अब एक पहले से स्पष्ट परिप्रेक्ष्य हमारे पास हो सकता है। राजनीतिक मुआमलों के सार्वजनिक संग्रहालयों में ऐसे संघर्षों के प्रमाण तलाश करना हमारी भूल होगी। कारण कि यूरोप या अमरीका में 19वीं या 20वीं सदी के महिला आन्दोलनों के विपरीत राष्ट्रवाद के काल में स्त्रीत्व के नए विचार की लड़ाई घर में लड़ी गई। आत्मकथाओं, पारिवारिक वृत्तान्तों, धार्मिक रचनाओं, साहित्य, नाटकों, गीतों, चित्रों और ऐसी दूसरी सांस्कृतिक रचनाओं के रूप में उपलब्ध प्रमाणों से ज्ञात होता है कि घर ही उस संघर्ष का प्रमुख रणक्षेत्र बना जिसके द्वारा नई राष्ट्रवादी पितृसत्ता की वर्चस्ववादी धारणा को एक सामान्य रूप दिया गया। यही वास्तविक इतिहास है महिला-प्रश्न का जिसके क्षेत्र की निशानदेही 'स्त्री' की राष्ट्रवादी धारणा सम्बन्धी हमारी वंशावलि सम्बन्धी छानबीन ने की है। अभी तक हमने जो राष्ट्रवादी आख्यान चुना है वह स्त्रियों के *बारे में* है; यहाँ स्त्रियाँ बोलती नज़र नहीं आतीं।

उपनिवेश-काल में महिला-प्रश्न के राष्ट्रवादी समाधान में राजसत्ता की स्थिति का एक और निहितार्थ है। कारण मध्यवर्ग के जो भाग ख़ुद को सांस्कृतिक रूप से राष्ट्र-निर्माण की प्रक्रिया से बाहर महसूस करते थे और जिन भागों ने ख़ुद को सुस्पष्ट राजनीतिक समूहों में संगठित किया, नए राष्ट्र-राज्य से उनका सापेक्षिक अलगाव सुधार के वैध अभिकरण के विस्थापन के लिए एक और साधन का काम करेगा। मसलन बंगाल के मुसलमानों के सिलसिले में एक नए मध्य वर्ग का उदय देर से हुआ जिसके कारणों में यहाँ ज़ाने की ज़रूरत नहीं है। औपनिवेशिक स्थिति में समाज-सुधार के प्रश्नों पर राष्ट्रवादी प्रक्रिया के ठीक वैसे ही लाक्षणिक सरोकार मुसलमानों के सिलसिले में भी दिखाई देते हैं; केवल काल सम्बन्धी अन्तर पाया जाता है।[19] लेकिन स्वतन्त्र भारत में राष्ट्रवादी सुधार मुसलमानों के मुआमले में राजनीतिक उत्कर्ष तक नहीं पहुँचते। क़ारण कि उनका प्रभुत्वशाली सांस्कृतिक समूह समुदाय को जिस सीमा तक राजसत्ता से बाहर समझता है,

उस सीमा तक एक नया औपनिवेशिक सम्बन्ध अस्तित्व में आ जाता है। आन्तरिक/बाह्य, घर/दुनिया, स्त्रियोचित/पुरुषोचित जैसे भेदों की प्रणाली एक बार फिर सक्रिय हो जाती है। जिस चीज़ को समुदाय की अस्मिता का आन्तरिक सारतत्त्व समझा जाता है उससे सम्बन्धित सुधार वैध ढंग से राज्य द्वारा नहीं, स्वयं समुदाय द्वारा ही किए जा सकते हैं। आज़ादी के बाद भारतीय मुसलमानों के नागरिक जीवन में कितना कम संस्थागत परिवर्तन आया है, इसे समझना और इस परिवर्तन की सीमा की तुलना उन मुस्लिम देशों से करना शिक्षाप्रद होगा जिनमें राष्ट्रवादी सांस्कृतिक सुधार एक स्वतन्त्र राष्ट्र-राज्य की सफल स्थापना का अंग था। अगर हम आज के पश्चिम बंगाल के मध्यवर्गीय मुस्लिम स्त्रियों की स्थिति की तुलना पड़ोसी बंगलादेश की स्त्रियों से करें तो यह अन्तर हैरान कर देता है।

अल्पसंख्यकों की एक सुस्पष्ट सांस्कृतिक समस्या का बने रहना इस बात का सूचक है कि भारतीय राष्ट्र जिस जनता का प्रतिनिधित्व करने का दावा करता है उसे पूरा का पूरा अपने तन्त्र में कारगर ढंग से समेटने में असफल रहा है। यह असफलता तब स्पष्ट हो जाती है जब हम देखते हैं कि एक वर्चस्ववादी 'राष्ट्रीय संस्कृति' का निर्माण *अनिवार्यतः* एक 'मूलभूत परम्परा' को दिए गए विशेष महत्त्व के आधार पर हुआ, और फिर इस परम्परा को निष्कासनों की एक प्रणाली के आधार पर परिभाषित किया गया। स्वतन्त्रता, समानता और सांस्कृतिक परिष्कार जैसे आदर्श उन भेदों के साथ जारी रहे जिन्होंने राष्ट्र के नवजीवन से व्यवस्थित ढंग से जनता के बड़े-बड़े भागों को निष्कासित किया। प्रभुत्वशाली अभिजात वर्ग इसी जनता के प्रतिनिधि और अगुवा थे मगर यह जनता कभी भी सांस्कृतिक रूप से अपने अगुवों से एकाकार नहीं हो सकी। औपनिवेशिक शासकों और उनके राष्ट्रवादी विरोधियों, दोनों ने ही साँठ-गाँठ करके औपनिवेशिक जगत के अर्थों की उस मूलभूत संरचना को विस्थापित किया जो अधिकार, स्वतन्त्रता, समानता आदि पश्चिमी उदारवादी धारणाओं से जुड़ी हुई थी। भारत में राष्ट्रीय राजसत्ता के आरम्भ का अर्थ 'मानव' की बुर्जुवा धारणा का सार्वभौमीकरण हो, ऐसा नहीं हो सका।

वास्तव में अपनी नई पितृसत्ता को एक वर्चस्ववादी धारणा के रूप में स्थापित करने के क्रम में राष्ट्रवादी आख्यान ने अपने सांस्कृतिक सारतत्त्व को पश्चिम के सांस्कृतिक सारतत्त्व से ही नहीं बल्कि जनता के सांस्कृतिक सारतत्त्व से भी अलग ठहराया। उसने एक नए मध्यवर्ग के रूप में अपना सामान्यीकरण किया जो एक प्रसारमान वर्ग था और निरपेक्ष संख्या की दृष्टि से इतना बड़ा भी था कि अपना पुनरुत्पादन कर सके, मगर यह वर्ग अधीनस्थ वर्गों की व्यापक जनता से काफ़ी बड़ी दूरी पर खड़ा है। स्त्री की राष्ट्रवादी धारणा के बारे में मेरा विश्लेषण एक बार फिर यही दर्शाता है कि औपनिवेशिक और राष्ट्रवादी संवादों के टकराव में आध्यात्मिक/भौतिक, घर/दुनिया और स्त्रियोचित/पुरुषोचित जैसे भेद उपनिवेशवाद के संवाद से भिन्न एक राष्ट्रवादी संवाद के विकास में सहायक होकर भी किस तरह इसी की झूठी मूलभूत विशेषताओं के ढाँचे में बँधे रह जाते हैं।

सन्दर्भ और टिप्पणियाँ

1. गुलाम मुर्शिद, *रिलकटैन्ट दबयूतान्त : रिसपॉन्स ऑफ़ बेंगोली वूमैन टू मॉड्र्नाइज़ेशन्, 1849-1905* (राजशाही : राजशाही यूनिवर्सिटी प्रेस, 1983)।
2. सुमित सरकार, *ए क्रिटिक ऑफ़ कलोनिअल रीज़न* (कैलकटा : पैपीरस, 1985), पृ.सं. 71-76।
3. जे.डब्ल्यू. मैसी, *कॉन्टिनएन्टल इंडिया* (लन्दन : थॉमस वार्ड, 1839), 2 : 153-54।
4. लता मणि, 'दी प्रोडक्शन ऑफ़ एन ऑफिशियल डीसकोर्स ऑन सती इन अर्ली नाईनटीन्थ-सेंचुरी बेंगोल', *इकोनॉमिक एंड पोलिटिकल वीकली* : रिव्यू ऑफ़ वूमैंस स्टडीज़स 21 (अप्रैल 1986) : डब्ल्यू.एस. 32-40; 'कंटेंशस् ट्रेडिशनंस : दी डिबेट ऑन सती इन कलोनियल इंडिया,' कुमकुम संगारी एंड सुदेश वैद, संपादित; *रीकास्टींग वूमैन : एस्पेस इन कलोनियल हिस्ट्री* (न्यू देहली : काली फॉर वूमैन, 1989), पृ. सं. 88-126।
5. अर्मेन्द्रनाथ दत्ता, *मज़ा (कलकत्ता,* 1900) पृ. सं. 7-8।
6. मेये मनस्तार मित्तिम (कलकत्ता, गिरिश विद्यारत्ना, 1874), पृ. सं. 28-31।
7. ताराशंकर शर्मा, *स्त्रीगनेर बिद्या शिक्षा* (कलकत्ता, 1851)।
8. शिबचन्द्र जना, *पातिव्रत्य-धर्म-शिक्षा* (कलकत्ता : गुप्ता प्रेस, 1870)।
9. भूदेब मुखोपाध्याय, 'कार्येर व्यवस्था' इन *भूदेब रचनासम्भार,* सम्पादक प्रमथनाथ बिशी (कलकत्ता : मित्र एंड घोष, 1969), पृ. 480।
10. 'लज्जाशीलता' उसी स्थान पर देखें, पृ.सं. 445-48।
11. उसी स्थान पर देखें पृ.सृं. 446-447।
12. मुर्शिद द्वारा रिलकटैन्ट दबयूतान्त के निरीक्षण सम्बन्धी विवादों को देखें, पृ.सं. 19-62, मेरेडिथ बौरथविक, *दी चेंजिंग रोल ऑफ़ वूमैन इन बेंगोल, 1849-1905* (प्रिंसटॅन : प्रिंसटॅन यूनिवर्सिटी प्रेस, 1984), पृ. सं. 60-108; मालविका कारलेकर, ''कादम्बिनी एंड भद्रलोक : अर्ली डीबेट्स ओवरस एडूकेशन इन बेंगोल,'' *इकोनोमिक एंड पॉलिटिकल वीकली* : रिव्यू ऑफ़ वूमैनूस स्टूडीजस, 21 (अप्रैल 1986) : डब्ल्यू.एस. 25-31।
13. एम.ए. लैर्ड, *मिशनरीस एंड एडूकेशन इन बेंगोल 1793-1837* (ऑक्सफोर्ड : क्लैरानडॉन प्रेस, 1972)।
14. मुर्शिद, *रिलकटैंट दबयूतान्त,* पृ. 43।
15. आरम्भिक पीढ़ी की शिक्षित मध्यवर्गीय महिलाओं की जीवनियाँ कामयाबी की भावनाओं से भरपूर है। हाल के हुए अध्ययनों में देखें, मालविका कालेरकर, *वोईसिस् फार्म विदइन : अर्ली पर्सनल नैरेएटिव्स ऑफ़ बेंगोली वूमैन* (दिल्ली : ऑक्सफ़ोर्ड यूनिवर्सिटी प्रैस, 1991)।
16. मुर्शिद, *रिलकटैंट डबयूतान्त* से उद्धृत, पृ. 60।
17. बोर्थविक से उद्धृत, *चेंजिंग रोल ऑफ़ वूमैन,* पृ. 105।
18. उसी स्थान पर देखें, पृ.सं. 245-56।
19. देखें मुर्शिद, *रिलकटैंट डबयूतान्त।*

असमानता का पुनरुत्पादन : औपनिवेशिक पूर्वी भारत में आत्माओं के पन्थ और श्रम-सम्बन्ध

ज्ञान प्रकाश

कालक्रम में असमानताओं का पुनरुत्पादन कैसे होता है, उसे समझना खुद असमानता को समझने जितना ही अहम होता है। कारण कि असमान सम्बन्धों का अस्तित्व केवल मानव-व्यवहारों में होता है जो उनका पुनरुत्पादन करते हैं। हाल के मानवशास्त्रीय साहित्य में उत्पादन और पुनरुत्पादन का साथ-साथ प्रयोग केवल शब्दों का खेल नहीं; इससे भी बढ़कर यह उन प्रक्रियाओं को स्पष्ट करता है जो उत्पादन के आधार पर काम करती है।[1] सामाजिक सम्बन्धों का पुनरुत्पादन करनेवाले व्यवहारों की पुनर्रचना करने की आवश्यकता शायद कहीं भी इतनी उपेक्षित नहीं हुई जितनी दक्षिण एशियाई इतिहास के अध्ययन में हुई है। सामाजिक समूहों के आपसी असमान सम्बन्ध किस प्रकार जारी रखे जाते थे, जब इसकी व्याख्या करने का सवाल आता है तो जातिप्रथा हमेशा का प्रिय विषय तो रही ही है। यह बात ख़ासकर वहाँ सही है जब ज़मींदारों और बेज़मीन मज़दूरों के सम्बन्धों का सवाल आता है। मिसाल के लिए दक्षिण गुज़रात के बँधुआ मज़दूरों के बारे में यान ब्रेमन का परिष्कृत और सुसमृद्ध अध्ययन भी अतीत में मज़दूरों और ज़मींदारों के सम्बन्धों के आधार के तौर पर, कृषक समाज के सन्दर्भ में, जाति-सम्बन्धों के संस्थागत रूप अर्थात जजमानी प्रथा की बात करता है।[2] उनका अध्ययन इस पहलू को तो ज़रूर उजागर करता है कि जजमानी के प्रतिरूप की रोशनी में बँधुआ मज़दूरी के सम्बन्धों को किस प्रकार समझा जा सकता है, मगर वहीं वह इसकी व्याख्या नहीं कर पाता कि इन सम्बन्धों का पुनरुत्पादन कैसे होता था। क्या हम यह मान लें कि जाति-प्रथा के आदान-प्रदान के जो सम्बन्ध कभी अस्तित्व में थे, वे मज़दूरों और ज़मींदारों से ऐसे कार्य कराते थे जो इस बँधुआगिरी का पुनरुत्पादन करते थे ?

श्रम-सम्बन्धों के प्रति जजमानी वाले दृष्टिकोण में और इसी तरह उन व्याख्याओं में भी जो ज़मींदारों द्वारा मज़दूरों को दिए गए 'ऋणों' के हवाले देते हैं[3] और उनमें जो बँधुआगिरी की व्याख्या के लिए माँग-पूर्ति के सिद्धान्त का सहारा लेते हैं,[4] वह चीज़ निहित है जिसे पियर बोर्दियो ने व्यवहार की 'नियम-आधारित' धारणा कहा है।[5] तात्पर्य

यह कि बँधुआ मज़दूरी के ये तीनों ही दृष्टिकोण यह मानकर चलते हैं कि मानव व्यवहार महज़ क्रमशः जजमानी प्रथा के तर्कों, 'ऋण' के लेन-देन या श्रम की पूर्ति और माँग द्वारा निर्धारित नियमों को व्यावहारिक रूप ही देते हैं और उन्हीं के बताए रास्तों पर आगे बढ़ते हैं। एक बार मानव-व्यवहार नियमों और योजनाओं की निर्मम दासता का शिकार बन जाए तो फिर यह प्रश्न विवादास्पद बनकर रह जाता है कि श्रम-सम्बन्धों का पुनरुत्पादन कैसे होता था। और यही हाल इतिहास का होता है। कारण कि ज़मींदारों और मज़दूरों की ऐतिहासिक गतिविधियाँ, अलग-अलग कालों में उनकी रणनीतियाँ और क्रियाएँ किसी महान कार्य-योजना का व्यावहारिक रूपान्तरण मात्र लगती हैं।

दक्षिण बिहार के कामियों (बँधुआ मज़दूरों) और मालिकों (ज़मींदारों) के सम्बन्धों पर ध्यान केन्द्रित करते हुए मैंने इस लेख में यह तर्क प्रस्तुत किया है कि बँधुआगिरी के पुनरुत्पादन की जड़ें व्यवहार में ही क़ायम थीं। कामियों और मालिकों के व्यवहार की दशाएँ सामाजिक ढाँचे से ही पैदा होती थीं और इस कारण रोज़मर्रा की ज़िन्दगी के संचालन में तरतमता और दासता की धारणाओं को व्यक्त करतीं थीं। लेकिन इन व्यवहारों के तर्क जाति-प्रथा की विचारधारा के तर्कों से मर्यादित और संचालित नहीं होते थे। इसकी बजाय जातिगत सोपान और बँधुआ मज़दूरी का पुनरुत्पादन व्यावहारिक उद्‌देश्यों को पाने के लिए किए गए उन कार्यों से होता था जो देखने में श्रम-सम्बन्धों से कोसों दूर लगते थे, जैसे आत्माओं का तुष्टीकरण। इस लेख में मैंने 19वीं सदी के अन्तिम और 20वीं सदी के आरम्भिक भागों में दक्षिण बिहार में आत्माओं के पन्थों के व्यवहारों की पुनर्रचना की है। इसका मक़सद यह दिखाना है कि ये व्यवहार किस प्रकार कामियों और मालिकों के ग़ैर बराबरी के सम्बन्धों का पुनरुत्पादन तथा तरतमता और बँधुआगीरी की धारणाओं को व्यक्त करते थे।[6] मेरा तर्क यह है कि सामाजिक ढाँचा ऐसे असमान समूहों पर आधारित था जिनके हित भिन्न थे, और इस कारण आत्माओं के पन्थों में कर्मकांडीय अनुष्ठानों के व्यावहारिक उद्‌देश्यों को लेकर कामियों और मालिकों के अन्तहीन संघर्ष पाए जाते थे। मिसाल के लिए, शक्ति का पुनरुत्पादन कामियों और मालिकों के संघर्ष के साथ-साथ चलता रहता था। कामिये और मालिक असमानता के पुनरुत्पादन में किस प्रकार संघर्षरत थे, यह दिखाने के क्रम में मैं उन कर्मकांडीय अनुष्ठानों की छानबीन करूँगा जिनसे आत्मा का संसार रचा होता था, जो जातिगत सोपान का प्रतिनिधित्व करते थे तथा मालिक देवताओं अर्थात दक्षिण के जंगलों से मालिकों द्वारा ख़रीदी गई भूत-आत्माओं का सृजन और उपयोग करते थे।

दक्षिण बिहार के कामिये और मालिक

जब तुर्कों और उनके बाद मुग़लों ने उत्तर भारत में अपनी हुकूमत क़ायम की तो उन्होंने स्थानीय कबीलाई सरदारों के श्रेष्ठतर अधिकारियों को मान्यता दी और उन्हें दोयम दर्जे के शासक वर्ग के रूप में स्वीकार किया।[7] अपनी श्रेष्ठतर स्थिति के कारण ये लोग

जो दक्षिणी बिहार में मालिक कहलाते थे, मालगुज़ारी से मुक्त या कम दरों पर ज़मीन पाते थे और अपने-अपने इलाक़ों में किसानों से तरह-तरह की वसूलियाँ करते थे।[8] मालिक स्थानीय स्तर पर अपनी प्रभुत्वशाली स्थिति के कारण उच्च कर्मकांडीय स्थिति के दावे करते थे और अपनी ज़मीनों पर काम करने के लिए निचली जातियों को लगाते थे। कामिया कहलानेवाले ये मज़दूर गया ज़िले में मुख्य रूप से भुइयाँ जाति के होते थे।[9] दक्षिण बिहार के दक्षिणी भागों में रहनेवाले ये भुइयाँ निम्नजातीय कामियों के रूप में पद-दलित किए गए और उनको धान की सिंचित खेती के विकास में तब लगाया गया जब हिन्दू और मुस्लिम ख़ानदानों के सरदार तेरहवीं सदी के बाद इस क्षेत्र में आकर बसे और उन्होंने स्थानीय प्रभुओं के रूप में खुद को स्थापित कर लिया।[10] अक्सर मालिकों के बीच से ही निकालनेवाले इलाक़ाई सामन्तों ने मालिकों पर अपना प्रभुत्व स्थापित कर उनके इलाक़ों में धर्मगुरुओं को मालगुज़ारी से मुक्त ज़मीनें दीं, लेकिन फिर भी स्थानीय सामन्तों के रूप में मालिकों की स्थिति 18वीं सदी तक अप्रभावित रही।[11]

अठारहवीं सदी के मध्य में अंग्रेज़ों की विजय, स्थायी बन्दोबस्त तथा उसके कारण ज़मींदारों का भूस्वामी और मालगुज़ारी वसूली के लिए ज़िम्मेदार बनना, तथा 19वीं सदी के अन्तिम भाग में होनेवाले आर्थिक परिवर्तन, जैसे भूमि और खेतिहर उत्पादन में बाज़ार का बढ़ता दखल—इन सबने स्थानीय स्तर पर मालिकों के प्रभुत्व की दशाओं को बदलकर रख दिया।[12] अब मालिकों की स्थिति बल प्रयोग और सामाजिक सोपान की बजाय क़ानूनी पट्टों से पुष्ट तथा बढ़ते हुए बाज़ार-सम्बन्धों को अपने लाभ के लिए इस्तेमाल करने की योग्यता के कारण सुरक्षित भू-नियन्त्रण पर आधारित हो गई। जब स्वामित्व और श्रेष्ठतर लगानदारियों के द्वारा ज़मीन पर नियन्त्रण करने के अवसर पैदा हुए तो विभिन्न समूहों ने उपज और मालगुज़ारी पर आधुनिक काल से पहले के दावों को भू-सम्पत्ति सम्बन्धी सुरक्षित दावों का रूप देने का प्रयास किया। मसलन 18वीं और 19वीं सदियों में बोधगया के हिन्दू मठ ने क़ानूनी पट्टों के द्वारा ज़मीन पर न सिर्फ़ नियन्त्रण बनाए रखा बल्कि उसे और बढ़ाया भी।[13]

ज़मीन पर मालिकों का नियन्त्रण चाहे जितना ही अहम हो, यह कामियों पर उनके प्रभुत्व के पुनरुत्पादन का एकमात्र आधार नहीं था। एक कामिया सिर्फ़ एक मज़दूर न था, वह एक भुइयाँ भी था जिसका एक अतीत था और एक भविष्य था, जिसके कुछ पूर्वज थे और कुछ वंशज थे, वो एक ऐसा जीता-जागता इंसान था जो मृतकों के सापेक्ष अपनी स्थिति को निरूपित करता था। इसी तरह मालिक भी केवल भूस्वामी न था बल्कि एक ऐसा व्यक्ति था जिसकी एक जातिगत स्थिति होती थी, और उसे भी अपने पूर्वजों के सापेक्ष अपनी स्थिति को निरूपित करना पड़ता था। इस तरह आत्माओं की दुनिया एक अत्यधिक उद्वेगमय अर्थोंवाली दुनिया थी, ऐसी दुनिया जो मालिकों की सत्ता और कामियों की अधीनता के प्रतिनिधित्व से खाली नहीं रह सकती थी।

लिखित स्रोत आत्माओं की दुनिया के विकास के व्यावहारिक सन्दर्भों पर बहुत कम जानकारी देते हैं। विभिन्न आत्माओं और भूत-प्रेतों की इस दुनिया को बसाने में जो परिस्थितियाँ और रणनीतियाँ इस्तेमाल की गईं, वे देसी लोगों के 'अक्खड़ मन'[14] के बारे में औपनिवेशिक अधिकारियों के अनन्त उपदेशों में खो चुकी हैं। हालाँकि ख़ास हालात और उद्देश्यों का पता हमें भले न हो, लेकिन फिर भी आत्माओं की दुनिया के औपनिवेशिक वर्णन और साथ में मौखिक तथ्य इसके निर्माण में काम आने वाली व्यावहारिक रणनीतियों का एक सामान्य चित्र प्रस्तुत कर सकते हैं।

गया ज़िले की जनता में प्रचलित आत्माओं के पन्थों और उनकी पूजा के बारे में लिखते हुए 1906 में एल.एस.एस.ओ'मेली ने इस बात को दर्ज किया कि इन आत्माओं को डाक-भूत की श्रेणी में रखा जाता था।[15] पूर्वज, डाक, और भूत अलग-अलग होते थे मगर आत्माओं की व्यापकतर दुनिया में ये परस्पर-सम्बन्धित तत्त्व थे। इन तीनों में साझी बात यह थी कि ये प्रेतों (मृतात्माओं) के भिन्न रूप थे। जब कोई व्यक्ति मरता था तो उसका प्रेत बचा रहता था और ज़िन्दों से अपना हक माँगता रहता था।[16] मृत्यु की सांस्कृतिक परिभाषा इस रूप में की जाती थी कि शारीरिक मृत्यु आत्मा को शरीर के बन्धन से मुक्त करती है। इस तरह आत्माएँ ज़िन्दों से अलग नहीं होती थीं ये दोनों भिन्न होकर भी एक ही जीव-जगत के परस्पर सम्बन्धित अंग थे। विनाश और पुनर्रचना का चक्र इस जीव-जगत की विशेषता थी।

आत्माओं के पन्थों के व्यवहार इस दुनिया की ही परस्पर-विपरीत श्रेणियों के बीच अनन्त सम्पर्क और आदान-प्रदान स्थापित करते थे। मृतक के नए जीवन का प्रतिनिधित्व करने के लिए घर के एक कोने, सीरघर में मिट्टी के छोटे-छोटे ढूह बनाए जाते थे जिन्हें पिंडा कहते थे। वार्षिक और जीवन-चक्र सम्बन्धी अनुष्ठानों में इन पूर्वजों को भोग चढ़ाए जाते थे। हर जाति के पास अपने सीरघर, पिंडे और पूर्वज-सम्प्रदाय होते थे। पूर्वजों को ये भोग और पूजा-अक्षत ज़िन्दा लोगों पर उनके हक के सम्मानस्वरूप ही नहीं चढ़ाए जाते थे बल्कि आमतौर पर आत्माओं में परिकल्पित शक्तियों के कारण भी चढ़ाए जाते थे।[17] शरीर के बन्धन से मुक्त होकर ये मृतक अपने नए जीवन में ऐसी बातें भी देख और बता सकते थे जो जीवितों के बस से बाहर होती थीं, और इस तरह दुर्भाग्य को टाल सकते थे। यह शक्ति सुख्यात पूर्वजों की शक्ति से प्रकृति में भिन्न होती थी, तथा भूतों और डाकों की शक्ति से माया में भिन्न होती थी।

भोगता जाति के बानसिंह[18] जैसे और भुइयाँ जाति के तुलसीबीर जैसे ख्याति प्राप्त अग्रस्थ-पूर्वजों से यह आशा भी की जाती थी कि वे अपने जाति-बन्धुओं के दुर्भाग्य को टालें और उनकी सहायता करें। लेकिन सुख्यात पूर्वजों की यह शक्ति उनके जीवन काल में उनकी शूरवीरता की देन थी न कि उनके आत्मा होने की। जहाँ सभी अनुव्रत-पूर्वजों की शक्ति उनके आत्मा होने के कारण थी (और उनमें

भला और बुरा, दोनों कर सकने की योग्यता मानी जाती थी), वहाँ सुख्यात पूर्वजों को कभी आत्माओं की श्रेणी में नहीं रखा जाता था और उन्हें आमतौर पर शुभकारी माना जाता था।[19]

पूर्वजों की तरह भूत भी एक तरह की आत्मा ही हैं। लेकिन उनकी ताक़त बहुत अधिक होती है इसलिए उनका डर भी बहुत ज़्यादा होता है। आमतौर पर डाक और भूत की श्रेणियों में रखे जानेवाले ये प्राणी उन लोगों की आत्मा होते हैं जो अस्वाभाविक मौत मरते हैं। इस समूह के अन्दर शक्तिशाली आत्माओं की एक बड़ी तादाद मानी जाती थी।[20] चुड़ैल या किचिन ख़ासतौर पर ताक़तवर और डरावनी होती है; यह ऐसी स्त्री की आत्मा होती है जो ज़चगी के दौरान मरी हो। बघौत ज़िले के पश्चिमी भाग में बाघों के हाथों मारे गए लोगों की आत्माएँ हैं। बरूनी और लंघनडाक अपने गाँव के बाहर दुर्घटना में मारे गए लोगों की आत्माएँ हैं; ये गाँवों के बीच के अनिर्धारित इलाक़ों तथा जंगलों में और चौराहों पर मँडराते रहते थे।[21]

आत्माएँ कौन सा रूप इख़्तियार करती थीं, यह बात इस पर निर्भर होती थी कि कर्मकांडी अनुष्ठान किस प्रकार मृत्यु का आवाहन करते थे। ज़िन्दों के ऊपर उनकी अलग-अलग शक्तियाँ इसी से पैदा हुईं और इसी पर निर्भर यह बात थी कि वे कितना नुक़सान या फ़ायदा पहुँचा सकते थे। जिन शक्तिशाली आत्माओं को ओ' मेली ने 'दुष्ट' कहा है, उनका ख़ौफ़ पूर्वजों की उन कमज़ोर आत्माओं से ज़्यादा होता था जिनकी पूजा इसलिए की जाती थी कि वे जाति-बन्धुओं को राहत पहुँचाएँगे।

पूर्वज तक भी भूत और डाक बन सकते हैं। इसमें आमतौर पर वे शामिल हैं जो अपने जीवनकाल में गुनी या ओझा रहे हों। चूँकि जीवन में उनका सरोकार आत्माओं से होता है और कुछ डाकों व भूतों पर वे क़ाबू रखते हैं, इसलिए मरने के बाद वे भी शक्तिशाली डाक या भूत बन जाते हैं। मिसाल के लिए शिवराजपुर गाँव का रामजनी भुइयाँ जो एक गुनी था और आत्माओं से बातें करता था; उसके बारे में यह माना जाता था कि कई डाक उसके बस में थे। मौत के बाद वह रामजनी डाक बन गया और उसे उसके वंशजों ने अपना मालिक देवता मानकर उसका पिंडा स्थापित किया, अर्थात ऐसे प्रमुखतम पूर्वज डाक के रूप में जो घर के अन्दर उनकी सुरक्षा करता था।[22] अहम बात यह है कि ख्याति प्राप्त पूर्वज कभी डाक या भूत नहीं बनते थे। मिसाल के लिए घनगर जाति का सुख्यात पूर्वज घरहा अस्वाभाविक मृत्यु के बाद भी भूत नहीं बना।[23] ज़ाहिर है कि आत्माएँ जिस सीमा तक मुर्दों और ज़िन्दों के जीवन का माध्यम होती हैं, उस सीमा तक यह माना जाता है कि उनकी शक्तियाँ शूरवीर सुख्यात पूर्वजों से भिन्न होती हैं। आत्माओं के रूप में पूर्वजों के पास वंशजों के जीवन को प्रभावित करने की शक्ति होती है। अगर ये पूर्वज रामजनी भुइयाँ की तरह अपने जीवन में परस्पर-विरोधी श्रेणियों के बीच सम्पर्क का काम करते हों और ज़िन्दों और मुर्दों की शक्तियों से लैस हों तो उनके प्रेत और भी शक्तिशाली होते हैं। तब वे डाक और भूत बन जाते हैं।

डाक-भूत तब पैदा होते हैं जब जीव-जगत के परस्पर-विरोधी प्राणियों के सम्बन्धों का सामंजस्य भंग होता है। आत्मा-जगत का शक्ति-सोपान सांस्कृतिक प्रवर्गों तथा उन सामाजिक सम्बन्धों के गड्ड-मड्ड मेल पर आधारित माना जाता था जिनका प्रतिनिधित्व विभिन्न आत्माएँ करती हैं। सबसे कम शक्तिशाली आत्माएँ स्वाभाविक मृत्यु मरनेवाले पूर्वजों की होती थी।[24] ये तथाकथित 'अच्छी मौत'[25] के उदाहरण हैं। स्वाभाविक मृत्यु जीवितों को यह सामर्थ्य प्रदान करती थी कि मृत्यु को एक नियन्त्रित घटना के रूप में परिभाषित कर सकें जिससे एक भिन्न अर्थात प्रेत के रूप में जीवन का पुनरोदय होता है; यह पुनरोदय सामाजिक रूप से निरूपित होता था। सवर्ण हिन्दुओं के मृत्यु-संस्कारों में नए जीवन का उदय अग्नि-संस्कार के साथ होता था। भुइयों में यह माना जाता था कि मृतक को नया जीवन अग्नि-संस्कार के बाद उसके अवशेषों को दफ़न करने के बाद प्राप्त होता है। एक भुइयाँ ने बतलाया, 'जब मेरे पिता को दफ़नाया गया और वे वहीं लौट गए जहाँ से आए थे तब उनके प्रेत को एक नया जीवन मिला।'[26] ये दोनों ही दृष्टान्त प्रकृति और संस्कृति की सफल पारस्परिकता के हैं। इस समाज-निरचित संसार की जैविक एकता 'अच्छी मौत' में क़ायम रखी जाती थी।

चूँकि 'अच्छी मौतों' से एक व्यवस्थित पुनर्जीवन तो सम्भव होता ही था तथा इसमें जीव-जगत का सामंजस्य भी अभिव्यंजित होता था इन पितरों की आत्माएँ ज़्यादा ताक़तवर नहीं होती थी। अपमानित होने पर वे नुक़सान पहुँचा सकती थीं। लेकिन आवागमन के चक्र में उनका सुव्यवस्थित सांस्कृतिक समावेश उनको कोई बड़ा ख़तरा नहीं बनने देता। दूसरी ओर असमय मृत्यु अनियन्त्रित घटना होती थी। यह जगत के परस्पर-विरोधी रूपों के पारस्परिक आदान-प्रदान में सामंजस्य के भंग होने का प्रतिनिधित्व करती थी। ये मौतें 'बुरी मौतें' होती थीं और उनकी शक्ति बेपनाह और अन्दाज़ से परे होती थीं : ओ' मेली ने लिखा है कि गया ज़िले में रघुनी डाक को सबसे भयानक डाक माना जाता था।[27] यह डाक तब पैदा हुआ जब एक बाभन ज़मींदार को शक हो गया कि उसका कामिया उसकी बेटी से नाजायज़ सम्बन्ध रखता है और उसने दोनों को मारकर फिर खुदकुशी कर ली। रघुनी डाक एक ही साथ तीनों आत्माओं का प्रतिनिधि था। यथार्थ जीवन में जाति की सीमाओं के संदिग्ध अतिक्रमण से पैदा होनेवाला तथा आत्मा-जगत में विरोधी श्रेणियों के मिलन का प्रतिनिधित्व करनेवाला रघुनी डाक ख़ास तौर पर भय का कारण था।

'अच्छी' और 'बुरी' में मृत्यु का विभाजन आत्मा-जगत के निर्माण में व्यवहार की भूमिका को स्पष्ट करता है। जनता आत्माओं को अलग-अलग परिमाण वाली शक्तियों से विभूषित करके कुछ पहले से मौजूद नियमों को केवल व्यावहारिक रूप नहीं देती थी। मृत्यु के निरूपण के व्यावहारिक उद्देश्य होते थे : मृतकों को जीव-जगत में फिर से शामिल करना ज़रूरी माना जाता था। इसके अलावा आत्माओं के पन्थों की क्रियाएँ संज्ञान की प्रक्रियाएँ भी होती थीं। जनता 'अच्छी' और 'बुरी' मौतों की धारणाएँ पैदा करती थी; दूसरों के मुक़ाबले कुछ आत्माओं को बहुत अधिक शक्ति से विभूषित करती

थी, और यह मानते हुए भी कि उनके ख्यातिप्राप्त पूर्वज भले ही आत्माओं के रूप में विद्यमान हों, उन्हें वह शुभचिन्तक क़रार देती थी।

आत्माएँ और जातिगत तरतमता

सवर्ण हिन्दू और अवर्ण भुइयाँ, दोनों ही पितरों की आत्माओं की पूजा करते थे। वे सभी डाक-भूत और चुड़ैलों से प्रभावित होते थे। लेकिन आत्माओं के ये पन्थ जातियों की व्यवस्था को तथा जातियों के अलगाव और उनकी अन्तःक्रिया में निहित तनावों को प्रस्तुत भी करते थे और उनका प्रतिनिधित्व भी। इन पन्थों से जुड़े कर्मकांडी अनुष्ठानों पर जातिगत तरतमता की छाप ही नहीं होती थी बल्कि ये सामाजिक तरतमता को व्यक्त करने और पुष्ट बनाने के साधन भी होते थे। इन पन्थों पर भुइयाँ कर्मकांड विशेषज्ञों तथा निचली जातियों की भटकती आत्माओं का आधिपत्य था, मगर उन्हें हिन्दू आस्थाओं के अधीन लाकर तथा कर्मकांडों को सामाजिक व्यवस्था के अनुरूप ढालकर हिन्दू ज़मींदारों ने जातिगत तरतमता का पुनरुत्पादन किया।

सवर्ण जातियों ने आत्माओं के पन्थों के कार्यकलाप को वृहत्तर हिन्दू परम्परा के अधीन बनाया। आत्माओं से प्रभावित वे भी होते थे मगर हिन्दू ब्रह्मांड-मीमांसा द्वारा रचित जगत पर उनके पितरों की आत्माओं का अधिकार था। यह बात पितर-पूजा के संस्कारों से स्पष्ट है जिसके लिए पूरे भारत में हिन्दू तीर्थ यात्री गया आते थे, और आज भी आते हैं। दूसरी जगहों के हिन्दुओं की तरह गया के सवर्ण व्यक्ति भी इस वार्षिक अनुष्ठान में भाग लेते थे।[28] गया में फल्गु नदी के किनारे विष्णुपद मन्दिर में और प्रेतशिला पहाड़ी पर पितरों को पिंडदान किया जाता था। विष्णुपद एक पवित्र वैष्णव मन्दिर है जहाँ तीर्थयात्री और स्थानीय सवर्ण हिन्दू पितरों की आत्माओं के उद्धार के लिए भगवान विष्णु का आशीर्वाद माँगने जाते थे। फल्गु नदी विष्णु की प्रतिनिधि है और विश्वास किया जाता है कि यही वह स्थान है जहाँ (महाकाव्य *रामायण* में राम की पत्नी) सीता ने राम के लिए दशरथ को पिंडदान किया था। प्रेतशिला पहाड़ी पर नरक के देवता यम की पूजा पितर-आत्माओं की रक्षा के लिए की जाती थी।[29]

वृहत हिन्दू संसार की ब्रह्मांडकी से जुड़े हुए सवर्ण अपने पितरों की आत्माओं को निचली जातियों के भूतों और डाकों की दुनिया से मुक्त कराने में सफल ही रहे। अब यह ख़तरा नहीं रहा कि एक भुइयाँ ओझा एक सवर्ण पितर की आत्मा से संवाद कर सकेगा या उस पर क़ाबू रखेगा। इसके अलावा हिन्दू ब्रह्मांड को ईश्वर के विभिन्न रूपों की मौजूदगी से प्राणवान समझते थे, और इस कारण इस ब्रह्मांड से बाहर मौजूद भूत और डाक अनियन्त्रित प्रकृति-जगत के प्राणी माने गए। गया में भुइयों और छोटा नागपुर के आदिवासी समूहों जैसे मूल निवासियों को ऐसी आत्माओं से संवाद के लिए उपयुक्त प्राणी माना जाता था।[30] इस तरह भूतों और डाकों की दुनिया को सवर्ण हिन्दू विचारधारा से अलग कर दिया गया और उसके अधीन भी।

हालाँकि सवर्ण हिन्दू अपने पूर्वजों की आत्माओं को हिन्दू देवताओं की छत्र-छाया में लाने में सफल रहे, मगर फिर भी वे अपने अन्तःवैयक्तिक जीवन में तथा दूसरी जातियों के साथ अपने सम्बन्धों में तनावों को दूर न कर सके। डाक-भूत और चुड़ैलें सामाजिक जीवन के अन्तर्विरोधों से निपटने का साधन बनी रहीं। जब भी कोई दुर्भाग्य आता, ये लोग भी उसका कारण जानने के लिए ओझा या गुनी की राय लेते थे।

इसीलिए साठ साल से थोड़ा अरसा पहले बोधगया के पास एक गाँव के एक कायस्थ ज़मींदार ने जब अपने मवेशियों को एकाएक मरते देखा तो उसने एक ओझा की राय ली।[31] ओझा ने बताया कि इसके लिए पड़ोस के एक गाँव का जयबीर डाक ज़िम्मेदार था। जैसा कि एक रिपोर्ट के मुताबिक़ उस कायस्थ ने स्वीकार किया, हुआ यह था कि उसका कामिया उसके मवेशियों को चराने के लिए पड़ोस के गाँव में ले गया था और जब उसके अपने मवेशी लौटे तो एक दूसरी गाय भी उनके साथ मवेशीखाने में चली आई जिसे उसने अपने पास रोक लिया था। ओझा ने कहा कि जयबीर डाक पूजा में सूअर की क़ुर्बानी माँग रहा था। लेकिन सवर्ण हिन्दू होने के नाते वह कायस्थ सूअर की बलि देने पर तैयार नहीं हुआ। न ही वह अपने आँगन में ऐसे डाक को रखना चाहता था जो सूअर की बलि माँगता था। सौभाग्य से ओझा को पता चला कि वह डाक एक मेमने की बलि स्वीकार करने पर तैयार हो गया है। जयबीर डाक ने भी कायस्थ के घर के पिछवाड़े रहना क़ुबूल कर लिया।

ज़ाहिर है कि वह डाक सूअर की बलि माँग रहा था और इसलिए नीच जाति का था। सो कायस्थ द्वारा उस डाक की तुष्टि का मतलब कम-से-कम यह तो था ही कि जाति की सीमाओं का अतिक्रमण किया जा रहा था। दिलचस्प बात यह है कि सवर्णों ने अपने पितरों की आत्माओं को नीच जातियों के भूत-डाकों से मुक्त कराने का प्रयास ज़रूर किया मगर अन्त में वे उन्हीं भूत-डाकों की पूजा करने लगे। एक तरफ़ ऊँची जातियों ने हिन्दू जगत का आवाहन किया तो दूसरी तरफ़ वे निचली जातियों के भूतों और डाकों से सरोकार रखने लगे। इसकी व्याख्या भला कैसे की जाए ?

बोर्दियो ने माना है कि "अगर हमें व्यवहार से जितनी तार्किकता मिल सकती है उससे अधिक तार्किकता की माँग करने से बचना है और इस तरह उससे बेरब्तगी पाने से या उसके ऊपर एक गढ़ा हुआ रब्त थोपने से बचना है तो हमें यह स्वीकार करना होगा कि व्यवहार की अपनी एक तार्किकता होती है जो तर्क की नहीं होती।"[32] अगर हम कर्मकांडी अनुष्ठानों को ऐसी गतिमान घटनाएँ मानें जिनमें प्रतीकों का चयन और उनसे जुड़े अर्थों पर दिया जानेवाला ज़ोर स्थिति से निर्धारित होते हैं तो यह सांस्कृतिक असंगति व्यवहार का परिणाम नज़र आती है। अगर कार्य-कलाप बड़ी-बड़ी सांस्कृतिक योजनाओं के क्रियान्वयन मात्र नहीं होते, अगर वे ऐसी निरन्तरताहीन घटनाएँ होते हैं जिनके व्यावहारिक उद्देश्य होते हैं तो जिस संस्कृति को वे व्यक्त करते हैं उसमें विविधता भी होगी जहाँ दोनों घटनाओं द्वारा व्यक्त सांस्कृतिक धारणाएँ अलग-अलग थीं, वहीं व्यवहार अपने-आप में सुसंगत थे। तात्पर्य यह कि दोनों में स्थिति

के लिए अनुकूल सिद्धान्तों और प्रतीकों का इस्तेमाल किया गया था। एक दृष्टान्त में सवर्ण जातियों ने जीवन-मरण के चक्र से व्यक्त सामाजिक व्यवस्था का पुनरुत्पादन करने के लिए हिन्दू प्रतीकों का उपयोग किया। दूसरे दृष्टान्त में एक कायस्थ ने अपनी स्थिति के लिए ख़तरा बन सकनेवाले दुर्भाग्य को दूर करने के लिए एक निचली जाति के डाक की पूजा की।

गतिमान घटनाएँ होने के कारण कर्मकांडी अनुष्ठान सांस्कृतिक धारणाओं और सामाजिक सम्बन्धों को प्रतिबिम्बित ही नहीं करते, उनकी सक्रिय रचना भी करते हैं। इसलिए अगर सामाजिक जीवन में अलग-अलग जातियों की आपसी निर्भरता से पैदा ख़तरे के फलस्वरूप आनुष्ठानिक अशुद्धता पैदा होती है जिसे दूर करने के लिए शुद्धीकरण के हिन्दू संस्कारों की आवश्यकता होती है, तो वहीं आत्माओं की दुनिया में इसके कारण आत्माओं की छाया पड़ती है जिसके चलते उनको तुष्ट करना आवश्यक हो जाता है। लेकिन निचली जाति के एक डाक की छाया या उसकी पूजा से सामाजिक तरतमता के लिए जो ख़तरा पैदा होता था उसे इस तरह दूर किया गया कि उसे सवर्ण हिन्दू धारणाओं का ताबेदार बना दिया गया। इसके लिए उससे सूअर की जगह बकरे का मेमना और आँगन की जगह पिछवाड़ा स्वीकार कराया गया।

जातिगत तरतमता को व्यक्त करना कर्मकांडी व्यवहारों का प्रमुख उद्‌देश्य न था; इसका व्यावहारिक उद्‌देश्य कायस्थ ज़मींदार की दुनिया में सामंजस्य वापस लाना था। लेकिन इस प्रक्रिया में कर्मकांडी व्यवहारों ने सामाजिक व्यवस्था को व्यक्त और पुनर्निर्मित भी किया। यही बात कृषि के उन वार्षिक संस्कारों की थी जिनसे खेती का मौसम शुरू होता था। वार्षिक आषाढ़ी पूजा वह सबसे जटिल और विस्तृत कर्मकांड थी जिससे सामाजिक सोपान की पुनर्रचना होती थी। जून के मध्य में, मानसून के आने से पहले होनेवाली इस पूजा में पूरा गाँव परस्पर-सम्बन्धित कर्मकांडों की एक पूरी शृंखला में रत होता था–

> पहली बारिश के बाद जब ज़मीन नम और भुरभुरी हो जाती है, मालिक ने ब्राह्मण को अपने कामियों के नाम बतलाकर उससे परामर्श किया। फिर ब्राह्मण ने शूकर भुइयाँ को चुना जिसकी राशि हर-मन्तर (हल-पूजा) के लिए अनुकूल थी। अगली सुबह उसे मालिक के खेत में ले जाया गया। उसने एक कट्‌ठा (एकड़ के बीसवें भाग से कम) ज़मीन में हल चलाया और खेत के एक कोने में, जिसे भंडार कोना कहते थे, पिछली फ़सल से बचे बीज बोए। इसके बाद मालिक ने एक ख़ास मंगलवार का दिन आषाढ़ी पूजा के लिए चुना। सभी कामिये कचहरी में बुलाए गए, उन्हें तारीख़ बतला दी गई और उन्हें पूजा के लिए कुछ पैसे और अनाज दिए गए। पहले माँझी ने मालिक-देवता की पूजा की। फिर उसने और दूसरे सभी गुनियों ने गाँव भर में घूमकर सभी भूतों और डाकों को पूजा में शामिल होने का निमन्त्रण दिया। भुइयों के घरों में जहाँ सारे भूत और

डाक जमा हुए, गुनियों ने एक-एक आत्मा से बातचीत शुरू की। चमारों के ढोलों की थाप पर भगत नाचा और सभी पुरखों की आत्माएँ उसके पास आईं और उन्होंने सभी मौजूद लोगों से कहा कि वे पूजा में क्या चाहती हैं। फिर माँझी और भगत के नेतृत्व में सभी भुइयों और ढोल बजा रहे चमारों का जुलूस गाँव की चौहद्‌दी के साथ-साथ घूमा और उन अजनबी डाकों को बाहर निकाल आया जो गाँव में घुसकर परेशानी खड़ी करना चाहते थे। फिर वे मालिक के घर से शुरू करके एक-एक घर में गए। हर घर ने डाकों को मुट्‌ठी भर चावल या पैसे दिए जिन्हें एक बुने हुए फिर्रीदार कपड़े में रखा गया। फिर जुलूस तुलसीबीर के *स्थान* पर जाकर जमा हुआ। डाकों ने जो कुछ माँगा था, वह उन्हें दिया गया। फिर जब भगत ने तुलसीबीर की मौजूदगी की ख़बर दी तो उसे भुइयाँ मर्दों के गीत के बीच सूअर की बलि दी गई। इसके बाद गाँव की हिन्दू देवी भगवती को बकरे का मेमना चढ़ाया गया।[33]

यह वार्षिक संस्कार कृषि-कर्म का अभिन्न अंग था। इसके बिना फ़सल की तबाही का ख़तरा था। चूँकि फ़सल पिछले मौसम के बीजों के पुनर्जन्म का सूचक था, इसलिए खेती में मृत्यु और पुनर्जन्म का चक्र मानव की मृत्यु और पुनर्जन्म के चक्र के समानान्तर था। आमतौर पर पूरे सामाजिक जीवन के लिए विभिन्न चरणों के बीच समुचित संक्रमण का होना आवश्यक था और खेतिहर कार्यकलाप भी इसके अपवाद न थे। लेकिन यह संक्रमण सम्भावना के स्तर पर एक ख़तरनाक प्रक्रिया था।

वर्षा सूखे और गीले को एक करती थी और भुरभुरी ज़मीन उपजाऊपन की सूचक थी। हल चलाना जिस सीमा तक जन्म और उपजाऊपन के संक्रमण में दखल देनेवाला कर्म था उस सीमा तक यह अपवित्र कर सकनेवाला कर्म था। संक्रमण के ऐन इसी प्रकार के चरण में आत्माओं के हमले होते थे। भूत-डाक हमले की ताक में गाँव की चौहद्‌दी पर मँडराते रहते थे। वे इसी पर फलते-फूलते थे और इसीलिए उनकी पूजा ज़रूरी होती थी। कर्मकांड का दख़ल मृत्यु और पुनर्जन्म के बीच संक्रमण के नाज़ुक दौर में होता था। इस संक्रमण को सुचारु बनाने के लिए नीच भुइयाँ जाति की आत्माओं और पितरों को सवर्ण ज़मींदारों के कर्मकांड विशेषज्ञों और विश्वासों से इस तरह से समन्वित किया जाता था कि जाति-प्रथा की सामाजिक तरतमता की पुनर्रचना होती थी।

अनुष्ठानों में काम का विभाजन सामाजिक सम्बन्धों का पुनरुत्पादन करता था। कृषि में मृत्यु से जीवन के संक्रमण को सुचारु बनाने के लिए जो धान का खेत चुना गया वह मालिक का था। लेकिन हल चलाने और धरती को गर्भवती बनाने का ख़तरनाक साबित हो सकनेवाला काम करने के लिए जो व्यक्ति चुना गया वह नीच भुइयाँ जाति का था। मालिक का खेत पूरे समुदाय का प्रतीक था। लेकिन विरोधियों के मिलन से निपटने का बोझ कामिया के कन्धों पर पड़ा। भुरभुरी मिट्‌टी से सरोकार उसका रहा, उर्वर और अनुर्वर चरणों में प्रकृति को वश में उसने किया और मृत्यु

(पिछली फ़सल के बीजों) में जीवन उसने पैदा किया। डाकों और भूतों से संवाद करने का बोझ निचली जातियों के माँझी, गुनी और भगत पर पड़ा। भुइयाँ जनता ने इस अवसर के लिए कर्मकांड के विशेषज्ञ ही नहीं दिए, एक समष्टि के रूप में वह इस पूरे नाटक का केन्द्रीय पात्र भी बनी। गाँव में उन्हीं के हिस्से में कर्मकांड-विशेषज्ञों ने पूजा-पाठ किया। गाँव का चक्कर मारनेवाले जुलूस में वही शामिल थे। संस्कारों में जहाँ कर्मकांड-विशेषज्ञों का सरोकार भूतों और डाकों से पड़ा वहाँ मालिक अलग ही रहा। केवल संस्कारों के आदि और अन्त में शामिल होकर, उन्हें करने के लिए साधन देकर और आषाढ़ी पूजा में जजमान का काम करके उसने अपना सामाजिक प्रभुत्व बनाए रखा।

जिस तरह कर्मकांडों में काम का विभाजन सामाजिक असमानताओं की पुनर्रचना करता था, ठीक उसी तरह उनसे व्यक्त सांस्कृतिक विश्वास असमान सम्बन्धों के सूचक थे। मृत्यु से जीवन की ओर संक्रमण के दौरान केवल नीच जातियों के भूत-डाक ख़तरे पैदा करते थे। कृषि में संक्रमण के संस्कारों से पैदा अनिश्चय पर फलने-फूलनेवाली घातक आत्माओं की दुनिया से सवर्ण पुरखों की आत्माओं को अलग रखा गया। इसलिए भगत लोग केवल नीच जाति की आत्माओं को बुलाते थे। इन भूतों और डाकों को स्पष्ट रूप से नीच जाति की आत्माएँ नहीं कहा जाता था। लेकिन चूँकि सवर्ण आत्माएँ बाक़ी भूत-डाकों की दुनिया से अलग रखी ज़ाती थीं, इसलिए भुइयाँ गुनी सिर्फ़ नीच जातियों की आत्माओं का आवाहन करते थे। कर्मकांड के अन्तिम भाग में जहाँ मालिक भी जजमान के तौर पर मौजूद था, भुइयों के अग्रस्थ-पूर्वज तुलसीबीर तक को संक्रमण के संस्कार में सहायता करने के लिए बुलाया गया। लेकिन दूसरे भूतों और डाकों के विपरीत भगत ने तुलसीबीर से यह नहीं पूछा कि वह क्या कुर्बानी चाहता है। उसकी शुभचिन्तक, पुरखोंवाली भूमिका को स्वीकार करके उसे एक सूअर चढ़ाया गया।

ग्राम देवी भगवती से अलग तरह का व्यवहार किया गया। भुइयाँ गुनी की जगह एक ब्राह्मण ने ली। सवर्णों की पूज्य देवी के रूप में उसका आशीर्वाद तभी माँगा गया जब निम्न कोटि की आत्माएँ सन्तुष्ट हो चुकी थीं। उसे बीच में नहीं लाया जा सकता था क्योंकि इसका मतलब यह होता कि सवर्णों से जुड़ी देवी की पूजा करने के बाद भी निम्नकोटीय आत्माओं की पूजा ज़रूरी है। अतः उसके लिए मेमने की बलि देना केवल अन्तिम कृत्य ही हो सकता था। इस तरह कर्मकांडी अनुष्ठानों की कालिक (temporal) व्यवस्था पर सामाजिक सोपान की छवि अंकित की गई।

अगर आत्माओं के पन्थ के ये कार्यकलाप सवर्णों के सामाजिक प्रभुत्व का पुनरोत्पादन करते थे तो यह बात भी सही है कि निचली जातियों को भी ऐसा दर्जा दिया गया जो जाति-प्रथा की विचारधारा उन्हें सामाजिक जीवन के दूसरे क्षेत्रों में नहीं देती थी। इसमें शक नहीं कि निचली जातियों की आत्माएँ सवर्ण सांस्कृतिक विश्वासों के अधीन थीं और उनका दर्जा सवर्णों की देवी भगवती से नीचे था, उन्हें मेमने की बजाय सूअर और आँगन की बजाय पिछवाड़ा स्वीकार करने के लिए मजबूर किया जाता था, और सवर्ण आत्माओं को भूत-प्रेतों की ख़तरनाक दुनिया से बाहर रखा जाता था।

लेकिन ज़रा यह भी देखें कि यह सब इस तथ्य के साथ-साथ था कि सवर्ण तक भी निचली जातियों की आत्माओं का तुष्टीकरण करना ज़रूरी समझते थे, उन्हें यह मानना पड़ता था कि उनके जीवन पर इन आत्माओं का बस चल सकता है, और उन्हें उन शक्तियों का सम्मान करना पड़ता था जो भुइयाँ गुनियों के वश में थीं। इस प्रकार उच्चवर्गीय वर्चस्व के दायरे में ही भुइयों को एक सांस्कृतिक स्वायत्तता उपलब्ध थी। सामाजिक सम्बन्धों की यह परस्पर-निर्भरता जिसे दूसरे सन्दर्भों में जाति-प्रथा की विचारधारा धुँधलाती और रद्द करती थी, आत्माओं से सम्बन्धित कार्यकलापों में स्पष्ट रूप से उभरकर सामने आती थी। इस अर्थ में आत्माओं से जुड़े कर्मकांड सामाजिक तरतमता को केवल प्रतिबिम्बित ही नहीं करते थे, बल्कि उसे ऐसे रूपों में व्यक्त भी करते थे जो दूसरे सन्दर्भों में सम्भव न थे।

आत्माएँ, कामिये और मालिक

जाति सामाजिक सम्बन्धों का एक आयाम थी जो आत्माओं से जुड़े कार्यकलापों में व्यक्त होती थी। दूसरा आयाम कामियों और मालिकों के सम्बन्ध का था। ये दोनों आयाम आपस में जुड़े थे क्योंकि मालिक सवर्ण होने के साथ ज़मींदार भी होता था। इसलिए आत्माओं के पन्थ जाति-सोपान तथा मालिकों और कामियों के असमान सम्बन्धों को भी व्यक्त करते थे। ऊपर के खंड में जातिगत आयाम की विवेचना की जा चुकी है। इस खंड में मैं उन कर्मकांडों की छानबीन करूँगा जो कामिया-मालिक सम्बन्धों को व्यक्त करते थे।

गया ज़िले में आत्माओं की एक श्रेणी ऐसी थी जिन्हें मालिक-देवता कहते थे। ये वे आत्माएँ थीं जिन्हें मालिकों ने अपनी सम्पत्ति की रक्षा के लिए ख़रीदा था।[34] ओ' मेली ने मालिकों द्वारा आत्माएँ ख़रीदने का ज़िक्र तो नहीं किया है, मगर वे लिखते हैं कि खेतों और फ़सलों की सुरक्षा के लिए आत्माओं की ख़रीद बहुत व्यापक प्रथा थी।[35] मैंने एक मालिक-देवता की ख़रीद का नीचे दिया गया जो विवरण जमा किया है, उसमें आत्माएँ ख़रीदने की प्रक्रिया का वर्णन किया गया है–

> हेमनारायण गीर (1867 से 1892 के दौरान बोधगया मठ के प्रमुख महन्त) के काल में शिवराजपुर कचहरी के गोसाईं (महन्त के धार्मिक शिष्य जो शिवराजपुर में मठ की सम्पत्ति की देखभाल करते थे) गाँव के माँझी पंचम भुइयाँ के साथ एक भूत ख़रीदने के लिए पालमऊ से दक्षिण में स्थित कोठीकुंड क्षेत्र में गाँव तम्बे में गए। वहाँ जो लोग भूत बेचते थे वे कोरबा और कोराईं, तथा तुरी और तुराईं (कोरबा और तुरी पुरुष और स्त्री) थे। इन लोगों ने पंचम भुइयाँ से कहा कि महन्त की सम्पत्ति की रक्षा करने के लिए भैंसासुर और कोल बाबा सबसे उपयुक्त थे। तम्बे के गुनियों ने एक छलनी पर एक चौकोना दीया रखा जिसे दोनों भूतों

के पिंडों पर रख दिया गया। फिर छलनी में मुठ्ठी भर चावल रखा गया। गुनियों को कुछ पैसे दिए गए और फिर पंचम भुइयाँ और गोसाईं वापस चले । छलनी उनके पीछे-पीछे गाँव तक आई। एक बार गाँव तक आने के बाद छलनी ने गाँव का चक्कर लगाया और फिर एक पेड़ पर उतर गई। पंचम भुइयाँ चौकोने दीया की रौशनी को देखने के लिए पूरी रात जागता रहा। लेकिन ज्यों ही उसने पेड़ की चोटी पर देखा तो छलनी और दीया दोनों ग़ायब हो गए। जहाँ दीये को देखा गया था वहाँ भैंसासुर और कोल बाबा के पिंडे स्थापित किए गए। पूरे गाँव को ख़बर कर दी गई कि मालिक-देवता आ चुके हैं।[36]

उपरोक्त विवरण में तथा ओ'मेली द्वारा भूतों की ख़रीद के बारे में किए गए वर्णन में अद्‌भुत समानता है।[37] इसलिए बहुत मुमकिन है कि वह भी मालिक-देवताओं के हवाले दे रहा हो, हालाँकि उसने यह नहीं लिखा है कि भूतों को मालिक के कहने पर ख़रीदा गया। उसकी राय में भूत गाँव के खेतों की निगरानी करता था।[38] 1852 में ज़िले के एक अधिकारी की दी हुई रिपोर्ट भी इसी विश्वास को व्यक्त करती थी। उसने राजवारों (गया ज़िले के पहाड़ी और जंगलदार नेवादा क्षेत्र में रहनेवाली एक निम्न जाति) के बारे में लिखा है "...सभी भोले-भाले और अशिक्षित लोगों की तरह वे भी बहुत अंधविश्वासी हैं और (यहाँ तक कि खेत से अनाज चुराने पर) देवताओं का प्रकोप होने का डर उन्हें इतना ज़्यादा रहता है कि सिर्फ़ यही एक डर उनके इस तरह के अपराध करने पर भारी रोक लगाता है।"[39] चूँकि कामियों के पास खेत न थे और वे किसान जातियों के रूप में भूत नहीं ख़रीदते थे या पूरे गाँव की ओर से कोई काम नहीं करते थे, इसलिए ऐसा लगता है कि इस रिपोर्ट के अनुसार जो भूत खेतों से अनाज चुराने से राजवारों को रोकते थे वे मालिक-देवता होते थे।

मालिक-देवता ख़ासतौर पर ताक़तवर भूत होते थे। वे हमेशा दक्षिण से, छोटा नागपुर में या उसके पास के जंगली क्षेत्र से ख़रीदे जाते थे। भूतों के सूचक चौखूँटे दीये की व्याख्या जंगल में उनकी उत्पत्ति के प्रतीकस्वरूप की जा सकती है। लेकिन ज़्यादातर मालिक-देवताओं के नाम दक्षिणी गया या छोटा नागपुर क्षेत्र के मूल निवासियों से जुड़े होते थे। कोल बाबा, भैंसासुर और भुइनी रानी अतीत के मालिक-देवताओं की सूची में सबसे अधिक आनेवाले नाम हैं। कोल जो सभी ग़ैर-हिन्दू क़बीलों के लिए प्रयुक्त जातिवाचक संज्ञा थी, भैंसासुर असुर से व्युत्पन्न थी जिसे छोटा नागपुर में सबसे पहले आबाद होनेवाला कबीला माना जाता था, और भुइनी रानी का सम्बन्ध भुइयों से था। दूसरे शब्दों में मालिक-देवता वे भूत थे जिनके बारे में माना जाता था कि उन्होंने प्रकृति को वश में किया था। चूँकि गया से दक्षिण का इलाक़ा घना जंगलवार और ग़ैर-हिन्दू क़बीलों से बसा हुआ था, इसलिए इसमें उन भूतों का वास माना जाता था जो प्रकृति को संस्कृति के वशीभूत किए जाने के सूचक थे। मूल वासियों से असम्बद्ध मगर मालिक-देवताओं की सूची में आनेवाले दूसरे ताक़तवर भूत भी दक्षिण से ही ख़रीदे जाते थे।

यह दक्षिणी इलाक़ा वही था जहाँ प्रकृति को संस्कृति के वशीभूत करना समस्याग्रस्त समझा जाता था। इसलिए वहाँ के भूत सबसे ताक़तवर होते थे। वे प्रकृति और संस्कृति के बीच सुचारु आदान-प्रदान कराने के लिए सबसे उपयुक्त होते थे। हर साल आषाढ़ी पूजा के दौरान मालिक द्वारा दिए गए पैसों से मांझी उनकी पूजा करता था। कुछ जगहों पर पूजा का ख़र्च उन ज़मीनों से आता था जिन्हें इसी काम के लिए ज़मींदारों ने अलग छोड़ रखा था।[40] विश्वास यह था कि कृषि चक्र के अहम मौक़ों पर उनकी पूजा न की गई तो जंगली जानवर फ़सल को तबाह कर देंगे।[41]

दक्षिण से ख़रीदे गए भूत प्रकृति के सबसे क़रीब होते थे। भूतों के साथ दोतरफ़ा आदान-प्रदान प्रकृति और संस्कृति के पारस्परिक सम्बन्धों का सूचक था। ऐसे भूत ख़रीदकर और कृषि संस्कारों में उनकी सहायता लेकर ज़मींदार सामाजिक और आध्यात्मिक जगत के आदान-प्रदान पर नियन्त्रण स्थापित करते थे। हालाँकि सवर्ण ज़मींदारों के पास एक विस्तृत ब्रह्मांडकी थी जिसमें मृत्यु और पुनर्जन्म पर मृत्यु और पितर-पूजा के संस्कार सम्पन्न किए जाते थे, मगर फिर भी उन्हें दक्षिण से ख़रीदे गए भूतों की पूजा करना आवश्यक लगता था। क्यों ? एक बार भुइयों में भूतों से बातचीन करने की योग्यता मान ली गई तो (मालिकों हेतु) कर्मकांड की विशेषज्ञता से प्राप्त होनेवाली उनकी शक्ति का तोड़ निकालना ज़रूरी था। भले ही इन भूतों को कर्मकांडों के स्तर पर हिन्दू विश्वासों के ताबेदार माना गया हो, वे फिर भी शक्ति के सूचक थे। उन्हें पूरी तरह निचली जातियों के बस में नहीं छोड़ा जा सकता था। इसलिए भूतों की शक्ति को ज़मींदार के हित में लगाया गया। प्रकृति का संरक्षक ज़मीन और ज़मींदार का पहरेदार बन गया। कारण कि भूत भले ही प्रकृति के संरक्षक हों, ज़मीन तो ज़मींदारों की होती है। भूत इस तरह मालिक-देवता बन गए।

भूतों को वश में करने का मतलब यह था कि प्रकृति पर, प्रकृति और संस्कृति के आदान-प्रदान पर, ज़िन्दों और मुर्दों के आपसी लेन-देन पर भूतों को जो शक्ति प्राप्त थी वह ज़मींदारों को प्राप्त हो जाती थी। अगर लाभ-हानि सोचकर दिखाई गई दयालुता के माध्यम से मालिक ख़ुद को शुभकर्मी धनदाता बतला सकते थे तो भूतों की ख़रीददारी उन्हें ख़ुद को एक सुव्यवस्थित जगत का आधार सिद्ध करने में समर्थ बनाती थी।[42]

ज़मींदार द्वारा ख़रीदे जाने के बाद किसी भूत के मालिक-देवता बनने का मतलब यह था कि प्रकृति और संस्कृति के आदान-प्रदान में मध्यस्थता करना ही भूत का अकेला काम नहीं होता था। भूत मालिक के हितों से, भू-सम्पत्ति के रूप में प्रकृति के असमान अधिग्रहण से एकाकार भी होता था। इसलिए कृषि-चक्र से जुड़े कर्मकांडों में भूत जहाँ मृत और जीवित, प्रकृति और संस्कृति के आदान-प्रदान में मध्यस्थता करता था वहीं वह मालिक की सम्पत्ति के संरक्षक के रूप में उसके खेतों और फ़सलों पर नज़र भी रखता था। वह मालिक के खेतों और फ़सलों की चोरी होने पर दंड भी देता था। लेकिन जैसा कि चोरी और सज़ा के निम्न विवरण से पता चलता है, बात सिर्फ़ इतनी ही नहीं थी–

> एक भुइयाँ था जिसकी बेटी सखवाड़ा के एक आदमी को ब्याही थी। एक

> दिन वह बीमार पड़ी। वह ठीक से देख भी नहीं सकती थी; अपने ससुर को अपना पति और पति को ससुर समझने लगी। जब ओझा को बुलाया गया तो उसने बताया कि उसके नैहर का मालिक-देवता कोल बाबा उसकी बीमारी का कारण था। जब उससे कहा गया कि वह याद करे कि उसने कोल बाबा को नाराज़ करनेवाला कोई काम तो नहीं किया है, तो उसने बताया कि अपने पिता के घर में पकाने के लिए हाँडी से चावल निकालते समय उसने कुछ सिक्के पाए थे जो उसने रख लिए थे और अपने पति के घर ले आई थी। उस औरत को आत्मा की छाया से मुक्त कराने के लिए उसके ससुर को कोल बाबा की पूजा करनी पड़ी।[43]

उस भुइयाँ औरत ने हाँडी में मिले सिक्कों के बारे में चुप्पी साध रखी थी, यह भेद तभी खुला जब ओझा ने बताया कि उस पर कोल बाबा का साया था। लेकिन उसके कामों और भूत के साए के सम्बन्ध का निहितार्थ यह था कि मालिक-देवता तब भी नाराज़ हो सकता है जब चोरी एक कामिया के घर से की गई हो। कामियों और मालिकों के सम्बन्ध को दूसरे सभी सम्बन्धों पर प्राथमिकता दी जाती थी। इसके अलावा इस घटना से वह विश्वास भी व्यक्त होता था जो दूसरे सन्दर्भों में नहीं पाया जाता था। इसमें कामिया की सम्पत्ति को भी मालिक की सम्पत्ति माना जाता था और भुइयाँ के घर में हुई चोरी पर नाराज़ होनेवाला भूत मालिक-देवता था। यह विश्वास मालिक की सम्पत्ति को बढ़ा-चढ़ाकर प्रदर्शित करता था : कर्मकांड सामाजिक सम्बन्धों को प्रतिबिम्बित करने के अलावा भी बहुत-कुछ करते थे।

ज़मींदार से जुड़े होने के बावजूद मालिक-देवता उसके व्यक्तित्व से एकाकार नहीं होता था। इसका मतलब यह था कि भूत का प्रतीक लोचदार होता था। कामिये ज़मींदारों के प्रति जो विरोध-भाव रखते थे मगर खुलकर व्यक्त नहीं कर पाते थे, उसको व्यक्त करने के लिए भी इस प्रतीक का उपयोग किया जाता था। मसलन जब 1914-15 से कुछ अरसा पहले परिवार के दुर्भाग्य के कारण बिट्ठल भुइयाँ खरहरी छोड़कर बकरौर चला गया था तो साथ में वे समस्याएँ भी जुड़ गईं जो उसके और ज़मींदार के बीच में थीं।[44] उसके दो बेटों में से एक तब मरा जब वह ज़मींदार के लिए एक कुआँ खोद रहा था और उसकी दीवार उस पर गिर पड़ी। मालिक-देवता ने उस पर एक डायन भेजी थी। बिट्ठल को ज़मींदार ने जो ज़मीन दी थी वह भी उसने इसी वक़्त ले ली। लेकिन खरहरी छोड़कर बकरौर जाने का कारण उसने यह नहीं बताया कि उसकी ज़मीन छिन चुकी थी, बल्कि यह कि भूत उसके परिवार से क्रोधित हो गया था।[45]

प्रकृति से पारस्परिकता के सम्बन्धों में आया यह असामंजस्य ज़मींदार के साथ पारस्परिक सम्बन्ध टूटने के साथ आया। एकाएकी मौत उतनी ही दुखद थी जितनी ज़मीन की हानि। लेकिन एक घटना दूसरी का कारण न थी। बिट्ठल भुइयाँ ने मालिक-देवता को ज़मींदार के कार्य का कारण नहीं बताया, न ही उसने ज़मींदार को अपने बेटे की मौत का ज़िम्मेदार बताया। दोनों घटनाओं में कारण-कार्य सम्बन्ध न था

बल्कि साहचर्य का सम्बन्ध था। भुइयों के आत्माओं के पन्थ का दस्तावेज़ इसी विश्वास को व्यक्त करता है कि प्रकृति, व्यक्ति और सामाजिक जीवन के बीच एक जीवन्त एकता पाई जाती है। कृषि-संस्कार, पितर-संस्कार, मृत्यु, जन्म और सामाजिक समागम मनुष्य और प्रकृति के बीच के सादृश्यमूलक संवाद हैं जिनमें प्रतीक स्थिति के लिए उपयुक्त अर्थों के कारण जीवन्त हो उठते हैं।

मौत के सम्भावित कारण के रूप में भूत के साये का चयन इसी विश्वास को व्यक्त करता था कि जीव-जगत के विभिन्न तत्त्वों के बीच असामंजस्य पैदा हो गया था। साये का निदान सामाजिक अव्यवस्था की स्थिति की छानबीन था और भूत का उपचार सामाजिक असामंजस्य का उपचार करना था। ओझा ने इस अव्यवस्था का संकेत सामाजिक जीवन में ढूँढ़ा। बिट्ठल के बेटे की मौत तब हुई जब वह ज़मींदार के लिए कुआँ खोद रहा था—यह सम्भवतः दुर्भाग्य के लिए किसी दूसरे भूत की जगह मालिक-देवता को ज़िम्मेदार मानने का 'तथ्यात्मक' आधार था। लेकिन यहाँ अर्थ का सायास चयन भी देखने को मिलता है। अपने बेटे की अकाल मौत के तथ्य की व्याख्या करने के लिए मालिक-देवता के प्रतीक का उपयोग करके बिट्ठल ने कामिया-मालिक सम्बन्धों के लिए प्रासंगिक अर्थों से उस घटना को जीवन्त बना दिया। चूँकि ज़मींदार भूत से एकाकार न था, इसलिए उसे मौत के लिए ज़िम्मेदार नहीं ठहराया गया। लेकिन चूँकि मालिक-देवता असमान सामाजिक सम्बन्धों का प्रतीक था, इसलिए इस मौत में मालिक का हाथ होना बहुत असम्भावित भी न था। मालिक-देवता का यही द्वय-अर्थी और बहु-अर्थी गुण ही था जिसने उसे एक शक्तिशाली प्रतीक बनाया। इसने ही कामिया-मालिक सम्बन्धों के तनावों को मनुष्य और प्रकृति के आदान-प्रदान के असामंजस्य में रूपान्तरित होने की सम्भावना पैदा की।

आत्माओं के पन्थों के चलन मज़दूरों पर मालिकों की शक्ति को अद्‌भुत ढंग से व्यक्त करते थे। मालिक-देवताओं के रूप में मालिकों की नुक़सान पहुँचाने की शक्ति को बहुत अधिक बढ़ा-चढ़ाकर पेश किया जाता था। एक मालिक-देवता के साये का निम्न विवरण इस बात को और अधिक पुष्ट करता है—

> सिलौंजा में मालिक ने दक्षिण से बनौत और बनौतिन ख़रीदे थे। उन्होंने मेरे दादा के भाई, उनके चार बेटों और उनके पोतों को मार डाला। समस्या यह थी कि मालिक चूँकि मेरे दादा के भाई पर पूरा-पूरा भरोसा करता था, इसलिए वह हमेशा रात में उसका अनाज चुराते थे और थोड़े-बहुत अमीर हो चले थे। इसलिए वह और उनका परिवार बनौत और बनौतिन की भेंट चढ़ गए।[46]

जब किसी को ज़मींदार के खेत या खलिहान से चोरी करते पकड़ा जाता था तो मालिक का कारिन्दा उसे बुरी तरह पीटता और सज़ा देता था।[47] लेकिन जो लोग पकड़े जाने से बचे रहते थे उनका सामना मालिक-देवता से होता था। ज़मींदारों की सज़ा के विपरीत बेपनाह ताक़तवाले मालिक-देवता का गुस्सा अकाल मौत भी ला सकता था।

लेकिन अव्यवस्थित और अनपेक्षित मृत्यु आवागमन के चक्र को तोड़ सकती थी। यही काम चोरी भी करती थी। चूँकि धान के खेतों के रूप में प्रकृति पर असमान सामाजिक सम्बन्धों की छाप होती थी, इसलिए सामाजिक जीवन में आदान-प्रदान के नियमों का उल्लंघन प्राकृतिक व्यवस्था को भी भंग करता था। मालिक-देवता इसी व्यवस्था का पुनरुत्पादन सुनिश्चित करने के लिए भयानक क़हर बरसाते थे। उनकी ताक़त ज़मींदार की ताक़त का समरूप थी। लेकिन दोनों एकाकार न थे; मालिक-देवताओं के रूप में ज़मींदारों की ताक़त का पुनरुत्पादन डरावने रूपों में होता था।

कभी-कभी भूत के क़हर से बचने के लिए कामिए ज़मींदार के खेत में अनाज की चोरी करने के लिए जाने से पहले मालिक-देवताओं की पूजा करते थे। लेकिन पहले से पूजा करने का मतलब यह था कि यह अब भूत की नज़रों में चोरी नहीं रहा; यह एक उपहार था। यह कहा जा सकता था कि भूत की दयालुता केवल उस दयालुता का प्रतिबिम्ब थी जो ज़मींदार साल में कुछ मौक़ों पर दिखाता था। लेकिन जहाँ ज़मींदार की दयालुता उदारता के रूप में असमान पारस्परिकता की सामूहिक समझ पर आधारित थी, वहीं मालिक-देवता का उपहार भूत को मालिक से उसके सम्बन्धों से मुक्त करा के प्राप्त किया जाता था। जहाँ एक दृष्टान्त में दयालुता सामाजिक सम्बन्धों पर आधारित थी, वहीं दूसरे में सामाजिक सम्बन्धों का निषेध पाया जाता था। भूत की पहले से की गई पूजा कामियों और प्रकृति के बीच ऐसा पारस्परिक आदान-प्रदान सम्भव बनाती थी, जो सम्पत्ति के बोझों से मुक्त हो।

चोरी संसाधनों के पुनर्वितरण की एक सामाजिक रूप से अमान्य विधि थी। वैध विधियों के अभाव में कामिए चोरी का सहारा लेते थे। लेकिन इस प्रक्रिया में वे कभी-कभी इसे एक वैध कृत्य, एक उपहार दिखाने का ध्यान भी रखते थे। लेकिन हमेशा ही ऐसा नहीं होता था। एक विवरण से ऐसा लगता है कि पहले की गई पूजा तभी सफल मानी जाती थी जब मालिक-देवता और ज़मींदार के सम्बन्ध तनावपूर्ण होते थे–

> सोढर माँझी ने मुझे बताया कि उसका दादा पंचम भुइयाँ कहा करता था कि कामिए मालिक-देवता की पूजा तब करते थे जब वह ज़मींदार से नाराज़ होता। तब खेतों से कोई आदमी अनाज तक चुरा सकता था और वह न पकड़ा जाता, न सज़ा पाता।[48]

भूत अपनी प्रकृति से ही ढुलमुल होते थे। इसलिए जैसा कि उपरोक्त विवरण से संकेत मिलता है, कामिए ज़मींदारों से भूतों की अस्थायी नाराज़गी दिखानेवाले संकेतों की ताक में रहते थे। ऐसे वक़्तों में उनके जोखिम उठाकर अनाज चुराने की सम्भावना अधिक रहती थी; उन्हें उम्मीद रहती कि भूत उन्हें सज़ा नहीं देगा। मालिक-देवता ज़मींदार से फिलहाल नाराज़ है, और भूत ने कामियों की पूजा का प्रतिदान दिया है– इसका प्रमाण चोरी के परिणामों के रूप में सामने आता था। अगर कामिए बिना किसी नुक़सान के बच निकलते तो इससे यही साबित होता था कि भूत ज़मींदार से नाराज़ था। लेकिन ऐसे वक़्त भी होते थे जब भूत ज़मीदारों से अच्छी तरह जुड़े होते थे। ऐसे वक़्तों

में भूत फ़न्तासी के स्तर पर ज़मींदारों की शक्ति के सूचक होते थे; तब भूत सम्भावना के स्तर पर अशुभकारी होते थे और बहुत अधिक नुक़सान पहुँचा सकते थे।

जब कोई भुइयाँ स्त्री ससुराल में बच्चे को जन्म देती थी तो उसके नैहर का मालिक-देवता परिवार को बीमारी का शिकार बनाकर बच्चे के आने की सूचना देता था।[49] चूँकि वह स्त्री ज़मींदार के अनाज पर पलकर बड़ी हुई होती थी, इसलिए मालिक-देवता उसके बच्चे के जन्म में एक भूमिका निभाने का दावेदार होता था। उसके बदले वह पूजा की माँग करता था।[50] उसे समुचित बलि चढ़ाई जाती थी और चलनी देवता (चलायमान देवता) के रूप में उसको घर में स्थापित किया जाता था। वह स्थानीय मालिक-देवता की जगह तो नहीं लेता था मगर अपने नए घर में खेतिहर कार्यों में अपनी केन्द्रीय भूमिका से मुक्त होने के बाद वह निश्चित रूप से अशुभकारी बन जाता था; ओझा लोग उसका इस्तेमाल मुसीबतें खड़ी करने के लिए करते थे।[51] चलनी देवता के रूप में भूत ज़मींदार के साथ पूरी तरह एकाकार होता था, और अब जबकि वह उस गाँव से बाहर होता था जहाँ उसकी हैसियत एक मालिक-देवता की थी, कामिया लोग उसे अशुभकारी भूत मानते थे। इस तरह से कामिया लोग मालिकों की शक्ति को बुरे ढंग से दर्शाते थे। लेकिन कामिए जिस सीमा तक मालिक-देवता को पूरी तरह अशुभकारी मानने से परहेज़ करते थे वहाँ तक वे मालिकों के सामान्य वर्चस्व को भी स्वीकार करते थे।

जिन स्थितियों में ज़मींदार से मालिक-देवता के सम्बन्ध साफ़ उजागर होते थे वहाँ भूत बदी का पुतला होता था। जहाँ संसाधनों के वितरण का सवाल होता था वहाँ भूत काफ़ी हद तक मालिक से एकाकार होता था। वह उसकी सम्पत्ति की रक्षा करता था और उसकी शक्ति को सर्वव्यापी के रूप में दर्शाता था। वह कामिया-मालिक सम्बन्धों पर दूसरे सभी सम्बन्धों से ज़्यादा ज़ोर देता था। लेकिन उत्पादन के क्षेत्र में उसकी भूमिका भिन्न होती थी। दूसरे भूतों के साथ मिलकर वह उपज को बढ़ावा देने के लिए हस्तक्षेप करता था। कृषि-संस्कारों में भूत के सम्बन्धों को इतना व्यापक बना दिया जाता था कि वह पूरे समुदाय को समेट सके। जहाँ आषाढ़ी पूजा में कर्मकांडी कार्यों के सामाजिक विभाजन और कालगत क्रम इस पूजा पर असमान सामाजिक सम्बन्धों की छाप लगाते थे, वहीं मालिक-देवता समेत तमाम भूत पूरे समुदाय के हित में हस्तक्षेप करते थे। ऐसे वक़्तों में ज़मींदार के साथ मालिक-देवता का सम्बन्ध ज़मींदार की शक्ति को शुभकारी रूप में प्रस्तुत करता था और भूत का चरित्र अशुभकारी नहीं होता था। मालिक-देवता अपने इसी दोहरे चरित्र के कारण ज़मींदार की शक्ति का एक प्रभावी प्रतीक होता था।

हालाँकि उपनिवेश-पूर्व काल में भूतों की ख़रीद की प्रथा के बारे में न मौखिक और न ही लिखित साक्ष्य मिलते हैं, लेकिन उन वक़्तों में इसकी सम्भावना को नकारने का कोई कारण नहीं है। लेकिन भूत ख़रीदने की प्रथा की एक विशेषता उपनिवेश-काल की ख़ासियत है। इसका सम्बन्ध उपनिवेश-काल में भूमि-नियन्त्रण के आधार पर

ग्रामीण शक्ति की पुनर्रचना से था। जहाँ उपनिवेश-काल से पहले बिहार में जनता पर मालिकों का प्रत्यक्ष नियन्त्रण होता था, वहीं उसके विपरीत उपनिवेश-काल में ज़मींदारों की शक्ति इस पर निर्भर होती थी कि दखलदारी के विभिन्न अधिकारों के माध्यम से कितनी ज़मीन पर उनका नियन्त्रण है। जिस समय भूमि के अधिग्रहण के द्वारा सामाजिक सम्बन्धों की पुनर्रचना चल रही थी ऐसे समय में मालिक-देवताओं के रूप में भूतों के अधिग्रहण ने आत्माओं के पन्थों के कार्य-कलापों और कामिया-मालिक सम्बन्धों के द्वन्द्ववाद को एक नया आयाम प्रदान किया।

निष्कर्ष

बोलीविया के खदान-मज़दूरों द्वारा पूजे जानेवाले शैतान तिंओ[52] की तरह मालिक-देवता भी ज़मींदारों के आगे भुइयों की अधीनता का सूचक था। लेकिन जहाँ तिओ पूँजीवादी उत्पादन-पद्धति से खदान-मज़दूरों की बेगानगी को व्यक्त करता था, जिसके बारे में माइकेल ताउसिग ने बड़े खनकते हुए तर्क दिए हैं, वहीं उपनिवेश-कालीन गया का मालिक-देवता कामियों पर ज़मींदारों की शक्ति को व्यक्त करता था जो भूमि-नियन्त्रण पर आधारित होती थी। यह निष्कर्ष निकालना बहुत ही सहज है कि मालिक-देवता केवल ज़मींदारों और कामियों के असमान सम्बन्धों को प्रतिबिम्बित करता था। लेकिन यह कर्मकांडी व्यवहारों के तर्क के विपरीत होगा। बोर्दियो का अनुसरण करते हुए मैंने यह तर्क दिया है कि ये कर्मकांड सिर्फ़ पहले से मौजूद नियमों के क्रियान्वयन नहीं थे। वास्तव में, ये कर्मकांड ऐसी गतिमान घटनाएँ होते थे जिनसे सामाजिक सम्बन्धों की सक्रिय पुनर्रचना होती थी। पितरों और आत्माओं की पूजा करके जनता 'अच्छी' और 'बुरी' मौतों से तालमेल बिठाने की कोशिश करती थी। इस प्रक्रिया में उन्होंने आत्माओं के पन्थों को सामाजिक व्यवस्था की पुनर्रचना का क्षेत्र बना दिया। सवर्ण जातियों के कर्मकांडों ने उनके पितरों की आत्माओं को नीच जाति के भूतों-डाकों से अलग तो रखा लेकिन जहाँ व्यावहारिक जीवन की माँग होती थी, वहाँ सवर्णों ने नीच जातियों की आत्माओं की पूजा भी की थी तथा भुइयों की कर्मकांड सम्बन्धी विशेषज्ञता और सांस्कृतिक स्वायत्तता को स्वीकार भी किया। जब तक हम इनसे व्यक्त होनेवाली सांस्कृतिक धारणाओं की तार्किकता को व्यवहार से परे ढूँढने की कोशिश करते रहेंगे, वे हमें अन्तर्विरोधपूर्ण लगेंगी। लेकिन उद्देश्यों की दृष्टि से देखें तो ये अन्तर्विरोधपूर्ण लगनेवाली प्रथाएँ सुसंगत नज़र आएँगी : ये दोनों ही मृत और जीवित के सम्बन्धों में सामंजस्य की पुनर्स्थापना करती थीं। ताक़तवर भूतों को ख़रीदने की प्रथा भी मृतकों के पुनर्जीवन को सुचारु बनाने, पिछली फ़सल के बीजों में जीवन पैदा करने के व्यावहारिक कार्य से सम्बन्धित थी। मगर इस प्रक्रिया में ज़मींदारों की सामाजिक शक्ति का पुनरुत्पादन भी होता था। जिस तरह कुछ प्रथाएँ जातिगत-तरतमता का पुनरुत्पादन करती थीं, ठीक उसी तरह मालिक-देवताओं की ख़रीददारी, उनकी स्थापना और उनके

उपयोग से मालिकों के प्रभुत्व का पुनरुत्पादन होता था। जहाँ भूत ज़मींदार से अच्छी का तरह एकाकार होता था वहाँ कामियों के कार्यकलाप भूत को अशुभकारी मानते थे। आत्माओं के पन्थों के कार्यकलाप ऐसे ही परस्पर-विरोधी विश्वासों और रणनीतियों के माध्यम से कामिया-मालिक सम्बन्धों का पुनरुत्पादन करते थे।

सन्दर्भ और टिप्पणियाँ

यह लेख एक बड़ी सीमा तक मेरे अप्रकाशित शोध-प्रबन्ध 'प्रोडक्शन एंड दि रिप्रोडक्शन ऑफ़ बांडेज : कामियाज़ एंड मालिक्स इन साउथ बिहार, सर्का 1300 टू 1930-ज़', पेंसिलवेनिया विश्वविद्यालय, 1984 पर आधारित है। यह शोधकार्य 1981-82 में किया गया था और इसके लिए अमेरिकन इंस्टिट्यूट ऑफ़ इंडियन स्टडीज़, सोशल साइंस रिसर्च काउंसिल और अमेरिकन काउंसिल ऑफ़ लर्नेड सोसायटीज से अनुदान प्राप्त हुए थे। डेविड लडन, अर्जुन अप्पादुराई, कैरोल ए ब्रेकेनरिज, डेविड रडनर और ली कासानेली से हुए विचार-विमर्श ने मुझे अपने तर्कों को सुस्पष्ट बनाने में भारी सहायता पहुँचाई है।

1. विशेषकर क्लाउदे मैयासू ने उत्पादन में पुनरुत्पादन की केन्द्रीय भूमिका पर ज़ोर दिया। उनका लेख 'फ्रांम रिप्रोडक्शन टू प्रोडक्शन', *इकानमी एंड सोसायटी,* I (1), 1972 देखें। जैक गुडी की पुस्तक *प्रोडक्शन एंड रिप्रोडक्शन : ए कम्पेरेटिव स्टडी ऑफ़ दि डोमेस्टिक डोमेन* (कैम्ब्रिज, 1976) घरेलू इकाइयों के संगठन और कृषि की पद्धति के बीच सहसम्बन्ध स्थापित करती है मगर उस घनिष्ट सम्बन्ध को स्थापित नहीं करती जो मेइयासू ने उत्पादन की इकाई के सामाजिक पुनरुत्पादन और उत्पादन के संगठन के बीच स्थापित किया है। जहाँ ये मानवशास्त्री नातेदारी के सम्बन्धों से जुड़े पुनरुत्पादन की रणनीतियों की चर्चा करते हैं वहीं प्रस्तुत लेख का सरोकार वर्ग-सम्बन्धों के पुनरुत्पादन से है।
2. यान ब्रेमन, *पैट्रनेज एंड एक्सप्लायटेशन : इमर्जिंग एग्रेरियन रिलेशंस इन साउथ गुज़रात,* (बर्कले और लास एंजेलस, 1974) देखें।
3. विद्वानों ने बहुत आसानी से उस क़ानूनी कहानी को स्वीकार कर लिया है जो मज़दूरों की दीर्घकालीन बन्धुआगिरी को ज़मींदारों से लिए गए 'कर्ज़ों' का परिणाम बतलाती है। इस दृष्टिकोण की समालोचना और एक वैकल्पिक व्याख्या के लिए ज्ञान प्रकाश, 'प्रोडक्शन एंड दि रिप्रोडक्शन ऑफ़ बांडेज,', पृ. 243-62 देखें। साथ ही देखें : ज्ञान प्रकाश 'कलोनियलिज्म, कैपिटलिज्म एंड द डिस्कोर्स ऑफ़ फ़्रीडम', शाहिद अमीन और मारसेल फान डर लिंडन सम्पादित, *इंटरनेशनल रिव्यू ऑफ़ सोशल हिस्ट्री,* भाग 41 (1996), सप्लिमेंट 4, पृ. 9-26।
4. माँग और पूर्ति के दृष्टिकोण से बन्धुआगिरी की एक परिष्कृत, तुलनात्मक विवेचना के लिए एच जे निबोएर, *स्लेवरी ऐज ऐन इंडस्ट्रियल सिस्टम,* दूसरा संस्करण (1900; हेग, 1910) देखें।
5. पियरे बोर्दियो, *आउटलाइन ऑफ़ ए थ्योरी ऑफ़ प्रेक्टिस* (कैम्ब्रिज, 1977), पृ. 22-30 देखें।
6. इस लेख में प्रयुक्त मौखिक और लिखित तथ्य मोटे तौर पर 1850 से लेकर 1930 के दशक तक के हैं। खुद मौखिक तथ्यों में मौजूद हवालों का उपयोग करने के अलावा मैंने इस क्षेत्र में 1914-15 की मालगुज़ारी बन्दोबस्ती और 1934 के भूकम्प के बारे में जनता की स्मृतियों का भी उपयोग किया है। इसका उद्देश्य उन घटनाओं की तिथियों का निश्चय करना है जिनके हवाले सूचना देनेवालों ने अपने बयानों में दिए हैं।)
7. इस नुक़्ते की एक हालिया विवेचना के लिए तपन रायचौधुरी और इरफ़ान हबीब द्वारा सम्पादित

दि कैम्ब्रिज इकानमिक हिस्टरी ऑफ़ इंडिया, खंड एक (कैम्ब्रिज, 1982) में संकलित, इरफ़ान हबीब का लेख 'एग्रेरियन इकानमी', पृ. 57 देखें।

8. बिहार राज्य अभिलेखागार (बी.एस.ए.), पटना के कमिश्नर के रिकॉर्ड, खंड 21 (1839), पटना डिविज़न के मालगुज़ारी के कार्यकारी कमिश्नर के नाम ख़ास महल के कार्यकारी सुपरिटेंडेंट का 10 जनवरी, 1839 का पत्र। साथ में फ्रांसिस बुखानन, *ऐन एकाउंट ऑफ़ दि डिस्ट्रिक्ट्स ऑफ़ बिहार एंड पटना इन 1811-12,* खंड दो (पटना, 1936), पृ. 564 भी देखें।

9. यह निष्कर्ष 1981-82 में मेरे द्वारा किए गए मौखिक इतिहास क्षेत्र-कार्य पर तथा गया ज़िले के सभी तो नहीं मगर अधिकांश गाँवों की जातिगत संरचना पर प्राप्त संक्षिप्त सूचनाओं पर आधारित है। इन गाँवों की सूची 'विलेज नोट्स' गया क्लेक्टरेट रिकॉर्ड रूम (जी सी आर आर) में दी गई है जिसे 1911-18 की मालगुज़ारी बन्दोबस्त के दौरान संकलित किया गया था।

10. इस बारे में उपलब्ध मौखिक और लिखित साक्ष्यों की विवेचना के लिए ज्ञान प्रकाश, पूर्वोक्त, अध्याय दो और तीन देखें।

11. उपरोक्त, पृ. 145-51।

12. उपरोक्त अध्याय चार में इस तर्क को विकसित किया गया है।

13. क़ानूनी पट्टों के माध्यम से बोधगया मठ के बढ़ते भूमि-नियन्त्रण के बारे में बंगाल सरकार, *ए ब्रीफ हिस्टरी ऑफ़ बोधगया मठ, डिस्ट्रिक्ट गया,* (जी ए ग्रियर्सन के आदेश पर राय राम अनुग्रह नारायण सिंह बहादुर द्वारा सम्पादित, कलकत्ता, 1893, पृ. 16-18) देखें।

14. एल एस एस ओ'मेली, *बंगाल डिस्ट्रिक्ट गज़ेटियर्स : गया* (कलकत्ता, 1906), पृ. 74 (*जी डी जी*) देखें।

15. *जी डी जी,* पृ. 75 देखें। भूत शब्द का अर्थ एक प्रकार की आत्मा और डाक का अर्थ गुनी है। लेकिन जनता इन दोनों शब्दों का साथ-साथ प्रयोग आत्माओं के लिए करती है। जब शब्द डाक का प्रयोग अलग से किया जाता है तो लगभग हमेशा उसका अभिप्राय किसी मृत ओझा की आत्मा से होता है।

16. यह विश्वास कारू माँझी के निम्नलिखित कथन से व्यक्त होता है जो 1914-15 के कुछ ही समय पहले, लड़कपन में अपने पैतृक गाँव कजरी को छोड़कर शिवराजपुर में अपनी पत्नी के मैके में जा बसा था : 'मेरा बाप बहुत पहले (1934 से कुछ पहले) चल बसा। वह कजरी में मरा। मैं तो शिवराजपुर में आ चुका था, सो मैंने उसका पिंडा यहीं बनाया। हालाँकि उसका क्रिया-कर्म कजरी में हुआ और वहीं उसकी काया मिट्टी में मिली, लेकिन अगर मैंने उसका पिंडा नहीं बनाया होता तो उसका प्रेत कजरी में भटकता हुआ मुसीबतें खड़ी कर रहा होता।' कारू माँझी का मौखिक बयान, शिवराजपुर, 6 फरवरी, 1982 को।

17. भूकम्प के बारे में कारू माँझी ने बताया कि उसने अपने पिता के प्रेत से अपनी रक्षा करने की प्रार्थना की थी। 'वह प्रेत था, सो ऐसा कर सकता था। वह हर उस चीज़ को देख सकता था जो हम नहीं देख सकते। उसने मुझे आगाह किया कि अगर मैं डाकों की पूजा न करूँ तो डायन मेरा छत गिरा देगी। मैंने ऐसा ही किया और कुछ नहीं हुआ।' (कारू माँझी का मौखिक बयान, शिवराजपुर, 6 फरवरी 1982 को।) दिलचस्प बात यह है कि खेती से सम्बन्धित कहावतों में डाक और डाकिन को भविष्यद्रष्टा बताया गया है। 19वीं सदी के अन्तिम वर्षों में जार्ज ग्रियर्सन द्वारा दर्ज सूक्तियों से भी यह बात स्पष्ट है : 'डाक कहता है कि सुन भिल्लरी, अगर वर्षाकाल के आरम्भ में अरदरा (जून के अन्त और जुलाई के आरम्भ में पड़नेवाला चाँद नक्षत्र) नहीं बरसता और उसके अन्त में हस्त/हथिया (अक्तूबर के पहले पखवाड़े में पड़नेवाला चाँद नक्षत्र) नहीं बरसता तो किसान मारा जाएगा', जार्ज ग्रियर्सन, *बिहार पेज़ेंट लाइफ़* (कलकत्ता, 1885; पुनर्मुद्रण दिल्ली, 1975), पृ. 276 देखें। ग्रियर्सन ने इसी तरह की एक और कहावत भी दर्ज़ की है : 'डाक

कहता है : सुन डाकिनी, अगर बादल चकोर के पंखों की तरह उड़ते हों और एक विधवा मुस्कुराती हो तो वह बरसेगा और इसकी शादी होगी', (उपरोक्त, पृ. 280 देखें।) भूतों के पूर्वज्ञान से सम्पन्न मानना इस विश्वास से मेल खाता है कि आत्माएँ वह सब भी देख लेती हैं जिन्हें जीवित प्राणी नहीं देख पाते।

18. *जी डी जी,* पृ. 78।
19. तुलसीबीर या किसी और बीर जैसे सूरमा पितरों द्वारा प्रताड़ित किए जाने का कोई विवरण मुझे नहीं मिला।
20. *जी डी जी,* पृ. 77 देखें। आमतौर पर मैंने पाया कि ऐसी आत्माओं के नाम ज़्यादातर डाक या दानो प्रत्यय के साथ समाप्त होते हैं। हालाँकि इन प्रत्ययों के आभासी संस्कृत मूल में उनका अर्थ दानव है, मगर इन नामोंवाली आत्माओं को हमेशा अशुभकारी नहीं माना जाता। इन आत्माओं का वर्णन करते हुए हमारे सूचना देनेवालों ने बार-बार बलवान और ख़तरनाक शब्दों का प्रयोग किया। खेती से जुड़ी कहावतों (टिप्पणी 17 देखें) में भूतों को सम्भावित रूप से लाभकारी पूर्वज्ञान से सम्पन्न मानने से यह संकेत मिलता है कि डाकों को हमेशा अशुभकारी नहीं समझा जाता था।
21. कारू माँझी का मौखिक बयान, शिवराजपुर, 6 फरवरी, 1982 को।
22. उपरोक्त। मुझे सूचना देनेवालों के अनुसार रामजनी मालगुज़ारी के सर्वेक्षण और बन्दोबस्त की कार्यवाइयों के फ़ौरन बाद, 1934 के भूकम्प से पहले मर चुका था। इस तरह उसकी मृत्यु 1914 (गाँव के सर्वेक्षण के वर्ष) और 1934 के बीच हुई होगी जब वह डाक बना होगा। हालाँकि उसे मालिक-देवता कहा जाता है, मगर रामजनी डाक ज़मींदारों की सेवा में रहनेवाले उन भूतों से भिन्न था जो मालिक-देवता के ही नाम से याद किए जाते थे। पितर मालिक-देवता केवल पितरों के शक्तिशाली प्रेत होते थे और उनकी ताक़त घर के बाहर नहीं चलती थी।
23. *जी डी जी,* पृ. 78।
24. आत्मा का साया पड़ने के ज़्यादातर वर्णनों का सरोकार स्वाभाविक मृत्यु मरनेवाले पुरखों की बजाय भूतों और डाकों से होता था। शक्तिशाली आत्माओं के हाथों प्रताड़ित होने के उदाहरण देते हुए हमारे सूचना देनेवालों ने पितरों की आत्माओं की बजाय डाकों और दानो का ज़िक्र किया है। मिसाल के लिए केसो भुइयाँ के पिता को एक बार उसके पितरों ने प्रताड़ित किया जब उसने उन्हें पूरा-पूरा भोग नहीं चढ़ाया। केसो ने अपने बयान का समापन यह कहकर किया कि पितर तो 'शान्त आत्मा होते हैं। वे बैठकर आप पर नज़र रखते हैं, वे आपकी रक्षा करते हैं।' (केसो भुइयाँ का मौखिक बयान, बकरौर, 12 फरवरी, 1982 को।)
25. मौरीस ब्लौक और जोनाथन पैरी, 'इंट्रोडक्शन', *डेथ एंड रिजेनेरेशन ऑफ़ लाइफ़* (कैम्ब्रिज, 1982), पृ. 15।
26. केसो भुइयाँ का पूर्वोक्त बयान। इसमें शक नहीं कि इससे मौजूद विश्वास प्रतिबिम्बित होता है। लेकिन यह मानने का कोई कारण नहीं कि अतीत में कुछ भिन्न हुआ होगा। वास्तव में केसो भुइयाँ ने कहा कि जब उसका दादा मरा था तब भी उसके पिता ने उससे यही कहा था।
27. *जी डी जी,* पृ. 77।
28. चन्द्रशेखर लाल का मौखिक बयान, बकरौर, 4 सितम्बर, 1982 को।
29. उपरोक्त विवेचना बहुत कुछ ओ'मेली के विवरण पर आधारित है। *जी डी जी,* पृ. 62-72 देखें।
30. पूरे दक्षिणी गया में भुइयों को भूत-प्रेतों से जुड़े कर्मकांडों का विशेषज्ञ माना जाता था। 1932 में एस सी राय ने रिपोर्ट दी थी कि पूरे छोटा नागपुर में मूल वासियों के वंशज हमेशा ही आत्माओं की पूजा सम्बन्धी कर्मकांड के विशेषज्ञ का काम करते थे। उनकी रचना 'रिपोर्ट ऑफ़ एंथ्रोपोलोजिकल वर्क इन 1930-31 : छोटा-नागपुर, दि चुटियाज़ एंड दि भुइयाज़', *जर्नल ऑफ़ बिहार एंड उड़ीसा रिसर्च सोसायटी,* 18 (1932), पृ. 51-78 देखें।

31. आगे की विवेचना कारू माँझी के पूर्वोक्त बयान पर आधारित है।
32. बोर्दियो, *आउटलाइन,* पूर्वोक्त, पृ. 109।
33. पाँचू भुइयाँ का मौखिक बयान, शिवराजपुर, 3 सितम्बर, 1982 को।
34. इन भूतों और उनसे जुड़ी घटनाओं की यादें गया में बहुत व्यापक थीं। लेकिन ये भूत घरों में राज करनेवाले मालिक-देवताओं से भिन्न होते थे।
35. *जी डी जी,* पृ. 76।
36. कारू माँझी का मौखिक बयान, शिवराजपुर, 16 फरवरी, 1982 को।
37. भूतों पर ओझों की ताक़त की एक अजीब विशेषता उनकी असल ख़रीद-बिक्री में पाई जाती थी। कहा जाता था कि ज़िले के दक्षिण में स्थित जंगली इलाक़ों की कुछ निचली जातियाँ यह ख़रीद-बिक्री करती थीं। भूत अगर समुचित नियन्त्रण में हो तो एक मूल्यवान सम्पत्ति होता है और बाज़ार में ख़रीदा-बेचा जा सकता है। एक बार बिक्री हो जाने पर ओझा बाँस की एक, ढेपी लगी हुई नलकी देता है जिसके बारे में माना जाता है कि इसमें भूत बन्द होता है। फिर उसे उस जगह लाया जाता है जहाँ भविष्य में भूत को रखने का इरादा हो; आमतौर पर यह जगह किसी पेड़ के नीचे होती है। *जी डी जी* पृ. 76 देखें।
38. *जी डी जी,* पृ. 76।
39. बी एस ए; गया कलेक्टरेट रिकार्ड्स, खंड 4 ए; नेवादा के डिप्टी मजिस्ट्रेट का 10 मई, 1852 का पत्र।
40. जी सी आर आर; 'विलेज नोट्स', बाराचट्टी थाना नम्बर 266, गाँव चरैली।
41. जी सी आर आर; 'विलेज नोट्स', बाराचट्टी थाना नम्बर 266, गाँव चरैली।
42. *जी डी जी,* पृ. 76।
43. कारू माँझी का मौखिक बयान, शिवराजपुर, 16 फरवरी 1982, को। कारू माँझी के अनुसार उसे इस घटना का पता सोढर भुइयाँ से चला था और उसे यह बात उसके दादा पंचम भुइयाँ ने बताई थी। ऐसा लगता है कि यह घटना पंचम भुइयाँ के जीवनकाल में घटित हुई थी। चूँकि कारू 1914-15 के सर्वेक्षण के समय एक छोटा सा लड़का था और चूँकि, उसी के अनुसार, सोढर भुइयाँ उससे बड़ा था (जब कारू लड़का था तब सोढर कामिया के रूप में खेतों में काम करता था), इसलिए पंचम भुइयाँ के जीवनकाल में घटित इस घटना को 19वीं सदी में रखा जा सकता है।
44. केसो भुइयाँ का मौखिक बयान, बकरौर, 13 फरवरी, 1982 को। प्यारेलाल की मौत पारिवारिक दस्तावेज़ों के अनुसार 1926 में हुई, और बिट्ठल भुइयाँ उससे भी पहले मरा। इसलिए इस घटना को इस सदी के आरम्भिक भाग में रखा जा सकता है।
45. केसो के दादा ने उससे यही बात कही थी।
46. बंगाली माँझी का मौखिक बयान, बकरौर, 16 फरवरी ,1982 को। उसके अनुसार यह घटना 1914-15 के सर्वेक्षण से पहले की है, हालाँकि मैं इससे सटीक तिथि नियत नहीं कर सका।
47. कारू माँझी का मौखिक बयान, शिवराजपुर, 3 मार्च, 1982 को।
48. उपरोक्त।
49. देवकी भुइयाँ का मौखिक बयान, बकरौर, 16 मार्च, 1982 को।
50. सूचना देनेवालों ने इसकी यही व्याख्या की। निश्चित ही मालिक-देवता के आगमन का पता तभी चलता जब कोई अशुभ घटना घटती। वर्ना इस भूत के बारे में शायद यह पता नहीं था कि वह उस औरत की ससुराल गया था। इस प्रथा से एक रोचक कल्पना जागती है। क्या इसका मतलब यह हुआ कि अतीत में कामियों की औलाद पर मालिकों का कड़ा नियन्त्रण होता था, कि जिन गाँवों और ज़मीनों पर उनका सीधा अधिकार न था उन पर भी सत्ता और शक्ति रखने के कारण वे अपने कामियों के विवाह चक्रों को नियन्त्रित करते थे ? तरह-तरह के लेन-देन के द्वारा पुरुषों

पर नियन्त्रण तथा विवाहों पर सख़्त नियन्त्रण और भूतों के द्वारा स्त्रियों की औलाद पर प्रभुत्व रखने के कारण उन्हें पुनरुत्पादन और उत्पादन पर पूरा अधिकार प्राप्त था। लेकिन एक बार भूमि-नियन्त्रण के द्वारा मालिक की शक्ति का स्पष्ट निश्चय हो गया, जैसा कि उपनिवेश-काल में हुआ, तो उनके प्रत्यक्ष अधिकार से बाहर की ज़मीनों पर रहनेवाली स्त्रियों की औलाद पर नियन्त्रण रखने की यह रणनीति बेकार होकर रह गई।

51. अपने दुश्मन पर भूत छोड़ने की घटनाओं की बहुत सारी यादें प्रचलित हैं। एक घटना मैंने दर्ज की है जिसका सम्बन्ध प्रसाद महतो नाम के एक किसान से है। उसने अपने साले पर भैंसासुर नामक भूत को छोड़ा था (जो चलनी देवता के रूप में बकरौर आया था) क्योंकि उसने प्रसाद महतो की इजाजत के बगैर उसके खेत से मकई (भुट्टा) तोड़ लिया था। इसके कुछ ही समय बाद उसका साला मर गया। बंगाली माँझी का मौखिक बयान, बकरौर, 16 फरवरी, 1982 को।

52. माइकेल टी ताउसिग, *दि डेविल एंड कमोडिटी फेटिशिज़्म इन साउथ अमेरिका* (चैपेल हिल, 1980), भाग तीन देखें।

देह पर दस्तदराज़ी : भारतीय प्लेग के परिप्रेक्ष्य (1896-1900)*

डेविड आर्नल्ड

...शक्ति प्रयोग से अधिक भौतिक, दैहिक और कायिक कुछ नहीं होता।[1]

चिकित्सा हेतु वांछित चीज़ व्यावहारिक तौर पर नामुमकिन और राजनीतिक तौर पर ख़तरनाक हो सकती है।[2]

भारतीय प्लेग की महामारी 1896 में शुरू हुई और 1930 तक आते-आते इसने एक करोड़ बीस लाख जानें लीं।[3] भयावह पैमाने पर फैली इस महामारी के जैसे राजनीतिक, सामाजिक और जनांकीय परिणाम निकले, वैसी ही भिन्नता इस पर कुछ सोचनेवालों की दृष्टियों और व्याख्याओं में नज़र आती है।[4] यह लेख भारत के प्लेग-पीड़ित वर्षों का कोई विशद विवरण प्रस्तुत नहीं करता। यह प्लेग के महाकाल द्वारा शान्त-रस में किए गए लम्बे नृत्य का नहीं, बल्कि उसके प्रचंडतम प्राथमिक रौद्र-चरण का अध्ययन है। इसमें प्लेग को महामारी के रूप में कम और देसी अभिजात वर्ग, निम्नवर्गों तथा औपनिवेशिक राजसत्ता के बीच बनते सम्बन्धों पर एक टिप्पणी के रूप में ज़्यादा, समझने का प्रयास किया गया है। इस नज़र से देखें तो प्लेग के वक़्त या उससे पहले किए गए राजकीय हस्तक्षेपों का महत्त्व प्लेग से प्रायः ज़्यादा था। इस तरह, तिलक के *मराठा,* जून 1897 के इस दावे में दम था कि भारत में अंग्रेज़ों द्वारा उठाए गए किसी क़दम ने 'जनता की घरेलू, सामाजिक और धार्मिक आदतों में इतने बड़े पैमाने पर और इतने व्यवस्थित ढंग से हस्तक्षेप नहीं किया था' जितना तत्कालीन प्लेग-प्रशासन ने।[5] औपनिवेशिक सरकार और औपनिवेशिक चिकित्सा-शास्त्र की इतनी दमदार और दूरगामी नियन्त्रण स्थापित करने की यह कोशिश, भारत की परिपक्व और औपनिवेशिक राजसत्ता की दख़लन्दाज़ी की महत्त्वाकांक्षाओं और क्षमताओं का परिचायक थी। ब्रिटिश सरकार की यह उपस्थिति वैसी दूर-स्थित और हवाई नहीं थी जैसी हमें कभी-कभी बताई जाती रही है। यह जनजीवन में सीधा हस्तक्षेप कर जनता में ज़बर्दस्त प्रतिक्रिया पैदा कर सकती थी। (प्लेग के आरम्भिक वर्षों में आमतौर पर ऐसा ही हुआ)। परन्तु

प्लेग-प्रशासन के ख़िलाफ जनता के जवाबी राजनीतिक और सांस्कृतिक हमले की ताक़त उस सत्ता की व्यावहारिक सीमाओं की भी सूचक है; यह उस हद की भी याद दिलाती है जिसके परे नियन्त्रण की प्रणालियाँ उतनी निरंकुश, उतनी एक-आयामी नहीं होतीं जितनी फूको या गॉफमैन हमें बताते हैं। ऐसी मुठभेड़ों की द्वन्द्वात्मक प्रकृति से वाक़िफ़ होकर ही हम जनता के बारे में 'निष्क्रियता' और 'भाग्यवादिता' जैसी पिटी-पिटाई मान्यताओं से बच सकते हैं।

प्लेग ने शरीर-अर्थात् उपनिविष्ट (कॉलोनाइज्ड) शरीर—के महत्त्व को औपनिवेशिक सत्ता और देसी राजनीति के संघर्ष के स्थल के रूप में नाटकीय तेवर प्रदान किया। महामारी के आरम्भिक चरण में शरीर का एक विशेष चिकित्सकीय, प्रशासनिक और सामाजिक महत्त्व था : राजकीय हस्तक्षेप काफ़ी हद तक इसी को *समझने* और क़ाबू करने के लिए था। उसी तरह, इन उपायों का प्रतिरोध शरीर को बचाने-छिपाने में निहित था। लेकिन शरीर देसी और औपनिवेशिक आचारों, विचारों और सरोकारों के बीच टकराव का कहीं व्यापक और दूरगामी प्रतीक भी बना। ब्रिटिश सत्ता-संचालन ने भारतीय शरीर के मुद्दे को कई तरह से प्रभावित किया। पर, जैसा कि प्लेग के आरम्भिक वर्षों से पता चलता है, समस्या महज़ औपनिवेशिक न थी। आम जनता पर मध्यमवर्गीय वर्चस्ववादी महत्त्वाकांक्षाओं के बढ़ते आग्रह तथा ऐसी महत्त्वाकांक्षाओं के बरक्स उपजी अस्पष्ट निम्नवर्गीय प्रतिक्रियाएँ—जो अंशतः प्रतिरोध, अंशतः अनुकरण थीं—इससे गहरी जुड़ी हुई थीं।

1

भारतीय औपनिवेशिक राजसत्ता ने अपनी प्रजा के हर व्यक्ति के शरीर पर सम्पूर्ण और एकमात्र नियन्त्रण करने की आकांक्षा कभी प्रदान नहीं की। लेकिन एक परोक्ष दावा ज़रूर था जो किंचित प्रशासनिक, न्यायिक और चिकित्सकीय सन्दर्भों में घटित होने लगा था। उन्नीसवीं सदी के पूर्वार्द्ध में सती और बालिका-वध के उन्मूलन में प्रयास इसी दैहिक सत्ता को हथियाने के आरम्भिक दृष्टान्त थे। औपनिवेशिक दंडशास्त्र दीगर उदाहरणों से अटा पड़ा है। प्रमुख विद्रोहियों के जीवित शरीरों या उनकी लाशों को सरेआम, प्रदर्शनात्मक ढंग से, दंडित करने का सिलसिला उन्नीसवीं सदी के उत्तरार्द्ध तक चला। दंड और निषेध की औपनिवेशिक विधि के रूप में कोड़े की मार 1942 के भारत छोड़ो आन्दोलन तक ज़ारी रही। जलावतनी, डामल अथवा काला पानी को 19वीं सदी के पूर्वार्द्ध में यूरोप में उत्तरोत्तर नापसन्द किया जा रहा था, पर, यह भारत में एक 'और शक्ति-सम्पन्न हथियार' के रूप में इस्तेमाल किया जाने लगा, ख़ासकर हिन्दुओं के ख़िलाफ़ जो 'काले पानी' के पार जाने से घबराते थे।[6] फिर भी, जेल-प्रशासन आमतौर पर जातिगत भेदों और संवेदनाओं का सम्मान करता था और मिसाल के लिए मशक्कत के ऐसे रूपों की ईजाद करता था जो सवर्ण अपराधियों को अनावश्यक तौर पर दुखद और अपमानजनक न लगें। फिर जहाँ विद्रोह एवं संकटकाल में प्रदर्शनात्मक सज़ाएँ

आवश्यक और उचित मानी जाती थीं, वहीं अंग्रेज़ों ने यन्त्रणा, अंग-भंग, एवं बग़ैर मुक़दमे के अनिश्चित काल तक क़ैद रखने की प्रथाओं की निन्दा कर उपनिवेश-पूर्व 'बर्बरता' पर अपनी श्रेष्ठता सिद्ध करने की चेष्टा भी की। बन्दी-प्रत्यक्षीकरण (हेबियस कॉर्पस) की व्यवस्था उसी औपनिवेशिक सरोकार की एक अभिव्यक्ति थी। टी.बी. मैकॉले ने 1835 में अंग्रेज़ों के इसी दोहरे रवैये को स्वर दिया था; उसकी माँग भारत में एक ऐसी दंड-प्रणाली स्थापित करने की थी जो 'मानवता को स्तम्भित करनेवाले हालात' से मुक्त होने के साथ-साथ 'ग़लतकारों के लिए आतंक का कारण' बनी रहे।[7]

उन्नीसवीं सदी के अधिकांश भाग में औपनिवेशिक चिकित्सा तन्त्र उन इलाक़ों में घुसने से घबराता रहा जहाँ औपनिवेशिक दंड-तन्त्र का प्रवेश हो चुका था। हालाँकि सदी की शुरुआत से ही छोटी चेचक के देसी (और कुख्यात रूप से ख़तरनाक) टीके की जगह जेनर के टीके लगवाने की कोशिशें की गईं, परन्तु, 1870 और 1880 के दशकों के पहले इस नीति को क़ानूनी मान्यता नहीं मिल पाई। उसके बाद भी अनिवार्य टीकाकरण बड़े नगरों और छावनियों तक ही सीमित रहा।[8] इससे भी अधिक सीमित तथा विवादास्पद था 1868 का संक्रामक रोग अधिनियम, जिसे भारतीय वेश्याओं और यूरोपीय फौजियों के बीच गुप्त रोगों के प्रसार को रोकने के लिए लाया गया था। इसे 1886 में वापस भी ले लिया गया।[9] इस उदाहरण से स्पष्ट होता है कि सदी में देर तक भारत में औपनिवेशिक चिकित्सा का पहला मक़सद उपनिवेशित प्रजा नहीं बल्कि उपनिवेशकारियों के स्वास्थ्य की देखभाल करना था। इस नियम में अपवाद तभी होता था जब भारतीय सैनिक, नौकर, बगान मज़दूर और वेश्याएँ यूरोपीय स्वास्थ्य के लिए ख़तरा बन जाएँ। वित्तीय और राजनीतिक, दोनों प्रकार की सीमाएँ औपनिवेशिक राजसत्ता को इससे ज़्यादा चिकित्सकीय हस्तक्षेप करने से रोकती रहीं।

लेकिन 19वीं सदी के आखिर में राज्य के रवैये में काफ़ी परिवर्तन आया। यह बात अधिकाधिक कही जाने लगी कि चिकित्सा और सफ़ाई के व्यापक उपाय करके ही भारत में यूरोपवासियों के स्वास्थ्य की रक्षा की जा सकती है। अकालों की तरह–और अक्सर उनकी सहचरी–महामारियाँ साम्राज्य के मुनाफ़े पर अप्रिय बट्टा लगा जाती थीं। ब्रिटेन में सफ़ाई सम्बन्धी सुधारों तथा चेचक और हैज़े की महामारियों पर नियन्त्रण ने भारत में भी ऐसे अभियान चलाने के लिए दबाव पैदा किए, जबकि जीवाणुशास्त्र नामक नए विज्ञान में पास्त्यूर, कोच और दूसरों की खोजों ने भारत में कार्यरत ब्रिटिश चिकित्सकों में यह विश्वास पैदा किया कि पाश्चात्य वैज्ञानिक ज्ञान और बुद्धि का प्रयोग करके महामारियों पर 'विजय' पाई जा सकती है। यही समय था जब भारत में ताऊन (प्लेग) का प्रकोप शुरू हुआ। पहली मौतें बम्बई में अगस्त 1896 में हुई और तीन-चार साल के अन्दर यह रोग भारतीय समाज के हर सूबे में पहुँच गया। 1900 के पहले तक मुख्यतः शहरी हलकों में सीमित यह परिघटना अब नियमित बेरहमी से देहातों में भी घटने लगी। आरम्भिक वर्षों में इसके नागर (नगरीय) चरित्र की पुष्टि नगरों व शहरों में केन्द्रित गहन प्लेग अभियानों में भी हुई। इससे रोकथाम के उपायों के ख़िलाफ़ हुए

आरम्भिक नागर प्रतिरोध की भी आंशिक व्याख्या होती है, हालाँकि शुरुआती दशकों में यह भी कहा गया कि अक्सर टीकाकरण का महत्तर विरोध देहातों की अपेक्षा शहरों में हुआ।[10]

चिकित्सकीय अनिश्चय और प्रशासनिक झिझक की एक छोटी अवधि के बाद भारत सरकार की शह पर बम्बई की प्रान्तीय सरकार ने कुछ ऐसे कदम उठाए जो पुणे के प्लेग कमिश्नर डब्ल्यू.सी. रैंड के शब्दों में 'किसी महामारी को ख़त्म करने के लिए ब्रिटिश भारत में किए गए उपायों में सम्भवतः कठोरतम' थे।[11] बम्बई सरकार ने 6 अक्टूबर, 1896 को बम्बई नगरपालिका क़ानून, 1888, के तहत छूतग्रस्त सम्पत्ति को विसंक्रमित करने और नष्ट करने की एक योजना को मंज़ूरी दी। चार महीने के बाद महामारी रोग क़ानून ने सरकार को यह अधिकार दिया कि वह ताऊन के संदिग्ध मरीज़ों को क़ैद और अलग-थलग कर सके, छूतग्रस्त सम्पत्ति को नष्ट कर सके, ताऊन के मशकूक (शुबहेवाले) मकानों का मुआयना कर सके, बल्कि उन्हें गिरवा भी सके, मेलों और तीर्थयात्राओं पर रोक लगा सके, सड़क और रेलयात्रियों की जाँच करा सके—संक्षेप में, वह सब कुछ कर सके जो चिकित्सकों और अधिकारियों की राय में रोग को ख़त्म करने के लिए आवश्यक था।[12] बम्बई, पुणे, कराची और कलकत्ता में स्वास्थ्य और सफ़ाई की ज़िम्मेदारी नगर-परिषदों से छीनकर यूरोपीय डॉक्टरों और प्रशासनिक अधिकारियों की छोटी-छोटी समितियों को सौंप दी गई। सिद्धान्त न सही, व्यवहार के स्तर पर भारतीयों की राय को दरकिनार कर दिया गया। जाति और धर्म को स्वच्छता के आवश्यक कार्यों की राह में बाधा-मात्र समझा जाने लगा। बम्बई के नगर आयुक्त द्वारा 6 अक्टूबर, 1896 को जारी की गई घोषणा में कहा गया कि ताऊन के सारे मरीज़ हस्पतालों में भरती किए जाएँ और ज़रूरत हो तो इसके लिए बल का इस्तेमाल भी किया जाए। यह नहीं बतलाया गया कि रिश्तेदारों को मरीज़ों से मिलने की इजाज़त दी जाएगी, न ही यह कि हस्पताल-व्यवस्था में जात-पाँत का सम्मान किया जाएगा। दिसम्बर 1896 में नगर के सर्जन-जनरल ने एक निर्देश में कहा कि जातिगत 'पूर्वाग्रहों' का यथासम्भव पालन किया जाएगा लेकिन स्वच्छता और चिकित्सा के आवश्यक उपायों में उन्हें बाधक नहीं बनने दिया जाएगा।[3] ब्रिटिश भारत में चिकित्सकीय पेशे ने इससे पहले कभी-भी इतनी सार्वजनिक ताक़त अर्जित नहीं की थी, न ही उसे ऐसे प्रशासनिक दम्भ से संचालित किया गया था।

इन फ़ौरी और दूरगामी उपायों के पीछे अनेक बातें थीं। ताऊन 19वीं सदी में भी भारत के कुछ भागों में हुआ था, मगर 1896 में उसे ऐसा आक्रामक रोग समझा जाने लगा जिसे जड़ जमाने से पहले उखाड़ देना आवश्यक था। सबसे पहले बम्बई में (सम्भवतः हांगकांग से आई बीमारी के रूप में) अपना प्रकोप दिखाकर ताऊन ने ब्रिटिश भारत के एक प्रमुख बन्दरगाह और प्रशासन-केन्द्र के वैभव को चुनौती दे डाली। यह बम्बई के अपने वाणिज्य और उद्योग के लिए ख़तरा तो था ही, इस सम्भावना को लेकर फ़ौरी कार्रवाई के लिए आर्थिक दबाव और बढ़ गया कि अगर महामारी पर तेजी से

नियन्त्रण नहीं पाया गया तो भारतीय व्यापार पर यूरोप का प्रतिबन्ध लग सकता था। लेकिन ब्रिटेन और भारत के चिकित्सा-विशेषज्ञों का दबाव भी कुछ कम ज़बर्दस्त न था; उनका तर्क था कि इस रोग को फैलने से तभी रोका जा सकता है जब फ़ौरी और कारगर ढंग से समुचित निरोधक उपाय किए जाएँ।

इस चरण में ताऊन की हैतुकी (etiology) भी पूरी तरह स्पष्ट नहीं थी। आमतौर पर इसके प्रसार में चूहों की भूमिका को मनुष्य की भूमिका के आगे गौण समझा जाता था; चूहों में पलनेवाले पिस्सुओं की भूमिका 1908 से पहले निर्विवाद रूप से स्थापित नहीं हो पाई थी।[14] मनुष्य के शरीर–और उसके कपड़ों, बिस्तर और निवास–को रोग का प्रमुख वाहक समझा जाता था। शुरू में रोग की पहचान में जो कठिनाई महसूस की गई इससे मानव-काया की अनुमानिक केन्द्रीयता और पुष्ट हुई। इसकी लाक्षणिक सूजन का पता करने के लिए शारीरिक जाँच की जाती; संदिग्ध मामलों में आन्तरिक साक्ष्य पाने के लिए शव-परीक्षा का सहारा लिया जाता। इस तरह शरीर इस रोग का सम्भावित वाहक भी था और इसके निदान के लिए आवश्यक लक्षणों का धारक भी। नतीजा यह हुआ कि रोकथाम के उपायों में शरीर पर दस्तदराज़ी, उसकी जाँच-पड़ताल और उसे अलग-थलग करने पर ज़ोर दिया जाने लगा। अर्थात एक ऐसा सीधा चिकित्सकीय हस्तक्षेप शुरू हुआ जिसने दोस्त-रिश्तेदारों, वैद्य-हकीमों, धर्मगुरुओं एवं जाति-पुरखों–के विरोधी अथवा वरिष्ठ दावों–को एक साथ दरकिनार कर दिया। पश्चिम की तरह यहाँ भी शरीर को एक पवित्र नहीं बल्कि निरी पार्थिव वस्तु, व्यापकतर समुदाय का एक अभिन्न अंग नहीं बल्कि एक वैयक्तिक तत्त्व समझा जाने लगा। इसके अलावा, शरीर को पाश्चात्य चिकित्साशास्त्र की 'दृष्टि' का ही नहीं बल्कि उसके शारीरिक स्पर्श का भी शिकार बनना पड़ा। विडम्बना यह है कि शरीर पर यह गम्भीर अतिक्रमण एक ऐसे समाज में हुआ जहाँ छूना या तो अधिकार का पर्याय था या फिर अशुद्धि का।

2

हस्पतालों में भर्ती करने और पृथक्करण के विकल्प की अनिवार्यता में जेल और हस्पताल का, दंडशास्त्र और चिकित्साशास्त्र का, फूकोवादी सादृश्य स्पष्टतः दृष्टिगोचर हुआ। औपनिवेशिक दृष्टि में भारत का सामाजिक और भौतिक पर्यावरण शारीरिक और नैतिक कल्याण के लिए घातक था, और यह अपराध और रोग का कारण और सन्दर्भ, दोनों था। आम विश्वास था कि सुधार या उपचार का सबसे अच्छा उपाय है–व्यक्ति को उसके नैसर्गिक वातावरण से हटाकर जेल या अस्पताल के एक 'विवेकसंगत' और सुव्यवस्थित अनुशासन में रखा जाना। दंडशास्त्र में इस विचारधारा ने जेलों को ही नहीं बल्कि भूतपूर्व ठगों के लिए सुधारगृहों और 'जरायम पेशा जनजातियों' के लिए विशेष बस्तियों को भी जन्म दिया। चिकित्सा के क्षेत्र में, दवाखानों पर हस्पतालों को इस विश्वास के सहारे प्रश्रय दिया गया कि पृथक्करण, निरीक्षण और नियन्त्रण के लिए

हस्पताल माकूल अवसर प्रदान करते हैं।

भारतीय भौतिक व सामाजिक वातावरण के प्रति पाश्चात्य दुराग्रह की वजह से ही शायद यहाँ रोगों की उत्पत्ति के जलवायु या सड़ान्ध पर आधारित सिद्धान्त यूरोप की अपेक्षा ज़्यादा लम्बे समय तक टिके रहे। 1898 में बम्बई ताऊन समिति के अध्यक्ष की हैसियत से ब्रिगेडियर-जनरल गैटेकर ने, और 1898 में भारत सरकार के लिए आर. नाथन ने, ताऊन के जो ब्यौरे तैयार किए थे उनमें रोग के 'पूर्वानुकूल कारणों' के रूप में भारत के शहरों और गाँवों की 'दूषित और गन्दी दशाओं' पर ख़ास ज़ोर दिया गया था। इस तरह मरीज़ को हस्पताल या अलग शिविर की स्वच्छ और सुव्यवस्थित दुनिया में पहुँचाने को मर्ज़ की कारगर रोकथाम और इलाज के लिए अनिवार्य माना गया। गैटकर ने तो यहाँ तक दावा किया कि ताऊन की महामारी के दौरान हस्पताल सबसे सुरक्षित जगहों में से एक होता है। उसे ऐसा नहीं लगा कि 'भारी भीड़भाड़, बदहाली, जगह की तंगी, हवा और धूप के अभाव' जैसी दशाओं के अलावा यह रोग आमतौर पर संक्रामक भी होता था।[15] बम्बई के गवर्नर की हैसियत से लॉर्ड सैंडहर्स्ट ने मार्च 1897 में गैटकर को जो निर्देश दिए थे उनमें ताऊन के सभी मामलों की खोज, हस्पताओं के इलाज और तमाम संदिग्ध मामलों में व्यक्ति के पृथक्करण को प्राथमिकता दी गई थी। हाँ, यह भी जोड़ दिया गया था कि जहाँ तक सम्भव हो, देसी प्रथाओं का सम्मान किया जाए।[16]

हालाँकि यूरोप के चिकित्सकीय सिद्धान्त-व्यवहार का चलन बढ़ रहा था, ख़ासकर पश्चिमी शिक्षालब्ध मध्य वर्ग में, मगर फिर भी पृथक्करण और हस्पतालों में भर्ती करने की नीति को जिस तरह लागू किया गया, उसके प्रति एक आम घृणा-भाव था। बम्बई के पत्र *गुजराती* ने 18 अक्टूबर, 1898 को लिखा : 'सही या ग़लत, पृथक्करण के ख़िलाफ़ देशज समुदाय की भावनाएँ बहुत प्रबल हैं।' उसने कहा कि सामाजिक रीति-रिवाज, धार्मिक भावनाएँ, और 'स्नेह के मज़बूत बन्धन' सभी तो इसके ख़िलाफ़ हैं। इसकी व्याख्या करते हुए पत्र ने आगे लिखा : ''किसी के अपने स्नेही बन्धु-बान्धवों से अलग कर दिए जाने और सामान्य धार्मिक संस्कार सम्पन्न किए बिना ही दुनिया से कूच कर जाने का विचार ही देसी जनमानस को कष्ट पहुँचाता है।' प्रार्थना-पत्रों, समाचार-पत्रों के सम्पादकीय लेखों और सम्पादक के नाम पत्रवाले स्तम्भों में यही बुनियादी विचार बार-बार व्यक्त किया जाता रहा। भारतीय जीवन-मूल्यों और भावनाओं को पश्चिमी चिकित्सा और औपनिवेशिक प्रशासन की 'उदासीनता और उपेक्षा' के बरक्स पेश किया गया।[17] हस्पतालों की अलोकप्रियता को स्पष्ट करने के प्रयास में 21 नवम्बर, 1897 को *मराठा* ने अन्य बातों के साथ-साथ अपने परिवारों से सम्बन्ध बनाए रखने में रोगियों की कठिनाई की बात भी उठाई। पत्र ने आगे कहा कि हस्पताल में रोगी की देखभाल चिन्तित नातेदारों और दोस्तों द्वारा नहीं बल्कि ऐसे लोगों द्वारा की जाती है जो 'अधिक-से-अधिक मात्र अजनबी होते हैं, जो अनिवार्यतः लापरवाह और भाड़े के व्यक्ति होते हैं।' हस्पताल जो पाश्चात्य नज़रिए में एक साफ़-सुथरा और आरोग्यकारी स्थल था,

अनेक हिन्दुस्तानियों (ज़्यादातर ऊँची जातियों) के लिए ख़ून और मल-मूत्र से दूषित, अशुद्धिकारी, व जाति, धर्म और पर्दे के लिए विनाशकारी स्थान था। 6 अप्रैल, 1897 को *केसरी* ने ऐसे धर्मविरोध के उदाहरण के रूप में एक ब्राह्मण की कहानी पेश की, जिसे अस्पताल में इसलिए दूध पीकर रहना पड़ा था कि उसका भोजन एक शूद्र के छूने से अपवित्र हो गया था। छः हफ्ते बाद, 23 मई, 1897 को *मराठा* ने शिकायत पेश की कि पुणे के सार्वजनिक हस्पताल में जात-पाँत के नियमों का उल्लंघन किया जा रहा था; उसने नगर के हिन्दू ताऊन अस्पताल के बन्द किए जाने की सम्भावना पर भी विरोध व्यक्त किया, क्योंकि वहाँ जात-पाँत का बेहद ध्यान रखा जाता था।

सरकार ने हस्पताल में मरीज़ों की भर्ती के प्रति जनता के विरोध की शक्ति को जब महसूस किया तो उसने बम्बई में और बाद में दूसरे बड़े नगरों में विशेष जातियों या समुदायों के हस्पतालों की स्थापना को प्रोत्साहित करके ऐसी आपत्तियों और भय को दूर करने की कोशिश की। 1898 के आरम्भ में बम्बई में 30 से ज़्यादा ऐसी संस्थाएँ थीं। दूसरी रियायतों (जैसे अपने वैद्य या हकीम से इलाज कराने के अधिकार) के साथ इस रियायत ने हस्पतालों और हस्पताली इलाज के प्रति (कम-से-कम मध्यवर्ग की) गहरी शंका को दूर करने में काफ़ी बड़ी भूमिका निभाई।[18]

हालाँकि पृथक्करण और हस्पताल में भर्ती किए जाने के प्रति जनता का विरोध प्रायः पुरुषों की अशुद्धि और महरूमी की शब्दावली में व्यक्त होता था, मगर सबसे तीव्र विरोध स्त्रियों की धर-पकड़ तथा शिविरों और हस्पतालों में उनकी भर्ती को लेकर हुआ। 29 अक्टूबर, 1896 को जब एक स्त्री को ताऊन की संदिग्ध रोगिणी समझकर बम्बई के आर्थर रोड हस्पताल में लाया गया तो कोई 1,000 मिल-मज़दूरों ने हस्पताल पर हमला कर दिया।[19] 9 मार्च, 1898 को जब एक हकीम को 12 साल की एक लड़की की जाँच करने की इजाज़त नहीं दी गई तो नगर के मुसलमान जुलाहा बुनकरों ने ताक़त के बल पर उसे हस्पताल भेजे जाने से ज़बर्दस्ती रोक दिया।[20] कानपुर में 11 अप्रैल, 1900 को मुख्य रूप से नगर के चमारों, मिल-मज़दूरों, और क़साइयों ने एक स्थानीय ताऊन शिविर पर हमला कर दिया; यह हमला अंशतः ऐसी ख़बरों और अफ़वाहों से प्रेरित था कि वहाँ स्त्रियों को उनकी मर्ज़ी के ख़िलाफ़ रोका जा रहा है।[21]

पश्चिमी चिकित्सकीय हस्तक्षेप का उन भारतीयों ने भी कड़ा विरोध किया जो ताऊन को एक प्रकार का ईश्वरीय प्रकोप समझते थे और मानते थे कि इस विपत्ति के ख़िलाफ पश्चिमी दवाओं का उपयोग या तो विधर्मी होगा या फिर निष्फल। दिसम्बर 1896 में बम्बई में एक नौजवान मुसलमान ने ऐलान किया, "हम हस्पताल नहीं जाएँगे। हमारा हस्पताल हमारी मस्जिद है।"[22] रोग को फैलने से रोकने में पश्चिमी चिकित्साशास्त्र की असफलता से प्रेरित होकर दूसरे लोगों ने दैहिक व्याख्याओं और माकूल इलाज के लिए आयुर्वेद और यूनानी जैसी देसी चिकित्सा-पद्धतियों का सहारा लिया। कविराज विजयरत्न सेन नामक वैद्य के अनुसार, प्राचीन आयुर्वेद में ताऊन को *ब्रादना* कहा जाता था और यह रोग 'बलग़म पैदा करनेवाले और अपच भोजन खाने, सीलनदार हवा में

साँस लेने और नम बिस्तर पर सोने से' पैदा होता था।[23] इलाहाबाद के *प्रयाग समाचार* में 15 मई, 1900 को लिखते हुए एक शख़्स ने नमक एवं तीखी चीज़ों और तामसी भोजन के अति-भक्षण को इस रोग का कारण ठहराया। फ़रवरी, 1898 में दिल्ली में, जब ताऊन पूरे ज़ोरों पर था, एक गुमनाम पोस्टर नमूदार हुआ जिसमें यूनानी दवाओं के इस्तेमाल की ज़ोरदार पैरवी की गई थी, बस ताऊन की शफ़ा का दावा भर नहीं किया गया।[24]

ताऊन से पीड़ित नगरों और कस्बों से आए यात्रियों और उनके निवासियों की शारीरिक जाँच-पड़ताल भी कुछ कम खलबली का कारण नहीं बनी। चूँकि अधिकतर डॉक्टर पुरुष और गोरे थे, इसलिए जब वे स्त्रियों का स्पर्श करते, तो उसे अशुद्धिजनक या जिस्मानी बेहुरमती समझा जाता था, ख़ासकर तब जबकि उनकी गर्दनों, काँखों और जाँघों की जाँच का मसला हो। 24 अक्टूबर, 1897 को शोलापुर के *कल्पतरू* ने विरोध व्यक्त करते हुए कहा कि इस मसले पर 'देसी जनता की भावनाएँ सर्वाधिक संवेदनशील' थीं। उसने कहा, 'देसी स्त्रियाँ बिलकुल अजनबी पुरुष डॉक्टरों से अपने पट्टों की जाँच कराने का अपमान झेलने की बजाय मौत को अपनाना बेहतर समझेंगी।' बम्बई के एक और मराठी पत्र *गुरखी* ने कल्याण रेलवे स्टेशन पर महिला यात्रियों की जाँच की बड़ी क्रुद्ध निन्दा की। अखबार ने 19 फरवरी, 1817 को लिखा : 'एक अजनबी पुरुष सार्वजनिक रूप से किसी स्त्री से कहे कि वह (अपने शरीर के ऊपरी हिस्से से) अपनी साड़ी का आँचल हटा ले, यह सबसे ज़्यादा तौहीन की बात है और मौत की वजह बन सकती है।' खाना जंक्शन होकर कलकत्ता जानेवाले यात्रियों को भी ऐसी ही मुसीबत से गुज़रना पड़ता था। उन्हें जबरन गाड़ी से उतारकर, पुरुषों और स्त्रियों को अलग-अलग कर दिया जाता था और एक यूरोपीय डॉक्टर द्वारा सरेआम जाँच किए जाने का इन्तज़ार करना पड़ता था। प्रेस में होनेवाले शोर-शराबे से जब हिन्दुस्तानियों की भावनाओं की उग्रता सामने आई, तभी जाकर पर्दों का इन्तजाम किया गया और जाँच में मदद के लिए कुछ डॉक्टरनियाँ लाई गईं। लेकिन बुनियादी विरोध बरकरार रहा। जैसा कि मुरादाबाद के *निज़ामुल-मुल्क* ने 16 अप्रैल, 1900 को लिखा : 'रेलवे स्टेशन पर ताऊन के डॉक्टरों को देखने-भर से मुसाफ़िरों का ख़ून खौल जाता है।'[25] पुणे की सड़कों पर सरेआम जाँच-पड़ताल और बारम्बार घरों की तलाशी की घटनाओं ने जनता के गुस्से की आग में घी का काम किया और 22 जून, 1897 को हुई प्लेग कमिश्नर रैंड की हत्या की ज़मीन भी तैयार की।[26] शरतचन्द्र चट्टोपाध्याय के उपन्यास *सुकृत* के नायक ने अपने अपमान को यूँ बयान किया कि रंगून के जहाज़ पर चढ़ने से पहले उसे 'ताऊन के गोरे डागडरों' से परीक्षण के लिए कुलियों के साथ लाइन में खड़ा होना पड़ा। उसके शरीर के नाज़ुक अंगों को डॉक्टर ने इस बेरहमी से टटोला कि लेखक के अनुसार, लकड़ी की गुड़िया भी होती तो विरोध में चीख उठती।[27]

हिन्दुस्तानियों के साथ 'शुद्ध पशुवत' बर्ताव–तथा इसमें निहित तमाम नस्ली तौहीन–के ऊपर प्लेग-विरोधी उपायों को लागू करने के लिए पुणे में (और एक हद तक

बम्बई में भी) ब्रिटिश फ़ौजों के इस्तेमाल ने पूरी प्रक्रिया को और भी आपत्तिजनक बना दिया।[28] लाज़मी तौर पर इसकी तुलना सैनिक विजय और आधिपत्य से की जाने लगी। पुणे के नागरिकों ने सैनिक कार्रवाई को बम्बई प्रशासन द्वारा अपने विरोधियों को आतंकित करने का एक भोंडा उपाय समझा। लेकिन इन 'गोरे साँडों' के इस्तेमाल की एक और ध्वनि थी। हाल के वर्षों में ब्रिटिश सैनिक भारत में नस्ल-भेद की कई घटनाओं में शामिल रहे थे–शिकार पर निकले इन सैनिकों ने स्त्रियों को बेइज़्ज़त, और उनसे बलात्कार, किया था, ग्रामीणों को मारा-पीटा था, बल्कि उन पर गोली तक चलायी थी। इन सिपाहियों को अदालतों से किसी-न-किसी बिना पर मामूली सज़ाएँ ही मिली थीं; न्याय के इस मख़ौल पर भारतीय प्रेस बुरी तरह खीजा हुआ था।[29] पुणे में घरों की तलाशी के लिए एक हज़ार ब्रिटिश सैनिकों के उपयोग को या तो शुद्ध संवेदनहीनता समझा गया या जान-बूझकर की गई उत्तेजक कार्रवाई। ब्रिटिश सैनिकों द्वारा स्त्रियों की जिस्मानी बेहुरमती, अपमान और गाली-गलौज की ख़बरें जल्द ही शहर में गश्त लगाने लगीं।[30] इस बात पर भी टीका-टिप्पणी हुई कि जब गोरे पुरुषों या स्त्रियों पर कोई हमला होता था तो यूरोपीय लोगों का रवैया बहुत ही भिन्न होता था। मराठी अखबार *मोदा वृत्त* ने 15 जुलाई, 1897 को इस बात पर हैरानी का इज़हार किया कि जब यूरोपीय लोग 'असहाय हिन्दुस्तानियों को बन्दर, कौवे या भालू समझकर उनकी जान लेने के' बावजूद सज़ा से बच निकलते थे तो फिर पुणे में एक महीना पहले मारे गए रैंड और लेफ्टिनेंट ऐयर्स्ट की मौत पर हिन्दुस्तानियों से सन्ताप की उम्मीद भला कैसे की जा सकती थी ![31]

ऐसा नहीं कि केवल जीवित काया को ही अपमान और कुकृत्यों का शिकार बनाया गया हो। ताऊन सम्बन्धी आरम्भिक नीति में लाशों की जाँच-पड़ताल और उन्हें ठिकाने लगाने को प्रमुखता दी गई थी। मध्य–1897 में बंगाल की ताऊन समिति के एक ज्ञापन के अनुसार, 'ताऊन के मरीज़ की लाश छूत का केन्द्र होती है', ख़ासतौर पर तब जबकि मरीज़ हस्पताल के बाहर मरा हो। मतलब यह था कि 'तमाम धार्मिक कृत्यों और अनुष्ठानों पर...जहाँ तक सम्भव हो, रोक लगाई जानी चाहिए।'[32] ब्रिटिश चिकित्सकों की राय के प्रभाव में भारत-सचिव ने कहा कि ताऊन के पंजीकरण की कमियों को पूरा करने तथा रोग के प्रसार को रोकने के लिए सबसे उत्तम उपाय के रूप में शव-परीक्षा की एक व्यवस्थित नीति लागू की जाए।[33] भारत में जनमत कहीं अधिक बँटा हुआ था। नागरिक-प्रशासन इस मुद्दे की संवेदनशीलता से अच्छी तरह परिचित था, और इससे भी कि, जैसा कि वायसराय लॉर्ड एल्गिन ने अगस्त, 1897 में कहा था, शवों की परीक्षा से तमाम वर्गों के हिन्दुस्तानियों में 'भारी क्षोभ पैदा होने की सम्भावना' थी।[34] यह अन्देशा व्यापक रूप से सच साबित हुआ। अक्टूबर 1896 में कलकत्ता में एक डॉक्टर ने एक औरत के शरीर की (और उसके ख़ून के नमूने की) जाँच पर ज़ोर दिया क्योंकि वह ज़ाहिरा तौर पर गलसुए से मरी थी जबकि डॉक्टर को शक था कि वह ताऊन का शिकार हुई थी; इसके कारण काफ़ी तहलका मचा। इस पर 30 अक्टूबर

को *हितवादी* ने टिप्पणी की : 'अगर यह ज़्यादती नहीं है तो कुछ भी ज़्यादती नहीं है।' बम्बई प्रेसीडेंसी में यह आदेश ज़ारी हुआ कि जब तक मरनेवाले के शव की जाँच एक विश्वस्त (और इसलिए हमेशा यूरोपीय) डॉक्टर से न हो जाए—कि वह ताऊन से तो नहीं मरा—तब तक उसे जलाया या दफ़नाया नहीं जा सकता। जहाँ नगरों और कस्बों में रोज़ाना बीसियों लोग मर रहे थे और थोड़े से डॉक्टर ही उपलब्ध थे, वहाँ इसका मतलब यह था कि मृतक के अन्तिम संस्कार में कुछेक घंटे तो लग ही जाएँगे। 6 जून, 1897 को *मराठा* ने शिकायत की कि इस तरह की इजाज़त मिलने में 12, बल्कि 24 घंटे का समय बेकार जा सकता था; 'घरों में इतने समय तक लाशों को रोके रखना धर्म और आरोग्य विज्ञान, दोनों की दृष्टि से निन्दनीय है।' 1898-99 में भारतीय ताऊन आयोग के सामने एक यूरोपीय गवाह ने बतलाया कि लाशों की जाँच पर आपत्ति का एक मुख्य आधार यह था कि 'इससे लाश के क्रियाकर्म में देरी होती थी और फलस्वरूप, जब तक लाश को हटा नहीं दिया जाता, उस मुहल्ले में रहनेवाला कोई भी व्यक्ति कुछ भी खा-पी नहीं सकता था।'[35] अक्सर इस विलम्ब को खुद जाँच की अपेक्षा उलझन का कहीं बड़ा कारण समझा जाता था।[36]

ताऊन के संदिग्ध रोगियों की शव-परीक्षा की भी व्यापक आलोचना हुई। पश्चिमोत्तर प्रान्त में हरिद्वार के पास जवालपुर में 30 मार्च, 1898 को ताऊन शिविर पर हमला हुआ जिससे अधिकारियों का ध्यान इसके ख़िलाफ जनभावनाओं की तीव्रता की ओर गया और यह काम रोकना पड़ा।[37] कलकत्ता में लाशों की चीरफाड़ के लिए रखे गए डोमों में से एक डोम जब खुद ताऊन से मर गया तो उसके साथी डोमों ने 'अपने साथी की चीरफाड़ कराने से पूरी तरह इनकार कर दिया। बड़ी तादाद में जुटकर वे उसे उठाकर श्मशान घाट' तक जलाने ले गए।[38] क्रियाकर्म की परम्परागत विधियों में हस्तक्षेप—जिनमें बम्बई प्रेसीडेंसी में 1897-98 के दौरान क़ब्रों से अटे क़ब्रिस्तानों का बन्द किया जाना, या यह आदेश देना कि ताऊन से मृत शरीरों को चूने के परक्लोराइड में भीगी चादर में लपेटकर या भुरभुरे चूने से ढँककर रखा जाए, भी शामिल थे—कई विरोध-प्रदर्शनों और अवज्ञा के कारण बने। सूरत ज़िले के राँडेर क़स्बे में 1 मार्च को असिस्टैंट कलक्टर के इस आदेश की खुली अवज्ञा की गई कि ताऊन के एक मरीज़ की लाश को क़स्बे के बाहर स्थित एक मस्जिद में ले जाया जाए और साथ में 15 से अधिक लोग न जाएँ। कोई तीन हज़ार मुसलमान इस लाश को जामा मस्जिद में नमाज-ए-जनाज़ा पढ़ने के लिए लेकर गए।[39]

बम्बई और पुणे में ताऊन के मरीज़ों और लाशों की तलाशी का वक़्तन-फ़वक़्तन खुला विरोध तो हुआ ही, इससे भी ज़्यादा लोगों ने लुकाछिपी का सहारा लिया। मरीज़ चाहे ताऊन का हो या ताऊन समझे जा सकनेवाले किसी और रोग का, उसे चुपचाप तलाशी पार्टियों से सुरक्षित क्षेत्रों में भेज दिया जाता था या फिर अटारियों, अलमारियों, फ़र्नीचर के पीछे या गुप्त कमरों में छिपा दिया जाता था। ताऊन से मरनेवालों को चुपचाप, कभी-कभी तो घर या अहाते के अन्दर ही दफ़न कर दिया जाता था। अंग्रेज

यह देखकर हैरान थे कि पारसियों जैसा 'पाश्चात्य रंग में रंगा' समुदाय भी ऐसी लुकाछिपी और धोखाधड़ी का सहारा लेता था।[40]

इतना यक़ीनी है कि शरीर पर उपनिवेशवाद का अतिक्रमण सरकार के ताऊन-विरोधी उपायों के प्रति विरोध का एकमात्र कारण नहीं था। ताऊन से जुड़ी कार्रवाइयों के दौरान नष्ट हो जानेवाली सम्पत्ति के प्रति भी चिन्ता व्याप्त थी। ग़रीबों के लिए हस्पताल में भर्ती किए जाने का या पृथक्करण का मतलब था मज़दूरी और शायद रोज़गार से हाथ धोना। व्यापारी अपनी आवाजाही पर लगी रोक तथा अपने अन्न-भंडारों और दूसरी सम्पत्तियों की तबाही से अप्रसन्न थे।[41] लेकिन ताऊन के आरम्भिक वर्षों में शरीर पर होनेवाला वास्तविक, सम्भावित या काल्पनिक अतिक्रमण ही सबसे अधिक क्षोभ और भय का कारण था, और यही लुकाव-छिपाव और विरोध का सबसे व्यापक कारण भी था।

3

इस लेख में अभी तक हमने भारतीय जनता के विभिन्न वर्गों की प्रवृत्तियों और प्रतिक्रियाओं में अन्तर करने की बज़ाहिर कोशिश नहीं की है। यह बात कुछ हद तक ठीक भी लगती है। अपनी ताऊन नीति के सिलसिले में अंग्रेज़ों ने आरंभ में वर्गों के बीच कोई ख़ास अन्तर नहीं किया। उसी तरह, ताऊन प्रशासन की आरम्भिक आलोचना काफ़ी हद तक 'देसी समुदाय' की ओर से और 'देसी भावनाओं' के नाम पर की गई। लेकिन अगर हम ताऊन के बारे में और इससे भी अधिक ताऊन-विरोधी राजकीय उपायों के बारे में फैली अफ़वाहों पर विचार करें तो हमें मध्यवर्गों और निम्नवर्गीय जनता के दृष्टिकोणों में महत्त्वपूर्ण भेद का पता चलेगा।

ये अफ़वाहें ताऊन और उसके ख़िलाफ औपनिवेशिक चिकित्सकीय हस्तक्षेप के कारण पैदा होनेवाले भय और अनिश्चय के वातावरण में पनपीं। लेकिन ताऊन-सम्बन्धी अफ़वाहों की व्याख्या लोक-विमर्श की एक प्रजाति के रूप में करने में अनेक कठिनाइयाँ हैं। जिस रूप में ये अफ़वाहें हमें मिली हैं, हम इन्हें शुद्ध और अमिश्रित स्रोत नहीं कह सकते। मौखिक से लिखित रूप में उनका रूपान्तर लाज़मी तौर पर चयन और विकृति की प्रक्रियाओं से गुज़रा है। ताऊन सम्बन्धी अफ़वाहों को अक्सर लिखा और छापा जाता था—प्रेस में, सरकारी रिपोर्टों और संस्मरणों में—और ख़ासकर इसलिए कि जनता की बेवक़ूफ़ी, जहालत और बुद्धिहीनता को दर्शाया जा सके, या, जैसा कि एक अख़बार ने लिखा, यह दिखाया जा सके कि 'भीड़ महाराज' पर 'विवेक की बात बेअसर थी।[42] अफ़वाह जितनी ही बेबुनियाद होती थी, इस मक़सद को उतनी ही अच्छी तरह पूरा करती थी। प्रेस में इन अफ़वाहों के सिर्फ़ हवाले दिए जाते थे या उनका भोंडा सार छापा जाता था, और मानकर चला जाता था कि अफ़वाहों की अन्तर्वस्तु से पाठक पहले से परिचित हैं। इसके अलावा यह मान लेना भी अनुचित है कि ये अफ़वाहें शुद्ध रूप से निम्नवर्गों की खपत के लिए उन्हीं की उपज थीं। कलकत्ता के ताऊन के बारे में नगर के चिकित्साधिकारी जे.एन. कुक ने 1898 में अपनी रिपोर्ट में किंचित निराशाजनक

शब्दों में कहा था कि 'सम्मानजनक स्थितिवाले हिन्दुस्तानी भी जिस तरह से बेबुनियाद और असम्भाव्य कहानियों को विश्वसनीय समझते थे यह बात असाधारण' थी।[43] मई 1898 में कलकत्ता में ताऊन के कारण होनेवाली गड़बड़ियों के बारे में कहा गया था कि कुछ अफ़वाहों को 'बदमाशों ने इसलिए उड़ाया था कि जनता को डराकर उन्हें लूटने का अवसर मिले।'[44] इस सुझाव को उपनिवेशवाद या मध्यवर्ग का पूर्वाग्रह कहकर एक सिरे से ख़ारिज कर देना भी नाजायज़ होगा। यह भी माना गया कि पाश्चात्य चिकित्सा, टीकों और हस्पतालों के ख़िलाफ डरावनी ख़बरें फैलाने में वैद्यों व हकीमों का क्षुद्र स्वार्थ भी हो सकता था।[45] लेकिन इन तमाम चेतावनियों के बावजूद ये अफ़वाहें हमें अन्य अधिकांश उपलब्ध स्रोतों की अपेक्षा लोक-चिन्तन के कहीं अधिक क़रीब ले जाती हैं।

भारत में लोक-विमर्श के इस रूप के कई अन्य उदाहरणों के विपरीत, ताऊन से जुड़ी अफ़वाहों की एक ग़ौरतलब ख़ासियत इनकी धर्म-इतरता थी।[46] यह दुरुस्त है कि कभी-कभी ख़बरों में इन 'बेतुकी अफ़वाहों' के हवाले मिलते हैं कि 'सरकार का इरादा जनता के धर्म और जाति में दख़लन्दाजी करना था' और 'भारतीय जनता पर ईसाइयत थोपने के इरादे से उनके जातिगत और धार्मिक रीति-रिवाज़ों को नष्ट करना' था।[47] अप्रैल, 1900 में कानपुर के दंगों के दौरान कहा गया कि 'हिन्दुओं और मुसलमानों, दोनों के लिए एक समान, आसन्न ख़तरे की बेबुनियाद अफ़वाहें' प्रचलन में थीं।[48] लेकिन अधिकांश दर्जशुदा अफ़वाहों का सम्बन्ध आमतौर पर ज़हर देकर, चीरफाड़ करके या किसी और उपाय से शरीर पर किए जानेवाले प्रहार से था। अफ़वाहों के मुख्य विषय कुछ ऐसे थे–

1. ज़हर देना : डॉक्टरों, हस्पताली कर्मचारियों व अन्य सरकारी माध्यमों द्वारा जान-बूझकर हिन्दुस्तानियों को जहर देने से जुड़ी अफ़वाहें सबसे आम थीं। इस तरह की आरम्भिक ख़बरों में बम्बई नगर के बारे में एक ख़बर थी जो 1 नवम्बर, 1898 को मराठा में छपी। *केसरी* ने भी 16 फरवरी, 1897 को हस्पतालों के मरीज़ों को 'व्यवस्थित ढंग से ज़हर दिए जाने' की अफ़वाहों के हवाले दिए। 21 फ़रवरी, 1897 को *पूना वैभार* ने इसका एक वृहत्तर और विस्तृत विवरण प्रकाशित किया। रिपोर्ट के अनुसार–

> कुछ गाँवों में लोग यह मानने लगे हैं कि सरकार अपनी प्रजा को वश से बाहर समझकर उसकी तादाद कम करने के उपाय ढूँढ़ रही है। उन्हें कहते सुना गया है कि वह अफ़ीम में ज़हर मिलाती है। वे अकाल-शिविरों में दी जानेवाली रोटियाँ भी यह सोचकर लेने से हिचकते हैं कि रोटियों में ज़हर मिलाया गया है। वे मानते हैं कि हस्पताल अब ऐसे नए डॉक्टरों की देखरेख में हैं, जो दवाओं में ज़हर मिलाते हैं।

कई अन्य बयानों के अनुसार, गाँव के कुओं तथा नगरपालिका द्वारा आपूरित पानी में ज़हर मिलाया जाता था। उत्तरी भारत में 1900 में ऐसी अफ़वाहें बहुत सामान्य थीं। अपने 26 अप्रैल, 1900 के अंक में कालाकाँकर के *हिन्दुस्तान* ने इस अफ़वाह का हवाला दिया कि 'ताऊन के मरीज़ों को डॉक्टरों ने ज़हर दिया है, लोगों को मारने के

लिए सरकार ने पानी की सप्लाई में ज़हर डाला है, और कानपुर में ज़मीन खोदकर छः बोरी साँप व अन्य कीड़े-मकोड़े निकालकर पानी के पाइपों में डाले गए हैं, ताकि पीनेवालों को ताऊन लग जाए।' इससे पहले, महामारी के शुरुआती महीनों में, बम्बई में यह अफ़वाह फैली थी कि पानी की आपूर्ति में साँप का ज़हर ताऊन फैलाने के मक़सद से मिलाया गया है।[49]

2. शरीर की चीरफाड़ : 'मोमियाई' निकालना : दूसरी कोटि की अफ़वाहों का सम्बन्ध शरीर की चीरफाड़ से था, ख़ासकर हस्पतालों में। 20 दिसम्बर, 1896 को *मराठा* के एक संवाददाता ने दावा किया कि 'सभी देसी लोगों का ख़्याल है कि उन्हें हस्पताल ले जाकर इसलिए मार डाला जाता है ताकि डॉक्टर उनकी चीरफाड़ कर सकें।' पत्र के सम्पादक भी इस बात से सहमत थे कि कुछ हिन्दुस्तानी हस्पतालों को 'शल्यकर्म करनेवालों की सुविधा के लिए बने क़साईख़ाने' समझते थे। बम्बई में आर्थर रोड हस्पताल पर मिल-मज़दूरों के हमले के बाद, 1 नवम्बर, 1896 को, *क़ैसरेहिन्द* ने लिखा कि मज़दूरों की राय में 'इतनी-इतनी जानें लेनेवाले इस हस्पताल में कोई-न-कोई शैतानी रहस्य' ज़रूर था। उनकी राय में 'यह हस्पताल शैतान का अवतार है और शैतान का हर हाल में शमन ज़रूरी है।' कभी-कभी यह समझा जाता था कि हस्पताल में किसी को भर्ती कराने का मक़सद उसके शरीर से *मोमियाई* नामक जीवन-तैल निकालना है।[50] एंथोवेन के अनुसार 1896 के आखिरी महीनों में बम्बई से हज़ारों मिल-मज़दूरों के भाग खड़े होने का कारण यह भय था कि 'अफ़सर लोग पुरुषों और लड़कों को इसलिए पकड़ रहे हैं कि उन्हें धीमी आँच के ऊपर उल्टा लटका कर उनके माथे से एक दवा निकाली जा सके।'[51] लेली के मुताबिक़ गुजरात के बलसाड़ शहर के लोग ताऊन के शुरुआती दिनों में स्थानीय हस्पताल के सामनेवाली सड़क से नहीं गुज़रते थे क्योंकि यह 'आम विश्वास था, या कम-से-कम कहा तो ज़रूर जाता था, कि हर बिस्तर के नीचे एक तेल की मिल मौजूद थी जो मरीज़ को पीसकर मरहम बना देती थी, ताकि उसे बम्बई के यूरोपीय मरीज़ों पर लगाया जा सके।'[52] मुरादाबाद के उर्दू अख़बार *जामियुल-उलूम* ने 14 अप्रैल, 1890 को ऐसी ही एक कहानी छापी : कानपुर के 'जाहिल लोगों' के मुताबिक़ दक्षिण अफ्रीका के बोअर युद्ध में घायल फौजियों के लिए मोमियाई तैयार करने के वास्ते 'ख़ून की थोड़ी सी मात्रा' माँगी जा रही थी। 14 मार्च, 1897 को *गुजरात मित्र* ने लिखा कि सूरत ज़िले के उड़वाड़ कस्बे के 'अनपढ़ दुबाले' (दुबले, एक आदिवासी समुदाय) इस विश्वास से ग्रस्त थे कि ताऊन के स्थानीय पृथक्कृत वॉर्ड में मरीजों का जिगर निकालकर ताऊन से हिफ़ाज़त के लिए बम्बई भेजा जा रहा था। बिलीमोरा के पास एक मल्लाह ने मैकोनोशी को बताया कि पास के रेलवे स्टेशन पर निरीक्षण शिविर में एक 'बड़ी मशीन' लगी थी जो मुसाफिरों के जिस्म से तेल निकालती थी : इस तेल को बम्बई भेजा जाता था जहाँ उसे 'दूसरों के जिस्म में डाला जाता था, और फिर वे भी ताऊन के शिकार हो जाते थे।'[53]

3. धर-पकड़ और तलाशी : इस प्रकार की अफ़वाहों में पिछली दो कोटि की

अफ़वाहों के कुछ तत्त्व भी थे। इनका सम्बन्ध डॉक्टरों, पुलिस, फ़ौजियों और सफ़ाई विभाग के अधिकारियों को दी गई शक्तियों से था। राज्य द्वारा ऐसे लोगों को वास्तव में जो अधिकार दिए गए थे, ये अफ़वाहें शायद ही उनकी अतिशयोक्ति करती हों। 1 नवम्बर को *इंडियन स्पेक्टेटर* ने ख़बर छापी कि बम्बई में अफ़वाह थी कि पुलिस जिसे चाहे, हस्पताल भिजवा सकती है जहाँ से उसका ज़िन्दा लौटना असम्भव है। एक आम और अंशतः सच अफ़वाह यह थी कि पूरी तरह स्वस्थ स्त्री-पुरुषों को भी पकड़कर हस्पतालों और पृथक्कीकृत कैम्पों में भेजा जा रहा था। कभी-कभी यह भी कहा जाता था कि ताऊन तो कहीं था ही नहीं; यह तो कम तनख़्वाह पानेवाले सरकारी नौकरों की ईजाद था कि जनता को मनमाना लूट सकें, या यह कि डॉक्टर अपना धन्धा चलाने के लिए (कुओं में ज़हर डालकर और दूसरे तरीक़ों से) जान-बूझकर ताऊन फैला रहे थे। मई 1898 में कलकत्ता में हुए उत्पात के साथ यह अफ़वाह फैली कि पुलिसवाले हाथ में ज़हर की शीशियाँ लिए घूमते थे और उन्हें लोगों की नाक से तब तक लगाकर रखते थे जब तब बचने की ग़रज़ से वे रिश्वत न दे दें।[54]

4. टीके : 1897-98 में ताऊन की रोकथाम के लिए हैफ़किन का टीका इस्तेमाल किया जाने लगा तो उसकी प्रकृति, उद्देश्य और प्रभावों के बारे में अनेक अफ़वाहें फैलीं। सरकार द्वारा खंडन के बावजूद अफ़वाहें फैलती रहीं कि ये टीके लगवाना अनिवार्य कर दिया जाएगा (या किया जा चुका है)। टीका लगानेवाले होने के सन्देह में यूरोपीय और भारतीय लोगों पर हुए हमलों का यही कारण था, ख़ासकर कलकत्ता में मई, 1898 में जब पीछा करनेवालों से बचने के चक्कर में एक ऑस्ट्रियाई नाविक डूबकर मर गया।[55] कहा जाता था कि इन टीकों से या तो 'फ़ौरन मौत' हो जाती थी या फिर नामर्दगी और बाँझपन पैदा होता था।[56] सन् 1901-02 में पंजाब में टीकों के बारे में जो अफ़वाहें उड़ रही थीं, उनकी बानगी यहाँ प्रस्तुत है–

> इसकी सूई गज भर लम्बी होती है, ऑपरेशन के फ़ौरन बाद तुम मर जाओगे; ऑपरेशन के बाद छः महीने तक ज़िन्दा रहोगे और फिर राम-नाम सत हो जाओगे; मर्दों की मर्दानगी चली जाती है और औरतें बाँझ हो जाती हैं; ख़ुद डिप्टी कमिश्नर का ऑपरेशन हुआ और बड़ी तकलीफ़ के बाद आधे घंटे में टें बोल गया; और ऐसी ही और बेहूदा बातें।[57]

जब यूरोपीय या प्रमुख भारतीय व्यक्तियों को टीका लगाया जाता था और उसका कोई उल्टा असर नहीं होता था तो कहा जाता था कि उन्हें तो सिर्फ़ गुलाब-जल लगाया गया है : असली ज़हर तो मामूली हिन्दुस्तानियों के लिए रख छोड़ा गया है।[58]

5. ब्रिटिश राज का पतन या दुर्बल होना : इस तरह की एक अफ़वाह ने तो गुजरात के खेड़ा ज़िले के चकलाशी गाँव में दंगा तक करा दिया। *मराठा* के 23 जनवरी, 1898 के अंक के अनुसार एक स्थानीय 'पागल' ने लोगों से कहा कि ब्रिटिश राज ख़त्म हो चुका है। लेली ने कहानी को जिस तरह दर्ज किया है, उसके अनुसार यह विश्वास किया जा रहा था कि 'देश में माही के दक्षिण के इलाक़ों में ब्रिटिश साम्राज्य समाप्त

हो गया है, और यह कि ताऊन के नाम पर नदी की जो नाकेबन्दी की गई थी वह वास्तव में उत्तर तक इस ख़बर को फैलने से रोकने के लिए थी।' इस विवरण के अनुसार 'एक नए राज्य की घोषणा हो चुकी थी और एक राजा चुनने की तैयारियाँ की जा रही थीं।' फिर पुलिस ने हस्तक्षेप किया और ख़ून-ख़राबा हुआ।[59] उत्तरी भारत में 1900 में ताऊन सम्बन्धी एक और ऐसी ही अफ़वाह गर्म थी जो ब्रिटिश सत्ता के कमज़ोर पड़ने को लेकर थी। अफ़वाह यह थी कि अंग्रेज़ जान-बूझकर ताऊन फैलने की ख़बर फैला रहे थे ताकि रूसियों को भारत पर चढ़ाई करने से हतोत्साहित किया जा सके। उस समय अफ़गानिस्तान और कश्मीर में रूसियों की सफलता के बारे में फैली दूसरी अफ़वाहों से भी इस अफ़वाह का सम्बन्ध हो सकता है।[60] 1898 में कलकत्ता में कहा जा रहा था कि ब्रिटिश भारत को बचाने के लिए (किससे—यह स्पष्ट नहीं है) वायसराय हिमालय के गह्वरों में जाकर एक योगी से मिला था और 'उससे यह वादा किया था कि काली देवी के आगे दो लाख लोगों की बलि दी जाएगी।' अंग्रेज़ों पर यह शुबहा किया जा रहा था कि वे सफ़ेद ज़हरीले पाउडर और काली टिकिया बाँटकर तथा ज़हरीले टीके लगाकर इस वादे को पूरा करने की कोशिश कर रहे थे।[61]

6. सर्वनाश : इस अन्तिम श्रेणी की अफ़वाहों या कुछ मामलों में गढ़न्त भविष्यवाणियों (जो इस प्रकार सच्ची अफ़वाह से भी परे जाती थीं) का सम्बन्ध तरह-तरह की आसन्न विपत्तियों या विनाश से था, भारत में हो रहे ताऊन और अकाल जिनके संकेत-मात्र थे। जनवरी 1898 में बड़े विश्वास के साथ दिल्ली में एक भूचाल आने की भविष्यवाणी की गई, जिसने ताऊन-विरोधी निर्मम उपायों को लागू करने की सम्भावना से जुड़कर दोहरी खलबली मचा दी।[62] विक्रमी संवत 1956 के कार्तिक मास (नवम्बर, 1899) के बारे में यह व्यापक धारणा थी कि इस समय भारत और दुनिया में विपदाओं और विनाश का आरम्भ होगा।[63]

ताऊन-सम्बन्धी इन अफ़वाहों का क्या महत्त्व हो सकता है ? सबसे पहली बात, ये इस बात के प्रमाण हैं कि भारतीय जनता कितने बड़े पैमाने पर महामारी की चर्चा कर रही थी तथा राज्य के ताऊन-विरोधी कदमों के प्रति कितने बड़े पैमाने पर डर और अन्देशा फैला हुआ था। 8 अप्रैल, 1899 का *हिन्दुस्तान* ने लिखा : 'बच्चों तक की ज़बान पर ताऊन शब्द विद्यमान है।' कानपुर के दंगे के ऐन पहले, अप्रैल, 1900 के पहले हफ़्ते में, 'ताऊन प्रशासन और ख़ासकर मरीज़ों को अलगाने की प्रक्रिया नगर के खुशहाल तबकों में बातचीत का आम विषय' बन चुकी थी और उनसे 'यह चिन्ता धीरे-धीरे फैलकर आम जनता में व्याप्त हो गई।'[64] कलकत्ता में ताऊन के फैलने की सम्भावना पर विचार करने के लिए बंगाल के लेफ़्टिनेंट-गवर्नर सर जॉन वुडबर्न ने इडेन हस्पताल में जब डॉक्टरों के साथ एक बैठक की तो अफ़वाहें तेजी से फैलने लगीं। उसी दिन, अर्थात 28 अप्रैल, 1898 को, दोपहर के समय तक—

> नगर में गहन उत्तेजना थी। व्यापारी घरानों और बाज़ारों में, सड़कों पर और बस्तियों में, इस सवाल पर चर्चाएँ की जा रही थीं कि क्या बम्बई

> का भयानक ताऊन आख़िरकार वहाँ भी आन पहुँचा है, क्या उनके घरों में जबरन घुसपैठ होगी और उनकी बीवी-बेटियों को ब्रिटिश सैनिक ले जाएँगे, क्या प्लेग-निरोध वाकई किया जाएगा और क्या उन सबको भी जबरन टीके लगाए जाएँगे ?[65]

ऐसे हालात में जबकि सरकार लोगों के सामने अपने इरादे स्पष्ट करने और उनका भरोसा जीतने के प्रति आमतौर पर कोई ख़ास रुचि नहीं लेती थी, अफ़वाहों में एक प्रकार का भविष्यदर्शी तेवर आ जाता था। यह इसका अनुमान लगाने का प्रयास था कि सरकार चाहती क्या थी, और फिर लोग तदनुसार जो उचित लगता, वही करते थे, जैसे, भाग जाना, विरोध करना, छिपना आदि। 1896 के अन्तिम दिनों में बम्बई में और इसी तरह अप्रैल-मई 1898 में कलकत्ता में हज़ारों लोग भाग खड़े हुए–सिर्फ़ ताऊन से ही नहीं बल्कि उन सम्भावित उपायों से भी बचने के लिए, जिनके बारे में विश्वास था कि सरकार उन पर आज़माएगी। अफ़वाह कर्म की प्रेरणा थी।

अब इन अफ़वाहों की अन्तर्वस्तु पर आएँ तो हम दो बुनियादी सरोकार देख सकते हैं। पहली बात, पाश्चात्य चिकित्सा की प्रकृति और विधियों के बारे में गहरी आशंका पाई जाती थी। यह कोई नई बात न थी। 19वीं सदी के काफ़ी बड़े हिस्से में हस्पतालों और शल्य-क्रिया, शव-परीक्षा तथा टीका आदि विधियों के व्यापक भय और विरोध को जन्म दिया था। सूई-सम्बन्धी कुछ अफ़वाहों तथा ताऊन के आरम्भिक वर्षों में टीके-सम्बन्धी अफ़वाहों में सीधी समान्तरता थी। लेकिन 1896-1900 के दौरान अभूतपूर्व पैमाने पर किए गए हस्तक्षेप ने तथा लगभग हर भारतीय के जीवन और शरीर के लिए ख़तरा समझे जानेवाले कदमों की जब्री और व्यापक प्रकृति ने इन शंकाओं और इस डर को नए सिरे से तीखा बनाया। कुछ अफ़वाहें तो एक अनजान चिकित्सा तकनॉलॉजी का दिग्भ्रमित विवरण-भर थीं–जैसे गज़ भर लम्बी सुइयाँ, ज़हर देने और चीरफाड़ करनेवाले हस्पताल। शायद पीने के पानी में साँपों की मौजूदगी जैसी अफ़वाहें भी पानी के सहारे फैलनेवाले परजीवी कीटाणुओं और रोगों के बारे में जानकारी देने के किसी चिकित्साधिकारी के सदिच्छापूर्ण प्रयास से पैदा हुई होंगी। लेकिन जब पाश्चात्य चिकित्सा से परिचय बढ़ा (और यह ताऊन-विरोधी वृहत चिकित्सकीय हस्तक्षेप के कारण भी सम्भव हुआ), और जब ताऊन नीति में बल प्रयोग में (अधिकतर जनता के प्रतिरोध के कारण) ढील दी गई तो टीकों और हस्पतालों का पहलेवाला आतंक काफ़ी हद तक जाता रहा। जब डर कम हुआ तो उससे पैदा अफ़वाहें भी ख़त्म होने लगीं।

लेकिन सिर्फ़ पश्चिमी चिकित्सा तकनॉलॉजी की प्रकृति और नवीनता के ही चलते अफ़वाहों को पंख नहीं लगे। ताऊन और उसके ख़िलाफ़ सरकार द्वारा किए गए उपायों में एक गहरा मतलब और मक़सद भी लोगों को नज़र आया, और उनकी राय में इनसे ब्रिटिश राज के अन्तर्निहित चरित्र और उसके अभिप्रायों का पता चलता था। 'अर्थ खोजने के इस प्रयास' के दौरान अफ़वाहों ने तत्कालीन संकट के कुछ पहलुओं–जैसे ताऊन, हस्पतालों में भर्ती, पृथक्करण, टीकों–तथा चिन्ताजनक और महत्त्वपूर्ण ख़बरों

और हालिया घटनाओं–जैसे अकाल, जनसंख्या वृद्धि की बातें और ब्रिटिश राज के प्रति बढ़ते विरोध, रूसी गतिविधियों, यहाँ तक कि दक्षिण अफ्रीका के युद्ध–को आपस में फेंटकर एक तरह के कोलाज का रूप दे दिया। बाहरी लोगों को लगता था कि ये सभी खंड आपस में पूरी तरह असम्बद्ध हैं और उन्हें बिल्कुल मनमाने और बक़वास ढंग से एक जगह जमा कर दिया गया है। परन्तु लोक-विमर्श के स्तर पर विचारों का यह संयोजन व्याख्या का एक अंशतः सुसंगत प्रतिमान प्रस्तुत करता था। अन्यथा अव्याख्येय की व्याख्या का यह एक प्रयास था : विशेषकर इस तरह की बात कि अगर इस बीमारी को फैलाने में यूरोपीय लोगों की भूमिका नहीं है तो वे क्यों इससे अप्रभावित लगते हैं ? लगभग तमाम अफ़वाहों में ब्रिटिश स्वार्थ और द्वेष की, ब्रिटिश सत्ता को सुरक्षित रखने के लिए हिन्दुस्तानियों को बलि का बकरा बना देने की तत्परता की मान्यता निहित थी। जैसा कि एक अख़बार ने लिखा था,[66] ये अफ़वाहें ब्रिटिश राज के माई-बाप होने के विश्वास की पुष्टि नहीं करती थीं, जबकि राजसत्ता के प्रति जनता के दृष्टिकोणों पर परम्परागत रूप से यही धारणा आरोपित की जाती रही है, और खुद अंग्रेज़ों ने अपने राज्य के औचित्य हेतु यही दावा किया था। यहाँ तक कि लोक-विश्वास के अनुसार खुद वायसराय ब्रिटिश राज की सुरक्षा के लिए कलकत्ता के दो लाख लोगों को मारने पर आमादा था। यहाँ कोई दयानिधान ज़ार नहीं था, कोई कृपाकारिणी गोरी रानी नहीं थी कि उत्पीड़ित जनता अपने हुक्मरानों के अत्याचारों के ख़िलाफ उसके आगे गुहार लगा सके। यूरोपीय सत्ता उसे एक ऐसी चट्टान-सी लगती जिसकी दुर्भावना अविभाजित थी। ब्रिटिश राज की याद एक ऐसी समझ थी जिसे पुष्ट करने में आरम्भिक ताऊन-विरोधी उपायों की बलात्-प्रकृति और आमतौर पर निम्नवर्गीय हिन्दुस्तानियों के साथ फ़ौजियों, डॉक्टरों और अफ़सरों के दुर्व्यवहार का काफ़ी कुछ योगदान रहा होगा। अंग्रेज़ कुँओं में जहर डालते हैं, जानलेवा सूई लगाते हैं या मोमियाई चुआते हैं–ये बातें कोई हवाई फन्तासी नहीं, पूरी विश्वसनीय लगती थीं। अपनी भारतीय प्रजा की भावनाओं, ज़िन्दगानियों और शरीरों के प्रति अंग्रेज़ों का अपमान-भाव इसी क़दर गहरा था।

लोक-विमर्श के एक रूप के तौर पर अफ़वाहों की पहचान करने में हम एक क़दम और आगे जाने की जुर्रत कर सकते हैं। कुछ अफ़वाहों में अंग्रेज़ों ही नहीं, उनके एजेंट और सहयोगी समझे जानेवाले हिन्दुस्तानियों के प्रति भी शंका व्यक्त होती थी। ताऊन-विरोधी कार्यवाइयों में अंग्रेज़ों की मदद करनेवाले या खुद टीका लगवानेवाले भारतीय राजाओं और प्रमुख हस्तियों को, जनता को ज़हर देने, अशुद्ध करने या लूटने की साजिश में शरीक समझा जाता था। 1898 में कलकत्ता में 'टोपी-वाले' भारतीय जन-हिंसा के शिकार हुए, और टीका लगानेवाले या ताऊन के डॉक्टर समझे जाने के कारण उन पर हमले किए गए।[67] अपने खुद के लम्बे अनुभव के आधार पर भी, निम्नवर्गों को ताऊन क़ानून लागू करने के ज़िम्मेदार भारतीय पुलिसकर्मियों से बदसलूकी की ही अपेक्षा थी। 'अत्याचारी पुलिस के प्रति अपनी घोर शत्रुता' के चलते

किमाश्चर्यम कि मज़दूरों–दृष्टान्त, बम्बई के मिल-मज़दूर, 1896–को यह विश्वास था कि पुलिस को जनता को लूटने और कत्ल करने की छूट देने के लिए ही ताऊन-प्रशासन की स्थापना की गई थी। जहाँ ताऊन सम्बन्धी अफ़वाहों से मुख्य रूप से अंग्रेज़ों की निर्दयता और स्वार्थपरता की छवि सामने आती थी, वहीं इनमें यह भाव भी निहित था कि ऐसे हिन्दुस्तानी भी हैं जो अपने शासकों के क्षुद्र या निर्मम अभिप्रायों में शरीक हैं।[68]

4

ताऊन भारतीय मध्यवर्ग के चढ़ते राजनीतिक तेवर पर एक और औपनिवेशिक प्रहार का बहाना बनकर आया। यह बात बम्बई, कलकत्ता और पुणे की नगरपालिकाओं के संबंध में सर्वाधिक स्पष्ट है। ताऊन 1896 के अन्त में पुणे पहुँचा। इस समय प्रान्तीय प्रशासन का नेतृत्व कर रहा लॉर्ड सैंडहर्स्ट पूना सार्वजनिक सभा और शहर के उन ब्राह्मणों को नीचा दिखाने पर आमादा था जो ब्रिटिश नीतियों की निरन्तर आलोचना करते थे। तिलक के जुझारूपन को दुरुस्त करने के लिए ताऊन का इस्तेमाल एक सुविधाजनक बहाने के रूप में किया गया : ताऊन-सम्बन्धी प्रतिबन्ध लगाकर 1897 में उनके शिवाजी एवं गणपति-उत्सव बन्द कर दिए गए, और नगर के अलोकप्रिय प्लेग कमिश्नर डब्ल्यू.सी. रैंड की हत्या को प्रेरित करने या उसकी साज़िश रचने के आरोप में उन्हें गिरफ़्तार कर लिया गया।[69] सरकार ने प्रति-आक्रमण पुणे नगर परिषद पर भी किया, जिसे अंग्रेज़ ब्राह्मण-वर्चस्वाधीन, राजनीतिक तौर पर संदिग्ध और प्रशासन में अक्षम मानते थे। पुणे नगर परिषद के इस मुआमले की जड़ें 1885 तक जाती थीं। उस समय के गवर्नर लॉर्ड रीये ने नगर परिषद की प्रस्तावित प्रकृति को उदार बनाकर पूना सार्वजनिक सभा की माँगें मानने का फ़ैसला किया था। उसकी सदस्य-संख्या 20 से बढ़ाकर 30 कर दी गई थी जिसमें सिर्फ़ 10 ही सरकार द्वारा नामज़द होने थे, और परिषद अपना अध्यक्ष खुद चुन सकती थी। यह कहा गया कि स्थानीय स्वशासन के बारे में लॉर्ड रिपन के सुधारों के अनुरूप तथा पुणे में 'शिक्षित देसी भद्रजनों का एक बड़ा और बुद्धिमान वर्ग' मौजूद होने के कारण यह 'प्रयोग' उचित ही था।[70] लेकिन 1898 तक यूरोपीय नौकरशाही यह तय कर चुकी थी कि एक दशक पहले का प्रयोग 'स्पष्टतः असफल' था और इस प्रयोग को अंशतः उलटने के लिए अवसर के तौर पर उसने ताऊन से पैदा होनेवाले संकट का स्वागत किया।[71] पुणे नगर परिषद पर हुआ यह हमला उन 'देसी भद्रजनों' की योग्यताओं और महत्त्वाकांक्षाओं पर होनेवाले एक व्यापक हमले का लक्षण-मात्र था–जिन्हें अंग्रेज़ अधिकाधिक भारत में अपनी सत्ता के लिए सबसे बड़े ख़तरे के रूप में देख रहे थे।

अपनी मौत से कुछ ही समय पहले, जून 1897 में, नगर में ताऊन-विरोधी कार्रवाइयों पर तैयार की गई रिपोर्ट में रैंड ने अपनी हद से आगे बढ़कर भारतीय नगर पार्षदों की निन्दा की। उसकी राय में इन पार्षदों ने पुणे में महामारी फूटने के बाद उसे

रोकने के लिए शायद ही कुछ किया था; जनता के विरोध के आगे पृथक्करण और हस्पताल में भर्ती के कार्यक्रम को लागू करने में संकल्पहीनता का परिचय दिया था और एक ऐसे ब्राह्मण युवक को नगर का स्वास्थ्य-अधिकारी नियुक्त किया था जो 'इस पद के लिए बिल्कुल नाकारा' था।[72] महामारी क़ानून के तहत असामान्य शक्तियों से लैस होने के बाद रैंड ने नगर परिषद को लगभग पूरी तरह अनदेखा किया और नगर में ताऊन विरोधी कार्रवाइयों के लिए तीन सदस्यों की एक स्वतन्त्र समिति बना ली। ताऊन-विरोधी कार्रवाइयों के लिए उसके द्वारा फ़ौजियों का इस्तेमाल करना पुणे के हिन्दुस्तानी अभिजनों की दृष्टि में जानबूझकर किया गया अपमान था। रैंड के अपने शब्दों में, ये फ़ौजी 'अनुशासित' एवं 'ईमानदार' थे और उन पर 'काम को पूरा अंजाम देने का भरोसा' किया जा सकता था : 'कोई देसी संगठन है ही नहीं और अगर है भी तो उस पर भरोसा नहीं किया जा सकता है', उसने ज़ोर देकर कहा। उसकी नज़र में 'देसी भद्रजनों' का सिर्फ़ एक उपयोग था–फ़ौज की तलाशी सम्बन्धी कार्यवाइयों में 'दोभाषिये' का काम करना और आतंकित निवासियों को इन तलाशियों का मक़सद समझाना।[73] प्लेग कमिश्नर समझता था कि ऐसे हीन और अलोकप्रिय कार्य को करने के लिए शायद ही कोई मध्यवर्गीय भारतीय आगे आएगा, और इस बात को वह 'देसी संगठनों की अनुपयुक्तता का एक और सबूत मानता था। इसका मतलब था कि 'और कुछ समय तक' नगर में सफ़ाई का काम यूरोपीय नियन्त्रण में रहना चाहिए ताकि जिन सुपरिणामों को रैंड अपने मार्गदर्शन की उपलब्धियाँ समझता था वे हिन्दुस्तानियों के निकम्मेपन के कारण नष्ट न हो जाएँ। यह बात बड़ी आसानी से भुला दी गई कि ताऊन के ख़िलाफ नगर पार्षदों ने पहले जो पहलकदमियाँ की थीं उन्हें प्रान्तीय सरकार ने अस्वीकार या नज़रअन्दाज कर दिया था।[74] रैंड के तर्कों को दूसरे असैनिक और सफ़ाई अधिकारियों की हिमायत हासिल थी, और ये तर्क 1898 में नगर परिषद में संशोधन के आधार बन गए जिसके तहत सरकारी और यूरोपीय नियन्त्रण को और सुदृढ़ करने के लिए नामज़द सदस्यों की संख्या बढ़ाकर 10 से 18 कर दी गई।[75] इस प्रकार (कलकत्ता की तरह) पुणे में अंग्रेज़ों ने ताऊन से उपजे संकट को हिन्दुस्तानियों के प्रबन्ध में निकम्मेपन का सबूत बतलाया और फिर ब्रिटेन की प्रशासनिक ज़िम्मेदारी को अनिश्चितकाल तक ज़ारी रखने के तर्क का आधार भी।[76]

लेकिन जहाँ नस्ली घृणा-भाव और राजनीतिक बदले से, ख़ासतौर पर पुणे में, ताऊन सम्बन्धी आरम्भिक उपायों की कठोरता की व्याख्या होती है, वहीं विरोधाभास यह है कि राजनीतिक तत्त्व ने ब्रिटिश नीति के लिए एक प्रमुख बाध्यता का काम भी किया और राज्य की ताऊन विरोधी रणनीति में एक प्रमुख संशोधन की वजह भी बना। 1897 के अन्त और 1898 के आरम्भ में औपनिवेशिक प्रशासन एक दोहरे संकट से दो-चार था। गहन कार्रवाइयों के बावजूद महामारी फैल रही थी और अब बंगाल, पश्चिमोत्तर प्रान्त, पंजाब और हैदराबाद तक धावा बोल चुकी थी। ऊपर से ताऊन-विरोधी कार्रवाइयों की अलोकप्रियता और उनके प्रतिरोध के लिए जनता के निश्चय के

अधिकाधिक प्रमाण सामने आ रहे थे। अक्टूबर 1896 में बम्बई नगर के दंगे के बाद मार्च, 1898 में एक और दंगा हुआ; साथ में छोटी-बड़ी अनेक घटनाएँ भी सामने आईं। प्रान्त में अन्यत्र अनेक उत्पात हुए; जनवरी 1898 में नासिक ज़िले के सिन्नार क़स्बे का उत्पात भी इनमें शामिल था। और आगे जाएँ तो मार्च, 1898 में जबलपुर में घरों की तलाशी, पृथक्करण और हस्पतालों में भर्ती के ख़िलाफ दंगे हुए; ऐसे ही दंगे पंजाब में अप्रैल में गढ़शंकर में, मई में कलकत्ता तथा नवम्बर में मैसूर के पास श्रीरंगपट्टनम में, हुए। अगले दो वर्षों में अनेक प्रान्तों में और भी दंगे हुए और—ग्रामीण बिहार की तरह की घटनाएँ भी—जहाँ कोई दंगा नहीं हुआ वहाँ भी 'सविनय अवज्ञा' के कारण ताऊन-सबन्धी उपायों को लागू करना बेहद मुश्किल हो गया।[77] प्रमुख नागरिकों, नगर पार्षदों, तथा जातियों व धर्मों के अगुवों के प्रतिनिधिमंडलों ने सरकार से भारतीय भावनाओं और प्रथाओं के प्रति और अधिक संवेदनशीलता दिखाने का आग्रह किया, और चेतावनी दी कि अगर उनकी प्रार्थना स्वीकार नहीं की गई तो और अधिक विरोध एवं ख़ून-ख़राबा सम्भव है।[78] फरवरी, 1898 में दिल्ली में गुमनाम पर्चे और पोस्टर नमूदार हुए जिनमें 1857 की घटनाओं के साथ भयानक तुलनाएँ पेश की गईं थीं।[79] प्रशासकगण अब यह तर्क देने लगे कि अगर ताऊन-विरोधी कार्रवाइयों का बम्बई और बंगाल में इतना कड़ा विरोध हो सकता था तो तब क्या होगा जब इन्हें उत्तर भारत के मुसलमानों और 'लड़ाकू जातियों' पर लागू किया जाएगा ?[80]

वायसराय लार्ड एल्गिन को 29 अप्रैल, 1898 को लिखे गए पत्र में पश्चिमोत्तर प्रान्त के लेफ्टिनेंट गवर्नर सर ए.पी. मैकडॉनेल ने ऐसी तमाम आशंकाओं और चिन्ताओं को संक्षेप में रखा। उसका कहना था कि 'सफलता' सिर्फ़ 'जनता के माध्यम से काम करके' ही प्राप्त की जा सकती है। सफलता से उसकी मुराद 'सिर्फ़ रोग की रोकथाम ही नहीं बल्कि असन्तोष की भावना की रोकथाम' से भी थी। उसने कहा कि समझौता ज़रूरी है। प्रान्त के मुसलमान अपने 'घरों की बार-बार तलाशी, या अपने मरीज़ों को जबरन हस्पताल ले जाने' को बर्दाश्त नहीं करेंगे। उसने माना कि अगर इन उपायों को आंशिक रूप से रोका गया तो मरीज़ों के पृथक्करण में कमियाँ रहेंगी और इससे रोग और फैल भी सकता है, मगर 'देश में जन-भावनाओं की आज की स्थिति में मैं जन-असन्तोष और उथल-पुथल के ख़तरे को महामारी के ज़ारी रहने से भी अधिक गम्भीर समस्या समझता हूँ।'[81] भारत सरकार का ख़याल भी अधिकाधिक ऐसा ही होता जा रहा था। जैसा कि वायसराय के एक सलाहकार ने कहा, 'स्वच्छता सम्बन्धी विचारों पर राजनीतिक सोच को तरजीह दी जानी चाहिए।'[82] या फिर सरकार के अपने स्वच्छता कमिश्नर डॉक्टर आर. हार्वे के शब्दों को याद करें : 'चिकित्सा हेतु वांछित चीज़ व्यावहारिक तौर पर नामुमकिन और राजनीतिक तौर पर ख़तरनाक हो सकती है।'[83]

मैकडॉनेल के पत्र ने चन्द और बातों की ओर ध्यान खींचा जो बम्बई और पुणे जैसे कठोर और व्यापक ताऊन-विरोधी उपायों को लागू करने के प्रयास के ख़िलाफ़ जाती थीं। ऐसा एक तत्त्व था बेपनाह ख़र्च का, ख़ासकर तब जबकि ताऊन बम्बई के

अपने आरम्भिक ठिकाने से बाहर भी फैल चुका था और शहरों से फैलता हुआ देहातों की ओर बढ़ रहा था। एक और कारक यह था कि पुलिस और चिकित्सा विभाग के निम्नस्थ कर्मचारियों के व्यापक प्रयोग से लोगों को परेशान करने और लूटने के ढेर सारे अवसर पैदा हो रहे थे। मैकडॉनेल के अनुसार, 'यह भ्रष्टाचार जनता के लिए मरीज़ों के पृथक्करण के मुक़ाबले कहीं अधिक उत्पीड़न का कारण था और इसका अधिक विरोध भी हो रहा था।'[84] 'देसी संगठनों' के प्रति सरकार का अविश्वास-भाव छोटे भारतीय कर्मचारियों पर भी लागू होता था, मगर पूरे भारत में पुणे की तरह विकल्प के रूप में ब्रिटिश फ़ौजों का इस्तेमाल स्पष्टतः अव्यावहारिक और अवांछित था।

इसके अतिरिक्त, 1890 तक नागरिक प्रशासन और उसके अनेक प्रमुख चिकित्सा-सलाहकारों को भी इस बात में सन्देह होने लगा था कि ताऊन का कोई आसान या फ़ौरी चिकित्सकीय समाधान भी हो सकता है। अधिक-से-अधिक रोग पर धीरे-धीरे ही क़ाबू पाने की उम्मीद की जा सकती थी और इसके लिए बल प्रयोग की बजाय सहयोग की आवश्यकता थी। मिसाल के लिए, भले ही वॉल्डेयर हैफ़किन ने टीके लगाने को सरकारी ताऊन नीति का आधार बनाने का आग्रह किया था, मगर अपने स्वच्छता कमिश्नर हार्वे की सलाह पर भारत सरकार ने इस विचार को दृढ़तापूर्वक रद्द कर दिया। औपनिवेशिक चिकित्सा-प्रतिष्ठान ने हैफ़किन की सलाह को और सहानुभूतिपूर्वक क्यों नहीं विचारा, इसके अनेक कारण थे—जैसे कि वह रूसी था, जीवाणु वैज्ञानिक था और था यहूदी। मगर प्रमुख आपत्ति यह थी कि अनिवार्य टीकाकरण के भय के कारण पहले ही मई, 1898 में, कलकत्ता में, दंगे हो चुके थे, और इसे दूसरे चिकित्सकीय और स्वच्छता-सम्बन्धी उपायों के साथ धीरे-धीरे और स्वैच्छिक आधार पर ही लागू किया जा सकता था। हार्वे ने ज़ोर देकर कहा था, 'सवाल केवल सिद्धान्त का नहीं, व्यवहारिक प्रशासनिक अनुभवों का था।'[85]

जन-प्रतिरोध और अपनी राजनीतिक प्राथमिकताओं और प्रशासनिक सीमाओं के पुनर्मूल्यांकन के बाद भारत सरकार ने 1898-99 में अपनी ताऊन नीति में अनेक समझौते किए और रियायतें दीं। सबसे अहम स्वीकृति यह थी कि बल-प्रयोग हानिकारक हो सकता है; इसका या तो सीधा विरोध होगा या लोग लुकाछिपी से काम लेंगे, जिसके चलते सफ़ाई और चिकित्सा-सम्बन्धी उपाय नाकारा होकर रह जाएँगे। तदनुसार ताऊन प्रशासन के अपेक्षाकृत अधिक बलाधारित और अलोकप्रिय पक्षों, जैसे घरों और शरीर की तहक़ीकात, अनिवार्य पृथक्करण और हस्पताल में भर्ती, शव-परीक्षा और सेना के प्रयोग आदि को या तो त्यज दिया गया या उनमें भारी बदलाव किया गया। बल प्रयोग से इस प्रकार दूर जाने का एक नतीजा था ऐसे उपायों पर अधिक भरोसा करना जिनको जनता स्वेच्छा से अपनाने को तैयार थी, और ऐसे अभिकरणों (अभी तक तिरस्कृत वैद्यों और हकीमों) पर भरोसा करना, जिन पर जनता को भरोसा था। गाँवों को अस्थायी रूप से ख़ाली करना एक ऐसा ही उपाय था जिसमें कुछ सफलता मिली; एक उपाय घरों की इस तरह सफ़ाई कराना था कि वह पाश्चात्य चिकित्सकीय विश्वासों की बजाय

परम्परागत भारतीय विचार के अनुकूल हो।[86] टीकाकरण की अनिवार्यता से ज़ोरदार इनकार करते हुए भी डॉक्टरों और प्रशासकों ने जनता को स्वेच्छा से टीके लगवाने के लिए तैयार करने की हर कोशिश की। ख़ासकर पंजाब में 20वीं सदी के पहले दशक तक हर साल हज़ारों लोग टीके लगवा रहे थे।[87]

एक और अहम परिवर्तन यह था कि ऐसे 'गणमान्य लोगों' पर अधिक भरोसा किया जाने लगा जो अपने प्रभाव के सहारे लोगों को ताऊन-विरोधी उपयुक्त उपायों को स्वीकार करने के लिए तैयार कर सकें। ताऊन के माध्यम से अंग्रेज़ों ने भारत में 'अप्रत्यक्ष' शासन के राजनीतिक और प्रशासनिक महत्त्व को तथा तरतमता के सिद्धान्त की उपयोगिता को नए सिरे से जाना। बम्बई नगर में गैटकर के अधीन, इस तर्ज़ पर पहले ही कुछ रियायतें दी गई थीं; मार्च 1898 का दंगा इसका एक और प्रेरक तत्त्व था। अब तलाशी दस्ते भेजने की बजाय सरकार ऐसे लोगों की सहायता लेने लगी जो 'नगर के अपने मुहल्ले के निवासियों पर निजी प्रभाव रखते' थे ताकि वे ताऊन के मामलों की ख़बरें दें और जनता को रोकथाम व इलाज के स्वीकृत उपाय स्वीकार करने के लिए प्रोत्साहित करें।[88] 1898 के आरम्भिक महीनों में भारत के दीगर भागों में भी यही विचार लागू किया जाने लगा। मसलन, दिल्ली में फरवरी 1898 में ताऊन के तहलके के दौरान जनता को भरोसा दिलाने तथा उत्तेजना और घबड़ाहट को शान्त करने के लिए प्रशासन ने हकीम अब्दुल माजिद ख़ान ('सम्भवतः नगर के सबसे प्रतिभाशाली व्यक्ति') की सेवाएँ लीं।[89] यह तकनीक भी पूर्णतः दोषमुक्त नहीं थी : कुछ 'नेताओं' ने अगुवाई से इनकार कर दिया या उनका वैसा प्रभाव नहीं हुआ जैसा कि अंग्रेज़ समझते थे। जवालपुर और कानपुर में तथा बम्बई नगर के कुछ समुदायों में प्रशासन को ऐसा कोई व्यक्ति नहीं मिल सका जिसका नियन्त्रणकारी प्रभाव हो।[90] लेकिन पंजाब *प्लेग मैनुअल* (1909) ने बड़े सुविधाजनक ढंग से 1898 के बाद विकसित ताऊन नीति को दो आदेशों के रूप में सूत्रबद्ध किया। पहला 'बुनियादी सिद्धान्त' यह था कि 'जनता पर...किसी भी रूप में या ढंग से...कोई भी दबाव या जब्र...नहीं किया जाना चाहिए।' दूसरे सिद्धान्त के अनुसार 'जनता का सहयोग और उसके नेताओं की सक्रिय सहायता...राजनीतिक रूप से वांछित ही नहीं है बल्कि पूरी तरह आवश्यक है।'[91] ज़ाहिर है कि सरकार रैंड के सैन्य-प्रयोग और 'देसी संगठनों' के प्रति तिरस्कार-भाव की नीति से काफ़ी पीछे हट चुकी थी। इसके अलावा यह भी लगता था कि नीति का यह परिवर्तन परिणाम दे रहा है। फरवरी-मार्च, 1899 में कलकत्ता में ताऊन दोबारा फूटा तो इस बार जब्र या अनिवार्य पृथक्करण और हस्पताल में दाखिले का सहारा नहीं लिया गया। नगर प्रशासन की रिपोर्ट के अनुसार, इस नए दृष्टिकोण के 'कारण जनता के रवैये में भारी परिवर्तन आया।' मई, 1898 में ताऊन के पहले हमले के दौरान महसूस किए गए 'महा-विरोध' के विपरीत अगले वर्ष 'महामारी के दूसरे और कहीं अधिक संजीदा हमले के दौरान ऐसा कुछ भी नहीं देखा गया।'[92]

5

ताऊन के 1896-1900 के संकट ने भारतीय मध्यवर्गों, ख़ासकर ऐसे पाश्चात्य शिक्षा-लब्ध पेशेवर लोगों, की दुविधाग्रस्त प्रवृत्तियों को बड़े नाटकीय ढंग से उजागर किया जो खुद को भारतीय जनमत के प्रवक्ता और प्रशिक्षक, दोनों समझते थे। ताऊन-प्रशासन की उनकी आलोचना अंशतः उस राजनीतिक आक्रमण का मुँहतोड़ जवाब थी जो पुणे में रैंड की प्रशासनात्मक क्रूरता और अनेक नगरों में स्थानीय निकायों के सत्ता-अपहरण में निहित था। 'देसी भद्रजनों के प्रति बरती गई खुलेआम घृणा और नंगे शक्तिप्रयोग की राज्य-नीति की घनघोर आलोचना हुई। रैंड की हत्या के बाद (और हत्या की ज़िम्मेदारी तय होने से पहले) पुणे में जब दंडात्मक पुलिस कार्यवाइयाँ शुरू हुईं तो उससे उत्तेजित होकर *केसरी* ने 13 जुलाई, 1897 को टिप्पणी की कि 'अपनी शक्ति का जब-तब प्रदर्शन करके शासन करने की' सरकार की नीति 'अनुचित' थी। 'शासन का मतलब हमेशा तलवार भाँजना तथा जनता को मृत्यु और विध्वंस का डर दिखाना नहीं है।'

लेकिन ताऊन के संकट के प्रति मध्यवर्गों की इस प्रतिक्रिया को एक तरफ़ औपनिवेशिक निरंकुश तन्त्र के विरोध और दूसरी तरफ़ भारतीय प्रथाओं और परम्पराओं की हिमायत के रूप में ही समझना ग़लत होगा। भारतीय प्रथाओं की हिमायत का रवैया व्यापारी और सूदख़ोर वर्गों में, ख़ासकर बनियों और मारवाड़ियों में अधिक प्रचलित था।[93] ये वर्ग आरम्भिक वर्षों में इस महामारी के ख़ास शिकार तो बने ही, पृथक्करण, टीकाकरण (और वैक्सीन) के सबसे ज़बर्दस्त विरोधी भी थे।[94] लेकिन पेशेवर लोगों की प्रतिक्रिया कहीं ज़्यादा पेचीदा थी। इस सिलसिले में तिलक की प्रतिक्रिया ख़ासतौर पर दिलचस्प है और उसे मोटे तौर पर उनके वर्ग की प्रतिक्रिया का प्रतिनिधि माना जा सकता है। रैंड ने पुणे में ताऊन-विरोधी उपायों को जिस निरंकुश ढंग से लागू किया, तिलक उसके सख़्त ख़िलाफ थे। उन्होंने ब्रिटिश फ़ौजों के इस्तेमाल तथा नगर परिषद और नगर के भारतीय अभिजन के प्रति प्रदर्शित तिरस्कार-भाव पर ख़ास आपत्ति की। उन्होंने ताऊन-विरोधी उपायों की आवश्यकता को नहीं, बल्कि उन्हें लागू करने के ढंग को चुनौती दी। उन्होंने सावधानी भरे शब्दों में ही सही, महामारी क़ानून का आरम्भ में स्वागत भी किया, जबकि कुछ बंगाली अख़बार आरम्भ से ही इसे निरंकुश क़ानून समझ रहे थे।[95] अन्य बहुत से पत्र-सम्पादकों और राजनीतिज्ञों की तरह तिलक ने भी जनता को पाश्चात्य चिकित्सकीय और वैज्ञानिक विचारों में शिक्षित करना तथा हस्पतालों में भर्ती और पृथक्करण की प्रकृति और इनके उद्‌देश्यों के बारे में प्रचलित बेबुनियाद अफ़वाहों का खंडन करना अपनी ज़िम्मेदारी समझा। उनके एक पत्र ने तो हाँगकाँग में 1894 की महामारी के दौरान ताऊन के कीटाणुओं का अध्ययन करनेवाले फ्रांसीसी जीवाणु वैज्ञानिक येर्सिन के जीवन और अनुसन्धानों का एक हमदर्दाना विवरण भी छापा।[96] लेकिन साथ ही साथ तिलक के हिन्दू राष्ट्रवाद ने उन्हें पश्चिमी चिकित्सा परम्परा से किंचित दूर भी खींचा; भारतीय समाज और संस्कृति के सन्दर्भ में उस परम्परा

की व्यावहारिक सीमाओं के वे आलोचक बन गए और आयुर्वेद के पुनर्जन्म के समर्थक भी। आयुर्वेदिक चिकित्सा पर हाल में प्रकाशित एक पुस्तक की समीक्षा करते हुए 7 मार्च, 1897 को *मराठा* में तिलक ने अनुमान लगाया कि 'देसी परम्परा भी शायद उतनी ही सही हो जितनी पश्चिमी', और उन्होंने 'दोंनों पद्धतियों के विवेकपूर्ण समन्वय' का आह्वान किया।[97]

लेकिन तिलक और उनकी तरह सोचनेवालों के लिए चिकित्सा और स्वच्छता के प्रश्न नेतृत्व के प्रश्न के आगे गौण थे। *मराठा* में 11 अप्रैल, 1897 के एक सम्पादकीय में, जिसका शीर्षक 'डू दि एजुकेटेड लीड दि पीपुल ?' था, वे फिर एक बार उस विषय की ओर पलटे जिस पर उन्होंने हाल के महीनों में बार-बार लिखा था। उन्होंने पुणे के उन अभिजात लोगों की जमकर निन्दा की जो देशभक्ति के तमाम दावों के बावजूद ताऊन का पहला संकेत मिलते ही नगर छोड़कर भाग गए थे। उन्होंने ज़ोर देकर कहा कि रोग से मुख्य रूप से पीड़ित लोगों अर्थात ग़रीबों के लिए इलाज की समुचित और पर्याप्त व्यवस्था कराके उनकी मदद करना तथा उनके बदतरीन 'पूर्वाग्रहों' और 'अन्धविश्वासों' से उन्हें मुक्त कराना इन अभिजन का कर्त्तव्य था। एक उत्पीड़क राजसत्ता की ज़्यादतियों से 'साधारण जनता' की रक्षा करना तथा अपने हस्तक्षेप के द्वारा साधारणजन की वैध आवश्यकताओं और आशंकाओं पर ध्यान देने के लिए उस राजसत्ता को मजबूर करना भी इन 'शिक्षित लोगों' का दायित्व था। लेकिन तिलक के नज़दीक नेतृत्व का एक और भी तथा अत्यन्त महत्त्वपूर्ण अर्थ था–राजसत्ता को यह समझने के लिए मजबूर करना कि एक विदेशी सत्ता होने के नाते वह (हथियारों की ताक़त के भोंडेतरीन रूप को छोड़कर किसी और ढंग से) व्यापक जनता पर प्रत्यक्ष शासन स्थापित करने की आशा नहीं कर सकती। कारगर होने के लिए ज़रूरी है कि ब्रिटिश चिकित्सा प्रणाली (और जिस व्यापकतर प्रशासन-प्रणाली का वह अंग है वह प्रणाली भी) सबसे पहले भारतीय नेताओं की सत्ता को स्वीकार करे और उनकी मध्यस्थता और सहायता हासिल करके अपना काम करे।

आरम्भ में रैंड और सैंडहर्स्ट ने यही दिखाने की कोशिश की थी कि उन्हें ठीक इसी चीज़ की ज़रूरत नहीं है–कि भारतीय 'नेतागण' स्वार्थी और स्वघोषित नेता थे और जनता पर उनकी कोई प्रभावशाली या वैध पकड़ नहीं है। लेकिन यही वह नीति भी थी जिसे 1898-99 में जन-प्रतिरोध और मध्यवर्गीय विरोध के आगे मजबूर होकर ब्रिटिश प्रशासन को अपनानी पड़ी। पुणे तक में, जहाँ रैंड की हत्या के बाद शुरू-शुरू में प्रान्तीय सरकार ने पहले से अधिक निरंकुशता का परिचय दिया था, जल्दी ही यह बात स्वीकार कर ली गई कि जन-प्रतिरोध और ताऊन के बेरोक फैलाव की अपेक्षा स्थानीय नेताओं का सहयोग लेना बेहतर था। सितम्बर, 1897 में ताऊन सम्बन्धी नियम-क़ायदों को इस तरह संशोधित किया गया कि तलाशी के हर दस्ते के साथ जानेवाले ब्रिटिश सैनिक घर के बाहर खड़े रहते और एक भारतीय स्वयंसेवक की अगुवाई में दो भारतीय सैनिक ताऊन के सम्भावित मरीज़ों की तलाशी लेने के लिए

अन्दर जाते। यह एक छोटी सी रियायत थी–इसलिए भी कि फ़ौज की ताक़त का प्रदर्शन अभी भी ज़ारी था और किसी-न-किसी यूरोपीय संगठन के होने की पैरवी अभी भी की जा रही थी–मगर इसी को *केसरी* ने नेताओं के लिए यह दिखाने का 'एक सुन्दर अवसर' कहकर इसका स्वागत किया कि 'देसी लोग भी इन मुआमलों के प्रबन्ध में यूरोपीय लोगों जितने ही समर्थ हैं और उनके पास संगठन और प्रशासन की कुशलता भी है।'[98] 26 नवम्बर, 1897 को *मराठा* ने भी नए नियमों की प्रशंसा उन्हें हिन्दुस्तानियों के 'आत्मसम्मान' के अनुकूल बतलाकर की और उनका स्वागत यह दिखाने के एक अवसर के रूप में किया कि 'ताऊन-विरोधी पिछले अभियान की ज़्यादतियाँ', जिनके चलते रैंड की हत्या हुई थी, 'पूरी तरह देसी लोगों की सहायता और सहानुभूति का तिरस्कार किए जाने का परिणाम' थीं।

इन तमाम बातों का एक उल्लेखनीय पहलू यह है कि औपनिवेशिक राजसत्ता और भारतीय मध्यवर्गों के अपने-अपने रवैयों के बीच तालमेल की सम्भावना पैदा हुई। अपनी राजनीतिक शत्रुता के बावजूद अंग्रेज काफ़ी हद तक भारतीय मध्यवर्गों के इस दावे को स्वीकार करने के लिए मजबूर हो गए कि 'देसी नेताओं' के रूप में इन वर्गों की मध्यस्थता का सहारा लेकर ही वे जनता के शरीर तक कारगर ढंग से पहुँच सकते हैं। वास्तव में जनता पर अपना व्यापक प्रभाव रखने का दावा करनेवाले राजाओं, ज़मींदारों, अधिकारियों और दूसरे हिन्दुस्तानियों की सहायता और प्रभाव का उपयोग करना वैक्सीन के प्रयोग को बढ़ावा देने के लिए लम्बे समय से लागू की जा रही कार्यनीतियों में एक था। लेकिन 1890 के दशक के ताऊन के सन्दर्भ में देखें तो यही बात उस आत्मविश्वास से तथा भारतीय भावनाओं और भारतीय संगठनों के प्रति उस दम्भपूर्ण तिरस्कार-भाव से काफ़ी हद तक पीछे हटने का सूचक थी, जो महामारी के आरम्भ में ब्रिटिश प्रशासन और चिकित्सा-प्रतिष्ठान की विशेषताएँ थे। इसके अलावा 'देशी नेतागण' पद की अनेक व्याख्याएँ सम्भव थीं और इसमें ज़मींदार, जातियों के अगुवे और धार्मिक नेता जैसे 'परम्परागत' तत्त्व भी शामिल किए जा सकते थे, मगर फिर भी यह शब्द व्यवहार में इस बात का सूचक था कि औपनिवेशिक राजसत्ता ने नेताओं के रूप में पेशेवर मध्यवर्गों की नई आकांक्षाओं को मान्यता दे दी थी।

जनता के सर्वोत्तम हितों और कल्याण के बारे में जनता की काया (शाब्दिक और रूपकात्मक, दोनों अर्थों में) के बारे में बातें करने के अधिकार का दावा करनेवाले ये मध्यवर्ग अब स्पष्ट रूप से अपनी व्यापकतर वर्चस्ववादी आकांक्षाओं का प्रदर्शन कर रहे थे। मगर राजनीतिक और सांस्कृतिक वर्चस्व पाने के इस मध्यवर्गीय प्रयास में एक ज़बर्दस्त अन्तर्विरोध भी था। भारत में ब्रिटिश शासन उसी सीमा तक प्रभावी हो सकता है जहाँ तक वह मध्यवर्ग की सहायता और मध्यस्थता पर भरोसा करेगा–यह दावा करते हुए भी ये मध्यवर्ग खुद का एक संकीर्णतर वर्ग-हित सामने ला रहे थे जो जनता से उनकी दूरी को, जनता पर उनके वर्चस्व की अपूर्णता को, तथा ब्रिटिश शासन से वर्ग-सहयोग ज़ारी रखने और उसके प्रति राजनीतिक-प्रजातीय शत्रुता बनाए रखने की

सम्भावना को उजागर कर रहा था। मसलन, घरों की तलाशी, अनिवार्य रूप से हस्पतालों में भर्ती तथा रेल-यात्रियों की जाँच का इन मध्यवर्गों ने सख़्त विरोध किया तो इसका एक कारण ऐन यही था कि इन सब कार्रवाइयों में जाति और वर्ग के भेदों का ध्यान रखे बिना तमाम भारतीयों को एक समझा जाता था। कराची के अख़बार *फीनिक्स* ने 13 अक्टूबर, 1897 के इसी बात पर आपत्ति व्यक्त की कि रेलवे स्टेशनों पर 'जाँच के लिए सम्मानित देसी भद्रजनों को रोका जा रहा' था जबकि 'तीसरे दर्जे के यूरोपीय और हिन्दू-यूरोपीय (यूरेशियाई) लोग' 'बिना किसी रोक-टोक के जाँच से मुक्त' किए जा रहे थे। जनवरी 1898 में बम्बई का प्रेस भी इसी तरह इस बात पर क्षुब्ध था कि भारतीय न्यायाधीशों, वकीलों और 'दूसरे देसी प्रतिष्ठित भद्रजनों' को विक्टोरिया टर्मिनल रेलवे स्टेशन पर तीसरे दर्ज़े के मुसाफ़िरों जैसे ही अपमानजनक व्यवहार का निशाना बनाया जा रहा था।[99] सम्भवतः *सुकृत* उपन्यास का नायक भी यूरोपीय डॉक्टरों द्वारा किए गए शारीरिक दुर्व्यवहार से उतना ही क्षुब्ध था जितना निरक्षर, निम्नज़ातीय कुलियों के साथ लाइन में खड़ा कराए जाने से। इस तरह यूरोपीयों के शरीर को विशेष महत्त्व तथा भारतीय अभिजन के शरीर को उतना ही महत्त्व न दिए जाने पर क्षोभ फैल रहा था। अंग्रेज इस क्षेत्र में भी रियायतें देने के लिए मजबूर हुए। हालाँकि अधिकांश दंगे और शारीरिक प्रतिरोध किसानों, मज़दूरों और नगरीय मेहनतकशों द्वारा किए गए थे, मगर उस हिंसा और विरोध से सबसे अधिक लाभ भारतीय मध्यवर्गों ने उठाया। अब अलगाव और मुसाफ़िरों की जाँच में वर्गीय और नस्ली, दोनों आधारों पर भेदभाव किया जाने लगा। पहले दर्जे के भारतीय यात्रियों को यूरोपीय यात्रियों की तरह ही जाँच से मुक्त रखा जाने लगा और केवल तीसरे दर्जे के यात्रियों को पूरी-पूरी सार्वजनिक तलाशियों का शिकार बनाया जाने लगा। कलकत्ता के भद्रलोक को इस बात की इजाज़त दी गई कि अपने मरीज़ों को घर या बाग में कहीं अलग रखें जबकि ग़रीबों को अभी भी पास के हस्पताल या अलगाव-शिविर में भेजा जा सकता था।[100]

ताऊन के दौरान जनता के विचारों और प्रतिक्रियाओं के प्रति मध्यवर्गों के रवैयों में सचमुच अपमान बल्कि कभी-कभी क्षोभ और भय का भाव भी पाया जाता था। यहाँ एक सावधानी भी आवश्यक है, क्योंकि समाचारपत्रों के सम्पादक ख़ुद भी 'राजद्रोही' कहलाए बिना तथा प्रेस क़ानून के तहत दंड का जोख़िम उठाए बिना दंगाइयों और प्रतिरोधकों के प्रति कुछ अधिक सहानुभूति दिखा भी नहीं सकते थे। कभी-कभी ताऊन से जुड़े दंगों की ख़बरें देते समय वे उन्हें निन्दा की भाषा में पेश करते थे, मगर अंग्रेज़ों की परेशानी और औपनिवेशिक शासन की अलोकप्रियता पर उनकी प्रसन्नता मुश्किल से ही पोशीदा रहती थी। मसलन 23 जनवरी, 1898 को चकलाशी कांड की विवेचना करते हुए *मराठा* ने टिप्पणी की कि यह 'बेवकूफ़ी की वारदात' बहरहाल 'बहुत अहम' थी क्योंकि यह 'निर्विवाद रूप से...दिखाती है कि ब्रिटिश शासन का जनमानस पर कोई प्रभाव नहीं है।' लेकिन अधिकारीगण और ऐंग्लो-इंडियन प्रेस चाहे कुछ भी कहे, यह बात स्पष्ट थी कि आरम्भिक ताऊन-प्रशासन से पैदा होनेवाले अनेक दंगे और उत्पात

मध्यवर्गीय मार्गदर्शन या प्रेरणा से मुक्त स्वायत्त निम्नवर्गीय आन्दोलन थे। इसका एक सम्भावित अपवाद कानपुर का अप्रैल, 1900 का दंगा है जब लगता है कि मारवाड़ी व्यापारियों ने जनता के विरोध को भड़काने में एक भूमिका निभाई; वे इस बात से भयभीत थे कि ताऊन-विरोधी उपाय उनके अपने समुदाय पर प्रभाव डालना शुरू कर चुके थे।[101] लेकिन 'जाहिल देहातियों' तथा किसानों और मिल-मज़दूरों के 'अन्धविश्वासों' के प्रति प्रयोग होनेवाली अपमानजनक भाषा, उनकी 'गन्दी आदतों' की आलोचना तथा एक तरफ़ 'बुद्धिमान' और 'शिक्षित वर्गों' और दूसरी तरफ़ 'मूर्ख और निरक्षर' किसानों के बीच बार-बार किया जानेवाला अन्तर–ये सब केवल सेंसर के भोज्य नहीं हो सकते।[102] यह रवैया उस समय और अधिक स्पष्ट हो गया जब, मई, 1898 में कलकत्ता की तरह, खुद 'टोपी वाले' जन-हिंसा का निशाना बने। अभी तक औपनिवेशिक ताऊन नीतियों के सबसे मुखर आलोचकों में एक, यानी *हितवादी* के सम्पादक ने, उन 'बदमाशों' के कारनामों की क्रुद्ध होकर निन्दा की जो उनके विश्वास के अनुसार इन हमलों के लिए ज़िम्मेदार थे। उन्होंने फनफनाकर लिखा, 'किसी को भी विवाद खड़े करने और उत्पात मचाने का अधिकार नहीं है।'[103] रामकृष्ण के अनुयायियों की आलोचना अधिक संयत थी, मगर उन्होंने भी एक बयान ज़ारी करके शान्ति की अपील की और जनता से आग्रह किया कि वह 'अफ़वाहों या बाज़ारी गप्पों' से बहकावे में न आएँ।[104] 'जाहिल जनता'[105] का नेतृत्व और उसको शिक्षित करने की यह इच्छा अंशतः उसकी हिंसा और उसकी 'अबुद्धिमता', से उपजनेवाले इसी भय की देन थी।

इस प्रकार भारत में ताऊन की महामारी के आरम्भिक वर्ष औपनिवेशिक स्थिति में बल प्रयोग और सहयोग, प्रतिरोध और वर्चस्व, वर्ग और नस्ल के बीच जटिल घात-प्रतिघात का एक महत्त्वपूर्ण उदाहरण प्रस्तुत करते हैं। ताऊन-विरोधी उपायों का यह आरम्भिक चरण औपनिवेशिक राजसत्ता की शक्ति और उसकी राजनीतिक अवसरवादिता के तथा पाश्चात्य चिकित्सा शास्त्र के हाथों में राज्य की पूरी शक्ति दे देने की तत्परता के दर्शन कराता है। इससे विरुद्ध भारतीय प्रतिक्रिया की शक्ति के कारण आरोग्य सम्बन्धी सरोकारों पर राजनीतिक सरोकारों की प्रधानता फिर से स्थापित हुई और सामंजस्य की नीति अपनाई जाने लगी, जिसका प्रमुख उद्देश्य मध्य वर्ग की सहायता और सहयोग पाना था। बल प्रयोग के डंक को सहमति के द्वारा कम किया गया। औपनिवेशिक राजसत्ता से ये रियायतें वसूल करने में निम्नवर्गीय प्रतिरोध की एक अहम भूमिका रही, मगर इसका सबसे अधिक लाभ मध्यवर्गीय वर्चस्व को मिला। जहाँ ताऊन प्रशासन को लेकर हुए आरम्भिक टकराव ने शासक और शासित के बीच एक महत्त्वपूर्ण नस्ली और राजनीतिक खाई पैदा की, वहीं वह भारतीय निजता पर मध्यवर्ग की अधिकाधिक मुखर मगर अभी तक अपूर्ण वर्चस्व को भी सामने लेकर आया। अल्पकालिक दृष्टि से देखें तो नगरों और देहातों के निम्नवर्ग अभी भी मध्यवर्गों को सन्देह की नज़र से देखते थे और उन्हें अंग्रेज़ों के सहयोगी समझते थे। लेकिन दीर्घकालिक परिप्रेक्ष्य में उच्च जातियों

के, मध्यवर्ग के तौर-तरीक़ों के अनुसरण ने पाश्चात्य चिकित्साशास्त्र के प्रति अपने सन्देहों पर क़ाबू पाने और ताऊन के आरम्भिक वर्षों की अपेक्षा हस्पतालों और टीकाकरण के प्रति अधिक स्वीकार-भाव परिचय देने के लिए 'साधारण जनता' को तैयार करने में एक अहम भूमिका निभाई।

सन्दर्भ और टिप्पणियाँ

1. एम फूको : *पावर/नॉलेज : सेलेक्टेड इंटरव्यूज एंड राइटिंग्स, 1972-1977,* (ब्राइटन, 1980), पृ. 57-58।
2. आर. हार्वे, भारत सरकार के सैनिटरी कमिश्नर, 18 अप्रैल, 1898, इंडिया, होम, 784, अगस्त 1898, भारतीय राष्ट्रीय अभिलेखागार, नई दिल्ली (आगे से भा. रा. अ.)।
3. *एनुअल रिपोर्ट ऑफ़ दि पब्लिक हेल्थ कमिश्नर विद दि गवर्नमेंट ऑफ़ इंडिया, 1929* (कलकत्ता, 1932) I, पृ. 69 देखें। 1898 से 1908 के बीच ताऊन की महामारी अपनी चरम सीमा पर थी; इस काल में 60 लाख से अधिक मौतें दर्ज की गई : एल एफ़ हर्स्ट, *दि कांक्वेस्ट ऑफ़ प्लेग : ए स्टडी ऑफ़ दि इवाल्यूशन ऑफ़ एपिडेमियोलौजी* (लन्दन, 1953), पृ. 299 देखें।
4. इस समय भारत में ताऊन पर शोध करनेवालों में इयन कैटेनक और मिशेल बी मैक-आल्पिन भी शामिल हैं। कलकत्ता के ताऊन पर अमलदास ने मुझे अपना अप्रकाशित आलेख दिखाया जिसके लिए मैं उनका आभारी हूँ।
5. *मराठा* (पूना), 27 जून, 1897; नेहरू स्मारक पुस्तकालय, नई दिल्ली में माइक्रोफ़िल्म में सुरक्षित *मराठा* के अलावा यहाँ उद्धृत की गई, समाचारपत्रों की रिपोर्टें सम्बन्धित प्रान्त के देसी प्रेस से 1896-1900 के दौरान किए गए सरकारी चयन में उपलब्ध हैं।
6. *रिपोर्ट ऑफ़ दि कमेटी आन प्रिज़न डिसिप्लिन* (कलकत्ता, 1838), पृ. 97।
7. ए. पी. हावेल, *नोट ऑन जेल्स एंड जेल डिसिप्लिन इन इंडिया, 1867-68* (कलकत्ता, 1868) में पृ. 1 पर उद्धृत।
8. डी आर्नल्ड, 'स्माल पॉक्स एंड कोलोनियल मेडिसिन इन इंडिया'।
9. के बालहैचेट, *रेस, सेक्स एंड क्लास अंडर दि राज : इम्पीरियल ऐटीट्यूड्स एंड पालिसीज़ एंड देयर क्रिटिक्स, 1793-1905* (लन्दन, 1980)।
10. मिसाल के लिए *रिटर्न्स ऑफ़ वैक्सीनेशन फ़ार दि नार्थ-वेस्टर्न प्राविंसेज, 1872-73* (इलाहाबाद, 1873), पृ. 29-30; *रिपोर्ट आन वैक्सीनेशन थ्रूआउट दि बाम्बे प्रेसिडेंसी एंड सिन्ध फ़ार दि इयर 1867* (बम्बई, 1862), पृ. 2 देखें।
11. *सप्लीमेंट टू दि एकाउंट ऑफ़ प्लेग एडमिनिस्ट्रेशन इन दि बाम्बे प्रेसिडेंसी फ़्राम सेप्टेम्बर 1896 टिल मे 1897* (प्रकाशन के ब्यौरे नहीं दिए हैं), पृ.3।
12. एम. ई. कौउमैन, *एकाउंट ऑफ़ दि प्लेग एडमिनिस्ट्रेशन इन दि बाम्बे प्रेसिडेंसी फ़्राम सेप्टेम्बर 1896 टिल मे 1897* (बम्बई, 1897), पृ. 3, 32।
13. उपरोक्त, पृ. 3।
14. हर्स्ट, *कांक्वेस्ट ऑफ़ प्लेग, पृ. 172-74* ।
15. डब्ल्यू. एफ. गैटकर, *रिपोर्ट आन दि ब्यूबोनिक प्लेग इन बॉम्बे, 1896-97* (बम्बई, 1897), पृ. 50-51; आर. नाथन, *प्लेग इन नार्दर्न इंडिया, 1896, 1897* (शिमला, 1898), I, पृ. 71-90।

16. *मराठा,* 14 मार्च, 1897।
17. *गुजराती,* 18 अप्रैल, 1897।
18. जे.एम. कैम्पबेल, *रिपोर्ट ऑफ़ दि बाम्बे प्लेग कमेटी आन दि प्लेग इन बॉम्बे, फ़र्स्ट जुलाई 1897 टू थर्टिएथ एप्रिल 1898* (बम्बई, 1898), पृ. 60, 137 और आगे।
19. कौउचमैन, *एकाउंट ऑफ़ दि प्लेग ऐडमिनिस्ट्रेशन,* पृ. 11-12; *प्रभाकर* (बम्बई), 30 अक्टूबर 1896; *कैसरे-हिन्द* (बम्बई), 1 नवम्बर, 1896।
20. कैम्पबेल, *रिपोर्ट ऑफ़ दि बाम्बे प्लेग कमेटी,* पृ. 23-24; *वार्तहार* (बम्बई), 23 मार्च, 1898
21. इंडिया, होम (पब्लिक), 291-302, जून 1900, भा. रा. अ.; *हिन्दुस्तान* (कालाकाँकर), 15 अप्रैल, 1900।
22. गैटकर, *रिपार्ट आन दि ब्यूबोनिक प्लेग,* पृ. 14।
23. *बंगवासी* (कलकत्ता), 10 अक्टूबर 1896।
24. होम (सैनिटरी), 555, मई 1898, भा.रा.अ.।
25. ताऊन-विरोधी उपायों के पैमाने (और उनकी संदिग्ध कारकर्दगी) को इस तथ्य से परखा जा सकता है कि 1896-97 में 18 लाख रेलयात्रियों की जाँच की गई, उनमें 40,000 को रोक रखा गया और सिर्फ़ 6 ही इस रोग से ग्रस्त पाए गए : हर्स्ट, *कांक्वेस्ट ऑफ़ प्लेग,* पृ. 115 देखें।
26. *ज्ञान प्रकाश* (पूना), 19 अप्रैल 1897; *सुधारक* (पूना), 10 मई 1897; दामोदर चापेकर का 'इक़बाले-जुर्म', 8 अक्टूबर, 1897, होम (पब्लिक), 240, नवम्बर, 1897, भा.रा.अ.। 13 मार्च से 19 मई, 1897 के दौरान पूना के कुछ घरों की ग्यारह-ग्यारह बार तलाशी ली गई : कुल 218, 124 तलाशियाँ ली गईं जिनसे ताऊन के 338 मरीज़ों और 64 लाशों का पता चला। *सप्लिमेंट टू दि एकाउंट ऑफ़ प्लेग एडमिनिस्ट्रेशन,* पृ. 9 देखें।
27. शरतचन्द्र चट्टोपाध्याय, *सुकृत* (कलकत्ता, 1918), उनके *कलेक्टेड वर्क्स,* II में संकलित, पृ. 17-18 देखें। इस हवाले के लिए मैं गौतम भद्र का आभारी हूँ।
28. *वार्तहार* (बम्बई), 10 जनवरी, 1898।
29. मिसाल के लिए *इंडियन स्पेक्टेटर* (बम्बई), 9 मई, 1897; *बाम्बे समाचार* (बम्बई), 12 मई, 1897; *इन्दुप्रकाश* (बम्बई), 10 फ़रवरी, 1898; *हितवादी* (कलकत्ता), 13 मई, 1898; *रहबर* (मुरादाबाद), 16 अप्रैल, 1898 देखें।
30. *ज्ञानप्रकाश,* 15 मार्च, 1897; *केसरी,* 6 अप्रैल, 1897 देखें। इसके विपरीत रैंड को यह 'भारी सन्तोष का विषय' लगा कि 'किसी स्त्री की आबरू की जान-बूझकर की गई बेहुरमती की कोई विश्वसनीय शिकायत न तो ताऊन समिति से और न ही फ़ौजियों के अपने अफ़सरों से की गई है' : *सप्लिमेंट टू दि एकाउंट ऑफ़ प्लेग एडमिनिस्ट्रेशन,* पृ. 34 देखें।
31. ऐसी ही भावना के लिए *केसरी,* 2 फ़रवरी, 1898 भी देखें।
32. बंगाल, म्यूनिसिपल (मेडिकल), 89, फ़रवरी 1898, पश्चिम बंगाल राज्य अभिलेखागार, कलकत्ता (आगे से प. ब. रा. अ.)।
33. सेक्रेटरी ऑफ़ स्टेट टू गवर्नमेंट बाम्बे, 24 अगस्त, 1897, इंडिया, होम (सैनिटरी), 142, सितम्बर 1897, भा. रा. अ.। एक ब्रिटिश विशेषज्ञ डब्ल्यू.एस. रीड ने आग्रह किया कि शव-परीक्षा को ताऊन का पता लगाने का 'प्रमुख साधन' बनाया जाए और यह कि उसे इसमें ऐसी कोई बात नज़र नहीं आती जो 'भारत की विभिन्न नस्लों की जाति या भावनाओं को आहत' करे : बंगाल, म्यूनिसिपल (मेडिकल), 2 फरवरी 1898, प. ब. रा. अ.।
34. एल्गिन का पत्र बम्बई के गवर्नर के नाम, 26 अगस्त, 1897, इंडिया, होम (सैनिटरी), 143, सितम्बर 1897, भा.रा.अ.।
35. ई.एफ.एल. विंटर, आई.सी.एस. की गवाही, 'दि इंडियन प्लेग कमीशन, 1898-99', *पार्लियामेंटरी*

पेपर्स, XXXI, 1900, पृ. 49।

36. कैम्पबेल, *रिपोर्ट ऑफ़ दि बाम्बे प्लेग कमेटी,* पृ. 61।
37. सफ़ाई विभाग का प्रस्ताव, पश्चिमोत्तर प्रान्त, 27 अप्रैल, 1898, इंडिया, होम (सैनिटरी), 521, मई, 1898, भा.रा.अ.।
38. जे.एन. कुक, 'रिपोर्ट आन प्लेग इन 'कैलकटा', 31 अगस्त, 1898, *रिपोर्ट ऑफ़ दि ऐपिडेमिक्स ऑफ़ प्लेग इन कलकटा ड्यूरिंग दि इयर्स 1898-99, 1899-1900 एंड अप टू 30 जून, 1900* (कलकत्ता, 1900), पृ. 8 में संकलित।
39. *प्रजा पुकार* (सूरत), 10 मार्च 1897; *देसी मित्र* (सूरत), 11 मार्च 1897।
40. *सप्लिमेंट टू दि एकाउंट ऑफ़ प्लेग एडमिनिस्ट्रेशन,* पृ. 7; गैटकर, *रिपोर्ट ऑन दि ब्यूबोनिक प्लेग,* पृ. 179-80' कैम्पबेल, *रिपोर्ट ऑफ़ दि बाम्बे प्लेग कमेटी,* पृ. 56।
41. वार्तानिधि (पूना), 3 मार्च 1897; *मराठा,* 28 मार्च, 1897; *चैम्पियन* (बम्बई), 21 मार्च, 1897; *अहमदाबाद टाइम्स,* 11 अप्रैल, 1897; *इंडियन स्पेक्टेटर,* 20 मई, 1898।
42. *हिन्दुस्तान* (कालाकांकर), 26 अप्रैल 1900।
43. कुक, रिपोर्ट आन प्लेग इन कलकटा, पृ. 25।
44. *सिविल एंड मिलिटरी न्यूज़* (लुधियाना) 18 मई 1898; *हितवादी* (कलकत्ता), 6 मई, 1898; बर्धमान के कमिश्नर के नाम हावड़ा के मजिस्ट्रेट का पत्र, 5 मई, 1898, बंगाल, जुडिशियल (पुलिस), 14-16, अगस्त 1898, प.ब.रा.अ.।
45. दिल्ली के कमिश्नर के नाम डिप्टी कमिश्नर का पत्र, 5 मई, 1898, इंडिया, होम (सैनिटरी), 550, मई, 1898, भा.रा.अ.।
46. भारत में अफ़वाहों के इस और दूसरे पहलुओं के बारे में रणजीत गुहा, *एलिमेंटरी ऐस्पेक्ट्स ऑफ़ पेज़ेंट इनसर्जेंसी इन कोलोनियल इंडिया* (दिल्ली, 1983), पृ. 251-77 देखें।
47. इंडिया, होम (सैनिटरी) (प्लेग), 16 जुलाई, 1900, सैनिटरी डिस्पैचेज टू लन्दन, 14, 26 जुलाई, 1900 *इंडिया ऑफिस रिकार्ड्स* (आगे से इ.आ.रि.), लन्दन में संकलित।
48. सामान्य प्रशासन विभाग का प्रस्ताव, पश्चिमोत्तर प्रान्त, 15 मई, 1900, इंडिया, होम (पब्लिक), 298, जून, 1900, भा.रा.अ.।
49. हर्स्ट, *कांक्वेस्ट ऑफ़ प्लेग,* पृ. 21।
50. क्रुक ने *मोमियाई* का सम्बन्ध अरबी के *ममिया* (लेप लगी काया), और इस तरह अंग्रेज़ी की 'ममी' और *मम* से जोड़ा है जिसका मतलब 'मोम' होता है। भारत में इस शब्द का मतलब है एक जादुई बाम जो घावों को ठीक करता है और इस्तेमाल करनेवाले को अजेय बनाता है। 'आम विचार यह है कि मोमियाई तैयार करने के लिए एक लड़के को पकड़ा जाता है; वह जितना ही मोटा और काला हो उतना ही बेहतर होता है, उसकी खोपड़ी में एक छोटा सा छेद कर दिया जाता है और उसे उल्टे सर धीमी, आँच के ऊपर लटका दिया जाता है। उसका सर से टपकनेवाले रस से इस अमूल्य पदार्थ की सात बूँदें तैयार होती हैं। विश्वास किया जाता है कि मोमियाई साहब नाम के एक अंग्रेज साहब को इस घिनावने पदार्थ की तैयारी के लिए सरकार की तरफ़ से सही किस्म के लड़कों को बहलाने-फुसलाने का एकाधिकार मिला हुआ है।' क्रुक आगे लिखते हैं : 'स्वाभाविक रूप से सर्जनों पर इस व्यापार में रत होने का सन्देह किया जाता है, और कुछ साल पहले एक हिल स्टेशन पर जब एक शरीर-चिकित्साविज्ञानी ने अपना चीरफाड़ का निजी कक्ष बनाया तो तमाम कुलियों ने काम करना बन्द कर दिया।' डब्ल्यू. क्रुक, *रिलिजन एंड फ़ोकलोर ऑफ़ नार्दन इंडिया* (लन्दन, तीसरा संस्करण, 1926), पृ. 111-12 देखें। इस हवाले की ओर तथा आगे उद्धृत एन्थोवेन, लेली और मैकोनोशी के हवालों की ओर ध्यान दिलाने के लिए मैं डेविड हार्डिमन का अत्यन्त आभारी हूँ।

51. आर.ई. एन्थोवेन, उपरोक्त की भूमिका पृ. 2।
52. एफ.एस.पी. लेली, *सजेश्चंस फार दि बेटर गवर्निंग ऑफ़ इंडिया* (लन्दन, 1906), पृ. 29।
53. ई. मैकोनोशी, *लाइफ़ इन दि इंडियन सिविल सर्विस* (लन्दन, 1926), पृ. 83; लेखक ने इस कहानी की पहचान मोमियाई की कहानी की बजाय हैफ़काइन के ताऊन-विरोधी टीके के बारे में हुई गलतफ़हमी के रूप में की है।
54. *तोहफ़ा-ए-हिन्द* (बिजनौर), 20 अप्रैल, 1900; ई. विलकिंसन, *रिपोर्ट ऑन प्लेग इन दि पंजाब फ्राम अक्टूबर फ़र्स्ट 1901 टू सेप्टेम्बर थर्टिएथ 1902* (लाहौर, 1904), पृ. 71; कुक, रिपोर्ट ऑन प्लेग इन कैलकटा, पृ. 14।
55. *बंगवासी* (कलकत्ता), 14 मई, 1898; कुक, रिपोर्ट ऑन प्लेग इन कलकटा, पृ. 14, 23-25 देखें। बनारस में मई, 1899 में दो पुलिसवालों के साथ एक यूरोपीय के एकाएक दिखाई देने से फ़ौरन अफ़वाह फ़ैल गई कि वह टीका लगानेवाला है और 'आम भगदड़' मच गई : *प्रयाग समाचार* (इलाहाबाद), 8 मई, 1899 देखें।
56. *आफ़ताबे-पंजाब* (लाहौर), 9 1898; विलकिंसन, *रिपोर्ट ऑन प्लेग इन दि पंजाब,* पृ. 28; मैकोनोशी, *लाइफ़ इन दि आई.सी.एस.,* पृ. 208; इसे लें या इसके राजनीतिक विरोध को, 1896-1900 में ब्रिटिश ताऊन प्रशासन तथा श्रीमती गाँधी के उस नसबन्दी अभियान के बीच दिलचस्प समानता पाई जाती है जिसके कारण 1977 में उनका पतन हुआ।
57. विलकिंसन, *रिपोर्ट ऑन प्लेग इन दि पंजाब,* पृ. 28।
58. कुक, 'रिपोर्ट ऑन प्लेग इन कैलकटा', पृ. 25; ताऊन और ख़ासकर टीकों के बारे में अफ़वाहों की और अधिक विवेचना के लिए आई.जे.कैटेनक, प्लेग एंड दि इंडियन विलेज, 1896-1914, पी. राव द्वारा सम्पादित *रूरल इंडिया : लैंड, पावर एंड सोसायटी अंडर ब्रिटिश रूल* (लन्दन, 1983), पृ. 224-26 देखें।
59. लेली, *सजेशंस,* पृ. 29।
60. इंडिया, होम (सैनिटरी) (प्लेग), 16 जुलाई, 1900, सैनिटरी डिस्पैचेज़ टू लन्दन, 14, 26 जुलाई, 1900, इ.आ.रि.।
61. कुक, 'रिपोर्ट ऑन प्लेग इन कैलकटा' पृ. 23; तुलना करें विलकिंसन, *रिपोर्ट ऑन प्लेग इन दि पंजाब,* पृ. 71 से : 'सबसे अधिक प्रचलित विचार यह था कि सरकार को जनगणना से और हाल के अकालों से पता चला कि आबादी बहुत बढ़ी है और इस कारण उसने डॉक्टरों को कुछेक लाख लोगों को मारने का एक तरह से ठेका दे रखा है।'
62. इंडिया, होम (सैनिटरी), 543-50, मई, 1898, भा.रा.अ.; *पटियाला अख़बार,* 21 जनवरी, 1898।
63. *प्रयाग समाचार,* 20 अप्रैल, 1899; *लिबरल* (आजमगढ़), 24 सितम्बर, 1899; *अवध अख़बार* (लखनऊ), 30 अक्टूबर, 1899।
64. सामान्य प्रशासन विभाग का प्रस्ताव, पश्चिमोत्तर प्रान्त, 15 मई, 1900, इंडिया, होम (पब्लिक), 298, जून, 1900, भा.रा.अ.।
65. कुक, 'रिपोर्ट ऑन प्लेग इन कैलकटा', पृ. 10।
66. *पूना बैभार,* 21 फरवरी, 1897।
67. बर्धमान के कमिश्नर के नाम हावड़ा के मजिस्ट्रेट का पत्र, 5 मई, 1898, बंगाल, जुडीशियल (पुलिस), 14 अगस्त, प.ब.रा.अ.; कुक, रिपोर्ट ऑन प्लेग इन कलकटा, पृ. 23-25।
68. *क़ैसरे-हिन्द* (बम्बई), 1 नवम्बर, 1896 देखें। ताऊन की अफ़वाहों की चर्चा बन्द करने से पहले यह जानना उपयोगी होगा कि खसरा, हैज़ा और दूसरी महामारियों की तरह कालान्तर में ताऊन को भी अपनी एक देवी मिल ही गई; एल.एस.एस. ओ' मेली, *सेंसस ऑफ़ इंडिया, 1911, वाल्यूम* V, *बंगाल, बिहार, उड़ीसा, एंड सिक्किम, पार्ट* I *: रिपोर्ट* (कलकत्ता, 1913), पृ. 228; एच.

व्हाइटहेड, *दि विलेज गाड्स ऑफ़ साउथ इंडिया* (दूसरा संस्करण, कलकत्ता, 1921), पृ. 21 तथा पृ. 76-77 के बीच के फ़ोटोग्राफ देखें। लेकिन यह अहम बात है कि आरम्भिक प्रतिक्रियास्वरूप जनता किसी महामारी देवी के विपरीत अंग्रेज़ों को ही ज़िम्मेदार समझती थी या ब्रिटिश चिकित्सकीय हस्तक्षेप को एक ऐसी घटना समझती थी जो जनता की व्याख्या को चुनौती देती थी। यह बात 1898-1900 के दौरान उत्तर भारत के बारे में ख़ास तौर पर सही थी जहाँ ताऊन-विरोधी उपाय अक्सर महामारी के पहले या उसके फ़ौरन बाद लागू किए जा रहे थे। लेकिन इतनी मौतों के बावजूद ऐसा नहीं लगता कि ताऊन की देवी को क्रमशः खसरे और हैजा की देवियों शीतला और ओलाबीबी जितना धार्मिक महत्त्व का स्थायित्व मिला हो।

69. एक महाराष्ट्रीय और राष्ट्रीय नेता के रूप में तिलक के उदय में पूना की 1896-97 की घटनाओं की भूमिका का बयान अक्सर-बेशतर, और अक्सर बड़े आलोचनात्मक ढंग से इस तरह किया गया है कि उस पर विस्तृत टिप्पणी की आवश्यकता नहीं है। ख़ास तौर पर आर.आई. कैशमैन, *दि मिथ ऑफ़ लोकमान्य : तिलक एंड मास पालिटिक्स इन महाराष्ट्र* (बर्कले, 1975), ख़ासकर पृ. 113; एस.एल. करंडीकर, *लोकमान्य बाल गंगाधर तिलक : दि हरक्यूलीज़ एंड प्रोमोथियस ऑफ़ माडर्न इंडिया* (पूना, तिथि अज्ञात), पृ. 134-70; टी.वी. पर्वटे, *बाल गंगाधर तिलक : ए नैरेटिव एंड इंटरप्रेटिव रिव्यू ऑफ़ हिज लाइफ, कैरियर एंड कंटेम्पोरेरी इवेंट्स* (अहमदाबाद, 1958), पृ. 82-91; डी.वी. टहमंकर, *लोकमान्य तिलक : फ़ादर ऑफ़ इंडियन अनरेस्ट एंड मेकर ऑफ़ मॉडर्न इंडिया* (लन्दन, 1956), पृ. 73-74 देखें। इनमें से अधिकांश विवरण 'अभिजात लामबन्दी' के विचार सम्प्रदाय से सम्बन्धित है। 'जनता' और पाश्चात्य चिकित्सकीय विचारों के प्रति तिलक के अत्यन्त अस्पष्ट रवैये की शायद ही इनमें छानबीन की गई हो; इसी तरह इनमें ऐसा संकेत भी नहीं मिलता कि तिलक जैसे लोग जन-असन्तोष को जन्म देने की बजाय किस सीमा तक उनका *प्रत्युत्तर* मात्र दे रहे थे।

70. सामान्य विभाग का प्रस्ताव, बम्बई, 26 जून, 1885, खंड 91, अंक 332, 1885, महाराष्ट्र राज्य अभिलेखागार (आगे से म.रा.अ.), बम्बई।

71. एच.ई.एम. जेम्स के नाम सेंट्रल डिविज़न के कमिश्नर जे.के. स्पेंस का पत्र, 11 अगस्त, 1898, बम्बई, जनरल, खंड 70, अंक 813, 1898, म.रा.अ.।

72. *सप्लिमेंट टू दि एकाउंट ऑफ़ दि प्लेग एडमिनिस्ट्रेशन,* पृ. 7, 12-14

73. उपरोक्त, पृ. 3,7।

74. *दि ऐडमिनिस्ट्रेशन रिपोर्ट ऑफ़ दि पूना सिटी म्यूनिस्पैलिटी फ़ार 1896-97* (प्रकाशन सम्बन्धी ब्यौरे नहीं दिए गए हैं), पृ. 25 देखें। साथ ही पूना म्यूनिसिपल करेस्पांडेंस बुक, 1896-97 म्यूनिसिपल आर्काइव्स, पूना में जनवरी, 1897 के लिए नगर परिषद के स्वास्थ्य-अधिकारी और अध्यक्ष की रिपोर्टें और ज्ञापन भी देखें।

75. सेंट्रल डिविज़न के कमिश्नर जे.के. स्पेंस के नाम पूना के कलेक्टर आर.ए. लैंब का पत्र, 18 जून, 1897, तथा स्पेंस के 21 जून, 1897 और सी. ओलिवाँ के 19 सितम्बर, 1898 के ज्ञापन, बम्बई, जनरल, खंड 70, अंक 908, 1898, म.रा.अ. भी देखें।

76. सी. फ्योरडी, लार्ड कर्ज़न एंड दि रिफार्म ऑफ़ दि कलकटा कारपोरेशन : ए केस स्टडी इन इम्पीरियल डिसिज़न-मेकिंग, *साउथ एशिया,* नई शृंखला, 1:1 (1978), पृ. 77-78, 81 देखें।

77. पहले उद्धृत स्रोतों के अलावा इंडिया, होम (सैनिटरी) 177-82, दिसम्बर 1898, भा.रा.अ.; होम (सैनिटरी), 720-24, जनवरी, 1899, भा.रा.अ.; होम (सैनिटरी), 13-14 अप्रैल, 1900, भा.रा.अ.; जी. हचेसन, *रिपोर्ट ऑन प्लेग एंड प्लेग ऑपरेशंस इन दि सेंट्रल प्राविंसेज फ्राम सेप्टेम्बर 1896 टू 31 मार्च, 1899* (नागपुर, 1899), पृ. 3-5 भी देखें।

78. मसलन पूना में 2 अप्रैल, 1897 को (*महरट्टा,* 4 अप्रैल, 1897) और बम्बई में मार्च 1897

(*मुस्लिम हेराल्ड,* 24 मार्च, 1897) में। बंगाल, म्यूनिसिपल (मेडिकल), 88, फ़रवरी, 1898, प.ब.रा.अ. में लगभग इसी समय बंगाल के लेफ़्टिनेंट-गवर्नर के नाम मुसलमानों का प्रार्थना-पत्र भी देखें।

79. 'ब्यूबोनिक ताऊन फैलने की सूरत में प्रस्तावित उपायों की सूचना को लेकर लोग बहुत अधिक असन्तुष्ट हैं। इनसे उनका मान-सम्मान और धर्म जाता रहेगा। क्या यही सभ्यता है ? हम सरकार को आगाह करते हैं कि हमें बख़्शे और इस विधि को न अपनाए। हम अपने धर्म और अपने सम्मान की रक्षा के लिए अपने प्राण तक देने को तैयार हैं। हम मरने के लिए तैयार हैं। यह सूचना 1857 के ग़दर जैसी भावनाएँ भड़काएगी।' फरवरी, 1898 में दिल्ली में चिपकाया गया गुमनाम परचा, इंडिया, होम (सैनिटरी), 553, मई, 1898, भ.रा.अ.।

80. एल्गिन, 14 जून, 1897 का कार्य-विवरण, होम (सैनिटरी) 483-90, जुलाई 1897, भा.रा.अ.। उत्तर भारत में ताऊन-सम्बन्धी प्रस्तावित उपायों के विरोध के लिए हिन्दुओं और मुसलमानों का हाथ मिलाना अंग्रेज़ों के लिए एक और चिन्ताजनक संकेत था; दिल्ली के कमिश्नर के नाम डिप्टी कमिश्नर का पत्र, 5 मार्च 1898, इंडिया, होम (सैनिटरी) 550, मई, 1898, भा.रा.अ.; वायसराय के निजी सचिव के नाम राजपूताना के एजेंट का पत्र, 21 मई, 1898, इंडिया, होम, 777-813, के. डब्ल्यू. V, अगस्त, 1898, भा.रा.अ.।

81. एल्गिन के नाम मैकडोनेल का पत्र, 29 अप्रैल, 1898, उपरोक्त, के डब्ल्यू. II।

82. सी.एम. रिवाज़, 24 अप्रैल, 1898, उपरोक्त, के. डब्ल्यू. I।

83. भारत सरकार को हार्वे का पत्र, 18 अप्रैल, 1898, इंडिया, होम, 784, उपरोक्त।

84. एल्गिन के नाम मैकडोनेल का पत्र, 29 अप्रैल 1898, उपरोक्त, के. डब्ल्यू. II।

85. हार्वे ने लिखा था : 'भारत की जनता पर सफलता के साथ सार्वभौम टीकाकरण लादने के बारे में एक विदेशी सरकार का सपना देखना व्यर्थ है', हार्वे की टिप्पणी, 5 जुलाई, 1898, इंडिया, होम (सैनिटरी), 766-71, अगस्त, 1898, भा.रा.अ.। भारत में हैफ़काइन के बारे में एक दिलचस्प और सहानुभूतिपूर्ण विवरण के लिए ई. लुत्ज़कर, वाल्डेयर मोर्डेशाई हैफ़काइन, *हैफ़काइन इंस्टीट्यूट प्लेटिनम जुबिली कमेमोरेशन वाल्यूम, 1899-1974* (बम्बई, तिथि अज्ञात), पृ. 11-19 देखें।

86. गृह सचिव, भारत सरकार के नाम सचिव, बंगाल सरकार का पत्र, 9 मार्च 1900, इंडिया, होम (सैनिटरी), 13, अप्रैल, 1900, भा.रा.अ.; विलकिंसन, *रिपोर्ट ऑन प्लेग इन दि पंजाब,* पृ. 6-7, 27।

87. ई. विलकिंसन, *रिपोर्ट ऑन प्लेग एंड इनोक्यूलेशन इन दि पंजाब फ्राम अक्टूबर फ़र्स्ट 1902 टू सेप्टेम्बर थर्टिएथ 1903* (लाहौर, 1904), पृ. 7,48, 60 देखें। यह बात एक प्रदूषित सुई से टिटनेस का टीका लगाए जाने के कारण नवम्बर 1902 में पंजाब के मलकोवाल में 19 लोगों के मरने के बावजूद कही गई थी; उपरोक्त, पृ. 45-46 देखें।

88. कैम्पबेल, *रिपोर्ट ऑफ़ दि बाम्बे प्लेग कमेटी,* पृ. 24।

89. पंजाब के अवर सचिव के नाम दिल्ली के कमिश्नर का पत्र, 7 मार्च, 1898, इंडिया, होम (सैनिटरी), 549, मई, 1898, भा.रा.अ. देखें।

90. कार्य-विवरण, 1 अप्रैल, 1898, ए.पी. मैकडोनेल, लेफ्टिनेंट-गवर्नर, पश्चिमोत्तर प्रान्त, इंडिया, होम (सैनिटरी), 173, अप्रैल, 1898, भा.रा.अ.; वायसराय के नाम मैकडोवेल का पत्र, 16 अप्रैल, 1900, इंडिया, होम (पब्लिक), 293, जून, 1900, भा.रा.अ.; कैम्पबेल, *रिपोर्ट ऑफ़ दि बाम्बे प्लेग कमेटी,* पृ. 54-55।

91. *पंजाब प्लेग मैनुएल,* 1909 (लाहौर, 1909), पृ. 1 देखें। इसके पृ. 10 और 16 पर देसी वैद्यों और हकीमों के बारे में दिए गए अत्यन्त अनुकूल हवालों पर भी गौर करें।

92. एडमिनिस्ट्रेशन रिपोर्ट ऑफ़ दि कमिश्नर ऑफ़ कलकटा फ़ार 1898-99 (कलकत्ता, 1899), I, पृ.13।

93. हर्स्ट, *कांक्वेस्ट ऑफ़ प्लेग,* पृ. 265-66, 311-14; विलकिंसन, *रिपोर्ट ऑन प्लेग इ दिन पंजाब,* पृ. 29-30, 45 देखें। दकन के कुछ भागों में यह सम्बन्ध इतना स्पष्ट था कि ताऊन को 'मारवाड़ी बीमारी' कहा जाने लगा था : कैम्पबेल, *रिपोर्ट ऑफ़ दि बाम्बे प्लेग कमेटी,* पृ. 52 देखें।

94. *एडमिनिस्ट्रेशन रिपोर्ट...कलकटा, 1898-99,* पृ. 39-40।

95. *मराठा,* 14 फ़रवरी, 1897; *हितवादी* (कलकत्ता) 12 फ़रवरी, 1897 से तुलना करें।

96. *मराठा,* 14 मार्च 1897 देखें। 'यह सही है कि जनता ताऊन को ईश्वर का प्रकोप समझती है और आरोग्यविज्ञान द्वारा सुझाए गए उपायों की प्रभाविता में कम ही आस्था रखती है। लेकिन जनता अज्ञानी है, सिर्फ़ इसी कारण यह मानना ग़लत होगा कि नेता और ख़ासकर शिक्षित वर्ग आरोग्य के आधुनिक उपायों की उपयोगिता को नहीं समझते'; उपरोक्त, 28 मार्च, 1897 देखें।

97. सुमित सरकार का कहना है कि पश्चिमी चिकित्साशास्त्र और वैज्ञानिक बुद्धिवाद से इनकार करने के मुआमले में गाँधी भारत के राष्ट्रवादी नेताओं में एक अपवाद-समान थे।

98. *केसरी,* 28 सितम्बर, 1897 देखें। जनवरी 1898 में जब तिलक बम्बई के भायक़ला जेल में बन्द थे तो अंग्रेज़ों ने उनकी नेतृत्व-क्षमता (और पाश्चात्य चिकित्सा-शास्त्र के प्रति उनकी दृष्टि) को परखने के लिए उनसे पूछा कि क्या दूसरे क़ैदियों के सामने मिसाल पेश करने के लिए वे टीका लगवाएँगे। हैफ़काइन के टीके के बारे में सार्वजनिक रूप से घोषित आशंकाओं के बावजूद तिलक तैयार तो हो गए मगर उस समय इतने बीमार थे उन्हें टीका नहीं लगाया जा सका। फिर भी दूसरे क़ैदियों से टीके लगाए गए। करंडीकर, *तिलक,* पृ. 160 देखें।

99. *गुरखी* (बम्बई), 8 जनवरी, 1898; *क़ैसरे-हिन्द,* 16 जनवरी, 1898।

100. नगरपालिका एवं स्वास्थ्य विभाग का प्रस्ताव, बंगाल, 8 फरवरी, 1898, इंडिया, होम (सैनिटरी), 482, मार्च 1898, भा.रा.अ.; भारत सचिव के नाम वायसराय का पत्र, 25 अगस्त, 1898, इंडिया, होम, 809 अगस्त, 1898, भा.रा.अ.।

101. गृहसचिव, भारत सरकार के नाम मैकडोनेल का पत्र, 17 अप्रैल, 1900, इंडिया होम, (पब्लिक), 294, जून, 1900, भा.रा.अ.।

102. *क़ैसरे-हिन्द* (बम्बई), 1 नवम्बर, 1896; *कल्पतरू* (शोलापुर), 3 मार्च 1897; *इंडियन स्पेक्टेटर* (बम्बई), 7 मार्च, 1897; *गुरखी* (बम्बई), 4 फरवरी, 1898; *धुरीन* (बेलगाम), 9 मार्च 1898।

103. *हितवादी,* 13 मई, 1898।

104. *वसुमति* (कलकत्ता), 12 मई 1898।

105. *मराठा,* 5 मार्च, 1898।

अट्ठारह सौ सत्तावन के चार बाग़ी[1]

गौतम भद्र

> इतिहास कुछ भी नहीं करता; उसके पास 'कोई बेपनाह दौलत' नहीं होती; वह 'कोई जंग नहीं लड़ता।' ये सब काम इंसान, असली, हाड़-मांस का इंसान करता है; वही दौलत का मालिक है, वही जंग लड़ता है। इतिहास इंसान से अलग कोई इंसान नहीं होता जो अपने मक़सद हासिल करने के लिए इंसान का इस्तेमाल करता हो। इतिहास अपने मक़सद के लिए सरगर्म इंसान के क्रियाकलापों के अलावा कुछ नहीं होता।
>
> **—मार्क्स और एंगेल्स,** *पवित्र परिवार*

1. प्रस्तावना

अभी तक इतिहास-लेखन की जिन पद्धतियों ने 1857 की बग़ावत का अध्ययन किया है उनके बीच एक अजीब-सा मेल पाया जाता है। प्रसिद्ध राष्ट्रवादी इतिहासकार एस.बी. चौधुरी के शब्दों में, 'अंग्रेज़ों के ख़िलाफ़ संघर्ष की रहनुमाई भूस्वामी सरदारों ने की' क्योंकि वे 'स्वाभाविक नेता' थे। रमेशचन्द्र मजुमदार का भी यही ख़याल है कि 'जन विद्रोह को आरम्भ करने और लम्बा खींचने की ज़िम्मेदारी' ताल्लुक़ेदारों और ज़मींदारों की थी जिनको बहुसंख्यक किसान आदर देते थे। इस विद्रोह की स्थानीय पृष्ठभूमि पर अपनी अन्यथा-प्रशंसनीय रचना में एरिक स्टोक्स ने भी 1857 के ग्रामीण विद्रोह का चरित्र मूलतः अभिजातवादी बतलाया है। कारण कि 'लगता है, अधिकांश जनता ने बहुत मामूली भूमिका निभाई या बड़े ही दब्बू ढंग से ऊँची जातिवालों के कहे का पालन किया।' मूलगामी (रैडिकल) इतिहास-लेखन का रवैया भी इससे बुनियादी तौर पर अलग नहीं रहा है। मार्क्सवादी विद्वान प्रमोद सेनगुप्त ने इस महाविद्रोह का इतिहास नानासाहब, लक्ष्मीबाई, बहादुरशाह वग़ैरह की सरगर्मियों और उनके इरादों की शब्दावली में लिखा है। कारण कि उनकी राय में ये सामन्ती सरदार 'स्वाभाविक नेता' थे। यहाँ तक कि नक्सलबाड़ी विद्रोह के नाम से जुड़े आन्दोलन के एक नेता और क्रान्तिकारी

बुद्धिजीवी सरोज दत्त ने भी यही माँग की थी कि सार्वजनिक स्थानों से 19वीं सदी के बुद्धिजीवियों की मूर्तियाँ हटाकर रानी लक्ष्मीबाई और तात्याँ टोपे की मूर्तियाँ लगाई जाएँ। ऐसा नहीं लगता कि मूलगामी इतिहास-लेखन अपने तमाम नेक इरादों के बावजूद उस खाँचे से बाहर निकल पाया है जिससे बुर्जुवा-राष्ट्रवादी और उदारवादी इतिहासकार बँधे रहे हैं।[2]

इन तमाम विवरणों में एक चीज़ नज़र नहीं आती और वह है—साधारण विद्रोही, *उसकी* भूमिका तथा विदेशी राज और समकालीन संकट के बारे में *उसके* विचार। इसके विपरीत प्रस्तुत लेख का उद्देश्य 1857 के कुछ ऐसे बाग़ियों को उनका सही मुकाम वापस दिलाना है जिन्हें इतिहासकार या तो भूल चुके हैं, या फिर उनकी भूमिका पर ज़रा सा इशारा कर उनको उपेक्षित कर चुके हैं। मैंने इनमें से चार का अध्ययन किया है। इनमें से एक तो छोटा भूस्वामी था और एक ख़ासी बड़ी आबादीवाले किसान समुदाय का काश्तकार था; तीसरा एक ग़रीब आदिवासी युवक था और चौथा एक मौलवी। इन चारों के बारे में हम यह बात कह सकते हैं कि वे अपने समय की बहुत सी साधारण मगर फिर भी पेचीदा बाग़ी शख़्सियतों की नुमाइंदगी करते हैं। ये लोग जाने-पहचाने भूस्वामी सरदारों से बहुत अलग, एक और ही क़िस्म के रहनुमा थे। ये ऐसे लोग थे जिनका वर्णन विद्रोह के कुछ ही समय बाद सहारनपुर के एक जानकार ज़िला अधिकारी ने इस प्रकार किया था : '*ऐसी कुछेक सक्रिय आत्माएँ* जिन्होंने अलग-अलग इलाक़ों में आन्दोलन का आरम्भ और संगठन किया।'[3]

2. शाहमल

शाहमल बिजरौल के निवासी थे जो बड़ौत परगना के पूर्वी भाग में स्थित एक बड़ा गाँव था। यमुना नहर के बिजवाड़ा और किशनपुर राजबाह इस गाँव की सिंचाई करते थे।[4] शाहमल गाँव के एक ऐसे भाग के मालिक थे जो बग़ावत के वक़्त कुल्लो और भोली (या लडुरा) नाम की दो पट्टियों में बँटा हुआ था। पहली पट्टी पर 'बदनाम बाग़ी नेता शाहमल' का क़ब्ज़ा था। इसमें भी सीसराम और दूसरे लोग उनके हिस्सेदार थे जो उनकी सरगर्मियों से अलग रहे, और इस कारण बग़ावत के कुचले जाने के बाद उनके अधिकार अछूते बचे रहे। दूसरी पट्टी में चार 'ठोक' थे। इसने भी बग़ावत में हिस्सा नहीं लिया और इस कारण 'इसी तरह ज़ब्ती के जुक्म से बची रही।'[5]

ख़ासी उपजाऊ क़िस्म की काली दोमट मिट्टी और सिंचाई के पर्याप्त साधनों से सम्पन्न[6] बड़ौत तहसील को ज़िले का सबसे समृद्ध परगना माना जाता था। टी.सी. प्लाउडेन ने अपनी रिपोर्ट में उसकी समृद्धि के बारे में जी खोलकर लिखा है। उनकी गणना के अनुसार घटिया ज़मीन का हिस्सा 'बहुत कम, कुल का कोई 1/8' था। यमुना, हिंडन और कृष्णा नदियों से निकली छोटी नहरें पूरे परगने के रक़्बे को सींचती थीं जिसके चलते यहाँ गन्ना, कपास, मक्का और गेहूँ जैसी 'लाभदायक फ़सलों' की

काश्त की जाती थी। पूरा इलाक़ा फलते-फूलते व्यापार की गोद में था। बड़ौत, बिनौली और सरधना की सुविधासम्पन्न मंडियाँ मेरठ, शामली, कांडला, बागपत, टाँडा और दिल्ली से जुड़ी थीं और 'हर क़िस्म की उपज की बिक्री के लिए ढेर सारी सुविधाएँ' प्रदान करती थीं।[7]

आबादी घनी थी और इसमें मुख्य भाग जाट काश्तकारों का था जो छपरौली, बड़ौत, कटना और बुड़वाना से ऊपरी भाग के एकमात्र स्वामी थे।[8] भैयाचारा समुदाय के बारे में स्टोक्स का वर्णन इस इलाक़े पर अच्छी तरह लागू होता है। कारण कि, जैसा कि बन्दोबस्ती की रिपोर्ट में कहा गया था, 'इस बड़ी खेतिहर आबादी में छोटे मालिकान की तादाद असाधारण रूप से बड़ी' थी; वास्तव में यहाँ 2,235 पट्टादारी और भैयाचारी दख़लदारियों के मुक़ाबले ज़मींदारी के कुल 975 महाल थे।[9] शाहमल जैसे ज़मींदार वास्तव में प्रमुख काश्तकार मात्र थे और उन्हें 'अपनी लगभग आधी ज़मीन ख़ुद जोतनी पड़ती थी।'[10]

इस इलाक़े में गाँव के मालिकान और काश्तकार शायद ही कभी अलग-अलग जातियों के होते थे। फ़ोर्ब्स लिखते हैं : 'मालिकान की चारों जातियाँ कमोबेश खेती का ही काम करती हैं; शायद इसी का स्वाभाविक परिणाम है कि काश्तकारों की जाति और मालिकान की जाति में काफ़ी मिलान है।'[11] चमारों की यहाँ बड़ी तादाद थी और वे खेत मज़दूर थे। वे जाटों से संख्या में कुछ कम न थे मगर फिर भी उन्हें काश्तकार समुदाय से अलग माना जाता था। यह अहम बात है कि 1857 के ग़दर में चमार ज़्यादातर अलोप ही रहे।

अंग्रेज़ों की विजय के समय बड़ौत पर बेगम समरू का राज था। कहा जाता है कि जाट भूस्वामियों के साथ एक मनमानी करनेवाला टाग वज़ीर बुरा सुलूक करता था। इस इलाक़े में 1836 में अंग्रेज़ी राज की स्थापना के बाद प्लाउडेन ने बन्दोबस्ती के समय हालात को जाटों के पक्ष में मोड़ दिया। फिर भी मालगुज़ारी की दरें ऊँची रखी गईं। मगर एक बन्दोबस्त अधिकारी के शब्दों में जाट किसानों ने इस माँग को सह लिया। खेती में अच्छी-ख़ासी तरक़्क़ी हुई और मिल्कियत के अधिकारों में कोई बड़ा फेरबदल नहीं हुआ।[12]

लेकिन बन्दोबस्ती के ख़िलाफ़ अन्दर-अन्दर गुस्सा सुलगता रहा। बागपत में बन्दोबस्ती के हाकिम को छोटे मालिकान की कड़ी मुख़ालिफ़त झेलनी पड़ी। उसने लिखा है : 'उन्होंने दोबारा बन्दोबस्त की सम्भावना को भाँपकर अपनी सारी बेहतरीन खेतियाँ तबाह कर दीं।'[13] ऐसे छोटे काश्तकारों के लिए हर बन्दोबस्त अनिश्चय से भरा होता था और इसलिए वे उसे शंका और आशंका की नज़रों से देखते थे। उनसे 'एक निश्चित हिचक' के बावजूद, औपनिवेशिक राजसत्ता की वज्रमुष्टिका ने ही बन्दोबस्त को स्वीकार कराया। बागपत और बड़ौत के हुक्मउदूली पर आमादा मालिकान के बारे में बोर्ड के निर्देश एकदम स्पष्ट थे—

अगर ज़मींदार या काश्तकार पट्टा लेने से इनक़ार करें और अपनी

> दख़लदारी की ज़मीनों पर लगान की तयशुदा दरों की क़ुबूलियत न लिखें तो आप ऐसी ज़मीनें किसी भी ऐसे ज़मींदार या रैयत को दे दें जो उन पर काश्त करने की ख़्वाहिश रखता हो, या उन्हें बंजर पड़ी रहने दें; दूसरी सूरत में बेदख़ल किए गए शख़्स को यह बात समझा दी जाए कि पट्टा के बिना ऐसी ज़मीन पर काश्त की गई तो पूरी उपज ज़ब्त की जा सकती है और उसे सरकार की तरफ़ से बेचा जा सकता है।[14]

इस तरह बन्दोबस्त की प्रक्रिया में एक प्रकार की राजनीतिक धमकी भी थी और राज्य की बल-प्रयोग की शक्ति का दावा भी मौजूद था। इसलिए लोकमानस पर इसके प्रभाव को सिर्फ़ आँकड़ों से नहीं नापा जा सकता। 1840 और 1850 के दशकों में मेरठ ज़िले के बागपत और बड़ौत इलाक़ों में इस प्रक्रिया के दौरान उपजे तनावों और दबावों का दस्तावेज़ों में भी कुछ प्रमाण मिलता है। इस प्रक्रिया में पुराने मालिकान से ज़मीन के छिन जाने की और सदियों पुराने सामुदायिक बन्धनों पर आधारित परम्परागत एकजुटतावाली पट्टियों में नीलामी में ज़मीन लेनेवाले 'अजनबियों' के आने की वास्तविक या यथार्थ धमकी भी पाई जाती थी, और कभी-कभी तो सचमुच ऐसा हुआ भी।[15] फिर भी ज़िले के जिन भागों पर मालगुज़ारी के निर्धारण की और मिल्कियत के अधिकारों के हस्तान्तरण की ऐसी कड़ी मार पड़ी उनमें से सभी ने ग़दर में एक समान या एक ही ढंग से भाग नहीं लिया। इससे पता चलता है कि वास्तव में कोई बग़ावत क्यों एक ख़ास इलाक़े में फूटती है और दूसरे में नहीं फूटती–इस बात को समझने के लिए आर्थिक हानि-लाभ के फ़ौरी सन्दर्भ से परे देखना ज़रूरी है।

शाहमल की बग़ावत एक मुक़ामी मुआमले के रूप में शुरू हुई। कहा जाता है कि बावली और बड़ौत गाँवों के लोग ही उस इलाक़े की जाट बिरादरी के एकमात्र ऐसे लोग थे जो अंग्रेज़ों के ख़िलाफ़ सक्रिय रूप से खड़े हुए। तो भी तीव्रता की दृष्टि से इस बग़ावत ने ऐसी अहमियत इख़्तियार कर ली कि इसे कमिश्नर को भी स्वीकार करना पड़ा : ज़िले के इस हिस्से में बग़ावत को बड़ौत का शाहमल ज़ारी रखे हुए है, और उसके ख़ास मददगार बगटा और सज्जा हैं...उनके साथ 60 देहाती आ मिले जिन्होंने अलग-अलग करके सरग़नों की क़तार को बढ़ाने से ज़्यादा कुछ नहीं किया।'[16] इन ग्रामीण नेताओं में एक बड़ी तादाद लम्बरदारों की थी। मिसाल के लिए क्रमशः जौहरी, जौरमावा और जाफ़रबाद के लम्बरदार जीरम, बदन और गुलाब शाहमल की बाग़ी फ़ौज के मुख्य कमानदार थे। बड़ौत के शोनसिंह और बुडसिंह जैसे लम्बरदार भी बाग़ियों से आन मिले। 60 नामज़द व्यक्तियों में से कम-से-कम 20 तो लम्बरदार थे जो शाहमल से आकर मिल गए। इनमें उस पट्टी के हिस्सेदार आसकरन और दोघौटा के हिस्सेदार हरजस भी थे जो शाहमल से मिल गए और जिन्होंने 'सिरदौह के तहसीलदार और दाहा गाँव पर हमला किया।' बड़ौत के हरगोपाल और सिरपल्ली के मेहरचन्द भी इसी तरह के लोग थे। लेकिन बाग़ियों का नेतृत्व सँभालनेवालों में कम सामाजिक रुतबेवाले लोग भी थे जैसे 'ढोकौली के एक मामूली जाट निवासी; श्यामसिंह के बेटे कल्लू और

दिलसुकली। इसी तरह कंधौरा के राजी और जेवाहनपुर के हरदयाल गूजर भी शाहमल के अनुयायी थे, लेकिन ऐसा नहीं लगता कि ये लोग लम्बरदार या हिस्सेदार रहे होंगे।'[17]

इस तरह शाहमल को इलाक़े के गाँवों के मुखियों और ज़मींदारों की हिमायत हासिल थी। 'लम्बरदार' शब्द का अर्थ गाँव का एक मुखिया है जिसके साथ मालगुज़ारी की वसूली के बारे में समझौता हुआ हो। वास्तव में एक बदले हुए सन्दर्भ में अनेक गाँवों के मुक़द्दम (श्रेष्ठ लोग) इसी तरह का काम करते थे। वे दूसरे हिस्सेदारों द्वारा चुने जाते थे और उन्हें मालगुज़ारी का एक हिस्सा वसूलने की छूट होती थी। राज्य उन्हीं के ज़रिए काश्तकारों से सम्पर्क करता था; कर्ज़े देता था और शिकायतें सुनता था। लेकिन दूसरे सभी छोटे मालिकान की तरह उनको भी मालगुज़ारी के कड़े तक़ाज़े तथा पैमाइश (सर्वेक्षण) और बन्दोबस्त के अमल झेलने पड़ते थे। ये समूह आर्थिक उन्नति और 'सीर' की ज़मीनों के हाथ से जाने की परस्पर-विरोधी सम्भावनाओं के बीच किस तरह पिसते रहते थे, इसे आसिया सिद्दक़ी ने दिखाया है। उनमें से बहुत से लोग ग़रीब थे या, ज़्यादा-से-ज़्यादा, बाक़ी काश्तकारों से थोड़ा सा ही ऊपर थे। दूसरी ओर मौक़ा मिलने पर वे लोग राज्य से अपने सम्बन्धों का इस्तेमाल अमीर बनने के लिए भी कर लेते थे।[18] बग़ावत के समय में राज्य के मालगुज़ारी के तक़ाज़ों और हस्तक्षेप से तंग आकर और अपनी महत्त्वाकांक्षाओं से प्रेरित होकर ये समूह शाहमल के साथ खड़े हो गए।

10 मई, 1857 को जब मेरठ में ग़दर का आरम्भ हुआ तो अंग्रेज़ों की सत्ता जल्द ही 'बड़ौत से पूरी तरह साफ हो गई।' इस समय 'अनेक काश्तकारों ने खेती छोड़कर लूटपाट शुरू कर दी और बहुत से पुराने मालिकान ने मौक़े का फ़ायदा उठाकर अपनी ज़मीनों पर क़ब्ज़ा कर लिया।' इस समय यानी 12 या 13 मई को 'ब्रिंज़ारा (बंज़ारा) व्यापारियों के एक बड़े दल पर हमला और लूटपाट' शाहमल की खुली बग़ावत का पहला कारनामा था। इसके बाद उन्होंने बड़ौत तहसील पर हमला करके उसे नष्ट कर दिया। इसके बाद वे दिल्ली के हुक्म से सूबेदार नियुक्त किए गए। उन्होंने मई और जून में अपनी स्थिति और मज़बूत बना ली जब बावली जैसे जाट गाँव अपनी पूरी खेतिहर आबादी के साथ उनसे आ मिले।[19] जब मेरठ जेल के क़ैदी उनसे आकर मिल गए तो उनकी ताक़त और बढ़ गई। एक अफ़सर ने उनकी शक्ति में बढ़ोत्तरी का बयान इस तरह किया है–

> शाहमल झट (!) ने...कुछ गुंडा तत्त्वों को जमा करके और दिल्ली के बाग़ियों की मदद पाकर धीरे-धीरे इतनी ताक़त बढ़ा ली कि बड़ौत तहसील पर हमला और लूटपाट कर बैठा, फिर उसने बागपत में जमुना पर नावों के पुल को तबाह किया; फिर दिल्ली के एक बाग़ी गिरोह की मदद से उसने बागपत के पुल को दोबारा तबाह किया जिसे जे. कैम्पबेल ने नए सिरे से बनवाया था और जिसकी रक्षा जीन्द के राजा की फ़ौज कर रही थी...आख़िर में, इन तमाम कामयाबियों के बाद उसने चौरासी देस कहे जानेवाले 84 गाँवों के बाशिंदों, ख़ासकर जाटों को सरकार की

> वफ़ादारी से गुमराह किया और *वह कुछ भी नहीं से कुछ अहमियतवाला बाग़ी बन बैठा,* रसद जमा करके दिल्ली के बाग़ियों को भेजने लगा तथा मुख्यालय की छावनी और मेरठ के बीच सीधे सम्पर्क को उसने तोड़ दिया, और जब उस पर हमला हुआ तो उसने पश्चिम और पश्चिमोत्तर के पूरे इलाक़े को बग़ावत पर आमादा करने की धमकी दी।

एक और अफ़सर ने उसके बारे में यूँ लिखा है : 'मव्वे कबीले का एक जाट, परगना बड़ौत का सूबेदार जिसे राजा की पदवी मिली थी।' इस परगने तथा यमुना के बाएँ किनारे पर बसे तीन या चार परगनों' पर उसकी अमलदारी के चलते ही...घेराबन्दी के दौरान दिल्ली की जनता और फ़ौजों के लिए जी सकना मुमकिन हुआ।'[20]

ये रिपोर्टें एक ऐसे स्थानीय नेता के महत्त्व को रेखांकित करती हैं जो वलीदाद ख़ान की तरह किसी ऊँचे कुल का नहीं था मगर फिर भी जिसने बग़ावत-विरोधी कार्रवाइयों में कुछ कम रुकावट नहीं डाली। बड़ौत तहसील और बागपत के बाज़ार की 'लूट और तबाही' उसकी बग़ावत का पहला कारनामा था; ये जगहें सत्ता और समृद्धि की सुस्पष्ट प्रतीक थीं। उसका यह काम किसी भी रूप में असाधारण नहीं था। लेकिन बहुत से दूसरे लोगों के मुक़ाबले उसकी शक्ति की पराक्षेत्रीय समझ ज़्यादा विकसित थी और उसने अपने इलाक़े से बाहर भी गठजोड़ किए। अपनी ओर से उसने दिल्ली के बाग़ियों से सम्पर्क करने के लिए दूत भेजे। बलूचपाड़ा के एक बलूच नबीबख़्श के बेटे अल्लादिया को शाहमल ने अफ़सर मुक़र्रर किया और दिल्ली भेजा कि अंग्रेज़ों के ख़िलाफ़ 'लड़ने के लिए मदद और आदमी ले आए।' बागपत के थानेदार वज़ीर ख़ान ने भी इसी मक़सद से बादशाह को एक अर्ज़ी भेजी थी। बागपत के नूर ख़ान का बेटा मेहताब ख़ान एक और सम्पर्क-सूत्र था। इन लोगों के 'दिल्ली में कुछ दोस्त थे और उन्होंने उसे बादशाह के आगे पेश किया और इन्हीं लोगों की कोशिशों से शाहमल को ऐसे व्यक्ति के रूप में पहचाना गया जो बाग़ियों के मक़सद को फ़ायदा पहुँचा सकता था।'[21] उसने अंग्रेज़ी फ़ौजों के सम्पर्क-सूत्रों को काटा, अपने इलाक़े के गाँवों को लामबन्द किया और दूसरे तरीक़ों से भी ख़ुद को दिल्ली के बाग़ियों के लिए अनिवार्य बना दिया जिनके लिए यह इलाक़ा रणनीतिक महत्त्व का पृष्ठक्षेत्र और रसद पाने का स्रोत बन गया। इसके बदले में बादशाह ने उसकी सत्ता को मान्यता और क़ानूनी वैधता प्रदान की। एक स्थानीय बाग़ी और बग़ावत के मुख्यालय दिल्ली के बीच स्थापित होनेवाले इन पराक्षेत्रीय सम्बन्धों के ख़तरे को डनलप ने भाँपा। उसने चिन्तित होकर लिखा भी है : 'अगर अपने दोस्तों की मदद करने और दुश्मनों को सज़ा देने के लिए कुछ ज़ोरदार क़दम नहीं उठाए जाते, व्यापक जनता पूरी तरह हमारा साथ छोड़ देगी; वे लोग जो अभी भी हमारे वफ़ादार हैं हमारी ज़ाहिरा उदासीनता से दुखी हो रहे हैं, और आज का ग़दर और बग़ावत एक क्रान्ति का रूप ले सकते हैं।'[22]

फिर भी इस इलाक़े के सारे गाँव शाहमल के साथ नहीं थे। जुलाई के मध्य में बग़ावत को कुचलने की कार्रवाइयों के शुरू होने से पहले विलियम्स ने रिपोर्ट दी कि

'कई एक जाटों ने ऐंलान किया है कि वे उसकी (शाहमल की) मदद नहीं करेंगे; उल्टे वे उसे पकड़वाने में मदद देंगे।'[23] डनलप ने एक राजपूत गाँव देवला और एक और गाँव बुरका का ज़िक्र किया है। ये दोनों ही 'अंग्रेज़ों के तरफ़दार' थे और इन पर शाहमल के हमले का ख़तरा था।[24] वास्तव में डनलप का एक स्वयंसेवी दस्ता जब 15 जुलाई, 1857 को शाहमल के ख़िलाफ़ हरक़त में आया तो देवला के एक राजपूत नवलसिंह ने मुख्य मार्गदर्शक और मुख़बिर का काम अंजाम दिया। देवला और हसौदा, दोनों ही गाँव सरकार को अपनी क़िस्तें देते रहे। शाहमल को यह बात बुरी लगी और उसने 3000 बाग़ियों का दल लेकर 'गाँव पर हमला और लूटपाट' का इरादा किया। वह अपने मंसूबे को पूरा करने के कितना क़रीब था, इसका पता अंग्रेज़ों को 17 जुलाई को लगा जब उन्होंने मुसलमान जुग्गरों के एक गाँव बुसौडा (बुसौड) पर हमला किया। वहाँ उन्हें 8,000 मन अनाज, गेहूँ और दाल 'दिल्ली के बाग़ियों के लिए एक बड़े गोदाम में जमा' मिले। इससे पिछली ही रात को यहाँ शाहमल आकर रुका था और बड़े मौक़े से भाग निकला था। सरकारी फ़ौजों ने सभी मर्दों को तलवार के घाट उतार दिया और सभी हथियारों को नष्ट कर दिया लेकिन 'दिल्ली से आए दो ग़ाज़ी (धर्मयोद्धा) एक मस्जिद में बन्द, हताश होकर लड़ते रहे।' लेकिन शाहमल की सत्ता इतनी व्यापक थी कि देवला के लोगों ने 'शाहमल के बदले के डर से' पकड़ी गई चीज़ों में से किसी भी चीज़ को हाथ लगाने से इनकार कर दिया।[25] फ़्रांसिस कोहेन का मुआमला अंग्रेज़ों के मददगारों के ख़िलाफ़ चुनिन्दा हिंसा का एक और उदाहरण है। कोहेन बेगम समरू का एक तहसीलदार था। वह 'एक ईसाई था' और उसने दिल्ली के कुछ भगोड़ों को पनाह देकर 'एक ईसाई का धर्म निबाहा था।' इसके लिए उसे गूजरों और शाहमल के अनुयायियों ने सज़ा दी। उन्होंने उसकी 'सात-आठ हज़ार रुपए की सम्पत्ति लूट ली', उसे क़ैदी बना लिया और '600 रुपए का जुर्माना लेकर छोड़ा।'[26]

यमुना नहर के किनारे सिंचाई विभाग के एक अधिकारी का बँगला था। शाहमल ने उसे 'अपने इंसाफ़ का दीवाने-आम' बना रखा था, और इस तरह उसने अपनी सत्ता चलाने के लिए सरकार के हुक़ूक़ हड़प लिए थे। उसने जासूसों का एक समानान्तर ढाँचा खड़ा कर रखा था जिसकी प्रशंसा करते हुए डनलप तक को लिखना पड़ा था कि 'सभी मौक़ों पर बाग़ियों को प्राप्त उत्तम सूचनाओं से साबित होता है कि जो लोग बग़ावत के लिए वचनबद्ध न थे उनके बीच भी उनके अनेक साथी थे।'[27] जैसा कि हमने कहा है, बुसौढ़ पर एकाएक हुए एक हमले के समय शाहमल बचकर निकलने में कामयाब रहा था। उसकी मौत के बाद 'उसके बदन से सालिकराम और लालमुनि का लिखा एक पत्र मिला था'; पैंगा गाँव में इन लोगों के अविभाजित हिस्से थे। ज़ाहिरा तौर पर इन लोगों ने बाग़ियों के ख़िलाफ़ जल्द शुरू होनेवाली कार्रवाई की चेतावनी दी थी तथा 'मेरठ में...प्राप्त' सूचना के आधार पर फ़ौज की ताक़त के ब्यौरे भी दिए थे। ये लोग पकड़े गए और जासूस होने के नाम पर फाँसी चढ़ा दिए गए। कमिश्नर लिखता है : 'मजिस्ट्रेट के इर्द-गिर्द मँडरानेवाले इन ग़द्दार बाग़ियों और जासूसों को शाहमल पर होनेवाले हमले

का तथा भेजे जानेवाले दस्ते की तादाद का पता चल गया और उन्होंने यह ख़बर उसे भेज दी। नतीजा यह निकला कि 129 लोगों के छोटे से दस्ते को घंटों हज़ारों लोगों से लड़ना पड़ा और सिर्फ़ भरपूर पक्के इरादे ने ही इस दस्ते को तबाह होने से बचाया। जासूसों को सज़ा सुनाकर फाँसी दे दी गई।'[28] ज़िले की सत्ता के बिल्कुल केन्द्र में शाहमल ने ऐसे ही 'एजेंटों' की मदद से अपना संगठन खड़ा किया था। जैसा कि डनलप ने बाद में लिखा था, अंग्रेज़ों के ख़िलाफ जनता को लामबन्द करने के लिए ये लोग रात के अँधेरे में गाँव-गाँव घूमते रहते थे।[29] ये लोग व्यवहार में बाग़ियों की हुकूमत के बाज़ू का काम करते थे, दोस्तों और दुश्मनों में अन्तर करने में और दुश्मनों के हमलों से बचने में उसे मदद पहुँचाते थे।

दमन के दौरान सरकार ने यही 'उचित जाना कि ऐसे लोग जो दिल्ली और रूहेलखंड के बाग़ियों के साथ मिल गए और ऐसे लोग जो एक फ़ौजी बग़ावत के कारण कमज़ोर हो चुकी सत्ता और इलाक़े में प्रभुता के लिए ज़ारी मुक़ाबले का फ़ायदा उठाकर स्वतन्त्रता के लिए प्रयास करनेवालों के साथ जा मिले, उनके बीच अन्तर किया जाए।' अधिकारियों ने शाहमल और उनके अनुयायियों को बाद वाली श्रेणी में रखकर[30] उनकी बग़ावत का राजनीतिक चरित्र रेखांकित किया। 'फ़ौजी बग़ावत के कारण कमज़ोर पड़ चुकी सत्ता', 'प्रभुत्व के लिए ज़ारी मुक़ाबले' और 'स्वतन्त्रता के लिए प्रयास'–ये सभी हवाले बाग़ियों के दुश्मनों के नज़रिए और उनकी राजनीति के सूचक थे। डनलप जैसे होशियार प्रेक्षक ने स्वतन्त्रता के इन प्रयासों में ऐसे 'विभिन्न लक्षण' देखे जिनसे पता चलता था कि 'ज़िले के इस भाग की उपेक्षा के कारण बड़ी तेज़ी से यह विश्वास फैल गया था कि ब्रिटिश राज हमेशा के लिए ख़त्म हो चुका है'। फिर जिस समय दिल्ली के लिए लड़ाई ज़ारी थी और शाहमल को मदद देनेवाले दरबार की क़िस्मत हवा में लटकी हुई थी उस समय, डनलप के अनुसार, 'ज़िले की जनता यह जानने के लिए उत्तेजना से भरी हुई थी कि क्या *'उनका राज'* विजयी होगा या हमारा।'[31]

इन रिपोर्टों में 'उनका राज' और 'हमारा राज' के नाम से दो परस्पर-विरोधी सत्ताओं के बीच जो अन्तर किया गया है वह ऐसी सजगता दर्शाता है जो आर्थिक हानि-लाभ के गणित से परे जाकर शक्ति की धारणा से जुड़ी हुई थी। फिर भी इस संघर्ष के कुछ दूसरे पहलू भी हैं जिन पर ये आधिकारिक वक्तव्य ज़्यादा रौशनी नहीं डालते। शाहमल इन तमाम गाँवों के नेता बनकर उभरे तो कैसे ? इन देहातों में प्रभुत्व के लिए ज़ारी संघर्ष में उनका प्रभुत्व स्थापित कैसे हुआ ? ये ऐसे सवाल हैं जिन्हें कृषक विद्रोहों का कोई भी इतिहासकार अनदेखा नहीं कर सकता। दो इतिहासकारों–एरिक स्टोक्स और रणजीत गुहा–ने अपनी कृतियों में इनका जवाब देने की कोशिश की है।

शाहमल सम्बन्धी अपनी विवेचनाओं में ये दोनों ही विद्वान विद्रोह में एकजुटता के तत्त्वों और उनकी सीमाओं को रेखांकित करते हैं। स्टोक्स की राय में 'गुटबन्दी' इस एकजुटता की आधार थी। ये गुटबन्दियाँ इलाक़ा और नातेदारी पर आधारित इकाइयों से बनीं। मिसाल के लिए तप्पा और खप जिनमें से कई तो एक-दूसरे के जानी दुश्मन

थे। इस तरह बड़ौत सलकलाईं जाटों का गढ़ था जो शाहमल और सूरजमल के नेतृत्व में वास्तव में पड़ोस के घटवाल जाटों के साथ अपनी पुरानी दुश्मनियों को नए सिरे से उभार रहे थे। स्टोक्स के विचार में कुल और इलाक़े के ऐसे सम्बन्ध और साथ ही, पुरानी दुश्मनियों की परम्परा ने अनेक गाँवों की लामबन्दी में शाहमल की सफलता में मूल योग दिया।[32] गुहा का तर्क है कि ग़दर से जिन बड़े-बड़े कृषक विद्रोहों का आरम्भ हुआ उनसे 'बाग़ियों की लामबन्दी में एक सकारात्मक कारक के रूप में क्षेत्रीयता की भूमिका' स्पष्ट रूप से सामने आई। उनकी राय में क्षेत्रीयता की धारणा में भौगोलिक और सामाजिक, दोनों ही प्रकार के स्थल (स्पेस) शामिल हैं। वे अनेक दृष्टान्त देते हुए बाग़ियों के हमले के लक्ष्यों के स्थानीय आयामों पर ज़ोर देते हैं। बग़ावत का यह स्थानीय चरित्र अंशतः 'विशेष नृजातीय जनता के विद्रोह' से भी पुष्ट हुआ। किसी विशेष क्षेत्र में जातियों और वंशों के वितरण की प्रकृति ही उस विद्रोही आन्दोलन को फैलाने और साथ ही उसे किसी विशेष इलाक़े या विशेष जातियों तक सीमित रखने में सहायक होती थी। वे शाहमल का उदाहरण एक विशिष्ट गूजर विद्रोह के रूप में देते हैं जिसने 'उत्तर प्रदेश के इस पश्चिमोत्तर ज़िले को झकझोरकर रख दिया।' 'क़ानून और व्यवस्था के पक्ष का खुलकर समर्थन करनेवाले जाट गाँवों पर उनके हमले गुहा के अनुसार उसके विशिष्ट गूजर चरित्र को रेखांकित करते हैं।[33]

इन दोनों तर्कों में काफ़ी सच्चाई मौजूद है। वास्तव में ग़दर के दौरान इस इलाक़े में जाटों और गूजरों के बीच तीखी लड़ाइयाँ हुईं और इसी दुश्मनी ने एक सीमा तक सरकार से वफ़ादारी या दुश्मनी का निर्धारण किया। मेरठ छावनी से कोई सोलह मील दूर स्थित गूजर गाँव सीकरी ने विद्रोह में सक्रिय भाग लिया और दूसरे गाँवों के इलाक़ों पर क़ब्ज़ा करना शुरू कर दिया। तीन गूजर गाँवों अर्थात सीकरी, नगला और देवसा की मिली-जुली फ़ौजों ने एक जाट फ़ौज को हराया जो 'अपनी रक्षा करने के मक़सद से बेगमबाद नामक एक अहम गाँव और बाज़ार में जमा होने लगी थी।' यह घटना 8 जुलाई की है जबकि 'वफ़ादार' जाटों की रक्षा के लिए सरकारी फ़ौजें नहीं पहुँची थीं। गूजरों की जीत हुई तो इसलिए कि वे 'बेहतर ढंग से हथियारबन्द थे, उनमें आपसी फूट कम थी और हिंसा की कार्रवाइयों की उन्हें अधिक मशक थी,'[34]

वंश-आधारित सहयोग और शत्रुता का यह एक स्पष्ट उदाहरण है, लेकिन शाहमल की लामबन्दी इन निष्ठाओं से परे थी। हालाँकि वे ख़ुद जाट थे तथा उनके रिश्तेदार ही उनके उत्तराधिकारी और दूसरी क़तार के नेता थे, मगर फिर भी गूजर उनके साथ खड़े हुए। उनकी फ़ौज में अनेक जातियों के ग्रामीण थे। वास्तव में बग़ावत-विरोधी फ़ौज के मुखिया डनलप के लिए तो यह तय करना भी मुश्किल हो गया कि इस इलाक़े का कोई गाँव, उसकी जातियाँ दोस्त हैं या दुश्मन। मिसाल के लिए चौपाड़ा और जाफ़रबाद दो दुश्मन गाँव थे और दोनों ही उसकी फ़ौजों के पहुँचने से पहले वीरान हो चुके थे, और इनमें क्रमशः टागा ब्राह्मणों और मुसलमान जग्गरों की आबादी थी। बुसौड़ा जहाँ शाहमल का अनाज का गोदाम था, जग्गरों का गाँव था। बिचपुरी नाम के 'एक

गूजर गाँव ने शाहमल की सारी दुष्ट हरकतों में सक्रिय रूप से भाग लिया था।' डनलप ने एक सिपाही का ज़िक्र किया है जो अपने रिसाले से इसलिए भागकर शाहमल की फ़ौज में जा मिला कि वह मुसलमान था।[35] इसी तरह अहिहरा नाम के गूजर गाँव के लोगों ने कोहेन पर हुए हमले में खुलकर भाग लिया, तथा बड़ौत और बागपत की लूट और एक महत्त्वपूर्ण पुल की तबाही समेत शाहमल की तमाम कार्रवाइयों में सक्रिय रूप से उसकी सहायता की।[36] सूरजमल ने सिरसल्ली नाम के जाट गाँव से मदद माँगी जबकि कहा जाता है कि मुल्लरपुर के जो बाग़ी शाहमल से आ मिलने के इच्छुक थे, उनका नेतृत्व 'एक बूढ़ा, सफ़ेद दाढ़ीवाला सिख' कर रहा था।[37]

इन व्यापक एकजुटताओं के तर्कशास्त्र को समझने का एक सूत्र हमें 'चौरासी देस' की धारणा में मिल सकता है–शाहमल के सन्देशों में इस शब्द का ज़िक्र बार-बार आया है। विलियम्स ने 'चौरासी देस कहलानेवाले चौरासी गाँवों के निवासियों, और मुख्य रूप से जाटों को सरकार की निष्ठा से विमुख करने' के बारे में बाग़ी नेता के एक प्रयास का ज़िक्र किया है। बुरका गाँव के निवासियों ने डनलप को 'जितनी तेज़ी से हो सके, भागने' की राय दी क्योंकि 'शाहमल पूरे चौरासी देस को अपने साथ ला रहा था'। जिस दिन स्वयंसेवी दस्तों से शाहमल का घातक मुक़ाबला हुआ उससे पहलेवाली रात के बारे में कहा जाता है कि उसके दूतों ने 'चौरासी देस के हर गाँव को छान मारा, जो भी लोग हथियार उठा सकते थे उनसे अपनी मदद करने को कहा और ऐलान किया कि कल शाहमल अपने इलाक़े पर हमला करनेवाले इन ललमुँहों का सामना करके या तो पूरे दस्ते को ख़त्म करेंगे या इस कोशिश में खुद स्वर्गवासी हो जाएँगे।' उनकी मौत के बाद सज्जाराम ने 'चौरासी देस' के जाटों को लामबन्द करने की कोशिश की; और डनलप ने भी 'चौरासी देस' के ही सारे लोगों के नाम अपनी घोषणा की कि वे समर्पण कर दें।[38] इस तरह विद्रोह और विद्रोह का विरोध, दोनों के सन्देश एक ही मीटरबैंड पर भेजे जा रहे थे।

चौरासी देस हमें बाग़ियों की सोच की एक दुर्लभ झलक प्रदान करता है। 'चौरासी' से तात्पर्य एक ऐसे इलाक़े से है जिसमें इतनी ही संख्या में गाँव एक विशेष क़बीले के अन्तर्गत हों।[39] इस धारणा का सम्बन्ध उत्तर प्रदेश के जाटों या दूसरी जातिवालों के गोत्रों की आबादियों से तथा उनमें नातेदारी के सम्बन्धों के फैलाव से है। सम्भव है कि इस धारणा का जन्म किसी क्षेत्र विशेष में मूल गाँवों के टोलों के बनने से तथा प्रसार के समय विशेष गोत्रों के कनिष्ठ सदस्यों द्वारा इन टोलों की स्थापना से हो। मेरठ में जाटों के सभी प्रमुख गोत्र जैसे घटवाल, बलियान और सलकलाईं 84 गाँवों पर आधारित एक क्षेत्र का दावा करते थे। उस इलाक़े की निशानदेही पहले तो खप करते हैं। खुद खप कई गाँवों की एक इकाई होता है, जिनमें से अधिकांश गाँव मूल निवासियों के साझे वंशज होने का दावा करनेवाले व्यक्तियों के माध्यम से आपस में जुड़े होते हैं। ऐसे वंशज-समूह वंशों के आधार पर अपने-अपने 'ठोक' का निर्माण करते हैं और मिल्कियत के अधिकारों का हस्तान्तरण अपने तक ही सीमित रखने का प्रयास करते हैं। जब ये 'ठोक' साझी कार्रवाई के लिए खुद की एक परिषद बनाते हैं

तो ये खप का रूप ले लेते हैं। खप का नाम प्रभुत्वशाली जाति या गोत्र के नाम पर होता है लेकिन जब कोई साझा फ़ैसला लेना हो तो गाँव के दूसरे गोत्र भी अलग नहीं रखे जाते। *खप गनवंड* जैसी छोटी इकाइयों में भी विभाजित हो सकता है। लेकिन उसका अधिकार-क्षेत्र चौरासी गाँवों तक फैला होता है हालाँकि व्यवहार में गाँवों की वास्तविक संख्या इससे कम भी हो सकती है। मिसाल के लिए बलियान खप का अधिकार-क्षेत्र सिर्फ़ 54 गाँवों तक सीमित था; 24 गाँव पठानों द्वारा उजाड़े और 'जीते जा चुके' थे। फिर भी इस इलाक़े को बलियान खप का 'चौरासी' ही कहा जाता था। गोत्र की आबादी अगर क्षेत्रीय प्रसार के संगत थी तो इसी तरह थी।

लोकस्मृति में चौरासी देस की धारणा का बने रहना भी इतनी अहम बात है। मिसाल के लिए पंडित काहा रामभट ने 18वीं सदी में इसी क्षेत्र के गाँवों का जो वृत्तान्त लिखा था उसमें बाहरी तत्त्वों के ख़िलाफ़ राजनीतिक कार्रवाई तथा दिल्ली सल्तनत के समय से राज्य के दमन के विरोध को अक्सर खप परिषद की बैठकों के लिए किए गए फ़ैसलों का नतीजा बताया गया है। इस वृत्तान्त में बड़ौत का ज़िक्र बार-बार और ऐसे स्थान के रूप में आया है जहाँ पंचायत आपस में फ़ैसला लेती थी और सभी गोत्र और गाँव उसका पालन करते थे। बावली और सिरसौली ऐसे ही दूसरे गाँव थे जहाँ ऐसी ही परिषदें सुलतानों और मुग़ल शासकों के ख़िलाफ़ कार्रवाई के फ़ैसले लेती थीं। इस वृत्तान्त की विश्वसनीयता चाहे जितनी हो, यह बात अपनी जगह रहती है कि 18वीं सदी के अन्तिम वर्षों तक इस इलाक़े के जाट खप जैसी राजनीतिक इकाइयों के नज़रिए से ही सोच-विचार करते थे और अतीत की साझी कार्रवाइयों का बयान भी इसी नज़रिए से करते थे। इस वृत्तान्त में जिन गाँवों को प्रमुखता मिली है वे ही बग़ावत के भी प्रमुख केन्द्र थे। 1830 के दशक में जाट और राजपूत समुदायों में इलियट ने चौरासी देस के अस्तित्व को 'लगभग उनकी आदिम एकजुटता' में देखा था। उसने यह स्वीकार किया था कि 'पगड़ी पहनाने की रस्म' देस के सदस्यों के द्वारा खप-प्रमुखों को प्रतिष्ठा और सम्मान दिए जाने का एक अहम साधन थी। आगे चलकर, बग़ावत के कई दशक बाद, दूसरे प्रशासकों ने भी ऐसे विशिष्ट क्षेत्रों की धारणा के अस्तित्व को स्वीकार किया जिन्हें जाट देस कहते थे। इसीलिए हमलावरों से चौरासी देस की रक्षा के बारे में शाहमल की अपील वंश और परम्परा, दोनों पर आधारित थी ताकि उनके इलाक़े की जनता उसे समझ सके। कारण कि ये लोग उपनिवेश-पूर्व काल में भी राज्य के ख़िलाफ़ साझी कार्रवाई की परम्परा से परिचित थे। इसीलिए उस बाग़ी नेता ने इलाक़ाई विशिष्टता की लोकस्मृति का सहारा लेकर इस इलाक़े पर अपनी सत्ता का दावा किया और यह दावा परम्परा-सम्मत था। और इसी हिसाब से अंग्रेज़ी फ़ौज को ऐसे हमलावर ('ललमुँहे हमलावर') कहा गया जो चौरासी देस की, उनके पूर्वजों और उनके गोत्र की भूमि की मर्यादा का हनन कर रहे थे।

हमारी विवेचना से यह बात स्पष्ट है कि बग़ावत के लिए होनेवाली लामबन्दी के अनेक स्तर थे। एक प्रारम्भिक स्तर पर सगोत्रीय बस्तियों के रूप में संगठित एक

समुदाय की धारणा तथा इस क्षेत्रीय इकाई में विजातीय सत्ता के अतिक्रमण के प्रति घृणा विद्रोही सत्ता के दायरे का निर्धारण करती है। लेकिन यह दायरा सिर्फ़ एक भौगोलिक धारणा नहीं है। यह लोक-चेतना में निहित थी जो गोत्र की स्मृति और उसके इतिहास से सहारा पाती थी, और विद्रोहियों ने इसी का नाम लेकर अपनी अपील की। लेकिन इस तरह की लामबन्दी में यह क़तई यक़ीनी नहीं था कि खप का हर गाँव विद्रोह में शामिल होगा। जैसा कि हम ऊपर देख चुके हैं, बुसौडा से बच निकलने के बाद शाहमल ने 'गाँव-गाँव को उभार कर' अपनी फ़ौज जमा की और कहा जाता है कि साठ गाँव 'अलग-अलग करके' उनकी फ़ौजों में शामिल हुए (हालाँकि दिल्ली के पतन के बाद जैसे ही अंग्रेज़ों की जीत होती दिखाई देने लगी, इनमें से अनेक अलग भी हो गए।) लेकिन शाहमल के अपने गाँव के दूसरे ठोक अलग ही रहे। विद्रोह-विरोधी कार्रवाइयों के दौरान डनलप ने पाया कि जहाँ कुछ गाँव दुश्मन थे तो दूसरे गाँव ढुलमुल या दोस्त थे।[40] मसलन उसने पाया कि देवला और हसौढ़ा इतने दब्बू थे कि मालगुज़ारी की बक़ाया क़िस्तें उन्होंने दे दीं, जबकि बुलैनी गाँव अगर-मगर करता रहा। गूजरों का गाँव बिचपुरी जिसने 'शाहमल के तमाम नापाक कामों में सक्रिय भाग लिया था', इतना दुश्मनाना समझा गया कि उसे तबाह कर दिया गया। इसी तरह जहाँ बुरका गाँव अंग्रेज़ों का दोस्त था वहीं पड़ोस के गाँव मनीघाट का सलूक 'जहाँ शाहमल और उसके कुछ ख़ास डकैत जमा हुए थे', निश्चय ही दोस्ताना नहीं था। इस तरह गुटबन्दी, दुश्मनी, गोत्र या जाति जैसा कोई भी अकेला कारक बग़ावत की लामबन्दी में पाए जानेवाले भेदों की व्याख्या नहीं कर सकता। इस लामबन्दी को समझने के लिए ज़रूरी है कि खुद भागीदारों के अपने नियम-क़ायदों की और उन नियम-क़ायदों के दायरे में प्रतीकात्मक सम्बन्धों में होनेवाले रूपान्तरणों की दृष्टि से, टकरावों और गठजोड़ों के बारे में उनकी अपनी समझ का ध्यान रखा जाए।

दिल्ली की सत्ता इसी के ऊपर आरोपित की गई। यह बात सुविदित है कि जाट गोत्र पहले दिल्ली की सत्ता से तालमेल के प्रयास करते रहे थे। हमारे उदाहरण में शाहमल और दिल्ली की बाग़ी फ़ौज, दोनों को एक दूसरे की ज़रूरत थी। हरेक को दूसरे की ताक़त और अहमियत का पता था। और विदेशी राज के प्रति अपार घृणा एक और परत थी। मेरठ के कमिश्नर ने यह बात देखी और समझी कि शाहमल की मौत के बाद भी उसके कुछ अनुयायी किस तरह 'हमारे प्रति अपनी पक्की दुश्मनी' का इज़हार करते रहे और किस तरह 'हमसे अपनी नफ़रत का इज़हार करने के लिए' वे 'पक्की सड़क को फ़िरंगी संस्था' समझकर उसे खोदते और उस पर हल चलाते रहे। दूसरी ओर, स्टोक्स के अनुसार, लागोश्वर के जाट और खैर के चौहान राजपूत आपस की परम्परागत शत्रुता के बावजूद 'ब्रिटिश राज के प्रति अपनी नफ़रत के कारण' एक हो गए।[41] यह नफ़रत एक ऐसा सूत्र थी जो शाहमल की बग़ावत में बराबर बनी रही और उसकी मौत के बाद होनेवाली घटनाओं से और भी स्पष्ट रूप से सामने आई।

दिल्ली को कमज़ोर करने के लिए शाहमल को खत्म करना ज़रूरी था। सरकार

ने 'शाहमल की गिरफ़्तारी या सर पर 1,000 रुपए का इनाम देने का वादा किया था।'[42] जुलाई में उनके ख़िलाफ़ होनेवाली कार्रवाई को 'सात हज़ार की भारी हथियारबन्द भीड़' के कड़े प्रतिरोध का सामना करना पड़ा। इस घटना के चश्मदीद गवाह एक अधिकारी को तो ऐसा लगा गोया 'पूरा इलाक़ा उठ खड़ा हुआ हो : गाँववालों को जमा होने का सन्देश देनेवाले नगाड़े चारों तरफ़ बज रहे थे और लोगों के झुंड आगे बढ़ते नज़र आ रहे थे...।' इन कार्रवाइयों का नेतृत्व करनेवाला डनलप 'काले डगलस शाहमल' से दूर भाग खड़े होने पर मजबूर हो गया और उसने चिढ़कर लिखा कि 'ये देहाती तादाद में चाहे जितने हों, उनसे भाग खड़ा होना उसकी गरिमा पर चोट था', कारण कि 'हिन्दुस्तानी भाषा जिस अलंकारशास्त्र से समृद्ध है उसके कुछेक फूल [यानी माँ-बहिन की बेहतरीन गालियाँ]...शाहमल के आदमियों ने कृपा करके मेरी ओर फेंके।' वह शाहमल के भतीजे भगता के हमले से बाल-बाल बचा, और बड़ौत तक उसका पीछा किया जाता रहा। वहाँ बड़ौत के दक्षिण में स्थित एक बाग में ख़ाकी रिसाला (अर्थात स्वयंसेवक दस्ता) और शाहमल के अनुयायी घमासान युद्ध लड़ते रहे जिसमें शाहमल मारे गए।[43] शाहमल को मारनेवाले सैनिक ने इसका एक सजीव वर्णन किया है–

> मैंने दूर भालों से लैस दो घुड़सवारों को देखा जो हमसे बकटुट भागे जा रहे थे। मैंने अपने घोड़े को एड़ लगाई और दो मिनट पीछा करने के बाद उनको जा पकड़ा। मेरे पासवाले घुड़सवार ने, जिसे मैंने कभी सपने में भी नहीं सोचा था कि शाहमल होगा, अपनी तलवार नीचे गिरा दी मगर भाला अपने पास रखा; उसकी पगड़ी का सिरा भी ज़मीन पर घिसट रहा था।

उस सैनिक ने शाहमल की पीठ में दो बार गोली मारी। 'लेकिन जब मैं सोच भी नहीं सकता था कि वह उठ खड़ा होगा, पल भर में सँभलकर उसने मुझे बदतर हालत में घेर लिया और मुझे दो जगह घायल कर दिया।' उसका दूसरा वार घातक भी हो सकता था 'बशर्ते वह मुझ पर जब भरपूर वार कर रहा था तभी मैंने उसके भाले को थाम नहीं लिया होता; इसी वक़्त अज़ीम बेग सवार आगे बढ़ा और उस पर अपने भाले का वार किया जिससे वह चकराकर और सवार को गालियाँ देता हुआ गिर पड़ा।'[44] शाहमल के जिस्म को बोटी-बोटी कर दिया गया और उन्हें पहचाननेवाले पार्कर के हुक्म पर उनका सर काट लिया गया।

बाग़ी नेता शाहमल का सर अब एक प्रतीक बन गया। अंग्रेज़ों के लिए यह एक बड़ी जीत थी और इस जीत का प्रदर्शन ज़रूरी था। उनकी फ़ौज शक्ति और सत्ता के दो प्रतीक लिए इस इलाक़े से गुज़री। डनलप लिखता है–

> हम स्वयंसेवकों के झंडे के रूप में एक छोटा सा रेशमी यूनियन जैक साथ लेकर चले और इस मौक़े पर एक-एक लम्बे भाले पर टँगे शाहमल के सर के रूप में एक विजयचिह्न भी। देहातों के जो लोग उस बूढ़े उजड्ड के तीखे नाक-नक्श को अच्छी तरह जानते थे उनको यह जताने के लिए उनका नेता सचमुच मर चुका था, यह चिह्न आवश्यक था।[45]

बाग़ियों के लिए शाहमल का सर विद्रोह का प्रतीक और सम्मान की अलामत था। ''शाहमल के सर को वापस पाने के लिए राजपूतों और दूसरे लोगों के सोचे-विचारे हमलों की इक्का-दुक्का रिपोर्टें' भी मिलीं। डनलप की फ़ौज के लिए सूरजमल और भगता के नेतृत्ववाले बाग़ियों से लगातार ख़तरा बना हुआ था; ये लोग पूरे देहात को उभार रहे थे। डनलप लिखता है : 'मावी जाटों की एक बड़ी भीड़ ने नदी के घाट तक हमारा पीछा किया उनको आशा थी कि हमसे शाहमल का सर वापस ले लेने का मौक़ा उन्हें मिलेगा।' बाग़ी मारा गया मगर बग़ावत ज़ारी रही। शाहमल के उत्तराधिकारियों ने समर्पण करने से इनकार कर दिया तथा मुज़फ़्फ़रनगर, रुहेलखंड और अवध के बाग़ियों से जा मिले।

3. देवीसिंह

देवीसिंह मथुरा के तप्पा राय के एक ग्रामीण विद्रोही थे और उनके प्रमुख शत्रु यानी मथुरा के मजिस्ट्रेट मार्क थॉर्नहिल ने उनकी जीवनी भी लिखी। थार्नहिल ने यह जीवनी भावी पीढ़ियों के लिए 'उस समय की देसी आदतों और देश की दशा के दृष्टान्तस्वरूप' लिखी थी। लेकिन ऐसे जीवनी-लेखक से भी ग्रामीण विद्रोही के राजनीतिक निहितार्थ पूरी तरह छिपे हुए नहीं रहे। थॉर्नहिल लिखता है : 'देवीसिंह का जीवन बहुत छोटा था और घटनाओं की दृष्टि से अपेक्षाकृत बेतुका था; यह कुछ और भी हो सकता था। ऐसी ही मामूली शुरुआतों से भारत में राजवंश स्थापित होते रहे हैं। वह चौदह गाँवों का मालिक था। रणजीत सिंह ने अपनी विजय-यात्रा केवल 25 गाँवों की आधिपत्य से शुरू की थी।'[46]

देवीसिंह का संक्षिप्त और 'बेतुका जीवन' हमारे लिए महत्त्वपूर्ण है क्योंकि उनके विद्रोह में किसी बाहरी शक्ति का दख़ल या योगदान नहीं था। यह पूरी तरह एक छोटे से इलाक़े के किसान समुदाय का मुआमला था। राय जो 1860 तक परगना माट में शामिल था, फिर परगना महाबन में आया, अनेक गाँवों के केन्द्र में स्थित एक व्यस्त बाज़ारी क़स्बा था। यहाँ की ज़िन्दगी इलाक़े में आम जाट ढर्रे की थी। ख़ुद राय में कोई खेती-योग्य ज़मीन नहीं थी। लेकिन इसे 'कम-से-कम 21 जाट गाँवों का मान्यता प्राप्त केन्द्र' माना जाता था 'जो इससे उत्पन्न हुए थे।' क़स्बे का नाम ही उसके संस्थापक रायसेन के नाम पर पड़ा था जो गोधा गोत्र के जाटों के पूर्वज थे। इसी गोत्र के जाट इस इलाक़े के प्रभुत्वशाली काश्तकार थे।[47]

टप्पा राय में सत्ता का सबसे स्पष्ट प्रतीक एक पुराना सा क़िला था जिसे जमशेर बेग ने बनवाया था, और 19वीं सदी के आरम्भ में उसकी मरम्मत हाथरस के ठाकुर दयाराम ने कराई थी। इस इलाक़े पर 1817 में अंग्रेज़ों के क़ब्ज़े के साथ ही यहाँ से दयाराम का नियन्त्रण समाप्त हो गया। फिर भी उनके परिवार का प्रभुत्व इस क्षेत्र में बना रहा और 1857 में उनके बेटे ठाकुर गोविन्दसिंह की वफ़ादारी के चलते यह परिवार

काफ़ी हद तक अपनी प्रतिष्ठा वापस पाने में सफल रहा।[48] ग़दर के समय टप्पा राय में एक पुलिस थाना था और एक तहसील थी। लेकिन इससे भी अहम बात यह थी कि यहाँ बनियों का वर्चस्व था। जानकीप्रसाद, जमुनाप्रसाद, मतिलाल और किशनदास इस क़स्बे में रहनेवाले प्रमुख महाजन थे। उनके 'हवेलियों जैसे मकान इस स्थान के सबसे शानदार भवन थे' और 'आम और जामुन के पेड़ों का बड़ा बाग़ जो 22 बीघा के रक़्बे में था और टप्पे की शोभा था, किशनदास का लगवाया हुआ था।' बग़ावत के ठीक पहले प्रमुख महाजनों की जो सूची बनाई गई थी उसमें सबसे ऊपर गोकुलदास सेठ का नाम था जो राय में रहते थे। इस इलाक़े के उभरते हुए बनिया परिवार के मुखिया नन्दराम भी यहीं रहते थे।[49]

राय के इर्द-गिर्द का इलाक़ा बड़ौत जितना उपजाऊ नहीं था। मिट्टी कई तरह की थी और सिंचाई नहरों की बजाय कुँओं से की जाती थी।[50] खेती पर निर्भर आबादी में सबसे बड़ा समूह जाटों का था। टप्पा राय और उसके गाँव जिस महाबन परगना में आते थे उसमें 1870 के दशक में 22 प्रतिशत सीर ज़मीन के काश्तकार जाट थे और 35 प्रतिशत पर दखली और ग़ैरदख़ली लगानदार (टेनेंट्स-ऐट-विल) खेती कर रहे थे। मालिक और लगानदार जाट कुल मिलाकर 58 प्रतिशत ज़मीन के काश्तकार थे। हर गोत्र एक सुगठित क्षेत्र में बसा हुआ था : राय की जोतें सांख में, दुसार की जोत सोनई में और गोढ़े की जोतें राय में थीं।

गाँव के बसने का इतिहास और जोतों की प्रकृति के ही कारण समुदाय और गोत्र सम्बन्धी भावनाएँ मज़बूत थीं। एक बन्दोबस्त अधिकारी के शब्दों में, 'ऐसा लगता है कि सारे जाट बँटाईदार...वास्तव में या सिद्धान्त रूप में एक ही व्यक्ति के, अर्थात जागीर के मूल संस्थापक के वंशज हैं। जैसे-जैसे उसके वंशज बढ़े और मूल स्थान के इर्द-गिर्द खेती में बढ़ोत्तरी हुई, बँटाईदारों की नई बस्तियाँ अपने-अपने खेतों के आसपास बस गईं जो अपनी काश्त तो अलग कर बैठीं मगर पैतृक खेड़ा में जिनके हिस्से फिर भी बने रहे।'[51] 'जाट जाति की यह प्रवृत्ति कि समुदाय के बढ़ने पर मूल गाँव की नई शाखाएँ स्थापित करें और साथ ही पैतृक में उनके हित यथावत बने रहें' जितनी राय और सोनई में स्पष्ट थी, उतनी कहीं नहीं थी।

राय में कुल 24 जागीरें थीं जिनमें कोई 12,000 एकड़ का रक़बा शामिल था। पुरानी बस्तियों के एक समूह में 14 गाँव आते थे जो चौदह तरफ़ कहे जाते थे। दूसरे गाँव इन्हीं की शाखें थे। पड़ोसी टप्पा सोनई और उसके क़स्बे अएरा खेड़ा के इतिहास की भी ऐसी ही विशेषताएँ थीं। यह 18 गाँवों का मान्यताप्राप्त केन्द्र था। इस खेड़ा की स्थापना नैनसिन (नैनसिंह ?) ने की थी, और पड़ोसी गाँव अपने-अपने नाम पर उनके बेटों और पोतों ने बसाए थे, और वे ही इन आबादियों के मालिक थे। लेकिन अएरा खेड़ा का बाज़ार गोत्र की साझी सम्पत्ति बना रहा और कोई भी नई दुकान खोलने के लिए उन सबकी सहमति आवश्यक थी। यह भी अनिवार्य था कि चैत के महीने में फूलडाल के त्यौहार के समय गोत्र के सारे सदस्य जमा हों। खेती-योग्य सारी ज़मीनों

पर जाटों के गोढ़ गोत्र के सदस्यों का क़ब्ज़ा था।[52]

इस तरह इस क्षेत्र में समुदाय या गोत्र की भावना भूस्वामित्व और सगोत्रीय वास की घनिष्ठ संगति से बल पाती थी। उसे परम्परा, स्मृति और रीति-रिवाज़ों से भी बल प्राप्त होता था। खेड़ा 'प्रायः एक निर्जन स्थल' होता था लेकिन 'फिर भी ऐसे गाँव के रूप में याद किया जाता था जिसने शाखों के रूप में अलग-अलग गाँवों को जन्म दिया था',[53] और यही एक साझी वंशावलि का सबसे स्पष्ट प्रतीक होता था; प्रभुत्वशाली गोत्र की साझी सम्पत्ति के रूप में उससे जुड़ा लगाव एक आदिम एकजुटता की अभिव्यक्ति था। हर क्षेत्र में एक प्रभुत्वशाली गोत्र होता था और वह एक स्थानीय गाँव या क़स्बे को अपने साझे पूर्वज द्वारा बसाए हुए स्थान के रूप में देखता था। इस तरह परम्परा और एक विशिष्ट गोत्र में सम्पत्ति के संकेन्द्रण ने मिलकर एक ऐसी चेतंना को जन्म दिया जो बग़ावत जैसी किसी सामूहिक कार्रवाई में व्यक्त हो सकती थी।

ज़मीन का बन्दोबस्त पूर्णरूपेण भैयाचारा का नमूना था। 1830 के दशक तक ये जागीरें अनेक छोटी-छोटी पट्टियों में बँट चुकी थीं और बन्दोबस्त अधिकारियों के लिए सबसे अधिक महत्त्व पट्टीदारों का था। 1830 के दशक तक भूसम्पत्ति छोटी-छोटी पट्टियों में विभाजित हो चली थी, और ये पट्टीदार ही अब बन्दोबस्त अधिकारियों के लिए सबसे अहम थे। पट्टीदारों में स्वामित्व के आधार पर भेद पाए जाते थे। कुछ के पास 500 बीघा से ज़्यादा ज़मीनें थीं तो दूसरों के पास 60 बीघा से ज़्यादा नहीं थीं।[54] लेकिन ग़दर से पहले के 20 वर्षों में पट्टीदारों और बिस्वादारों के सम्बन्ध तनावपूर्ण हो चुके थे। स्टोक्स का कथन है कि राज्य के मालगुज़ारी के तक़ाज़ों और बन्दोबस्त से जुड़ी प्रशासनिक व्यवस्थाओं ने ही इन तनावों को जन्म दिया था। मिसाल के लिए बन्दोबस्त का मक़सद हर हिस्सेदार के स्वामित्व का ठीक-ठीक निर्धारण करना था। फिर भी टप्पा राय और सोनई के लिए तैनात अधिकारी जे.जी. डीडिस ने अपने आला अफ़सरों के आगे यही दलील दी थी कि 'एक अविभाजित पट्टी या अविभाजित भूस्वामित्व' 'सम्पत्ति सम्बन्धी तमाम यूरोपीय धारणाओं के लिए चाहे जितना ही अजनबी हो', उसे 'खुद जनता अच्छी तरह समझती-बूझती थी' और इस कारण 'किसी परिवार को आपस में लड़वाना और उसकी पैतृक सम्पत्ति का बँटवारा कराना समाज के लाभ में नहीं हो सकता।' लेकिन बोर्ड ने इसी बात पर ज़ोर दिया कि अधिकारों को साझे स्वामित्व के रूप में, 'परिवार के प्रबन्धकर्ता और मुखर सदस्य के नाम से' दर्ज किया जाए। उसने गाँव की मापों को एक नए पैमाने में बदलने का भी फ़ैसला किया क्योंकि बोर्ड के विचार में ऐसा माप 'दुरुस्त और सबके लिए सन्तोषजनक' होता।[55]

बन्दोबस्त की प्रक्रिया के लोचहीन चरित्र को मालगुज़ारी के भारी तक़ाज़ों ने और भी बदतर बनाया। टप्पा राय के बन्दोबस्त पर अपनी रिपोर्ट में डीडिस ने 'अत्याकलन (ओवर-एसेसमेंट) का और फलस्वरूप गिरवी रखने के उदाहरणों का' हवाला दिया है 'जिसके बल पर सरकार का तक़ाज़ा पूरा किया जाता था।' अनेक दृष्टान्तों में तयशुदा मालगुज़ारी 'जागीर की क्षमताओं का ध्यान रखे बग़ैर' वसूल की जाती थी, और इसका

स्पष्ट परिणाम यह हुआ कि 'ज़मीन से मिल्की काश्तकार भाग खड़ा हुआ और अन्ततः सरकार का जो नुक़सान हुआ वह उस नुक़सान से कहीं बहुत ज़्यादा था जो समय पर राहत देने के कारण होता; अनेकों और बार-बार के हस्तांतरणों से व्यक्तियों के लिए पैदा होनेवाली मुसीबतों की बात का तो कहना ही क्या।'[56]

इसके अलावा डीडिस ने इस क्षेत्र में 1830 के दशक में मन्दी के चिह्न भी देखे थे। नील की खेती में बर्बादी होने के कारण नील के कारखानों से क़र्ज़ मिलने बन्द हो गए थे। कपास के दामों में भारी कमी आई, और वह 50 रुपए प्रति मन से घटकर 20 रुपये रह गया। डीडिस के अनुसार, 'गाँव के बोहरे ने पेशगी देना बन्द कर दिया और पूरा परगना तबाह-हाल दिखाई देने लगा।'[57] मन्दी का एक नतीजा तो यही हुआ कि कुँओं पर सिंचाई के लिए बुरी तरह निर्भर इस इलाक़े में कुँओं की तादाद में ख़ासी कमी आई–आगरा मंडल (और ख़ासकर मथुरा ज़िले) में यह कमी सीधे-सीधे, सूखे के कारण पानी की सतह के नीचे जाने से जुड़ी थी और साथ ही यह 'किसी भैयाचारा गाँव में बराबर के हिस्सेदार और ग़ैर-मिल्की लगानदार के हाथों में...साधनों के अभाव' से भी जुड़ी थी।[58] वास्तव में 1840 के दशक में 'अंशतः सूखे और अंशतः मालगुज़ारी के अति-निर्धारण के कारण' सोनई और राय के इलाक़े इस क़दर मन्दी के शिकार हुए थे कि टाइलर नाम के एक स्थानीय अधिकारी को सोनई में मालगुज़ारी के तकाज़ों में कमी और राय में उनमें संशोधन करना फ़ौरी तौर पर ज़रूरी महसूस हुआ। फिर भी इसी अधिकारी ने राय के 11 महालों में मालगुज़ारी की माँग को अपरिवर्तित रखा, बल्कि दो में उसने बढ़ोत्तरी भी की। कुल 19 महलों में से छः में ही थोड़ा सा संशोधन किया गया जिससे इसमें मात्र 2 प्रतिशत की कमी आई।[59] ग़दर के कुछ ही पहले थॉर्नहिल जब यहाँ पहुँचा तो वह यह देखकर प्रभावित हुआ कि 'सम्मानित और हीन, दोनों प्रकार के...देसी लोगों में' इस बात पर सहमति थी कि 'इस ज़िले का बन्दोबस्त बहुत ही सख़्त (था)।'[60]

इन हालात में हुआ यह कि कुछेक सूदख़ोर परिवारों के हमले के पहले, वर्षों के कालक्रम में, बाहरी लोगों के हाथों में अपने सदस्यों के मिल्कियत के अधिकारों के चले जाने के बारे में भैयाचारा समुदाय का परम्परागत प्रतिरोध धीरे-धीरे क्षीण पड़ गया। 1838 के अकाल के दौरान अनाज की बिक्री से दौलत कमानेवाला एक छोटा व्यापारी नन्दराम महाजनी लेन-देन के ज़रिए इस इलाक़े में घुसपैठ करनेवाले आरम्भिक व्यक्तियों में एक था। उसने माट में और साथ ही टप्पा राय के अनेक गाँवों जैसे अचरू, चूड़ा हाँसी, नागल, गोगू, ढाकू और थाना अमरसिंह में बहुत बड़े पैमाने पर जायदाद खड़ी कर ली। इसी तरह जगदीशपुर के ब्राह्मण परिवार के सदस्यों ने भी इस परगने में आकर तरक़्क़ी की; फेरीवालों के रूप में शुरुआत करके उन्होंने अपने जीवन में बड़ी-बड़ी जागीरें बनाईं। ये लोग पेशे से सूदख़ोर थे मगर इन्होंने 'उन ज़मीनों के बल पर ख़ासी बड़ी ज़ागीर खड़ी कर ली जो ज़्यादातर उनके पास रेहन के रूप में रखी गई थीं।' यही हाल गोखरौली के ब्राह्मण पचौरी खानदान का था जिसके सदस्य परगना महाबन के अनेक गाँवों के एकमात्र मालिक थे; दूसरी तरफ़ परगना के बाक़ी गाँवों में उनका एक

हिस्सा ज़रूर था, चाहे वह जितना ही छोटा हो। इस परिवार को तमाम ज़रूरी राजनीतिक सम्बन्धों का लाभ प्राप्त था। ये लोग परम्परागत रूप से तहसीलदार थे और उनका एक सदस्य, कल्याणसिंह, 1857 के दौरान 17वीं रेजिमेंट का रिसालदार मेजर था। जुगल किशोर नाम का बनिया सामाजिक प्रतिष्ठा में उनके बराबर न होते हुए भी क़स्बे के एक नील के कारख़ाने का मालिक था। 19वीं सदी के पूर्वार्ध में टप्पा राय के अनेक भैयाचारा गाँवों में मिल्कियत के अधिकार इन्हीं धन्नासेठों के पास पहुँचे। ढाकू की स्थापना ढोकल जाटों ने की थी और जाट ही यहाँ की प्रमुख काश्तकार जाति थे। लेकिन जमुनाप्रसाद ने मूल संस्थापक के वंशजों से गाँव की मिल्कियत के अधिकार ख़रीद लिए। नागल की स्थापना रामसिंह जाटों ने की थी मगर इसके जाट हिस्से को बनियों ने ख़रीदा। इसी तरह तिरवा और सारस बोहरों के हाथों में पहुँच गए। अचरू के हिस्से राय के दो बनियों नन्दकिशोर और जमुनाप्रसाद के हाथों में थे। अहम बात यह है कि ग़दर के दौरान इन गाँवों ने राय पर हमले में भाग लिया था।[61]

19वीं सदी के मध्य में प्रशासनिक कदमों ने भी रेहन और हस्तान्तरण की प्रक्रिया को कुछ कम आगे नहीं बढ़ाया। इन भैयाचारा गाँवों में पहले रेहन के बाक़ायदा दस्तावेज़ नहीं लिखे जाते थे, भाई खाता में उनके दर्ज होने को पर्याप्त माना जाता था। रकम के अदा कर दिए जाने के बाद गवाहों की मौजूदगी में इस इन्दराज को भी काट दिया जाता था। गिरवी छुड़ाने की भी कोई सीमा नहीं होती थी : 'सौ साल से भी ज़्यादा अर्से से गिरवी रखी गई ज़मीन वैसे ही छुड़ाई जाती है जैसे सिर्फ़ एक साल से गिरवी रखी ज़मीन छुड़ाई जाती है।'[62] लेकिन ग़दर के कुछ ही पहले इस प्रथा को समाप्त करने के लिए क़ानून लाया गया और किसी डिगरी के पंजीकरण से पहले हस्तान्तरण और गिरवी का पंजीकरण करने के बारे में एक नियम बनाया गया ताकि उसे अदालत में एक वैध दस्तावेज़ के रूप में स्वीकार किया जा सके। जैसी कि विंगफील्ड ने भविष्यवाणी की थी, इस क़ानून ने सूदख़ोरों की स्थिति को बेहद मज़बूत किया जिन्होंने अपनी दौलत और 'दीवानी कचहरियों में अपनी जान-पहचान' के बल पर इसका सबसे ज़्यादा फ़ायदा उठाया ताकि गिरवी और हस्तान्तरणों के ज़रिए भैयाचारा समुदाय को कमज़ोर किया जा सके।[63] इसलिए ताज्जुब नहीं कि ग़दर के दौरान इस क्षेत्र में सूदख़ोर जनता के क्रोध का निशाना बन गए, और स्टोक्स के विपरीतार्थक तर्कों के बावजूद इससे इस बात की पुष्टि होती है कि बनियों के ख़िलाफ़ नफ़रत का कारण 'ब्रिटिश मालगुज़ारी व्यवस्था के दबाव के तहत अधिकारों का शहरी सूदख़ोर और व्यापारी के हाथों में चले जाना', था।[64]

थॉर्नहिल इस समय मथुरा ज़िले का मजिस्ट्रेट था। जिस अचानक ढंग से ये ग्रामीण विद्रोह आरम्भ हुआ उसे देखकर वह हैरान रह गया : 'बग़ावत की ख़बर और दिल्ली के सम्राट की घोषणा अब तक स्थानीय जनता की जानकारी में आ चुकी थीं, और इलाक़ा फ़ौरन हलचल से भर गया...ग़दर की ख़बर बहुत तेजी से फैली थी और फ़ौरन ही यह पूरा इलाक़ा उठ खड़ा हुआ।' फिर वह आगे कहते हैं : 'एक माह पहले यह पूरा इलाक़ा गहरे सुकून में था; बिना किसी ज़ाहिरा कारण के यह एकाएक

अराजकता का छा जाना बहुत ही असाधारण था और सरकार के लिए फ़ौरी विचार का विषय था।'[65]

उसके लिए ग़दर की यह गहनता और यह तेज़ी और देहात में सत्ता का समाप्त हो जाना समझ से परे था। फिर भी उसने एक ढर्रा दिखाने की कोशिश की। मिसाल के लिए : 'परगना माट के एक बड़े ज़मींदार कुँअर दिलदार अली ख़ान को उसके गाँववालों ने क़त्ल कर दिया; 23 मई को उसके एक रिश्तेदार उमरावबहादुर को, जिसकी जागीरें परगना नूह झील में थीं, उसके घर में नज़रबन्द कर दिया गया...अनेक दूसरे क़त्ल भी हुए और दूसरे उत्पात भी, जिनके ब्यौरे मुझे याद नहीं हैं।' उसका वर्णन फिर आगे बढ़ता है : 'पूरा ज़िला अराजकता से ग्रस्त था। पुलिस और मालगुज़ारी के अमलों को हर जगह निकाल बाहर किया गया, या अगर रहने भी दिया गया तो उन्हें मामूली ख़ुराक पर रहने की छूट दी गई। बनियों को लूटा गया; नए मालिकान को ख़देड़ दिया गया और क़त्ल किया गया और दिल्ली के बादशाह ने ऐलान किया...।'[66] ज़ाहिर है कि क़ानून और व्यवस्था के स्थानीय संरक्षकों की नज़र में इस सामने आते हुए बेपनाह ग्रामीण विद्रोह में एक आम क़ानूनशिकनी के अलावा कुछ भी नहीं था; नतीजा यह हुआ कि उनके लिए बाग़ियों की कोई शख़्सियत या बग़ावत की कोई विशिष्टता नहीं थी।

लेकिन हमारे लिए इस इलाक़े के सामाजिक तनावों को समझने की दृष्टि से इन विशिष्टताओं का महत्त्व है। मिसाल के लिए, दिलदार ख़ान की जागीरें भदनवार में थीं।[67] ऐसा लगता है कि वह बहुत सारे मालिकान को हटाकर अपनी स्थिति को मज़बूत बनाने की कोशिश कर रहा था और इसलिए जाटों से उसका टकराव हुआ। हार्वे ने उसका वर्णन एक 'अमीर मगर निरंकुश और अलोकप्रिय ज़मींदार' के रूप में किया है जो 'अपने ही आश्रितों और पड़ोसियों के हाथों अपनी मौत को पहुँचा।' प्रसंगवश, यह मथुरा ज़िले का पहला विद्रोह था और उसका केन्द्र वही परगना था जिसमें राय शामिल था।

थॉर्नहिल और उसके दस्ते 'इलाक़े को शान्त करने के लिए' कुछ दिन राय में ही रहे। उसके चारों तरफ़ ब्रिटिश सत्ता के पतन के प्रमाण मौजूद थे : 'कुछेक मील के घेरे में कोई पाँच या छः ज़मींदारों ने ख़ुद को आज़ाद घोषित कर दिया था; राजा की उपाधि ले ली थी और दिल्ली के बादशाह को स्वीकार कर लिया था...*यह प्रभाव सार्वभौम था कि अंग्रेज़ी राज़ समाप्त हो गया है।*'[68] मौजूदा सत्ता की समाप्ति का विश्वास ग्रामीण क्षेत्रों में आम विश्वास का अंग था। डनलप ने यही बात मेरठ में देखी थी। लोकमानस में यह विश्वास मुग़ल साम्राज्य की पुनर्स्थापना के रूप में एक वैकल्पिक सत्ता की आशा से किस क़दर जुड़ा था, इसे थॉर्नहिल ने आगे चलकर बताया : 'उनकी सारी बातचीत महल की गरिमा के बारे में थी, और इस बारे में कि किस प्रकार उसकी बहाली होगी...जब मैंने यह बात सुनी तो मुझे अहसास हुआ, इस क़दर गहरा एहसास हुआ कि पहले कभी नहीं हुआ था, पुराने दरबार की शान-शौकत ने जनमानस पर कितना गहरा प्रभाव छोड़ा था, उसकी परम्पराएँ इन लोगों को कितनी प्यारी थीं और उन्होंने कितनी वफ़ादारी से उन्हें संजोकर रखा था, और ये सभी बातें हमारी जानकारी

से बाहर थीं।'[69] इस तरह औपनिवेशिक सत्ता का विनाश एक पुरानी परम्परा को पुनर्जीवित करने में सहायक हुआ जिसकी मौखिक अभिव्यक्ति मुग़ल सम्राट के नाम से ज़ारी घोषणाओं में हुई। विदेशी राज को हटाकर जनता के राज की स्थापना होनी चाहिए, चाहे उसका केन्द्र दिल्ली में हो या और भी पास किसी ग्रामीण विद्रोह के गढ़ में–यही विचार हवा में गूँज रहा था। मई के अन्तिम और जून के आरम्भिक दिनों के बीच किसी समय टप्पा राय में बग़ावत का आरम्भ राजनीतिक उथल-पुथल और आन्दोलित जनचेतना के इसी सन्दर्भ में हुआ।

कहा गया है कि इस बग़ावत का आरम्भ क़स्बे पर प्रमुख ज़मींदारों और चौदह तरफ़ अर्थात टप्पा राय के प्रमुख गाँवों के निवासियों के हमले से हुआ। अचरू लारू के ज़मींदार धनीराम और शेषराम (श्रीराम), सारस के हुलासी, सवाई और अकबर तथा तिरवा का जाट लम्बरदार चैनसुख इस धावे में भाग लेनेवालों में प्रमुख थे।[70] इस अवसर पर चौदह तरफ़ की भूमिका ख़ास तौर पर अहम थी। थार्नहिल लिखता है : 'गुज़रे ज़माने में ये चौदह गाँव एक जागीर थे।' वह आगे लिखता है–

> हमारी आधी सदी की हुकूमत के दौरान ये गाँवों बेचे और बार-बार बेचे गए, और मालिकान सिर्फ़ काश्तकार बनकर रह गए। लेकिन उन्होंने अपनी पिछली श्रेष्ठता की परम्परा को बनाए रखा और उसे वापस पाने के अवसर की राह देखते रहे। ग़दर के आरम्भ के बाद उन्हें लगा कि वह अवसर आ चुका है, और उन्होंने उसका लाभ उठाने में तेज़ी दिखाई। वे हर गाँव में उठ खड़े हुए और नए मालिकों पर टूट पड़े; इनमें से ज़्यादातर भाग गए और बाक़ी लड़ते रहे। अन्ततः देवीसिंह के जाति-भाइयों ने विजय पाई, उन्होंने अपनी पुरानी स्थिति दोबारा क़ायम कर ली और इस सबके बाद देवीसिंह ने ख़ुद को उनका राजा बना लिया।[71]

एक किसान-राजा का निर्माण इसी तरह हुआ, जिसकी सत्ता जाटों की एक बहुत पुरानी परम्परा पर आधारित थी। उस परम्परा ने अपना दावा उस पीले वस्त्र के रूप में पेश किया जिसे देवीसिंह ने अपनी नई स्थिति के प्रतीकस्वरूप धारण किया क्योंकि 'पीला रंग हिन्दुओं में राजत्व का चिह्न है।' इसकी अभिव्यक्ति उनको सम्बोधित करने के लिए ग्रामीणों द्वारा प्रयुक्त भाषा में भी हुई (जिस पर थार्नहिल ने चटख़ारा लेकर टिप्पणी की है) 'जिसमें पूरब के शालीनता के तकाज़ों के अनुसार प्रशंसासूचक उपाधियों की एक पूरी शृंखला होती है' जैसे–'कृपा निधान, समृद्धिदाता...निर्बलजन के रक्षक इस क्षेत्र में...महान राजा देवीसिंह, चौदह गाँवों के स्वामी, युद्धजयी।' लेकिन जहाँ राय के राजा को वैधता उस परम्परा से प्राप्त होती थी जो उनके द्वारा नष्ट किए गए ब्रिटिश राज द्वारा प्रचलित राजनीतिक मुहावरों और संस्थाओं से काफ़ी पुरानी थी, वहीं उन्हें अपनी सत्ता के व्यवहार के लिए उन्हीं संस्थाओं में से कुछ का सहारा लेना पड़ा–

> क़स्बे में दाख़िल होने के बाद वे एक पाठशाला-भवन की ओर बढ़े जिसे हमारी सरकार ने हाल में ही बड़ा किया था। यहाँ उन्होंने अपना मुख्यालय

क़ायम किया...फिर उन्होंने अपनी एक सरकार गठित की जो उन्होंने अंग्रेज़ी तर्ज़ पर बनाई। उन्होंने एक मालगुज़ारी बोर्ड, एक उच्चतम न्यायालय, एक कमिश्नर, एक मजिस्ट्रेट और एक पुलिस सुपरिंटेंडेंट नियुक्त किया। अन्तिम पद के लिए उन्हें अपने लोगों में से कोई भी योग्य नहीं लगा; इसलिए उन्होंने इस पद के पिछले पदाधिकारी को सन्देश भेजकर प्रार्थना की कि वह वापस आए; और उसकी तनख़्वाह बढ़ाने का वादा किया।

इस तरह वे जिस सत्ता को नष्ट करना चाहते थे उसी के ढाँचे की तर्ज़ पर अपनी सरकार गठित करके देवीसिंह ने बहुत स्पष्ट रूप से अपने युग की विद्रोही चेतना की ऐतिहासिक सीमाओं को निर्देशित किया। विद्रोही को अपनी ख़ुद की दुनिया का रास्ता अभी तक नहीं मिला था।[72]

लगता है कि इन सीमाओं के अन्दर एक शासन ने सरल ही सही, पर काफ़ी-कुछ सुनिश्चित प्रशासनिक दिनचर्या क़ायम कर ली। थॉर्नहिल के अनुसार देवीसिंह रोज़ तड़के पाठशाला में स्थित अपने मुख्यालय में आते थे, अर्ज़ियाँ लेते, शिकायतें सुनते और ख़त लिखवाते थे। 'इतना कर लेने के बाद वे दिन का बाक़ी हिस्सा बनियों को लूटने में लगाते थे जो वे बड़े सोचे-विचारे ढंग से, पूरे क़स्बे की मदद से करते थे।' सूदखोरों के साथ हिसाब चुकाना शायद इस विद्रोह की सबसे ख़ास विशेषता थी। वास्तव में यही नए शासन की बाध्यतामूलक शक्तियों, इंसाफ़ करने और सज़ा देने की शक्तियों की प्रमुख अभिव्यक्ति बन गया। रोज़ सुबह एक बनिया राजा के सामने मुक़दमे के लिए लाया जाता था, उससे पूछताछ होती थी, उसे अपने ज़ख़ीरों का पता देने को तथा रूक्क़ों और गिरवी के काग़ज़ात का समर्पण करने को कहा जाता था। जवाब के तसल्लीबख़्श पाए जाने पर उसे छोड़ दिया जाता था। वर्ना उसे 'तकलीफ़ें दी जाती थीं' लेकिन लगता है कि इसमें कुछ ख़ास ज्यादती नहीं की जाती थी। कारण कि थॉर्नहिल के अनुसार, उसे 'कोई ऐसा मुआमला नहीं मिला जिसमें किसी बनिये को संजीदा चोट आई हो।'

देवीसिंह ने राय के सूदख़ोरों को तबाह करने के लिए शारीरिक दंड का नहीं, लूटपाट का सहारा लिया। उनकी दुकानें और घर इस ख़ास क़िस्म की हिंसा की भेंट कर दिए गए। 'हर दुकान को पूरी तरह लूटा गया और लूटा ही नहीं, तोड़-फोड़ दिया गया। दरवाज़ें निकाल दिए गए, बरामदे तोड़ दिए गईं, फ़र्श खोद डाले गए और दीवारों में भी बड़ी-बड़ी सूराखें बना दी गईं। जो कुछ ले जाने के क़ाबिल था गाँवों में पहुँचा दिया गया, और बाक़ी माल सड़कों पर पड़ा रहा। रास्ता फटे हुए बही-खातों, टूटी बोतलों, मर्तबानों और बक्सों के टुकड़ों और इनके अलावा फ़र्श और बरामदों के मलबों से अटा पड़ा था।' रिहाइशी मकानों की और बुरी हालत हुई। 'गड़े खजानों की तलाश में छोटे मकान तो लगभग तहस-नहस हो गए; सभी कमोबेश मलबे का ढेर बनकर रह गए।' इन अनुशासनिक कार्रवाइयों का नतीजा अक्सर किसी बनिए की रिहाई होता था, क्योंकि 'अपनी ज़हर की थैली से वंचित नाग की तरह वह भी अपने दस्तावेज़ों से वंचित

किए जाने के बाद विषरहित माना जाता था।'

बग़ावत का आरम्भ इसी तरह की लूटपाट से हुआ था जब मुकामी थाने के एक बरकन्दाज़ के मुताबिक़ टप्पा राय में 1,000 लोगों की भीड़ ने 'नमक और चने से लदी गाड़ियों' को लूट लिया था[73] और देवीसिंह के शासन के अन्तर्गत 'बग़ावत का बुनियादी पहलू'[74] अर्थात लूटपाट जनता की हिंसा को उसके उग्रतम रूप में व्यक्त करती रही। किसी भी दूसरी चीज़ के मुक़ाबले इस सामूहिक कार्रवाई ने उनकी सत्ता के इर्द-गिर्द जनता को कहीं ज़्यादा कारगर ढंग से लामबन्द किया। कारण कि सूदखोरों पर हमले के अत्यन्त लोकप्रिय चरित्र को थॉर्नहिल ने बड़े स्पष्ट ढंग से प्रमाणित किया है : 'जब देवीसिंह उनसे हिसाब बराबर करने के लिए आगे बढ़ा तो पूरी जनता की हमदर्दियाँ उसके साथ थीं' और राजा ने 'बड़े सोचे-विचारे ढंग से, पूरे क़स्बे की मदद से' उनकी दुकानों और घरों को लूटा।

लेकिन देवीसिंह को साम्राज्य की ताक़त का अन्दाज़ा नहीं था। उनकी राय में औपनिवेशिक सत्ता एक स्थानीय वस्तु थी और 'पुलिस को खदेड़कर उसने मान लिया कि उसने हमारी सरकार को उखाड़ फेंका है।' यह अपरिपक्वता जो शायद ऐतिहासिक रूप से अपरिहार्य थी, जल्द ही उनके जीवन और उनके छोटे से राज्य के विनाश का कारण बन गई। कारण कि बनिये 1857 में स्थानीय समाज के वे तत्व थे जो अभी भी ब्रिटिश राज के प्रति वफ़ादार थे, और उनसे हिसाब चुकाने के लिए एक साथ उठ खड़े हुए हथियारबन्द किसानों की जुर्रत, और मथुरा के एक समृद्ध बैंकर के घर में पनाह लेनेवाले ज़िला मजिस्ट्रेट थॉर्नहिल को वहाँ से खींचकर बाहर निकालने के बारे में देवीसिंह की घोषित मंशा—इनसे प्रेरित होकर थॉर्नहिल ने भी फ़ैसला किया कि वह राय को दूसरों के लिए सबक़ का कारण बना देगा। जब उसे लगभग मुकम्मल घेराबन्दी से मुक्त कराने के लिए आगरा से कोटा रेजिमेंट पहुँची तो उसको लेकर उसने 15 जून को विद्रोही गाँव पर हमला किया जहाँ से उसने देवीसिंह और श्रीराम को गिरफ़्तार करके फाँसी चढ़ा दिया। इस तरह टप्पा राय में अल्पजीवी प्रति-राज का खात्मा हुआ, और यही नवम्बर के आरम्भ में वहाँ औपनिवेशिक शासन की पुनर्स्थापना का आरम्भ था।'[75]

गाँव के राजा के बारे में अपनी स्मृतियों का समापन करते हुए थार्नहिल लिखता है : 'देवीसिंह का जीवन संक्षिप्त और घटनाओं की दृष्टि से अपेक्षाकृत बेतुका था।' यह अनुग्रह अपने विरोधी के हद-दर्जा मामूलीपन की खोज का कुछ कम नतीजा नहीं है। वे 'एक बहुत साधारण दिखाई देनेवाले व्यक्ति' थे और जब ग़दर-विरोधी फ़ौजों के हाथों पकड़े गए तो दूसरे किसानों के बीच मुश्किल से पहचाने जा सकते थे। उनकी सत्ता का केन्द्र, 'एक मामूली गाँव था, बड़ा और बहुत ही गन्दा, जो पास-पास सटकर खड़े मिट्टी के झोंपड़ों का सिर्फ़ एक झुंड था।' उनको गिरफ़्तार करनेवालों को उनकी सत्ता का जो एकमात्र दस्तावेज़ हाथ लगा वह था एक साथी ग्रामीण का पत्र जिसमें 'सिर्फ़ कुछेक रुपयों की कालीमिर्च और लगभग इतनी ही शक्कर और सब्ज़ियों की ख़रीद की ख़बर दी गई थी।' लेकिन प्रशासक से इतिहासकार बन चुके शख़्स ने जिस मामूलीपन

का मज़ाक उड़ाया है, ठीक उसी मामूलीपन में भारतीय इतिहास के छात्र को एक लोकप्रिय विद्रोह के नेतृत्व की विशेषता की पहचान करना और उसे स्वीकार करना चाहिए–यह वह नेतृत्व था जो संघर्ष के दौरान जनता के आगे खड़ा होने के बावजूद स्वयं जनता की क़तारों से उभरने के सारे लक्षणों से विभूषित था।

4. गोनू

दोआबे के घनी खेतीवाले इलाक़ों की तरह छोटानागपुर के आदिवासी इलाक़े भी 1857 के विद्रोह से प्रभावित हुए। लेकिन यहाँ सिपाहियोंवाला तत्व मामूली ही था। सरकार के ख़िलाफ बग़ावत का झंडा मुख्य रूप से आदिवासी जनता और उसके सरदारों ने उठाया। लेकिन एक बार बग़ावत ने ज़ोर पकड़ा कि कबाइली सरदार किनारे रह गए और नीचे की जनता पहलक़दमी इख्तियार करने लगी। गोनू कोल सिंहभूम ज़िले का मामूली काश्तकार था जिसे 1857 की घटनाओं ने विद्रोही नेता बना दिया। सामाजिक रुतबे की दृष्टि से हमारे विद्रोही नायकों में सबसे हीन इस नायक के बारे में ही हमें सबसे कम जानकारी है। उसके बारे में मेरे पास जो सामग्री है वह दुर्लभ और टुकड़ों में है।

समजई नदी सिंहभूम ज़िले को विभाजित करती थी। नदी के दक्षिण का भाग सीधे ब्रिटिश शासन में था जबकि उत्तर का भाग पोरहाट के राजा की सामन्ती जागीर का हिस्सा था और उसी के परिवार के विभिन्न सदस्यों में बँटा हुआ था। लेकिन साधारण निवासियों पर इस परिवार की सत्ता बहुत ढीली-ढाली थी। लरका कोल सामन्त सरदारों के हथियारबन्द दस्तों के रूप में संगठित थे और लूटपाट और विजय के बाद लूट के माल में एक हिस्सा अपने पारिश्रमिक के रूप में पाते थे। जहाँ तक राजा का सवाल है, वह उनकी ओर से अपने राजत्व की नाममात्र स्वीकृति से ही सन्तुष्ट था और काश्तकारों के रूप में उनसे कोई लगान नहीं लेता था।[76]

गाँव और गोत्र कोल समाज की क्रियात्मक इकाइयाँ थे। कोलहान जागीर के गाँव सामूहिक स्वामियोंवाले समुदाय होते थे तथा ज़मींदारी और दूसरी बिचौलिया व्यवस्थाएँ सिर्फ़ ऊपर से लदी हुई चीज़ें थीं।[77] अपनी ज़मीन पर कोलों का अधिकार उतना ही अटल था जितना अपने गोत्र से उनका सम्बन्ध। डाल्टन ने लिखा है : 'उनके सिद्धान्त के अनुसार, पीढ़ियों तक ज़मीन से वंचित रखकर भी उनके अधिकार को उसी तरह समाप्त नहीं किया जा सकता था जिस तरह उनके रक्त-सम्बन्धों को समाप्त नहीं किया जा सकता था।'[78]

कोलों की दो संस्थाएँ थीं–(1) मनकी एवं मुन्डा, और (2) किल्ली। मुन्डा अपने गाँव का सरदार होता था मगर वह समान लोगों में प्रमुख मात्र होता था और उसे कोई विशेष अधिकार प्राप्त नहीं होता था। ऐसे कुछेक, आमतौर पर सात से बारह, गाँवों का समूह एक 'पीर' या 'हो' नामक इकाई होता था, और इस समूह के नेता को मनकी कहते थे। मनकी सम्भवतः 'समूह के प्रमुख गाँव के प्रमुख संस्थापक का वंशज' होता

था। हो सकता है कि वह राजा के लिए हथियारबन्द जनता का संगठन करने के वास्ते एक सैनिक सरदार का काम भी करता रहा हो और गाँवों की तरफ़ से उससे सम्पर्क का काम करता रहा हो। लेकिन उसके अधिकार साधारण प्रजा से बहुत भिन्न नहीं होते थे और एक सुविज्ञ अधिकारी के अनुसार, 'कोलहान के अन्दरूनी भागों में अंग्रेज़ों के आने से पहले, कोई सुस्वीकृत मुखिया या कोई राजा नहीं होता था।'[79] इनमें से अधिकांश गाँव किल्लियों अर्थात गोत्रों के संगत होते थे जो एक ख़ास इलाक़े को चुनकर वहाँ बस जाते थे।

1831 के कोल विद्रोह के बाद औपनिवेशिक सरकार ने पोरहाट के राजा से 15 पीर ले लिए और उन्हें दूसरे 11 पीरों के साथ मिलाकर दक्षिणी कोलहान को अपने शासन में खींच लिया, उत्तरी भाग राजाओं के अधीन ही रहा। सरकार ने इस जागीर में मनकियों और मुंडाओं की स्थिति को औपचारिक रूप दिया जिनको कमीशन के बदले मालगुज़ारी वसूल करने और क़ानून-व्यवस्था पर आम निगरानी रखने की ज़िम्मेदारी दी गई। इस तरह वे सरकार के कर्मचारी बन गए और उन्होंने गवर्नर-जनरल के एक एजेंट के सामने इस आशय की शपथ लेकर खुद को सरकार से बाँध लिया। शपथ इस प्रकार थी : 'वे किसी राजा या किसी ज़मींदार या उसके किसी अधीनस्थ से कोई भी मौखिक या लिखित आज्ञा' नहीं लेंगे और न उसका पालन करेंगे। यह एक नई सत्ता को अपनी निष्ठा सौंपने के बराबर था। इसके बाद मनकी के चुनाव में उसके स्थानीय प्रभाव का ध्यान तो रखा जाने लगा मगर चुनाव का अन्तिम अधिकार सरकार का ही होता था जो किसी भी व्यक्ति को अयोग्य समझने पर उसे हटा सकती थी।[80]

इन पीरों में सरकार ने एक हल पीछे आठ आने की दर से हर काश्तकार पर एक कर लगाया। 1844 और 1850 के बीच उसने किल्लियों द्वारा दिए जानेवाले लगान को बढ़ाने और वास्तव में जोती जा रही ज़मीन का आकलन करने की कई कोशिशें कीं। ऐसी सरकारी कोशिशों का 'प्रभाव यह हुआ कि कोल बेचैन हो उठे।' इसलिए मनकियों ने एक समझौता किया कि वे आठ आने की बजाय एक रुपया देंगे, और सरकार ने वादा किया कि वह बारह साल तक कोई जाँच-पड़ताल नहीं करेगी और कोई नया कर नहीं लगाएगी। इस वित्तीय समझौते के कारण मुखिया को काश्त की ज़मीन के बारे में सालाना रिपोर्टें भेजने के काम से छुटकारा मिला और यह अधिकार भी मिला कि वह अपनी रैयत पर उनके अपने फ़ैसलों के मुताबिक़ लगान लगा सके। लेकिन यह समझौता आम धमकियों से ख़ाली भी नहीं था। बढ़ी हुई लगान देने से इनकार करनेवाले मुंडा को पट्टा नहीं दिया जाता था और इस लगान को देने से इनकार करनेवाले गाँवों का कड़ा आकलन किया जाता था। 'प्रत्येक सम्भव आकस्मिकता के ख़िलाफ़' इस इलाक़े में फ़ौज की मौजूदगी को बढ़ाना भी 'बुद्धिमता' समझा गया। इस समझौते और धमकियों का मिला-जुला परिणाम यह हुआ कि 1857 से पहले तक मालगुज़ारी दोगुनी हो चुकी थी। 1837 और 1852 के बीच यह रक़म 5,108 से धीरे-धीरे बढ़कर 8,523 रुपए हो गई मगर 1854 में यही रकम 17,000 रुपए थी।[81]

इसमें कोई शक नहीं कि दूसरे क्षेत्रों के मुक़ाबले यह लगान कम था, और इससे अंग्रेज़ अधिकारियों के मन में यह विश्वास पैदा हुआ कि छोटानागपुर में 1857 का विद्रोह लरका कोलों की जन्मज़ात लड़ाकू प्रकृति की अभिव्यक्ति मात्र था। जो बात वे समझने में नाकाम रहे वह यह थी कि औपनिवेशिक सत्ता की मौजूदगी और परम्परागत संस्थाओं से उसकी छेड़छाड़ की कोशिश ने ही एक नई स्थिति पैदा कर दी थी। लिखित शपथें, कमिश्नर के सालाना दौरे, कर की नियमित अदायगी पर ज़ोर, लगान की दर में वृद्धि और आकलन की पद्धति में परिवर्तन के प्रयासों ने पुरानी विखंडित सत्ता से कहीं बहुत अधिक मज़बूत और अधिक औपचारिक एक ढाँचा विकसित किया था। परम्परागत मनकी और मुंडा सरकार की तरफ़ से मालगुज़ारी और पुलिस के कारकुन बन गए थे। नतीजतन 1857 के आसपास मनकी बँट चुके थे : उनमें से बहुत सारे तो अपनी पुरानी निष्ठाओं का पालन करना चाहते थे जबकि थोड़े से मनकी अपने नए मालिकों का मुँह देखते थे। वास्तव में यह भी कहा गया कि 1857 में सिर्फ़ उन्हीं कोलों ने विद्रोह में भाग लिया जो 'पहले पोरहाट के राजा की सेवा में थे।'[82] फिर मनकियों की शक्ति को समुदाय से वैधता प्राप्त होती थी। उनको पुलिस के कुछ अधिकार देकर औपनिवेशिक शासन ने उन्हें डायन हाँकने जैसे कुछ नए 'अपराधों' की सज़ा देने की ज़िम्मेदारी भी सौंप दी थी जो वास्तव में सिंहभूम में परम्परागत आचार-विचार के अंग थे।[83] कुल मिलाकर यह सब कोलों की परम्परागत संस्थाओं में औपनिवेशिक शासन के हस्तक्षेप का और इस प्रकार उनके पुराने सामुदायिक सम्बन्धों को नष्ट करने का प्रयास था जिससे इस क्षेत्र में 1857 के संघर्ष का आधार तैयार हुआ।

छोटानागपुर में बग़ावत का आरम्भ रामगढ़ की बटालियनों के विद्रोह से हुआ। लेकिन कोलों ने विद्रोहियों का कोलों ने विरोध किया जो लूटे गए खजाने को अपना माल समझते थे और सिपाहियों द्वारा उसे हड़पे जाने का विरोध करते थे।[84] इस बीच पोरहाट और खुरसवान के सरदारों की परम्परागत शत्रुता इसी मोड़ पर उभरकर सामने आई और पोरहाट के महाराज अर्जुनसिंह, जिन्होंने हाल ही में शुरू हुए संघर्ष में बहुत दिग्भ्रमित भूमिका निभाई, 'सामने मंज़र पर आए...ढुलमुल...कभी एक वफ़ादार सामन्त की भूमिका निभाते और सरकार के हित में अच्छा काम करते हुए और फिर विद्रोह में शामिल होकर उन सिपाहियों का पक्ष लेते हुए जिनका वे अभी-अभी विरोध कर रहे थे।'[85] अभी वे ढुलमुल ही थे कि नीचे से कार्रवाई के लिए दबाव पड़ने लगा। जुग्गो दीवान और उनके समर्थक दो-दो हाथ करने के लिए तैयार हो रहे थे। ऐसा लगता है कि राजा के नाम से एक घोषणा ज़ारी की गई, मगर बिना उसकी राय लिए। युद्ध के सन्देश भेजने की परम्परागत पद्धति के अनुसार युद्ध का तीर छोड़ा जाने लगा, और इस तरह अंग्रेज़ों की इस चेतावनी को चुनौती दी गई कि मनकी इसका इस्तेमाल न करें।[86] 20 नवम्बर को राजा पर हमला हुआ और वह भाग खड़ा हुआ। हमले के लिए ज़िम्मेदार समझे जानेवाले जुग्गो दीवान को अधिकारियों ने बाज़ार के बीचो-बीच बिना किसी मुकदमे के फाँसी दे दी, और 'अँधेरा होने तक उसके शरीर को जनता के सामने

रखा गया'। उस समय तक, जैसा कि एक अधिकारी ने समझा, बग़ावत का चरित्र पूरी तरह बदल चुका था' और 'सिपाहियोंवाला तत्व ग़ायब हो चुका था।'[87] रामगढ़ की बटालियनों का विद्रोह अब कोलों की बग़ावत में रूपान्तरित हो चुका था। गोनू रूपान्तरण की इसी प्रक्रिया में नेता बनकर उभरा। इस प्रक्रिया के बारे में उसकी अपनी समझ उस बयान में मिलती है जो उसने मुक़दमे के समय दिया था–

> पूरा देश बग़ावत कर रहा था...सारे मनकी और मुंडा राजा के पास गए; मैं भी उनके साथ था। राजा ने हमसे पूछा कि हम क्या करना चाहते हैं। हमने जवाब दिया कि साहब तो भाग गए हैं और अब आप हमारे नए मालिक हैं, हम आपके वफ़ादार रहेंगे। इसके बाद राजा ने हमें बुलाया और कहा कि देखो, मुझे चक्रधरपुर और पोरहाट से भगा दिया गया है और मैं अब जंगलों में रहने के लिए मज़बूर हूँ। तुम सब क्या करोगे ? क्या मेरे लिए लड़ोगे ? हमने कहा कि हम लड़ेंगे और हमने इसकी शपथ ली। फिर उन्होंने सभी भुइयों और धारुओं को बुलाया और उनको तनख़्वाहें और हथियार दिए और एक फ़ौज जमा हो गई और हम सरायकेला के चक्रधरसिंह (पोरहाट के राजा के परम्परागत शत्रु) से लड़ने के लिए अजुदिया पहुँच गए।[88]

ज़ाहिर है कि पहलक़दमी नीचे से हुई। अपने सरदारों के नेतृत्व में जनता ने राजा से प्रार्थना की कि वह पूरी जनता के नेता के रूप में अपनी परम्परागत भूमिका निभाए और ऐसे समय निभाए जब यह विश्वास आम हो चुका था कि अंग्रेज़ों की सत्ता ख़त्म हो चुकी है तथा राजा, मुखियों और जनता के तमाम परम्परागत सम्बन्ध फिर से बहाल हो चुके हैं। राजा ने अपनी ओर से प्रजा से मदद माँगी और वह मिल गई तो उसने हथियारबन्द कार्रवाई का हुक्म दिया। इस तरह जनता की इच्छा का राजा की सहमति से मेल हुआ और पूरे समुदाय के मंसूबे के रूप में बग़ावत का आरम्भ हुआ।

डाल्टन ने गोनू को 'सिंहभूम के या लरका कोलों में पोरहाट के भूतपूर्व राजा का सबसे सक्रिय समर्थक और उनके बीच असन्तोष फैलानेवाला प्रमुख एजेंट, उस क़बीले के लोगों का नेता' बताया है। एक गवाह ने गवाही में कहा कि '1857 के ग़दर के दौरान वह कोलहान के उन सभी होओं का नेता था जो राजा के साथ जा मिला।' एक और गवाह ने कहा कि 'उसका नाम हरेक की जबान पर था' और बड़पीर के मनकी के अनुसार सेरींगसरघाट में अंग्रेज़ी सेना का विरोध करनेवाले कोल 'गुन्नू के हुक्म पर अमल करते थे।'[89]

गोनू का नाम सबसे पहले बड़पीर के कोलों के एक नेता के रूप में ही चमका। वह बड़पीर में जयन्तीगढ़ का रहनेवाला था। इस क्षेत्र में बग़ावत की एक परम्परा रही थी और यह डाल्टन के अनुसार, 'उथल-पुथल के दौरान सबसे बुरी तरह प्रभावित पीरों में एक था।'[90] तमाम वृत्तान्तों के अनुसार, यहाँ गोनू ने पूरे समुदाय को लामबन्द किया : 'सभी लोग उसे नेता स्वीकार करते थे।'[91] जैसाकि उसने बाद में कहा था : '...राजा

ने आदमी जमा करने के लिए बुंटरिया और बड़पीर में दूत भेजे...मैं बड़पीर आया था और कोलों से सुन चुका था कि उन्होंने साहबों को हरा दिया था...फिर सभी मनकियों और मुंडाओं ने दोबारा लड़ने का फ़ैसला किया...और हम सेरिंगसरघाट में जमा हुए।'[92]

लेकिन गोनू ने एक त्रिमूर्ति के सदस्य के रूप में अपनी सत्ता कुरडीह में स्थापित की (इसके दूसरे सदस्य रघुदेव और शामकुर्न थे।) जब अर्जुनसिंह ने पोरहाट के पतन के बाद वहाँ शरण ली तो इन लोगों ने व्यावहारिक रूप से उससे सारा नियन्त्रण अपने हाथों में ले लिया। यहाँ राजा लगभग पूरी तरह बाग़ी फ़ौज का एक क़ैदी बन गया और इस फ़ौज में बहुमत बड़पीर के कोलों का था। उसका 'साहबों का विरोध करने का कोई इरादा नहीं था..लेकिन इस बात पर दूसरे लोग उसे गाली देते थे और कहते थे कि वे लड़ेंगे।' उसकी बुज़दिली के चलते बाग़ी उस पर शुब्हा और उससे नफ़रत करने लगे। उसके साथ हमेशा 'उसकी निगरानी करने के लिए रखे गए नुगदी (हथियारबन्द पहरेदार) रहते थे।' और 'जनता उसे बहुत अधिक बेइज़्ज़त करती थी और कोई उसका कुछ भी आदर नहीं करता था, न ही उसके कहे पर ध्यान देता था।'[93]

राजा की सत्ता का स्थान लेनेवाली बाग़ी फ़ौजों की सत्ता के आला-कमान में से एक ने जैसा कि कहा था, गोनू ग़द्दारों और मुख़बिरों को अनुशासित करने में लगा हुआ था। मनकियों को औपनिवेशिक प्रशासन के स्थानीय एजेंट बनाने की सरकारी नीति के साथ कुछ प्रलोभन भी जुड़े हुए थे; उनमें से कई एक विद्रोहियों के बारे में सरकार को गुप्त सूचनाएँ देने के लिए जासूसों और मुख़बिरों का काम करते थे। रघुदेव और गोनू उनका सफाया करने के बारे में चिन्तित थे। उनके आदेश पर बुड्डो महतो मारा गया क्योंकि 'उस पर मेरिया (जासूस और दलाल) होने का शक था।'[94]

यह भी हमें ज्ञात है कि आदिवासी समुदाय के ढुलमुल तत्त्वों से समर्थन पाने के लिए गुन्नू ने सामूहिक हिंसा की धमकी भी दी थी। सरकार के वफ़ादार रहनेवाले, चैनपुर के मनकी की गवाही इस बारे में एक दिलचस्प उदाहरण सामने लाती है–

> मैं चैनपुर पीर का मनकी हूँ...वह चैनपुर को जला लेने के बाद कोलों की एक फ़ौज के साथ मेरे गाँव आया। उस समय गाँव में चक्रधरपुर के लिए साज-सामान से लदे हुए बहुत सारे 'सुग्गर' थे। गाड़ीवानों ने जब चैनपुर के जलाए जाने की ख़बर सुनी तो भाग खड़े हुए...उसने मुझे सुग्गरों में जोतने के लिए मवेशी इकट्ठे करने का हुक्म दिया। उसने धमकी दी कि अगर मवेशी और कुली नहीं दिए गए तो गाँव जला दिए जाएँगे। इसलिए गाँव को बचाने के लिए उन्हें दोनों दिए...इस मौक़े पर गोनू के साथ एक बहुत बड़ी भीड़ थी। वे गाँव भर में फैल गए और खाना-पानी की माँग करते हुए हर घर में जा पहुँचे। गोनू उनका नेता था। वे सभी ऐसा ही कहते थे। मैंने गोनू को पहले नहीं देखा था मगर उन्होंने कहा कि वह हमारा नेता गुन्नू है। क्या तुम इसे नहीं जानते या यह कि अगर तुम हुक्म नहीं मानते तो वह तुम्हारा क्या हाल करेगा ?[95]

'गोनू हमारा नेता' : यह रुतबा पाने के लिए गोनू को अपनी मामूली पृष्ठभूमि से शुरू करके बड़ा लम्बा रास्ता तय करना पड़ा। उसका पिता माटा बड़पीर के गाँव चनपटिया का मुंडा था। गुन्नू चाइबासा स्कूल का विद्यार्थी था 'लेकिन जब उसने स्कूल छोड़ा' तो उसे उसके बचपन से जाननेवाले एक परिचित के अनुसार, 'वह ग़रीब हो गया और चोरी-चकारी जैसे बुरे काम करने लगा।' उसकी निकृष्ट पृष्ठभूमि के बारे में उसके क़बीले के एक और व्यक्ति ने कहा था : ''उसका चरित्र गन्दा था। उसका बाप बग़ावत के कारण जेल में मरा। उसके भाई को फाँसी दी गई।'[96]

एक किसान विद्रोह के दौरान एक 'गन्दे चरित्र' वाले व्यक्ति का नेता बनकर उभरना कोई बड़ी बात नहीं थी। सन्थालों के 'हूल' में डोमन डकैत का डोमन दारोगा में रूपान्तरण हुआ था। अभी हाल में 1970 के दशक में डकैत रामेश्वर अहीर भोजपुर का प्रसिद्ध किसान नेता रामेश्वर साधु बन गया था।[97] छोटा नागपुर में जिस प्रक्रिया ने सिपाहियों की बग़ावत को जनता का विद्रोह बनाया था उसी प्रक्रिया ने 'बुरे काम' कर रहे एक ग़रीब कोल को भी बदलकर रख दिया। कुरडीह में बर्च ने जो तालपत्र पाए उनमें दिल्ली के सम्राट, नानासाहब और कुँवरसिंह के हवाले दिए गए थे और ये तालपत्र सिंहभूम की आदिवासी जनता में इस प्रक्रिया की एक धुँधली समझ तथा इन लोगों से मदद मिलने की धुँधली सी उम्मीद दर्शाते हैं।[98] एक पराक्षेत्रीय स्तर पर औपनिवेशिक सत्ता और स्थानीय स्तर पर पोरहाट राज, दोनों की सत्ता की समाप्ति ने ही बाग़ियों में वैकल्पिक सत्ता की चेतना जगाई और क़ानून तोड़नेवालों के परिवार के एक क़ानूनशिकन की नेतावाली भूमिका को वैधता से विभूषित किया। लेकिन इस वैधता की पुष्टि भी उसी सत्ता के नाम पर करनी पड़ती थी जिसे यह बग़ावत नष्ट करने पर आमादा थी। कहा जाता है कि विद्रोह के दिनों में गुन्नू ने खुद को 'सिंहभूम का सरदार' बना लिया और 'एक मनकी घोषित कर लिया', था और यह कि वह 'एक घोड़े पर सवार होकर चलता था।' लेकिन इस उपाधि और इस वाहन के साथ जो सत्ता जुड़ी थी उसके बारे में उसका दावा यही था कि इसे उसने और किसी स्रोत से नहीं, खुद राजा से पाया है। मुकदमे के दौरान एक गवाह ने कहा था : 'वह मेरे घर तलपत पर कुछ लिखा हुआ लेकर आया जिसको उसने कहा कि यह राजा का एक आदेश है, और उसने हमसे पूछा कि क्या उसका पालन (करेंगे) और आदमी जमा करेंगे।' उसने किसी और से कहा था कि उसे 'राजा ने सिंहभूम का सरदार नियुक्त किया है और राजा ने ही उसे एक पगड़ी और एक घोड़ा दिया है।' जब गोनू ने खुद को गिरफ़्तार करनेवालों के आगे 'एक नेता नहीं', बल्कि 'राजा का मात्र एक अनुयायी' बताया तो वह अपने कर्मों की ज़िम्मेदारी से बचने की कोशिश नहीं कर रहा था, बल्कि अपने युग के एक मिसाली कोल के रूप में अपनी राजनीतिक चेतना की प्रामाणिक सीमाओं को अपने शब्दों में व्यक्त कर रहा था।

5. मौलवी अहमदुल्ला शाह

देवीसिंह या गोनू के विपरीत मौलवी अहमदुल्ला शाह इतिहासकार के लिए जाना-पहचाना चरित्र हैं। वे उन अनेक मौलवियों में से एक थे जो 1857 की बग़ावत में बहुत प्रमुखता से नज़र आते हैं। इन प्रसिद्ध लोगों में इलाहाबाद के मौलवी लियाक़त अली और दिल्ली और अवध के फ़ज़्ल-हक़ ख़ैराबादी थे, और साथ ही कम ज्ञात उलेमा और मौलवी भी थे जिनके नाम अलीगढ़ और बुलन्दशहर के या रूहेलखंड के नगरों और क़स्बों के ब्रिटिश प्रशासकों द्वारा अपने-अपने इलाक़ों में ऐलानिया मुजरिमों के बारे में तैयार की गई फ़ेहरिस्तों में पाए जाते हैं। वास्तव में उनकी भूमिका इतनी संदिग्ध थी कि ग़दर के दौरान अधिकारियों ने पश्चिमोत्तर प्रान्त के हर ज़िले में 'माफ़ी' की ज़मीन पानेवालों का व्यवहार दर्शाते हुए एक सूची तैयार कराई थी। इस बात को देखते हुए उचित ही होगा कि हम उस वक़्त के जन-आन्दोलनों को समझने में सहायता पाने के लिए फ़ैज़ाबाद के इस मौलवी के जीवन-चरित्र पर विचार करें।

मौलवी अहमदशाह कर्नाटक के एक कुलीन परिवार के व्यक्ति थे। हैदराबाद में शिक्षा पाने के बाद वे कम उम्र में ही घुमक्कड़ धर्म-प्रचारक बन गए। कहते हैं कि वे दूर-दूर तक गए और उन्होंने अरब, ईरान और इंग्लैंड तक का सफ़र किया। ग्वालियर के एक पीर मेहराबशाह उनके आध्यात्मिक गुरु थे। वे अंग्रेज़ों के ख़िलाफ़ जेहाद का उपदेश देते हुए राजपूताना और उत्तर भारत के अनेक स्थानों से गुज़रे। नवम्बर 1856 में वे लखनऊ में थे और यहाँ उनकी सभाओं में भारी भीड़ होने लगी। एक स्थानीय समाचारपत्र के अनुसार वे इन सभाओं में सरकार के ख़िलाफ़ जेहाद का आह्वान करते थे। जल्द ही कोतवाल ने उन्हें शहर से बाहर निकाल दिया, जनता को उनसे मिलने से मना कर दिया और उनकी आवाज़ाही पर पाबन्दी लगा दी। एक समकालीन वृत्तान्त में उन्हें आगरा का एक सूफ़ी कहा गया है जिसके हज़ार शागिर्द थे और जो पालकी में चलता था, आगे-आगे ढोल बजता था और पीछे-पीछे अनुयायियों की एक क़तार होती थी। उनके शागिर्द मजमे के सामने जलता कोयला चबा जाते थे क्योंकि मौलवी का कहना था कि जो ऐसा करेगा वह कल आग पैदा करेगा और मरने के बाद जन्नत में जाएगा। जनता उन्हें डंकाशाह या नक़्क़ाराशाह यानी नक़्क़ारेवाला मौलवी कहती थी। तब 'शहर बेचैन करनेवाली ख़बरों से भरा हुआ था।'[99]

मौलवी साहब लखनऊ से फ़ैज़ाबाद आ गए और अपने लाव-लश्कर के साथ एक सराय में ठहरे। भारी भीड़ जमा होने लगी। अफ़सरों को शुबहा था कि 'साफतौर पर इस फ़क़ीर का इरादा जनता में दंगा कराने और असन्तोष फैलाने का था।' उनसे सम्पर्क करने के लिए भेजे गए एक अफ़सर ने 'पाया कि सड़क, सराय का दरवाजा और अन्दर का हिस्सा बहुत भारी भीड़ से भरा था।' हथियार छोड़ देने की माँग किए जाने पर 'फ़क़ीर ने कहा कि वह ऐसा नहीं करेगा और अपने हथियार नहीं छोड़ेगा क्योंकि ये उसे उसके पीर से मिले थे।' जब उससे प्रार्थना की गई कि वह शहर छोड़ दे तो उसने

कहा कि जब उसे फुर्सत होगी, छोड़ देगा। उस अफ़सर ने कुछ सिपाहियों को साथ लेकर मौलवी साहब को गिरफ़्तार कर लिया। इससे पहले हुए टकराव में मौलवी साहब घायल हो गए और उनके तीन शागिर्द मारे गए।[100]

मौलवी साहब की सरगर्मियाँ तनाव और अन्देशों के माहौल में ज़ारी थीं। वाजिद अली शाह के गद्दी से हटाए जाने के बाद से अंग्रेज़ों के ख़िलाफ़ जेहाद की बातें हवा में गूँज रही थीं। 8 जून, 1857 को अनियमित घुड़सवार और पियादा सैनिकों ने विद्रोह किया। मौलवी साहब, जो जेल में भी अनुयायियों से रहित नहीं थे, रिहा करा लिए गए और बाग़ियों ने उन्हें अपना नेता चुन लिया।[101] वह बाईसवीं देसी पियादा फ़ौज के बाग़ियों को फैज़ाबाद से लखनऊ ले आए। 20 जून को चिनहट में फ़ैसलाकुन जंग हुई और सर हेनरी लारेंस की हार हुई। मौलवी साहब, 'जमकर लड़े' और उनका पाँव घायल हो गया।[102] ध्यान रहे कि इस अहम लड़ाई में सिर्फ़ फ़ौजियों और निचले तबक़ों ने हिस्सा लिया था। लखनऊ की फ़तह के बाद एक समकालीन गवाह ने उनकी सरगर्मियों का बयान इस तरह किया है–

> पहले तो शहर के शोहदे और दूसरे लफ़ंगे वहाँ अल-सुबह ही पहुँचे और जो कुछ हाथ लग सकता था उसे लूटा। एकाएक रूमी दरवाज़े का एक शोहदा अपने ही लोगों (शोहदों) को लताड़ते हुए बोला : लूटपाट मत करो तोपें खींच लाओ और उन्हें मच्छी भवन (लखनऊ का पुराना क़िला) पर सही जगहों पर जमा दो। कमर कसकर खड़े हो जाओ और लड़ो। इससे तुम्हारा नाम बढ़ेगा। लोग कहेंगे, निचले तबक़े के लोग किस बहादुरी से इतने ताक़तवर दुश्मन के ख़िलाफ लड़े। हर कोई इस बात पर सहमत होकर लड़ने के लिए तैयार हो गया।[103]

यह पहलकदमी करते हुए निचले तबक़ों को ऐसे गर्व का अनुभव हुआ जो आम हालात में उन्हें नहीं होने दिया जाता था। उन्हें लगा कि बग़ावत एक ऐसा मौक़ा है जब वे महान लोगों जैसा व्यवहार कर सकते हैं और महान शक्तियों को चुनौती दे सकते हैं। उन्होंने भवन को घेरकर उस पर गोली बरसाई और अंग्रेज़ों को मज़बूर कर दिया कि वे रात में उसे खाली करके निकल भागें। 2 जुलाई को ये शोहदे महल में दाख़िल हुए जहाँ 'शहर के मुख़्तलिफ़ हिस्सों से आए...दूसरे लफ़ंगे' उनसे आन मिले। फिर शाम तक लूट-पाट ज़ारी रही। एक उच्च्य वर्ग के दर्शक ने जनता की उत्तेजना का बयान इस तरह किया है–

> अपनी अप्रत्याशित सफलता से प्रोत्साहित होकर इन कमीने शोहदों ने बदले के और भी काम किए। उन्होंने दो तोपें हासिल कर लीं और मच्छी भवन के सामने खड़े हो गए। उन्होंने भीम का तकिया में मुंशी इल्तफ़ात हुसैन के बँगले पर एक और हस्पताल के सामने इमली के पेड़ के नीचे दूसरा मोर्चा बाँधा और गोले चलाने लगे। हालाँकि यह पूरी लड़ाई सिर्फ़ बचकाना थी मगर फिर भी जुमला-बाज़ी और मज़ाक कर-करके शोहदों

ने सारी हदें तोड़ दीं। फिर उन्होंने सरकार की इजाज़त लेकर अपनी एक पलटन भर्ती की। वे दौलतमन्दों के घरों पर गए, धमकियाँ दीं और पैसे वसूले जिन्हें उन्होंने मसालेदार और ज़ायक़ादार खाने पर खुले-हाथों ख़र्च किया। उन्होंने कोई दाम चुकाए बग़ैर दुकानों से हलवा, पूरियाँ और मिठाइयाँ लीं। उन्होंने हर तरह के लोगों का मख़ौल उड़ाया। उन्होंने आतिशबाज़ों से बारूद और दूसरे विस्फोटक पदार्थ लिए और उनको पूरा दाम नहीं दिया। स्कूल की कोठी के बाग़ में पुआल का एक ढेर पड़ा था जिसे उन्होंने आग लगा दी और इस तरह बड़े-बड़े अलाव जलाए जिससे शहर रौशन हो गया। वे पक्का पुल के पास रहनेवाले मीर बाक़र अली को पकड़ लाए और बड़ा इमामबाड़ा के दरवाजे पर तलवार से उनकी बोटी-बोटी कर दी। उन्होंने यह कुकर्म क्यों किया, कोई नहीं कह सकता, क्योंकि वे सैयद थे। वे हाथों में नंगी तलवारें लेकर घूमते रहे।[104]

यह वर्णन बग़ावत के माहौल की एक झलक दिखाता है। इसके लेखक यानी किसी अशरफ़ के अनुसार, इन नीचे के तबक़ेवालों ने 'सारी हदें तोड़ दीं' और इस तरह उनके चाकर-भाव की जगह खुदी के दावे ने ले ली। उन्होंने अपने फ़ौजी दस्ते बनाए और उनकी भाषा और व्यवहार तो ऐसे थे कि बरतर से कमतर के मुख़ातिब होने के सारे तौर-तरीक़े, सारी शालीनता नष्ट हो गई। इन शोहदों के हाव-भाव में खुशी का भाव भी था और बग़ावत का भी। बग़ावत का यह जज़्बा अपनी पलटन खड़ी करने, अमीरों को धमकी देने और उनसे पैसा वसूलने, 'नंगी' तलवारें लेकर घूमने और एक सैयद का क़त्ल करने जैसे कामों में अभिव्यक्त हुआ। अलाव, आतिश-बाजी तथा 'मसालेदार और ज़ायक़ेदार' भोजन का मज़ा लेना एक ख़ुशी की अलामत थे–ऐसी ख़ुशी के जो क़ानून-व्यवस्था के सामान्य काल में ग़रीब तबक़ों के लिए अकल्पित शक्ति उनके हाथ में आ जाने पर मिलती है।

मौलवी साहब को हिमायती लखनऊ के इन्हीं 'मज़लूमों' से मिले–ये वे लोग थे जो किसी अशरफ़ के शब्दों में 'कूढ़मग़ज़ों की भारी भीड़' थे।[105] लेकिन उनकी सत्ता को जल्द ही बिरजीस क़दर के नवगठित दरबार ने चुनौती दी, जिसका नेतृत्व एक तरह से बेगम हज़रतमहल और मम्मू ख़ान के हाथों में था। मम्मू ख़ान मौलवी साहब की लोकप्रियता को शाही-दरबार के लिए ख़तरा समझता था। वज़ीर ख़ान के शब्दों में 'अपनी बहादुरी और अपनी पाकीज़गी, दोनों के कारण बाग़ियों के बीच यह मौलवी इस क़दर लोकप्रिय कमानदार था कि एक वक़्त के बाद बेगम उसके भारी प्रभाव को अपनी सत्ता के लिए ख़तरा समझकर उससे डरने लगी थीं। इसीलिए उन्होंने मौलवी की ताक़त को कम करने के लिए एक दस्ता बनाया और इस मक़सद से उन्होंने जो क़दम उठाए वे खुले हमले से कम न थे। फिर उसने राजधानी को छोड़ दिया और मज़ाफ़ात (उपनगरीय इलाक़ा) में एक बाग़ के मकान को अपना ठिकाना बनाया।'[106] दरबार आम जनता के प्रति उसकी चिन्ता से भी परेशान था और उसने उसकी सत्ता को नष्ट करने

के लिए इसका इस्तेमाल किया। 'उसने ऐलान कराया कि नागरिक ख़ुद को लूटनेवाले सभी व्यक्तियों को मौत के घाट उतार सकते हैं, और वेधशाला के नाम से ज्ञात सुन्दर भवन को अपना ठिकाना बनाकर उसने शाहों के सारे तामझाम और रोब-दाब अख़्तियार कर लिए।' इस बात से महल के लोगों को फ़ायदा पहुँचा जिन्होंने 'फ़ौजियों को भड़काया कि वे इस ऐलान का विरोध करें जो ख़ासकर उन्हीं के ख़िलाफ़ था; मौलवी का सब कुछ लूट लिया गया और उसे बेइज़्ज़त करके वेधशाला से भगा दिया गया।'[107]

हम यह भी जानते हैं कि हुसैनाबाद के दारोग़ा अहमद अली को, मौलवी को गिरफ़्तार करने के लिए भेजा गया और पाँच घंटे की लगातार लड़ाई के बाद मौलवी को पीछे हटना पड़ा। फिर दिल्ली के पतन के बाद जब फ़ज़्ल-हक़ ख़ैराबादी लखनऊ आकर मम्मू ख़ान से मिल गए तो अहमदुल्ला शाह के असर को कम करने के लिए उनसे मदद माँगी गई। बल्कि वे मौलवी की जागीर को ज़ब्त करने के लिए दरबार की ओर से भेजे गए दस्ते के साथ भी गए।[108] इसके बाद उनका असर थोड़ा-बहुत कम हो गया। लेकिन कानपुर के पतन और हैवलाक की जीत के बाद उन्होंने अपने दस्तों पर धीरे-धीरे फिर अपना असर क़ायम कर लिया। उन्होंने ख़ुद बैली गार्ड पर हुए हमले का नेतृत्व किया जहाँ अंग्रेज घेराबन्दी में थे। इस वक़्त तक 'उन्होंने किसी तरह अपने हौसले के सबब भारी इज़्ज़त हासिल कर ली थी जिससे महल के ओहदेदार बुरी तरह महरूम थे।'[109]

वास्तव में निजी हौसलामन्दी और 'चरित्र में झाँकने की ताक़त' अर्थात अपने सही अनुयायी चुनने की योग्यता के अलावा मौलवी की सत्ता के दो तत्व और भी थे। एक तो यह कि 'मुसलमान उन्हें इलहामयाफ़्ता पैग़म्बर समझकर उनमें गहरी आस्था रखते थे' और यह आस्था 'सूबे में बग़ावत की वक़्ती कामयाबी के साथ, बर्तानवी राज के पतन के बारे में उनकी भविष्यवाणियों के ज़ाहिरा तौर पर सही उतरने के कारण अवध में हर धर्म में सभी वर्गों में व्याप्त हो गई।'[110] कवानाग नाम के एक अंग्रेज़ अफ़सर ने भी 'उनकी फ़ौजों के धार्मिक सहज-विश्वास' के बारे में लिखा है : ये फ़ौजें 'उनकी अजेयता में विश्वास रखती थीं और तब भी रखती थीं जब एक गोली...ने उनके अँगूठे को तोड़ दिया।' ज़ाहिरा तौर पर उन्होंने 'अपने हिमायतियों को यह विश्वास दिला दिया था कि उनके कोड़े और रुमाल में जादुई गुण है।' उनका 'ईश्वर का अवतार होने का दावा', 'पूरी सफलता, आख़िरकार समुद्र तक उनकी फ़ौज के शासन के विस्तार' और 'लन्दन में उनके नगाड़े के बजने' के बारे में उनकी भविष्यवाणियाँ जो एक भविष्यद्रष्टा नेता की तरह की गई थीं—इनके कारण सभी वर्गों की जनता में अपने प्रभाव को धीरे-धीरे फैलाने और दरबार के लोगों को अलग-थलग करने में मौलवी को कामयाबी मिली।[111]

एक इलहामयाफ़्ता पैग़म्बर की अपराजेयता और उसकी भविष्यवाणियों में इस आस्था की जड़ें एक धार्मिक-राजनीतिक प्रकार की लोकचेतना में थीं। इस चेतना ने एक हाड़-मांस के इंसान को परामानवी और पराप्राकृतिक सत्ता बनाकर रख दिया,

इसीलिए घायल होने के बाद भी मौलवी को अंग्रेज़ों के हथियारों से सुरक्षित माना जाता रहा। खुद उनका निर्माण इसी चेतना से हुआ था क्योंकि वे खुद को सीधे अल्लाह से प्रेरित समझते थे। उन्होंने अपनी नियति को अपने इरादों का परिणाम नहीं माना; उनकी राय में यह उनसे स्वतन्त्र दैवी प्रेरणा की उपज थी। राजनीतिक कार्रवाई के कारणों को धार्मिक भाषा में व्यक्त किया गया। यह ऐसे व्यक्ति की चेतना थी 'जिसने या तो खुद को पाया नहीं था या खुद को फिर से सर्वथा खो चुका था।' भारी मुश्किलों के आगे सिर्फ़ पैग़म्बर ही कामयाबी की बात कर सकता था और सिर्फ़ तभी ये बाग़ी 'स्वर्ग के एक काल्पनिक यथार्थ'[112] में अपनी सही प्रकृति को चरितार्थ कर सकते थे। यह फ़न्तासी ही वह वैचारिक आधार थी जिस पर मौलवी की सत्ता बड़ी हद तक क़ायम थी। अंग्रेज़ों के ख़िलाफ़ लखनऊ के बहादुराना प्रतिरोध को सहारा देनेवाले स्रोतों में एक स्रोत यह भी था।

दरबार की ओर से धोखा दिए जाने का, कुलीनों की साज़िशों का डर मौलवी की सत्ता का एक और कारण था। उन्होंने अपने डर से अपने सैनिकों को भी आगाह किया। दरबार के बारे में इन सैनिकों के नज़रिए का सजीव चित्रण कमालुद्दीन हैदर हुसैनी ने इस तरह दिया है–

> ये तिलंगे रोज़...ख़ास बाज़ार की दुकानों पर बिखरकर बैठते थे तथा दायरा और डफ़ली की लै पर भजन गाते थे। वे हर किसी का मख़ौल उड़ाते थे। उन्होंने महल से मिर्ज़ा बिरजीस क़दर को बुलवाया, उन्हें गले लगाया और बोले, 'आप कन्हैया हैं। अपने वालिद की तरह आलसी मत बनिए। *अपने पगड़ीवाले लोगों से होशियार रहिए, नहीं तो आप बर्बाद हो जाएँगे।*'[113]

'अपने पगड़ीवाले लोगों से होशियार रहिए'–यह एक चेतावनी थी, अगुवा समझे जानेवाले बड़े लोगों के प्रति अविश्वास था। वास्तव में मौलवी का प्रभाव उन्हीं के कारण उनकी बुज़दिली के कारण, ग़द्दारी की सम्भावना के कारण था। यह बात सर्वविदित है कि अंग्रेज़ों के ख़िलाफ़ मिली आरम्भिक सफलता के बाद उन्होंने बेगम के वज़ीर शरफ़ुद्दौला की हत्या कराई थी; 'इलज़ाम यह था कि उसने तामीराती कामों में डोलियों में यूरोपीय सिपाहियों को अन्दर लाकर अंग्रेज़ों के हमले को आसान बना दिया था और अन्दर के इन्हीं लोगों से प्राप्त सहायता के कारण बाहर से होनेवाला हमला कामयाब हुआ था।'[114] हुकूमत करनेवालों और उनकी प्रजा के परिकल्पित तालमेल की अर्थात स्वाभाविक नेता मानकर शासकों के पीछे बिना सोचे-विचारे चलने की जनता की प्रवृत्ति की धारणा को दुरुस्त करने के लिए कुलीनों के प्रति आस्था के इस अभाव पर ज़ोर देना ज़रूरी है। कुलीनों की साज़िश के बारे में लगातार बना रहनेवाला यह डर साक्ष्यों को विपरीत दिशा में मोड़ देता है। कारण कि यह सन्देह तथ्यों पर आधारित हो या न हो, यह इस चेतना से उपजा होगा कि बाग़ियों के मक़सद के प्रति दरबार की वफ़ादारी मुकम्मल नहीं थी, कि उसके हित साधारण विद्रोही के हित नहीं थे, और यह कि बाग़ियों

को दग़ाबाज़ी की सम्भावना से सतर्क रहना चाहिए। यह भावना एक वर्ग-विभाजित समाज के मूलभूत अन्तर्विरोध की उपज थी जिसका धुँधला सा अहसास, अंग्रेज़ों के ख़िलाफ़ साझी लड़ाई के बावजूद, बाग़ियों को था। इसके विपरीत अपनी धार्मिक वृत्तियों और संघर्ष के अनुभवों, दोनों के कारण वे मौलवी पर भरोसा करते थे। फिर एक नाजुक मौक़े पर जब दुश्मन बढ़ रहा था, उस समय दिल्ली और अवध के सिपाहियों के बीच तनख़्वाह को लेकर तनातनी पैदा हो गई; तब, 8 दिसम्बर, 1857 को, 'फ़ौज ने मौलवी को अपना सिपहसालार' मुक़र्रर किया।'[115]

नवम्बर, 1857 से लेकर फ़रवरी 1858 तक सिपाहियों ने आलमबाग़ में जनरल आउट्रम के गढ़ पर छः हमले किए। चौथे हमले का नेतृत्व ख़ुद मौलवी ने किया, और यह लगभग कामयाब रहा। 14 मार्च को लखनऊ का पतन हुआ मगर मौलवी शहर के बीचोबीच हज़रत अब्बास की दरगाह में 'अवर्णनीय दृढ़ता के साथ' जमे रहे। 21 मार्च को कड़े मुक़ाबले के बाद आख़िरी गढ़ पर लुर्गाड ने क़ब्ज़ा कर लिया, लेकिन मौलवी सुरक्षित ढंग से पीछे हटकर मुहमदी चले गए और उसे अंग्रेज़ी फ़ौजों के ख़िलाफ़ मुक़ाबले का एक और गढ़ बना दिया।[116] अपने पीर के नाम पर कमान सँभालकर उन्होंने कई तालुक़दारों के नाम हुक्मनामे भेजे और कहलवाया कि वे आगे की लड़ाई के लिए अपने दस्ते जमा करें और रसद का बन्दोबस्त करें।[117] यह सब करते हुए उन्होंने भौतिक और नैतिक, दोनों आधारों पर एकजुटता की तड़प दिखाई। उन्होंने ऐलान किया कि तालुक़दारों की जमा (मालगुज़ारी) का आधा हिस्सा पाँच साल के लिए मुआफ़ कर दिया जाएगा, शर्त यह है कि 'वे लड़ें और अंग्रेज़ों को मारें; नहीं तो उन्हें सज़ा दी जाएगी।' सभी से कहा गया कि वे 'इस लड़ाई को जीतने, अंग्रेज़ों को खदेड़ने और उन्हें मारने में तन-मन-धन से सहयोग दें और इस तरह, बहादुरी और मर्दानगी दिखाकर, ख़ुद को इस सरकार की सरपरस्ती पाने का हक़दार साबित करें।'

लेकिन तालुक़दारों को लामबन्द करके अपनी सत्ता को मज़बूत बनाने की मौलवी की कोशिश बेकार गई। मुहमदी क़े ठिकाने को छोड़ना पड़ा और वे हटकर पवायाँ चले गए, जहाँ 15 जून, 1858 को उनकी फ़ौजों और स्थानीय राजा जगन्नाथसिंह की फ़ौजों से टकराव के दौरान वे मारे गए। एक ब्रिटिश अधिकारी ने इस राजा को 'दो-मुँहा' कहा था (क्योंकि वह समय-समय पर बाग़ियों से भी मेलजोल रखता रहा मगर 'कुल मिलाकर अंग्रेज़ी सरकार की ओर ही झुका रहा।') उसने मौलवी का सर (जिसे राजा के भाई 'बलदेवसिंह के हुक्म पर काट लिया गया था') शाहजहाँपुर के मजिस्ट्रेट के आगे पेश किया और 50,000 रुपए का सरकारी इनाम एक ऐसे जीवन का अन्त करने के लिए वसूल किया 'जो बाग़ी नेताओं में सबसे दृढ़प्रतिज्ञ और प्रभावशाली था।' उसके बाद औपनिवेशिक सत्ता की शक्ति का बदस्तूर आम सार्वजनिक प्रदर्शन हुआ–

> वह सर...जिसे पवायाँ और शाहजहाँपुर, दोनों जगहों के कई लोगों ने पहचाना कि वह मौलवी अहमदुल्ला शाह का सर था...कोतवाली के सामने जनता के देखने के लिए रख दिया गया; और बदन को सार्वजनिक रूप

से आज सवेरे जलाकर राख को नदी में फेंक दिया गया है।

अंग्रेज़ी राज ने अपने सबसे भयानक दुश्मनों में से एक दुश्मन को क्या श्रद्धांजलि दी, यह घृणित प्रदर्शन उसी का नमूना था। यह प्रदर्शन उस राहत की साँस के ही बराबर था जो उस सर को हथियानेवाले एक क्षुद्र प्रशासक ने अपने आला अफ़सरों को इत्तला देते हुए ली थी : 'मुझे यह सोचकर ख़ुशी हो रही है (कि)...एक बाग़ी नेता, जो खुद पर इतराता था, जो अपने अनुयायियों पर अपने आश्चर्यजनक प्रभाव के कारण (हमारा) सबसे भयानक दुश्मन था, अब धरती से विदा हो चुका है।'[118]

मौलवी के विचारों में ऐसा क्या था जो उनके अनुयायियों पर उनके आश्चर्यजनक प्रभाव का कारण था ? इसके लिए हमें *फ़तहे-इस्लाम* नाम के एक किताबचे को पलटना पड़ेगा जो चिनहट की लड़ाई के बाद, ऐसे समय में प्रकाशित हुआ था जब मौलवी अहमदुल्ला शाह का प्रभाव अपने चरम पर था।[119] इसे क्या उन्होंने खुद लिखा था, यह पता नहीं है, लेकिन इसका स्वर सीधे-सीधे उनके विचारों और उनकी नीतियों को व्यक्त करता है, जैसे जेहाद पर ज़ोर, कुरआन-मजीद के विधानों के हवाले, अन्धाधुन्ध लूटपाट के ख़िलाफ़ चेतावनी, विदेशी राज पर सख़्त चोट, और अंग्रेज़ों के ख़िलाफ़ मुकम्मल जंग की वचनबद्धता। इसलिए इसे काफ़ी हद तक उनके विचारों और कारनामों का नुमाइन्दा कहा जा सकता है। घोषणा के रूप में लिखी गई यह किताब बग़ावत के नैतिक और राजनीतिक विचारों को उसी तरह व्यक्त करती है जैसे मौलवी के अपने पैग़म्बराना बयानात करते थे। यह बात निश्चित है कि यह अवध और लखनऊ शहर के सार्वजनिक स्थानों पर पढ़ी जाने के लिए थी। उस समय अवध में अंग्रेज़ों के वफ़ादार एक हिन्दुस्तानी ने कहा था : 'यह घोषणा का बेहद खतरनाक और आग-लगाऊ दस्तावेज़ है क्योंकि इसकी विषयवस्तु पर साधारण जनता स्पष्ट रूप से विश्वास करती है और इसलिए अंग्रेज़ों के ख़िलाफ़ काफ़ी क्रुद्ध है।'[120]

इस घोषणा की भाषा धार्मिक है। इसमें धर्म की हानि को जीवन, सम्पत्ति, घर और अन्त में सम्मान की हानि कहा गया है। '*धार्मिक* पीड़ा साथ ही साथ वास्तविक पीड़ा की *अभिव्यक्ति* और वास्तविक पीड़ा के प्रति *विद्रोह* भी होती है।'[121] इसीलिए मज़लूमों की भावनाओं को उभारने और ज़ुल्म का वर्णन करने का काम विदेशी शासन से धर्म की रक्षा की गुहार के साथ आरम्भ हुआ है। इसमें उपनिवेश-पूर्व काल को धार्मिक स्वतन्त्रता का काल बतलाया गया है : 'पहले मुसलमान बादशाह उसी तरह हिन्दुओं के जान-माल और उनके बच्चों की हिफ़ाज़त करते थे (और ऐसा करना अपना लाज़मी फ़र्ज समझते थे) जिस तरह वे मुसलमानों के जान-माल और बच्चों की हिफ़ाजत करते थे', जबकि बर्तानवी राज में 'ये लानती ईसाई हिन्दू-मुसलमान, दोनों को ईसाई बनाने के लिए फ़िक्रमन्द हैं।'

ईसाइयत में धर्मान्तरण की इस तथाकथित योजना को एक राजनीतिक अर्थ दिया गया : ब्रिटिश राज की आध्यात्मिक अनैतिकता की निन्दा को उसके धर्मेतर प्रशासन की निन्दा में तबदील कर दिया गया। यह शासन निरंकुशता और हिंसा पर

आधारित शासन था 'ऐ भाइयो, आज के इस दौर में ये निंदनीय ईसाई...बेगुनाह इनसानों का क़त्ल कर रहे हैं, उनकी दौलत लूट रहे हैं, उनके घरों को आग लगा रहे हैं और उनके बच्चों को घरों में बन्द कर देते हैं जिससे कुछ बच्चे जलकर मर जाते हैं...।' इस समय ज़ारी लड़ाई की व्याख्या यह की गई है कि वह इंग्लैंड की महारानी के हुक्म से ज़ारी क़त्ले-आम की ही एक मिसाल है। घोषणा में कहा गया कि 'कारतूसों को लेकर होनेवाले झगड़े से पहले'—

> इन घिनौने अंग्रेज़ों ने अपनी नापाक मलिका को लिखा था: 'अगर मलिका हिन्दुस्तान के हर 100 मौलवियों में से 15 को और हर 100 पंडितों में से इतने को ही क़त्ल करने की इजाजत हमें दें और साथ ही पाँच लाख हिन्दू और मुसलमान सिपाहियों और रियाया को मारने की इजाजत दें तो हम बहुत जल्द ही हिन्दुस्तान के सभी लोगों को 'ईसाई' बना लेंगे। फिर उस हर्राफ़ा, नापाक कुतिया ने बेगुनाहों का ख़ून यूँ बहाने के बारे में अपनी रज़ामन्दी दे दी।

बड़े ही गाली-गलौजवाले ढंग से इंग्लैंड की महारानी की यह खुली निन्दा ही *फ़तहे-इस्लाम* को इस तरह के दूसरे समकालीन लेखन से अलग ठहराती है। 'इसी सदी के बाद के कुछ किसान विद्रोहियों में लोकमानस में 'नेक मलिका विक्टोरिया' की छवि मिलती है मगर उसी की निन्दा यहाँ 'एक हर्राफ़ा, नापाक कुतिया' कहकर की गई है। ये ऐसे शब्द हैं जो सम्राट से लेकर साधारण सिपाही और प्रशासक तक पूरे ब्रिटिश औपनिवेशिक शासन को चुनौती देते हैं। अगर इस दस्तावेज़ की तैयारी में सचमुच मौलवी अहमदुल्ला शाह का हाथ था तो इंग्लैंड और उसकी संस्थाओं के बारे में उनकी जानकारी इस बात की अंशतः व्याख्या कर सकती है कि औपनिवेशिक शासन के पूरे ढाँचे को क्यों इस दस्तावेज़ में कटघरे में खड़ा किया गया है। लेकिन अगर ऐसा नहीं था तो इस घोषणा में व्यक्त दृष्टिकोण विदेशी राज के मुकम्मल अस्वीकार का सूचक है और इसमें महारानी और उनके कारकुनों के बीच किसी अन्तर की गुंजाइश नहीं है।

'अंग्रेज़ों का नाश' इस पुस्तिका का घोषित धार्मिक-राजनीतिक लक्ष्य है, और हिन्दू और मुसलमान, पुरुष और स्त्री, ग़रज कि सारे हिन्दुस्तानियों का आह्वान किया गया है कि वे इस मुहिम में शामिल हों। फिर भी इस संघर्ष में दोस्तों और दुश्मनों के बीच बहुत होशियारी से अन्तर किया गया था। इसके अनुसार, 'दुश्मन की सम्पत्ति को लूटना पूरी तरह मुनासिब' है। लेकिन सिपाहियों के लिए हिन्दुस्तानियों की और 'ख़ासकर उनके द्वारा विजित स्थानों की जनता' की सम्पत्ति का लूटना वर्जित था। 'लूटपाट करनेवाले को फ़ौरन सज़ा दो और लूटी गई सम्पत्ति उसके मालिक को वापस दिलवाओ।' जनता नहीं बल्कि दुश्मनों के ख़िलाफ़ जनता के गुस्से को मोड़ना—यह उन तरह-तरह के अन्तर्विरोधों को स्वीकार करने और उनसे निपटने की एक विवेकपूर्ण योजना थी जिन्हें अक्सर ख़ुद बाग़ी ही भूल जाया करते थे।

इस पुस्तिका में एक और अन्तर भी किया गया है—नेताओं और अनुयायियों के

बीच। संघर्ष के लिए नेतृत्व की आवश्यकता है : 'यह...हमारे लिए लाज़िम है कि हम फ़ौरन एक नेता या सरदार मुक़र्रर करें और अंग्रेज़ों को तबाह करने के मक़सद से उसके आदेशों का पालन करें।' एक बार एक नेता की नियुक्ति हो जाए तो 'एक जेहाद के शुरू होने की ख़बर फैल जाएगी।' नेता चुना किसे जाए ? यहाँ की गई सिफ़ारिश साफ़तौर पर संकीर्णता से भरी और धर्म पर आधारित है : 'कोई भी मुसलमान सरदार जो नेतृत्व के थोड़े से गुणों से भी लैस हो और मुस्लिम विधि-विधान का पालन करता हो, ज़रूरत के तहत, सरदार चुना जा सकता है।' जहाँ तक मुमकिन हो, मौजूदा सरदारों के मुआमले में कोई दखल-अन्दाजी न की जाए। उनकी सत्ता को बनाए रखना और उनके नाम पर अमल करना ज़रूरी है। जहाँ कोई सरदार न हो सिर्फ़ वहीं बाग़ी अपनी पसन्द सामने रख सकते हैं।

एक तरतमता की धारणा भी नेतृत्व के इस धर्मशास्त्र का एक पन्ना था। यह नेता 'फ़ौज में (!) दूसरे सरदारों का चुनाव करेगा' और इस प्रकार ख़ुदा से लेकर बादशाह तक और फिर सरदार और उसके मातहतों से होते हुए जनता तक नेतृत्व का एक सोपान स्थापित करेगा। वास्तव में नेतृत्व पर और पुराने, परम्परागत सरदारों को स्वीकार करने की ज़रूरत पर दिया जानेवाला यह ज़ोर एक ख़ास तरह के राजनीतिक सरोकार का सूचक हो सकता है। कारण कि संघर्ष के दौरान अनेक मुआमलों में अनेक दावेदार सामने आए और अनेक दिशाओं से पहलक़दमी की गई। अभी तक सार्वभौम रूप से स्वीकार्य सत्ता का कोई एक ढाँचा उभरा नहीं था। 'व्यवस्था' की गुहार इसीलिए लगाई गई। फिर भी वैकल्पिक सत्ता किसी भी रूप में समतावादी नहीं थी। उसे सरदारों और रियाया के बीच के आदेश और आज्ञापालनवाले सम्बन्धों से सहारा देना और क़ुरआन-मजीद के आदेशों और शरीयत के नियमों से वैधता प्रदान करना आवश्यक था। इस तरह हम मार्क्स के शब्दों में कह सकते हैं कि, 'तमाम मृत पीढ़ियों की परम्परा' का बोझ 'जीवितों के मन पर एक दुःस्वप्न की तरह' थोप दिया गया।

फिर भी इस घोषणा में वास्तविक कार्रवाई की दृष्टि से जनता की पहलक़दमी को पूरी तरह से भुलाया नहीं गया है। विद्रोह के अनुभवों ने इसके लेखक को प्रेरित किया कि वह विदेशी राज के ख़िलाफ़ जन-हिंसा की शक्ति की बातें करे, और विद्रोह के तर्कशास्त्र की छाप एक सोपान द्वारा संचालित और मर्यादित व्यवस्था की परम्परा पर भी पड़ी है। विद्रोह की उस परिकल्पना में हर कोई एक भागीदार था और हर कोई अपना कमानदार था।

> सारे अवाम, स्त्री-पुरुष और बच्चों, गुलाम स्त्री-पुरुषों और बूढ़ी स्त्रियों, सबको चाहिए कि छतों से बन्दूक़ें, तोड़ीदार बन्दूक़ें और पिस्तौल चलाकर, तीर बरसाकर और ईंट-पत्थर, मिट्टी के बर्तन, कड़छे, पुराने जूते और जो कुछ हाथ लग सके, वह सब बरसाकर इन घिनावने अंग्रेज़ों को मौत के घाट उतार दें। उन्हें चाहिए कि अंग्रेज़ों को पत्थर बरसाकर उसी तरह मारें जैसे अबाबीलों ने हाथियों के सरदार को मारा था। सिपाहियों,

> कुलीनों, दुकानदारों, तेलियों वग़ैरह, और शहर के सभी दूसरे लोगों को चाहिए कि एक साथ मिलकर उन पर एक साथ हमला बोलें, कुछ उन्हें बन्दूक़ें, पिस्तौल और तोड़ीदार बन्दूक़ें चलाकर मारें, कुछ उन्हें तलवारों, तीरों, बरछों और धारदार हथियारों से मारें, कुछ उन्हें भालों पर उठा लें, कुछ होशियारी से उनके हथियार छीन लें...कुछ उनकी गर्दनों और कुछ उनकी कमर से चिपक जाएँ, कुछ उनसे कुश्ती लड़ें और चालाकी बरतकर उनकी बोटी-बोटी कर दें, कुछ उन पर खाँडों से हमला करें, कुछ उन्हें थप्पड़ मारें, कुछ उनकी आँखों में धूल डालें, कुछ उन्हें जूतों से मारें, कुछ उन पर घूँसे बरसाएँ, कुछ उन्हें नोचें और कुछ उन्हें खींचें-घसीटें, कुछ उनके कान काट लें और कुछ उनकी नाक तोड़ दें...इन हालात में, भले ही वे लाखों की तादाद में हों, वे कुछ भी नहीं कर पाएँगे।

इस तरह अंग्रेज़-विरोधी जन-प्रतिरोध की इस परिकल्पना में नेता की भूमिका हवा हो जाती है। इसमें सुझाव दिया गया है कि हर शख़्स पहल करे और फिर फ़तह यक़ीनी है। इस तरह एक तरफ़ तो सरदार के प्रति अटूट निष्ठा और उसके हर हुक्म की तामील की माँग की गई है और दूसरी तरफ़ एक जन-विद्रोह की परिकल्पना की गई है जिसमें निम्नवर्गीय लोग भी लड़ाई में भाग लेंगे। घोषणा का यह दोहरा चरित्र इसे एक अनोखी हैसियत दे देता है। मौलवी अहमदुल्ला शाह के दूरदर्शितापूर्ण नेतृत्व में भी वह द्वैत्व विद्यमान था।

6. निष्कर्ष

यह वृत्तान्त मजबूरी के चलते खंड-खंड और प्रसंगों पर आधारित रहा है। इसका दायरा तो बहुत विस्तृत है मगर यहाँ इसकी मोटा-मोटी रूपरेखा ही प्रस्तुत की जा सकी है। फिर भी यह खंड-खंड वृत्तान्त 1857 के दौरान उस वस्तु की उपस्थिति का संकेत देता है जिसे ग्राम्शी ने जनता के स्तर पर 'सचेत नेतृत्व के बहुआयामी तत्त्व' कहा है।[122] इन तत्त्वों में अनन्त विभिन्नताएँ हो सकती हैं। मौलवी की तुलना गोनू से नहीं की जा सकती और शाहमल की राजनीतिक आकांक्षाएँ देवीसिंह जैसी नहीं थीं। मौलवी को छोड़कर अधिकांश चरित्रों के कार्यकलाप एक क्षेत्र-विशेष तक सीमित थे। उनके अपेक्षाकृत लम्बे राजनीतिक अनुभव और उनके वैचारिक प्रभाव की व्यापकता के कारण मौलवी का दृश्य-पटल दूसरों से व्यापक था और उनकी सरगर्मी भी एक बड़े राजनीतिक मंच पर ज़ारी रही। देवीसिंह, शाहमल और गोनू के जीवन और संघर्ष की सामाजिक और आर्थिक परिस्थितियाँ बहुत भिन्न-भिन्न रहीं। इन भिन्नताओं ने एक हद तक उनके कार्यकलापों और उनके नेतृत्व में लामबन्दी की प्रकृति का निर्धारण किया। वे एक-दूसरे को नहीं जानते थे। लेकिन फिर भी एक ही ऐतिहासिक कालखंड में एक ही शत्रु के ख़िलाफ़ खड़े होने के कारण, विद्रोह के तर्कशास्त्र के चलते, उनकी कुछ साझी विशेषताएँ भी रहीं।

उनका नेतृत्व बहुत अल्पजीवी था। वे आन्दोलन की उपज थे और आन्दोलन के ह्रास के साथ उनके नेतृत्व का भी ह्रास हुआ। इसीलिए एक अधिकारी ने शाहमल के बारे में कहा था कि वे कुछ नहीं थे मगर एक अहम नेता बने। देवीसिंह में शायद ही कोई विशिष्टता रही हो। गोनू एक निकृष्ट चरित्र था। मौलवी के पिछले जीवन के बारे में सरकार लगभग नहीं के बराबर जानती थी। इन बाग़ियों के नेतृत्व के धूमकेतु जैसे उदय और अल्प-जीवन के ही कारण एस.एन. सेन जैसे अकादमिक इतिहासकारों ने 1857 की घटनाओं में उनके हस्तक्षेप को 'मामूली घटनाएँ' कहकर ख़ारिज किया है और डनलप जैसे सैनिक-इतिहासकारों ने 'कुकुरमुत्ते जैसे व्यक्तित्व; कहकर उनका मज़ाक उड़ाया है।[123] लेकिन जैसाकि इस वृत्तान्त से स्पष्ट होता है, इन नेताओं की भूमिका आकस्मिक न होकर लोक-विद्रोह का सचमुच अभिन्न अंग थी। उन्होंने विद्रोह के माध्यम से खुद को सामने प्रस्तुत किया और वह पेशकदमी इख़्तियार की जिससे वे अभी तक प्रभुत्वशाली वर्गों द्वारा वंचित रखे गए थे, और इस प्रक्रिया में उन्होंने विद्रोह के विकासक्रम पर अपनी छाप छोड़ी तथा शासकवर्गों ने उन पर जो राजनीतिक और सांस्कृतिक ख़ामोशी थोप रखी थी उसे तोड़ा। उनका आकस्मिक उदय इस बात का संकेत था कि विद्रोह के हथौड़े की चोटों के कारण औपनिवेशिक समाज के 'जोड़ ढीले हो गए' थे।

इन विद्रोहियों की 'साधारणता' ही उनकी विशिष्टता थी। देवीसिंह को उनके हिमायतियों के बीच शायद ही पहचाना जा सकता था। शाहमल अनेक छोटे ज़मींदारों में एक थे और गोनू एक मामूली कोल थे। यहाँ तक कि मौलवी अहमदुल्ला शाह भी मुश्किल से ही पढ़े-लिखे कहे जा सकते थे और सिर्फ़ 'थोड़ी सी अरबी और फ़ारसी' जानते थे। जिस चेतना के साथ वे लड़े वह 'रोज़मर्रा के अनुभवों से विकसित हुई' थी; यह एक 'प्रारम्भिक ऐतिहासिक उपलब्धि' थी। विद्रोही के कार्यकलाप का निर्धारण अगर किया तो उसके फ़ौरी वातावरण में विदेशी राज्य की सत्ता के बारे में उसकी समझ और उसके रोज़मर्रा के अनुभवों ने किया। सिर्फ़ मौलवी के बारे में कहा जा सकता है कि वे अपने फ़ौरी अनुभवों और विशिष्टता से एक सीमा तक ऊपर उठे। कारण कि उन्होंने एक विश्व-धर्म के राजनीतिक सिद्धान्तों में अपने कार्यकलाप का एक व्यापक औचित्य तलाश कर लिया था। फिर भी वे सिर्फ़ जेहाद की और सरदारों के पुराने शासन की पुनर्स्थापना की बातें कर सके। उनके अनुभवों में सिर्फ़ यही बातें थीं जिन्हें वे एक सर्वव्यापी विदेशी शासन के विकल्प के रूप में सामने रख पाए। हमारे सारे विद्रोही अपने लक्ष्य के प्रति दृढ़भाव से समर्पित थे। सत्तावन का विद्रोह इस क़दर हिंसक और समझौताविहीन सिर्फ उनके चलते हो पाया। फिर भी दुनिया के बारे में उनकी आंशिक और अनुभवाश्रित समझ के कारण आन्दोलन की सम्भावना लाज़मी तौर पर सीमित रही।

इन विद्रोहियों की क्षमताओं और कमज़ोरियों को पहचानना रूढ़ धारणाओं और सूत्रों के दायरे से निकलकर उनकी भूमिका को समझने का एक अगला क़दम होगा। वे सिर्फ़ एक ऐसी रैखिक परम्परा के पुछल्ले न थे जिसका समापन उपनिवेश के बाद

की राजसत्ता में अभिजात वर्ग द्वारा सत्ता के अधिग्रहण के रूप में हुआ। न ही वे ऐसे खिलौने थे जिनको इन अभिजात वर्गों ने एक ऐसे ऐतिहासिक कारनामे के लिए इस्तेमाल किया जिसमें खुद इन वर्गों की कोई भागीदारी नहीं थी। न ही उनको 'जनता' नामक एक सर्वग्राही धारणा का अमूर्त्त तत्व कहा जा सकता है। इन विद्रोहियों की विशिष्ट वैयक्तिततता की तलाश करना और उसे पुनर्स्थापित करना नए इतिहास-लेखन का एक प्रमुख कार्यभार होना चाहिए। यही इस सत्य को स्वीकार करने के बराबर होगा कि मानव जिन विशिष्ट ऐतिहासिक परिस्थितियों में जीवनयापन करता है, उनकी सीमाओं में वह खुद अपना सृजन करता है।

सन्दर्भ और टिप्पणियाँ

ए.सी.आर=आगरा के कमिश्नर के रिकॉर्ड; बी.आर.=रेवेन्यू बोर्ड; *डी.जी.=डिस्ट्रिक्ट गज़ेटियर ऑफ़ दि यूनाइटेड प्राविंसेज़ ऑफ़ आगरा एंड अवध,* (संकलनकर्ता=एच.आर. नेविल और डी.एल. ड्रेक-ब्राकमैन, इलाहाबाद, 1909-30, प्रासंगिक खंड); एफ.=फाइल संख्या, *एफ.एस.यू.पी.=फ़्रीडम स्ट्रगल इन उत्तर प्रदेश* (सम्पादक=एस.ए.ए. रिज़्वी और एम.एल. भार्गव, खंड एक, दो और पाँच, लखनऊ, 1957-60); जे.पी. =अदालती कार्रवाइयाँ, न्याय विभाग, एम.सी.आर.=मेरठ के कमिश्नर के रिकॉर्ड, बारहवाँ विभाग; *एन. ई.=नैरेटिव ऑफ़ इवेंट्स रिगार्डिंग दि म्यूटिनी ऑफ़ 1857-1858 एंड दि रेस्टोरेशन ऑफ़ अथारिटी,* दो खंड, कलकत्ता, 1881; एन.डब्ल्यू.पी.=पश्चिमोत्तर सीमाप्रान्त; *पी.पी.=पार्लियामेंटरी पेपर्स, हाउस ऑफ़ कामंस, एकाउंट्स एंड पेपर्स, खंड 44, भाग 4, 1857-58;* प्रोसी.=कार्रवाई संख्या; आर.डी.=राजस्व विभाग; यू.पी.आर.ए.=उत्तर प्रदेश क्षेत्रीय अभिलेखागार इलाहाबाद; यू.पी.एस.ए.=उत्तर प्रदेश राज्य अभिलेखागार लखनऊ; डब्ल्यू.बी.एस.ए.=पश्चिम बंगाल राज्य अभिलेखागार, कलकत्ता।

1. प्रस्तुत लेख समर सेन को समर्पित है। मैं टिप्पणियों और सम्पादकीय सुझावों के लिए पार्थ चटर्जी, रणजीत गुहा, ज्ञान पांडे, भारती राय और ताप्ती राय का आभारी हूँ।
2. देखिए एस.बी. चौधुरी, *सिविल रेबेलियन इन दि इंडियन म्यूटिनीज़* (कलकत्ता, 1957); आर.सी. मजुमदार, *दि सिपॉय म्यूटिनी एंड दि रिवोल्ट ऑफ़ 1857* (कलकत्ता, 1963); एरिक स्टोक्स, *दि पेज़ेंट एंड दि राज* (दिल्ली, 1980); प्रमोद सेनगुप्त, *भारतीय महाविद्रोह* (कलकत्ता, 1981); शशांक (सरोज़ दत्त), *मूर्तिभंगेर स्वपक्षे* (देशब्रती प्रकाशन, कलकत्ता, तिथि अज्ञात)। एक हालिया अध्ययन के लिए रुद्रांशु मुखर्जी, *अवध इन रिवोल्ट, 1857-58* (दिल्ली, 1984) देखें।
3. एच. डंडस रॉबर्ट्सन, *डिस्ट्रिक्ट ड्यूटीज ड्यूरिंग दि रिवोल्ट इन दि नार्थ वेस्ट प्राविंसेज़ ऑफ़ इंडिया* (लन्दन, 1859), पृ. 192।
4. *डी.जी. :* मेरठ, पृ. 209-10।
5. विलियम्स के नाम फ़ोर्ब्स का पत्र, 24 अप्रैल, 1862, एफ 18/1862, एम.सी.आर., यू.पी.आर.ए.
6. *डी.जी. :* मेरठ, पृ. 203।
7. फ़्रैंकों के नाम प्लाउडेन का पत्र, 16 मार्च, 1840, एच.एम. इलियट कृत *रिपोर्ट ऑफ़ दि सेटिलमेंट ऑफ़ दि डिस्ट्रिक्ट ऑफ़ मेरठ, 1835* (बनारस, 1861), पृ. 228; आगे से *मेरठ सेटिलमेंट* नाम से उद्धृत।
8. डब्ल्यू.ए. फ़ोर्ब्स और जे.एस. पोर्टर, *सेट्लमेंट रिपोर्ट ऑफ़ दि डिस्ट्रिक्ट ऑफ़ मेरठ 1865-1870*

(इलाहाबाद, 1874), पृ. 62।

9. आर.डब्ल्यू. जिलियन, *फ़ाइनल सेट्लमेंट रिपोर्ट ऑफ़ दि मेरठ डिस्ट्रिक्ट* (इलाहाबाद, 1901), पृ. 9

10. *डी.जी.* : मेरठ, पृ. 205।

11. फ़ोर्ब्स और पोर्टर, पूर्वोक्त, पृ 4।

12. इलियट कृत *मेरठ सेट्लमेंट* में प्लाउडेन, पृ. 229; जिलियन, पृ. 12; ग्रेटहेड के नाम विली का पत्र, 2 दिसम्बर, 1854 : 'फ्रेक्वेंसी ऑफ़ दि ट्रांसफ़र ऑफ़ प्रोपराइटरी राइट्स', *सेलेक्शंस फ्रॉम दि रिकार्डस ऑफ़ दि गर्वमेंट ऑफ़ दि नार्थ वेस्ट प्राविंसेज़* (आगे से सेलेक्शंस), खंड चार, भाग 24।

13. मेरठ के कलक्टर का पत्र, 12 अक्टूबर ,1822; बी.आर., एन.डब्ल्यू.पी., 2 नवम्बर, 1822, यू.पी.एस.ए.।

14. बोर्ड का पत्र, 12 अक्टूबर, 1822, बी.आर. एन.डब्ल्यू.पी., प्रोसी. 22, उपरोक्त।

15. ऐसे दो दृष्टान्तों के लिए देखिए डी.बी. मूरीसन के पत्र, 20 अगस्त, और 17 सितम्बर, 1850, बी.आर., एन.डब्ल्यू.पी., प्रोसी. 59-60, यू.पी.एस.ए; और मुक़दमा लइक राम बनाम सरकार, संख्या 34/1859, एम.सी.आर., यू.पी.आर.ए.।

16. विलियम्स को सैप्टे की रिपोर्ट, 2 दिसम्बर, 1858 : 'लिस्ट ऑफ़ दि लीडर्स एंड इंस्टिगेटर्स ऑफ़ दि रेबेलियन इन मेरठ डिविज़न अनफ़िट फ़ार ऐमनेस्टी', एफ़. 101/1859, आर.डी., एम.सी.आर., यू.पी.आर.ए.।

17. सैप्टे की रिपोर्ट : 'पर्संस एमिनेंट फ़ार डिसलायल्टी एंड प्रोपोज़िंग रिवार्ड फ़ार एप्रेहेंशन...मेरठ, मई, 1858', एफ़. 79/1858, यू.पी.आर.ए.।

18. आसिया सिद्दकी, *एग्रेरियन चेंज इन ए नार्थ इंडियन स्टेट* (ऑक्सफ़ोर्ड, 1978), पृ. 91-93।

19. लोव के नाम सैप्टे का पत्र, 6 दिसम्बर 1858, एम.सी.आर.एफ. 19/1859, यू.पी.आर.ए.; आर. एच.डब्ल्यू. डनलप, *सर्विस एंड एडवेंचर विद दि ख़ाकी रिसाला आर मेरठ वालंटियर हार्स, ड्यूरिंग दि म्यूटिनीज ऑफ़ 1857-58* (लन्दन, 1858), पृ. 45-46; *डी.जी.* : मेरठ, पृ. 201।

20. विलियम्स की रिपोर्ट, मेरठ, 7 अगस्त, 1857, *पी.पी.* पृ. 884-85 (ज़ोर हमारा), एडमनस्टोन के नाम विल्सन का पत्र, 24 दिसम्बर, 1857, *एन.ई.,* पृ. 20।

21. स्रोतों के लिए ऊपर टिप्पणी संख्या 16 और 17 देखिए।

22. हेविट के नाम डनलप का पत्र 28 जून, 1857, *पी.पी.,* पृ. 894; टिप्पणी 16 और 17 में उद्धृत सैप्टे की सूची और रिपोर्ट भी देखें।

23. विलियम्स की रिपोर्ट, 7 अगस्त, 1857, *पी.पी.,* पैरा 2, पृ. 884।

24. डनलप, *ख़ाकी रिसाला,* पृ. 87, 99 और 93।

25. मेरठ के कमिश्नर के नाम डनलप का पत्र, 26 जुलाई, 1857, *पी.पी.,* पृ. 886; मेरठ के कमिश्नर के नाम विलियम्स का पत्र, 31 जुलाई, 1854, *पी.पी.,* पृ. 887।

26. फ्रांसिस कोहेन की अर्ज़ी, 18 अक्टूबर, 1858, एफ़. 48/1858, बी.आर., एम.सी.आर., यू.पी. आर.ए.।

27. डनलप, *ख़ाकी रिसाला,* पृ. 119।

28. सैप्टे की रिपोर्ट, 19 फरवरी, 1858, कनफिस्केशन ऑफ़ एस्टेट्स, क्लास III, प्रविष्टि संख्या 125, एफ़. 105/1859, एम.सी.आर., यू.पी.आर.ए.।

29. डनलप, *ख़ाकी रिसाला,* पृ. 95।

30. म्यूर के नाम लोव का पत्र, 30 नवम्बर, 1858, लिस्ट ऑफ़ कनफ़िस्केटेड स्टेट्स ऑफ़ जिला मेरठ, एफ़. 105/1859, एम.सी.आर., यू.पी.आर.ए.।

31. डनलप, *ख़ाकी रिसाला,* पृ. 97, 127।
32. स्टोक्स, पृ. 17-18।
33. रणजीत गुहा, *एलिमेंटरी ऐस्पेक्ट्स ऑफ़ पेज़ेंट इनसर्जेंसी इन कोलोनियल इंडिया* (दिल्ली, 1983), पृ. 305-32, 313-14।
34. मेरठ के कमिश्नर के नाम डनलप का पत्र, 11 जुलाई, 1857, *पी.पी.,* पृ. 883।
35. उपरोक्त, 26 जुलाई, 1857, *पी.पी.,* पैरा 6-8, पृ. 886; डनलप, *ख़ाकी रिसाला,* पृ. 95-99।
36. सैप्टे, 8 जुलाई, 1858, एफ़. 8/1858, आर.डी., एम.सी.आर., यू.पी.आर.ए.।
37. डनलप, *ख़ाकी रिसाला,* पृ. 91।
38. उपरोक्त, पृ. 95, 99-108; मेरठ के कमिश्नर के नाम डनलप का पत्र, 26 जुलाई 1857, *पी. पी.,* पृ. 887।
39. इस और इसके अगले अनुच्छेद में प्रस्तुत तर्क एच. इलियट, *मेमॉयर्स ऑन दि हिस्टरी, फ़ोकलोर एंड डिस्ट्रिब्यूशन ऑफ़ रेसेज ऑफ़ दि नार्थ वेस्ट प्राविंसेज़ ऑफ़ इंडिया,* खंड-दो सम्पादक : जे. बीम्स (लन्दन, 1869), पृ. 46-47; उपरोक्त, *मेरठ सेट्लमेंट,* पृ. 191; गिलियन, पृ. 10; डब्ल्यू. क्रुक, *दि ट्राइब्स एंड कास्ट्स ऑफ़ दि नार्थ वेस्ट प्राविंसेज़ एंड अवध खंड दो,* (दिल्ली, 1974); एम.सी. प्रधान, *दि पोलिटिकल सिस्टम ऑफ़ दि जाट्स ऑफ़ नार्दर्न इंडिया* (बम्बई, 1966), परिशिष्ट 2-4 पर आधारित हैं।
40. मेरठ के कमिश्नर के नाम डनलप का पत्र, 26 जुलाई, 1857, *पी.पी.,* पृ. 886।
41. माफ़ी की सूची पर विलियम्स की टिप्पणी, एफ. 101/1859, एम.सी.आर., यू.पी.आर.ए.; स्टोक्स, पृ. 192-94।
42. विलियम्स का पत्र, 7 अगस्त, 1857, *पी.पी.,* पृ. 885।
43. विस्तार के लिए डनलप, *ख़ाकी रिसाला,* पृ. 99-106; टिप्पणी 40 में उद्धृत डनलप का पत्र, और *डी.जी.* : मेरठ, पृ. 178-79 पर उद्धृत विलियम्स की रिपोर्ट देखें।
44. टाइरह्विट के नाम टोनोशी का पत्र, 20 जुलाई, 1857, *पी.पी,* पृ. 888।
45. डनलप, *ख़ाकी रिसाला,* पृ. 110, 112; मेरठ के कमिश्नर के नाम डनलप का पत्र, 26 जुलाई, 1857, *पी.पी.,* पृ. 887।
46. मार्क थॉर्नहिल, *दि पर्सनल एडवेंचर्स एंड एक्सपेरिएंसेज़ ऑफ़ ए मैजिस्ट्रेट ड्यूरिंग दि राइज़ प्रोग्रेस एंड स्प्रेशन ऑफ़ इंडियन म्यूटिनी* (लन्दन, 1884), पृ. 109।
47. एफ़.एस. ग्राउज, *मथुरा, ए डिस्ट्रिक्ट मेमायर* (तीसरा संस्करण, 1883), पृ. 401-2 देखें। प्रस्तुत लेख में इस पुस्तक के तीनों संस्करणों का प्रयोग किया गया है और आगे से इसके हवालों में लेखक के नाम के बाद कोष्ठक में संस्करण की संख्या दी जाएगी, जैसे ग्राउज़ (3), पृ. 86 में। ह्वाइट वे, *रिपोर्ट ऑन दि सेटिलमेंट ऑफ़ दी मटरा डिस्ट्रिक्ट* (इलाहाबाद, 1879), पृ. 33 भी देखें।
48. *स्टेटिस्टिकल, डिस्क्रिप्टिव एंड हिस्टॉरिकल एकाउंट ऑफ़ दि नार्थ वेस्टर्न प्राविंसेज़ ऑफ़ इंडिया,* खंड आठ, मथुरा, भाग 1 (इलाहाबाद, 1884), पृ. 132। आगे से : *स्टेटिस्टिकल।*
49. ग्राउज़ (3), पृ. 402 देखें। डी.एल. ड्रक-ब्राकमैन द्वारा सम्पादित *डी.जी. :* मथुरा, पृ. 323-24, लिस्ट ऑफ़ प्रिंसिपिल महाजंस एंड साहूकार्स इन दि डिस्ट्रिक्ट ऑफ़ मथुरा, बी.आर., मथुरा, ए. सी.आर., खंड 146, यू.पी.आर.ए. भी देखें।
50. ड्रेक-ब्राकमैन, पृ. 278-79; ग्राउज़ (2), पृ. 86; ह्वाइटवे, पृ. 32।
51. ह्वाइटवे, पृ. 39।
52. ग्राउज़ (3), पृ. 399-401।
53. *स्टेटिस्टिकल,* पृ. 136।
54. डीडिस के पत्र, 1 दिसम्बर, 1831, 4 फरवरी, 1832, बी.आर., एन.डब्ल्यू.पी., 8 मार्च, 1833,

प्रोसी. 43, यू.पी.एस.ए.।

55. बोर्ड के नाम मैक्स्वीन का पत्र, 9 अगस्त, 1832, बी.आर.एन.डब्ल्यू.पी., 8 मार्च, 1833, प्रोसी. 44, यू.पी.एस.ए.; मैक्स्टीन के नाम डीडिस का पत्र, 26 नवम्बर 1832, बी.आर., एन.डब्ल्यू.पी, 8 मार्च, 1833, प्रोसी. 47, यू.पी.एस.ए., राय और सोनई की पैमाइश के बारे में मैक्सवीन का पत्र, 31 दिसम्बर ,1832, और डीडिस का पत्र 5 दिसम्बर, 1832, बी.आर., एन.डब्ल्यू.पी, 8 फरवरी 1833, प्रोसी. 65-70, यू.पी.एस.ए. देखें।

56. तप्पा राय की बन्दोबस्ती, डीडिस का पत्र, 4 फरवरी 1832, उपरोक्त।

57. डीडिस का पत्र, 1 दिसम्बर, 1831, उपरोक्त।

58. 'नोट ऑन दि डिक्रीज़ इन दि नम्बर ऑफ़ वैल्स इन दि आगरा डिवीज़न', *सेलेक्शंस,* संख्या 24।

59. ह्वाइटवे, पृ. 160।

60. अनविन के नाम थॉर्नहिल का पत्र, 16 जनवरी, 1855, मथुरा–रेवेन्यू, ए.सी.आर., प्रोसी. 14, खंड 145, यू.पी.आर.ए.।

61. ग्राउज़ (1), भाग 2 (1874), पृ. 86-87; ये ब्यौरे उपरोक्त पृ. 89-104 में दी गई गाँवों की सूचियों पर आधारित हैं।

62. ह्वाइटवे, पृ. 43।

63. टेलर के नाम विंगफ़ील्ड का पत्र, 2 जनवरी, 1854, बी.आर., मथुरा, ए.सी.आर., खंड 144, यू. पी.आर.ए.।

64. स्टोक्स, अध्याय 7।

65. हार्वे के नाम थार्नहिल का पत्र, 10 अगस्त, 1858, *एन.ई.,* पैरा 5 और 22।

66. उपरोक्त, पैरा 10 और 19।

67. ग्राउज (1), भाग 2, पृ. 72; हार्वे के नाम थार्नहिल का पत्र 10 अगस्त, 1858, *एन.ई.,* पैरा 22।

68. *एन.ई.,* पैरा 22; ज़ोर हमारा।

69. थार्नहिल, *पर्सनल एडवेंचर्स,* पृ. 7।

70. ग्राउज़ (2), गाँवों की सूचियाँ।

71. अगर अन्यथा उल्लेख नहीं किया गया हो तो इस खंड के बाक़ी भाग में दिए गए ये और अन्य सभी थॉर्नहिल उद्धरण कृत *पर्सनल एडवेंचर्स,* पृ. 100-109 से समझे जाएँ।

72. तुलना करें गुहा, पृ. 75-76 से।

73. थाना राय के बरकन्दाज़ दीनदार ख़ान का बयान, *एफ़.एस.यू.पी.,* पाँच, पृ. 695-96।

74. गुहा, पृ. 156।

75. *डी.जी. :* मथुरा, पृ. 217; *स्टेटिस्टिकल,* पृ. 169।

76. एल.एस.एस. ओ' मेली, *बंगाल डिस्ट्रिक्ट गज़ेटियर्स : सिंहभूम, सरायकेला और खरसवान* (कलकत्ता, 1910), पृ. 10; एस.आर. टिकिल, 'मेमायर्स ऑन होउसम इम्प्रॉपरली कॉल्ड कोलहान', *जर्नल ऑफ़ एशियाटिक सोसायटी ऑफ़ बंगाल,* खंड नौ, भाग 2, 1840, पृ. 689-700; ई.टी. डाल्टन, 'दि कोल्स ऑफ़ छोटा नागपुर', *ट्रांज़ैक्शंस ऑफ़ दि एथनोलॉजिकल सोसायटी ऑफ़ लन्दन,* खंड छः (लन्दन, 1867), पृ. 10-12।

77. टी.एस. मैकफर्सन, *फ़ाइनल रिपोर्ट ऑफ़ दि ऑपरेशंस फ़ार दि प्रेपरेशन ऑफ़ ए रिकॉर्ड ऑफ़ राइट्स इन परगना पोरहाट, डिस्ट्रिक्ट सिंहभूम* (कलकत्ता, 1908), पृ. 83।

78. डाल्टन, 'दि कोल्स', पृ. 21।

79. मैकफर्सन, पृ. 14, 108-9; ओ' मेली, पृ. 173-74; जे.ए.क्रेवेन, *फ़ाइनल रिपोर्ट ऑन दि सेटिलमेंट ऑफ़ दि कोलहान गवर्नमेंट एस्टेट, डिस्ट्रिक्ट सिंहभूम* (कलकत्ता, 1898), पृ. 29 ।

80. पी.सी. रायचौधुरी, सम्पादक, *सिंहभूम ओल्ड रिकॉर्ड्स* (पटना, 1958), पृ. 54-55; साथ में के. के. बसु, 'अर्ली एडमिनिस्ट्रेशन ऑफ़ दि कोल पीर्स इन सिंहभूमि एंड बामन घाटी', *जर्नल ऑफ़ दि बिहार एंड उड़ीसा रिसर्च सोसायटी* (सितम्बर-दिसम्बर 1956) भी देखें।

81. रायचौधुरी, पृ. 40-45, 48-49।

82. ओ. मेली, पृ. 40।

83. रिकेट्स ने देखा था कि मनकी और मुंडा डाइन-हकाई के मुआमलों की रिपोर्ट करने से कितना कतराते थे क्योंकि यह समुदाय के लिए कोई अपराध न था। एच रिकेट्स, *रिपोर्ट ऑन दि डिस्ट्रिक्ट ऑफ़ सिंहभूम, 1854,* सेलेक्शंस फ्राम दि रिकार्ड्स ऑफ़ दि बंगाल गवर्नमेंट, संख्या 16, पैरा 107।

84. ई.टी. डाल्टन, *डिस्क्रिप्टिव एथनोलॉजी ऑफ़ बंगाल* (कलकत्ता, 1872; पुनर्मुद्रण दिल्ली, 1978), पृ. 183।

85. एफ.बी. ब्रैडले-बर्ट, *छोटा नागपुर, ए लिटिल नोन प्राविंस ऑफ़ दि इम्पायर* (लन्दन, 1903), पृ. 220।

86. लुशिंगटन के नाम डाल्टन का पत्र, 30 सितम्बर, 1859; जे.पी., 27 अक्टूबर, 1859, प्रोसी. 167, डब्ल्यू.बी.एस.ए., पैरा 14; डबरू वल्द सीकुर साकिन मौज़ा कोसी, परगना कोलहान, जे.पी., डब्ल्यू.बी.एस.ए.; बर्च का पत्र, 23 नवम्बर, 1857, *पी.पी.,* पृ. 625-28; डब्ल्यू. क्रुक, 'सेक्रेट मेसेजेज़ एंड सिम्बल्स यूज़्ड इन इंडिया', *जर्नल ऑफ़ दि बिहार एंड उड़ीसा रिसर्च सोसायटी,* खंड पाँच, भाग 4, दिसम्बर, 1919।

87. ब्रैडले-बर्ट, पृ. 225।

88. गोनू का बयान, जे.पी., मई 1864, प्रोसी, 30-31, डब्ल्यू.बी.एस.ए.।

89. डाल्टन का पत्र, 15 मार्च, 1864, और रैनसी और कोंका की गवाहियाँ, उपरोक्त।

90. लुशिंगटन के नाम डाल्टन का पत्र, 6 सितम्बर, 1859; जे.पी., 29 सितम्बर, 1859, पैरा 4, प्रोसी, 55, डब्ल्यू.बी.एस.ए.।

91. भगवान की गवाही, जे.पी., मई, 1864, प्रोसी. 30-31, डब्ल्यू.बी.एस.ए.।

92. गोनू का बयान, उपरोक्त।

93. अनधी और मुड्डो को बयानात, जे.पी., 27 अक्टूबर, 1859, डब्ल्यू.बी.एस.ए.।

94. घुन्नू, श्रीधर और माधो के बयानात, जे.पी., उपरोक्त। सिंगा से जिरह, जे.पी., 11 अगस्त, 1859, प्रोसी. 62-63, डब्ल्यू.बी.एस.ए.।

95. चुमरो का बयान, जे.पी., मई, 1864, डब्ल्यू.बी.एस.ए.।

96. कोंका और मरतुम की गवाहियाँ, उपरोक्त।

97. डोमन दारोग़ा के जीवन की विवेचना के लिए गुहा, पृ. 95-97 देखें। रामेश्वर अहीर के बारे में के. मुखर्जी और आर. यादव. *भोजपुर : नक्सलिज़्म इन दि प्लेंस ऑफ़ बिहार* (दिल्ली, 1980), पृ. 73-78 देखें।

98. इन तालपत्रों के बारे में एपेंडिक्स ए : ऐब्सट्रैक्ट ट्रांसलेशन ऑफ़ दि लेटर राइटिंग्स ऑन दि ताल-लीव्ज़ फ़ाउंड इन दि विलेज ऑफ़ कुरडीह बाई.एल.टी.बर्च., जे.पी., 27 अक्टूबर, 1859, डब्ल्यू.बी.एस.ए. देखें।

99. इक़बाल हुसैन, 'लखनऊ बिटवीन दि एनेक्सेशन एंड दि म्यूटिनी' (मीमियो, इतिहास विभाग, अलीगढ़); अमृतलाल नागर, *ग़दर के फूल* (दिल्ली, 1981), पृ. 193-94, 234-35।

100. *एफ़.एस.यू.पी.,* एक, पृ. 381-82।

101. उपरोक्त, पृ. 386; जी. हचिंसन, *नैरेटिव ऑफ़ दि म्यूटिनीज़ इन अवंध* (लन्दन, 1859), पृ. 33।

102. *एफ़.एस.यू.पी.,* दो, पृ. 54।
103. उपरोक्त, पृ. 55।
104. उपरोक्त, पृ. 58।
105. नागर, पृ. 237।
106. *एफ़.एस.यू.पी.,* दो, पृ. 147।
107. उपरोक्त, पृ. 139।
108. इन ब्यौरों के लिए एस.ए.ए. रिज़्वी, *संघर्षकालीन नेताओं की जीवनियाँ* (लखनऊ, 1957), पृ. 69-70 देखें। फ़ज़्ल-हक़ ख़ैराबादी के मुक़द्दमे की कार्यवाई में अब्दुल अली और अब्दुल हकीम के बयानात, संख्या 6, यू.पी.आर.ए.।
109. *एफ़.एस.यू.पी.,* दो, पृ. 142।
110. उपरोक्त, पृ. 147।
111. उपरोक्त, पृ. 142, 144; *एफ़.एस.यू.पी.,* पाँच. पृ. 541।
112. कार्ल मार्क्स, 'कंट्रीब्यूशन टू दि क्रिटीक ऑफ़ हेगेल्स फिलासफी ऑफ़ लॉ,' *मार्क्स एंड एंगेल्स कलेक्टेड वर्क्स,* खंड 3 (मास्को, 1975), पृ. 175।
113. *एफ़.एस.यू.पी.,* दो, पृ. 166, ज़ोर हमारा।
114. उपरोक्त, पृ. 148।
115. उपरोक्त, पृ. 258।
116. *एफ़.एस.यू.पी.,* पाँच, पृ. 513।
117. इन हुक्मनामों के बारे में *एफ़.एस.यू.पी.,* दो पृ. 365-79 देखें।
118. *एफ़.एस.यू.पी.,* पाँच, पृ. 536, 538, 539, 545।
119. *एफ़.एस.यू.पी.,* दो, पृ. 150 की टिप्पणी देखें। *फ़तहे-इस्लाम* से दिए गए सारे उद्धरण उपरोक्त, पृ. 150-62 में दिए गए इस पुस्तिका के अंग्रेज़ी अनुवाद से लिए गए हैं।
120. डब्ल्यू. एडवर्ड्स, *पर्सनल एडवेंचर्स ड्यूरिंग दि इंडियन रेबेलियन इन रूहेलखंड, फ़तहगढ़ एंड अवध* (लन्दन, 1858), पृ. 176।
121. मार्क्स, पृ. 175।
122. अन्तोनियो ग्रामूशी, 'दि माडर्न प्रिंस', *प्रिज़न नोटबुक्स* (न्यूयार्क, 1973), पृ. 196।
123. एस.एन. सेन., *एटीन फ़िफ़्टी सेविन* (दिल्ली, 1957), पृ. 407; डनलप, *ख़ाकी रिसाला,* पृ. 46।

स्मृति और इतिहास : चौरी चौरा, 1922-1992

शाहिद अमीन

चौरी चौरा पर कुछ लिखने की लालसा काफ़ी पुरानी है। आज से 40 साल पहले जब मैं देवरिया में दर्जा छह का छात्र था, तब ट्रेन से गोरखपुर जाते वक़्त हमें चौरी चौरा स्टेशन दिखाया जाता था : "देखो देखो ! यहीं थाना फूँका गया था।" मेल ट्रेन चौरी चौरा तो रुकती थी नहीं, स्टेशन की ईंट से ईंट बजाती खट्-खटा-खट् करती निकल जाती थी। हरी झंडी हिलाता स्टेशन मास्टर ही साफ़ दिखाई पड़ता था। फिर सरदारनगर शुगर फ़ैक्टरी की दोमुँही चिमनी और डिस्टिलरी की बास, उसके बाद कुस्मही का तरतीबवार जंगल, कूड़ाघाट और गोरखा सिपाहियों की छावनी, और आखिरश गोरखपुर–गोलघर, झंकार सिनेमा, छाया टाकीज़ और चौधरी स्वीट् हाउस !

स्वतन्त्रता संग्राम के इतिहास, या फिर राष्ट्रीय बखानों में भी चौरी चौरा की एक हल्की सी (लाज़मी) झलक मिलती है, मगर इस हादसे का वाजिबी माइने चौरी चौरा और उसके अतराफ़ में निहित न होकर इस इलाक़े के बाहर पाया जाता है–गोरखपुर में, बारडोली में (जहाँ पर गाँधी और कांग्रेस ने 12 फ़रवरी, 1922 को असहयोग आन्दोलन स्थगित किया), सम्पूर्ण भारत में। चौरी चौरा के वाक़ये की वक़अत अपने में कुछ भी नहीं है : हमारे पाठ्यक्रम की पुस्तकें यही सबक़ पढ़ाती रही हैं हमें, और अगर मायने हैं तो गाँधीजी द्वारा इस भीषण उपद्रव से खिन्न होकर असहयोग आन्दोलन के स्थगित करने का। इस नुक़्तए नज़र के तहत, इस परिदृश्य के चलते, राष्ट्रीय बखानों में चौरी चौरा का वाक़या महज़ एक वाक्यांश बनकर रह गया है : इसकी बात तो होती है पर व्याख्या नहीं। यह कहना बेजा न होगा कि अभी तक चौरी चौरा पर एक सम्पूर्ण वाक्य लिखा ही नहीं गया है !

चौरी चौरा पर लिखा गया हर 'वाक्य' व्याकरण और आख्यान दोनों ही स्तरों पर अधूरा रहा है। अमूमन कांड का ज़िक्र किसी और बात की बाबत होता है। हम सबको यह बात मुँहज़बानी याद भी है–गाँधीजी का क्षुब्ध होना...और एक उद्दीप्त अखिल भारतीय आन्दोलन का कुछ तथाकथित-राष्ट्रवादी, पर वास्तव में बुड़बक गँवार-वहशियों की ग़ैरज़िम्मेदाराना हिंसा का शिकार होना। वह गाँव था या बाज़ार, चार फ़रवरी थी या पाँच, 23 मृत पुलिस कर्मी थे या 22–इस सबकी किसको पड़ी है; बाल

की खाल निकालना हुआ चौरी चौरा पर इतिहासकारों का तवज्जो देना। चौरी चौरा से क्या हुआ, जब तक हमें यह बात याद है तब तक नृशंस हिंसा की भर्त्सना ही काम देती रहेगी, दर्ज़ी की उस मेरठी कैंची की तरह जो लिबाज़ और कतरन में 'रेडी-मेड' भेद के नाते ही कटिंग और फिटिंग को अंजाम दे सकती है। सन 1942 की तोड़-फोड़ और थाना-फुक्कउव्वल रोमांचकारी आक्रोश की अभिव्यक्ति है; चौरी चौरा मादरज़ाद नग्न हिंसा का अश्लील नृत्य।

2

चौरी चौरा पर राष्ट्रीय आख्यान की इस गिरिफ़्त की बहुतेरी मिसालें पेश की जा सकती हैं। यहाँ पर मैं केवल दो अंशों से पाठकगण को अपने इस क़ौल का क़ायल कराने की कोशिश करूँगा। 1922 में बाबू राजेन्द्र प्रसाद ने महात्मा गाँधी के *यंग इंडिया* के हाल ही के लेखों का एक संकलन प्रकाशित किया। इसमें 'असहयोग आन्दोलन का एक ख़ाका' नामक प्रस्तावना में हमें राजेन्द्र प्रसाद का यह दुरूह वाक्य पढ़ने को मिलता है–

> फ़रवरी (1922) के महीने में गोरखपुर ज़िले के चौरी चौरा नामक स्थान पर भीषण उपद्रव घटित हुए, और महात्मा गाँधी, जो सविनय अवज्ञा जन-आन्दोलन का नेतृत्व करने बारडोली पहुँचे हुए थे, और अपने इस संकल्प की नोटिस सरकार और वायसराय को दे भी चुके थे, परिणामवश असहयोग जन अभियान को स्थगित करने पर बाध्य हो गए।[1]

असहयोग आन्दोलन की इस भूमिका में 'फ़रवरी मास के भीषण उपद्रव' गाँधीजी की क्रिया एवं प्रतिक्रिया के प्रतीक भर बनकर रह जाते हैं–और यही रवैया इस अटपटे से वाक्य को गति भी प्रदान करता है। राजेन्द्र बाबू के गद्य का यह अंश तो हमने उदाहरणार्थ लिया है। पाठकगण ज़रा ग़ौर करें : क्या चौरी चौरा घटना के हर संक्षिप्त विवरण में निगोड़ा अर्धविराम असली बात को धकियाता हुआ अपनी दख़लअन्दाज़ी नहीं करता है ? कहने का तात्पर्य यह कि चौरी चौरा पर लिखे हर वाक्य का कर्ता, इलाक़े के बाशिन्दे न होकर कोई और होता है। विवरण, समझ और राष्ट्रीय बखान का ठहराव कहीं और होता है–ठीक उसी तरह, जैसे मेरे बचपन की मेलगाड़ी देवरिया से छूटकर चौरी चौरा से दनदनाती हुई गोरखपुर पर ही जाकर विराम पाती थी।

इस बात की पुष्टि राजेन्द्र बाबू के गद्य से बहुत भिन्न एक-दूसरे लोकगत पद्यांश से होती है। 1931 में बुलन्दशहर निवासी श्री पी.एस. वर्मा ने *गाँधी की लड़ाई उर्फ़ सत्याग्रह संग्राम* नामक एक पुस्तिका शाया की, जो अपने उग्र विचारों और चलतू भाषा के कारण अंग्रेज सरकार द्वारा तुरन्त ज़ब्त कर ली गई। हिन्दी प्रदेश की जनता को सत्याग्रह-इतिहास से अवगत करा उसे सन 1931 में पुनः लामबन्द करने के इस अनौपचारिक प्रयास में चौरी चौरा की घटना एक विशिष्ट कड़ी के रूप में प्रस्तुत की गई है, जिसका शीर्षक है *'सन 1921 असहयोग आन्दोलन का रुकना'*। दोहा :

गोरखपुर में सुना, चौरी चौरा गाम
बिगड़ी पब्लिक एकदम, रोकि न सके लगाम।

वीरछन्द आल्हा :

भड़के लोग गाँव के सारे, दई थाने को आग लगाय।
काट गिराया थानेदार को, गई खबर हिन्द में छाय।
उनमान लगाया कुछ लोगों ने, अग्नि कहीं भड़क न जाए।
खबर सुनि जब गाँधीजी ने दहसत गई बदन में छाय।
फैली अशान्ति कुछ भारत में, आन्दोलन को दिया थमाय।
सोचा कुछ हो शायद उनसे गलती गए यहाँ पर खाय।
मौका मिला फेरि गोरों को, दीनी यहाँ पर फूट कराय।
मचि फूट फेरि भारत में रक्षा करे भगवती माय।
खूब लड़ाया हम दोनों को, मतलब अपना लिया बनाय।
बने खूब हम पागल कैसे जरा सोचना दिल में भाय।[2]

इस पैम्फ़्लैट में चौरी चौरा पर ऐतिहासिक क्या सामयिक परिवेदन भी नहीं के बराबर है। गोरखपुर के 'चौरी चौरा गाम' में (राष्ट्रवादी) पब्लिक बिगड़ैल घोड़े की तरह अकारण हिंसा से आन्दोलन को दुलत्ती मारती हुई ही प्रतीत होती है। दरअसल राष्ट्रीय चिन्ता इस छन्द का विषय है। इस आल्हाई बखान में चौरी चौरा वृत्तान्त के लिए ज़मीन है ही नहीं। 4 फ़रवरी, 1922 की हिंसा का संक्षिप्त विवरण (काट गिराया थानेदार को...दई थाने में आग लगाय) अनिवार्य है सन 1921 के आन्दोलन के रुकने के लिए, जैसे जनवरी सन 1922 की उत्तरी भारतीय, (और चौरी चौरा में भी) उद्यमी जनवादी राष्ट्रीय प्रक्रियाओं का असहयोग आन्दोलन से एक माह और चार दिन क़ब्ल ही नाता टूट गया हो ! समय से पहिले ही इतिहास की परिणति है इस जोशीले पद्यांश में। और वह इसलिए कि चौरी चौरा का नायक घटनाचक्र और 'कांड' के पूर्व-इतिहास (pre-history) से बहुत परे राष्ट्रीय स्तर पर–अनुशासित राष्ट्रीयता के स्तर पर–लौकता है, उद्दीप्त है। राजेन्द्र बाबू के ख़ाके की तरह वर्माजी के आल्हे में भी वाक़ये को वाक्यांश भर रहने की अनुमति प्रदान की गई है।

3

इस लेख में मेरी चेष्टा चौरी चौरा पर एक सम्पूर्ण वाक्य लिखने की है–कर्मवाच्यता के दायरे से बाहर जाकर, लेकिन राष्ट्रीय आन्दोलन की परिधि में रहकर (इस बात को मैं बाद में विस्तार से दोहराऊँगा)। चौरी चौरा के ज़रिए मैंने राष्ट्रीय आन्दोलन, गाँधीवादी किसानों का गाँधीवाद और सत्याग्रह के ठेठ देहाती प्रतिरूप को समझने की चेष्टा की है।

आप में से कुछ ने यह ग़ौर किया होगा कि चौरी चौरा, जो एक रेलवे स्टेशन के अलावा कुछ भी नहीं–चौरी और चौरा दो अलग-अलग गाँव हैं–मैं चौरी चौरा शब्द का ऐसे प्रयोग कर रहा हूँ जैसे यह एक सर्वविदित घटना हो, एक ऐसा वाक़या जिसके

बारे में हम भारतीय कुछ भी न जानते हुए भी सब कुछ जानते हैं। भारत के हर नागरिक, हर बच्चे, हर इतिहासकार को (मुबालग़े के लिए क्षमा का प्रार्थी हूँ) चौरी चौरा के बारे में एक प्रकार का ऐतिहासिक पूर्वाभास है; तथ्य से परे उजागर है इस घटना, इस कांड, इस उपद्रव की स्मृति। और अगर ऐसा है, जैसा कि मैं मानता हूँ, तो यह हमारे राष्ट्रीय बखान के प्रभुत्व का एक बहुत अहम प्रमाण है। कोई भी राष्ट्रीय आन्दोलन किस प्रकार अड़ियल घटनाओं को अपने बखान के विस्तृत दायरे में दबोचे अपनी बात कह जाता है, इसका बहुत बड़ा उदाहरण है चौरी चौरा।

हमारे राष्ट्रीय बखान–'स्वतन्त्रता संग्राम का इतिहास'–में चौरी चौरा का वाक़या किस प्रकार पहले दरकिनार किया गया और फिर 1972 के आसपास जब स्वतन्त्रता संग्राम के सेनानियों का प्रामाणिक विवरण ज़िला स्तर पर ताम्र पत्र वितरण हेतु रचा गया, तब उस वक़्त इसको आंचलिक स्तर पर राष्ट्र के इतिहास का हिस्सा किस प्रकार बनाया गया यह बात अपने आप में दिलचस्प है।

कांड के बाद महात्मा गाँधी ने "चौरी चौरा का जुर्म" नामक एक ऐतिहासिक लेख लिखा था। गाँधी के अनुसार चौरी चौरा के बलवाई चाहे उनके नाम से प्रेरित रहे हों, 23 पुलिसकर्मियों की हत्या के वे ज़िम्मेदार थे ही, और प्रायश्चित एवं दंड के भागी भी। गाँधी ने इसके फलस्वरूप पाँच दिवसीय उपवास रखा था, 'प्रायश्चित और दंड दोनों ही के रूप में...मेरे लिए प्रायश्चित और जिनकी सेवा में मैं तल्लीन हूँ उनको दंडित करने के लिए'।[3] मशहूर कानपुर साप्ताहिक *प्रताप* में प्रकाशित 'प्रायश्चित' नामक कविता में सुरेन्द्र शर्मा ने प्रचलित भावना को कुछ इस तरह व्यक्त किया–

करने क्या थे चले, हो गया क्या, क्या तेरी है माया ?
असंयमी उद्दंड जनों का कृत्य रंग लाया;
चौरी चौरा का भीषण नर-मेघ दृश्य दिखलाया
हृदय थाम कर परम शान्त सेना अधिनायक बोला
अरे क्रूर निष्ठुर हृदया ! भीषण प्रकांड कर डाला,
सकल सभ्य जग के समक्ष हा ! करवाया मुँह काला,
भूले शुचि उद्धेश, प्रभो ! क्या होगा और हमारा ?
भँवर-ग्रसित भारत-नौका को कैसे मिले सहारा ?
अनशन व्रत रहकर ही, यो निज व्यथा को हरता;
महापाप तुमने कर डाला, प्रायश्चित मैं करता।[4]

1972 में उत्तर प्रदेश सरकार सूचना विभाग द्वारा हर ज़िले की स्वतन्त्रता संग्राम निर्देशिका निकाली गई। यह सज़ायाफ़्ता सेनानियों की प्रमाणित फ़ेहरिस्त थी, और उसके साथ नत्थी था सन 1857 से सन 1947 तक का हर ज़िलें का स्वतन्त्रता संग्राम में योगदान का ब्यौरा।

इस विवरण में चौरी चौरा के बलवाई धैर्यवान, सजग स्वयंसेवक के रूप में उभर कर सामने आते हैं। वे दंगा करते नहीं; दंगा हो जाता है। चौरी चौरा के ये स्वयं-सेवक

अपने कर्म के लिए ज़िम्मेदार नहीं ठहराए जा सकते। पुलिस की मार उस दिन इतनी तेज़ थी कि 'ऐसे माहौल में कितना भी सजग योगी हो उसका सन्तुलन बिगड़ जाएगा'।[5] याद रहे, गाँधी ने चौरी चौरा के लोगों को ज़िम्मेदार ठहराते हुए उन्हें मुलज़िम न कि राष्ट्रवादी का ख़िताब दिया था। 1972 के इस सरकारी ब्यौरे में वे मुलज़िम राष्ट्रवादी इसलिए हो गए कि वे अपने (कु) कर्मों के लिए ज़िम्मेदार थे ही नहीं। क़ाबिल-ए-ग़ौर बात यह है कि इस राष्ट्रवादी बखान में कांड के नायकों का कहीं भी ज़िक्र नहीं मिलता—न ही 1972 की पुस्तिका में, और न ही पत्थर पर तराशे उस 'स्वर्ण इतिहास' में जो चौरी चौरा स्मारक से ज़रा हट कर सन 1991 से अंकित है। इस स्थानीय और अधिकृत इतिहास में बखान की शुरुआत महात्मा गाँधी से होती है (जो वाजिब भी है), मध्य में आते हैं पं. मोतीलाल नेहरू (इस इलाक़े में सत्याग्रह के सूत्रधार, जिसका कोई भी अन्य प्रमाण नहीं है) और अन्त में श्रीमती इन्दिरा गाँधी, जिन्होंने इस स्मारक को बनवाने में बहुत मदद की। चौरीचौरा के 19 फाँसीयाफ़्ता लोगों का नाम शहीदों की फ़ेहरिस्त या फिर एक अलग स्मारक पर तो अंकित हो सकता है, पर चौरी चौरा के शहीदों के स्वर्ण इतिहास में इनकी कोई गिनती नहीं।

मेरी कोशिश चौरी चौरा के शहीदों की सूची भर तैयार करने की नहीं है, मेरा प्रयास रहा है राष्ट्रीय बखान में उन्हें एक भूमिका प्रदान करने का; कचहरी के दस्तावेज़ों और इलाक़े के लोगों से बात-चीत कर 'कांड' का एक पूर्व-इतिहास (pre-history) रचने का—'दंगाइयों' को ढेला, अकड़ा चलने और मारपीट और आगज़नी होने के पूर्ववर्तिती रूप में देखने और समझने का; एक प्रकार से फ़िल्म को आख़िरी रील से पहले ही रोक कर सराहने का। मेरा अनुभव रहा है कि चौरी चौरा के गूढ़ अध्ययन द्वारा हम 'गान्ही बाबा' के कृषक अनुयायियों की कार्यशीलता को नज़दीक से देख सकते हैं, और इस प्रकार राष्ट्रीय आन्दोलन की अब तक की रही अपनी समझ को थोड़ा और संश्लिष्ट, कुछ और पेचीदा बना सकते हैं।

4

अपने इस लेख में मैं पहले घटना के पूर्व इतिहास पर एक सरसरी नज़र डालूँगा, और फिर स्थानीय और पारिवारिक स्मृतियों को घटना की अदालती और राष्ट्रवादी प्रस्तुति के बरअक्स प्रस्तुत करते हुए चौरी चौरा के *ओटियरों* से पाठकगण को दो-चार कराऊँगा। मेरी यह मान्यता है कि चौरी चौरा के ओटियरों से मुख़ातिब हो ('ओटियर' volunteer शब्द का ठेठ भोजपुरीकरण है) हम सन 1920-22 के असहयोग आन्दोलन में जनजनार्दन की भूमिका का नज़दीक से जायज़ा ले सकेंगे।

5

जनवरी 1921 में राष्ट्रीय वॉलंटियरों का एक मंडल छोटकी डुमरी गाँव में भी स्थापित हुआ।[6] लाल मुहम्मद साईं जो चौरी चौरा निवासी था, उसके न्यौते पर ज़िला कांग्रेस

कमेटी और ख़िलाफत कमेटी के एक प्रतिनिधि ने आकर इस मंडल की नींव डाली–गाँधीजी के उसूलों और चरखा इत्यादि पर चर्चा की और शाम की पसिंजर गाड़ी से वापस गोरखपुर चला गया। डुमरी मंडल के कार्यकर्ता अपने काम में जुट गए–प्रतिज्ञा पत्र भरे गए (और उन पर अँगूठे टिकवाए गए), चन्दा-चुटकी की उगाही हुई, और गाँधीजी के सन्देश को अपने हिसाब से आत्मसात कर कार्यरूप देते हुए दारू, करिया और मछली न कि विदेशी कपड़ों की दुकानों को धरने का निशाना बनाया गया। पुलिस से 4 फ़रवरी को हुई मुठभेड़ की जड़ें इसी प्रयास में हैं। थानेदार ने पिकिटकर्ताओं को स्थानीय मुँडेरा बाज़ार से खदेड़ दिया और भगवान अहीर, जो कि लाम से वापस आया एक सिपाही था, उसको पीटा भी–क्योंकि पेंशनयाफ़्ता होने की वजह से उसका यह विद्रोह तम्बीह और पिटाई का हक़दार था।

डुमरी मंडलाधीशों ने आसपास के अन्य मंडलों में थानेदार के इस अत्याचार के बारे में 'चिठियावँ' कर दिया। डुमरी नेताओं के इशारे पर गाँव के एक साक्षर लड़के (नकछेद कहार) ने चार-पाँच चिट्ठियाँ लिखीं जिनके द्वारा अतराफ़ के सब वालंटियरों को 4 फ़रवरी की सुबह छोटकी डुमरी के बड़े खलिहान पर बिटुरने का न्योता दिया गया। इस बटोर के लिए जमकर तैयारी की गई। नाश्ता-पानी के लिए चौरा बाज़ार से गुड़ की उगाही हुई, खलिहान को बुहार कर टाट बिछा और मंडलाधीशों के स्वागत हेतु फूलों के हार गुँथे।

डुमरी में हुई सभा ज़ोरदार रही। थानेदार से जवाबतलबी करने के हर पहलू पर बहस हुई, थाने की ओर से भेजे भद्र सज्जनों की (सरकारी पिट्ठू होने के नाते) थू-थू हुई। नज़र अली ने, जो कि डुमरी मंडल का अगुआ था, मजमे को माँ-बहिन और गाय/सूअर की किरिया-शपथ खिलाई और पब्लिक डुमरी से लामबन्द होकर थाने की ओर ('गावत-बजावत') चली–थानेदार गुप्तेशर सिंह से जवाब तलब करते हुए मुँडेरा बाज़ार में दारू-करिया-मछली (शराब, गोश्त और मछली) की दुकानों पर धरना देने के लिए।

गुप्तेशर सिंह ने पहले से ही गोरखपुर से गारद बुला भेजी थी, और आठ बन्दूकधारियों के साथ पुलिस, गोड़ैत और चौकीदारों को सड़क रोकते हुए खड़ा कर रखा था। लेकिन छोटकी डुमरी से चला मजमा इस पुलिस-चौकीदार बल-प्रदर्शन से प्रभावित नहीं हुआ। इस पर थानेदार ने स्थानीय अभिजात-जनों को मजमे के मालिकों से बातचीत कर उसको ग़ैरमुश्तइल करने के लिए भेजा। नतीजा यह हुआ कि इस बातचीत के पश्चात थानेदार ने भीड़ को मुँडेरा बाज़ार की ओर जाने की अनुमति दे दी। मजमे ने पुलिस की इस नामर्दी का परिहास किया–ताली-थपड़ी बजाकर, और एक आम-सी गाली देकर, जिसका अभिप्राय था कि थानेदार की हवा ख़राब हो गई, सरकार की बैंड बज गई।

थानेदार ने अपनी स्थानीय सत्ता को मिट्टी में मिलते देख, अपनी बेइज़्ज़ती का तुरन्त बदला लेना चाहा और सशस्त्र गारद को हवाई फ़ायर करने का आदेश दे डाला। हवाई फायर का कुछ भी असर न हुआ, भीड़ तितर-बितर नहीं हुई : गोली हवा में ही चलकर रह गई–'गाँधीजी के प्रताप से गोली पानी हो गई', यह कहकर मजमे ने रेलवे

लाइन पर पड़े कंकड़ और अकटे की ज़बर्दस्त बौछार पुलिस पर करनी शुरू कर दी। पुलिसजन थाने में घुस गए। मजमे ने थाने को बाहर से बन्दकर आग लगा दी और 23 पुलिसकर्मियों को मारकर जला डाला।

दंगे का यह अन्त न था। पुलिस सम्पत्ति को नष्ट किया गया, बन्दूकें तोड़ी गईं, पुलिस-लाठियों की पीतल की मूठ उधाड़ ली गईं, और उन लाल पगड़ियों के चीथड़े कर दिए गए जिन्हें चौकीदार-पुलिस उतार फेंक भागे थे, थाने और रेलवे स्टेशन से क़रीब एक मील गोरखपुर की तरफ़ की रेल पटरी उखाड़ दी गई, कलक्टर-मैजिस्ट्रेट के थाने पहुँचने में अड़चन पैदा करने के लिए। शाम ढलते-ढलते मजमा तितर-बितर हो गया। कुछ तो थाने को नष्ट कर 'गाँधी राज' की स्थापना का ऐलान करते हुए गाँवों में अपने घरों को वापस गए, और कुछ दूर-दराज़ के रिश्तेदारों के यहाँ भाग छिपे।

सुबह-सवेरे से ही डुमरी गाँव पर छापा पड़ना शुरू हुआ, लेकिन गाँव वीरान था। सीता अहीर के शब्दों में–'एक चिरई के पुत-ओ नाहिं रहल', धरपकड़ के लिए कोई भी सरग़ना मौजूद न था। नज़र अली के घर से बरामद हुए डुमरी गाँव के वॉलंटियर प्रतिज्ञा पत्र (और बाद में गोरखपुर कांग्रेस कमेटी के ऑफिस से ज़ब्त की गई सूचियों और चौरी चौरा प्रतिज्ञा पत्रों की कॉपियों) पर अँगूठे का निशान अब कांड में भागीदारी के सशक्त प्रमाण थे। गोरखपुर के कांग्रेस काग़जातों से वॉलंटियरों की फेहरिस्त तैयार की गई और जहाँ ये नाम किसी इक़रारनामे से मेल खाए वहाँ अमुक व्यक्ति की गिरफ़्तारी हुई और चौरी चौरा मुक़दमे में बहैसियत अभियुक्त पेशी। लेकिन सेशन जज गोरखपुर के इज़लास में अभियुक्तों ने अपने मुजरिमाना अतीत के बारे में विस्तार से कुछ भी नहीं कहा–बल्कि एक हद तक हर सबूत, हर गवाही को नकारने की भरसक चेष्टा की। 'मुलज़िम' जज को सम्बोधित करते हुए अपनी जान बचाने की कोशिश में लगे थे, इतिहासकार के लिए लिखित सरमाया छोड़ना उनके लिए अपनी जान से प्यारा न था। मुक़दमे में और अदालत में रचे गए रिकॉर्डों में अहम् भूमिका निभाई मुख़बिर (approver) मीर शिकारी ने–जो कि छोटकी डुमरी गाँव के वालंटियरों का एक अगुआ था, पर जान बचाने के प्रलोभन ने इजलास में उसे अपने हिसाब से कांड का पूरा कच्चा-चिट्ठा उगल देने पर बाध्य कर दिया। चेतना, क्रिया और इन दोनों की (शिकारी के महत्त्वपूर्ण और विस्तृत बयान में) अदालती प्रस्तुति ने दस्तावेज़ों में ऐसी सिलवटें पैदा कर दी थीं कि मिसिल में नत्थी इक़रारनामों, दलीलों, बयान हल्फ़ी, जिरह और तजवीज़ों का आंशिक अर्थ (और रूप) ही उभरकर इतिहासकार के सामने आता रहा। मुख़बिर शिकारी के बयान के बारे में मैं अन्यत्र लिख चुका हूँ, और मुद्‌दे की विवेचना अपनी पुस्तक में भी की है।[7]

6

चौरी चौरा पर अपने लम्बे शोधकार्य के दौरान 1989 में मैं पहली बार दिल्ली के जनपथ और लखनऊ के महानगर स्थित अभिलेखागारों से आगे बढ़ा चौरी चौरा, मुँडेरा बाज़ार, छोटकी डुमरी की ओर। राष्ट्रीय और फ़ौजदारी आख्यानों के अलावा किस प्रकार के

क़िस्से, कथाएँ, स्मृतियाँ मुझे हासिल हुईं ? मोटे तौर पर चार क़िस्म की—नवयुवकों के वृत्तान्त, मुँडेरा बाज़ार की कथा, दूर-दराज़ के गाँवों के वृत्तान्त, और कांड के भागीदारों के परिवारजनों की स्मृतियाँ।

यहाँ इन सब पर थोड़ी बहुत रोशनी डालते हुए मैं शीघ्र ही 'ओटियरों' की ओर बढ़ूँगा। डुमरी के युवकों के क़िस्से इतने बड़े नहीं हैं—ये वृत्तान्त तफ़सील की नज़र से कमज़ोर दीखते हैं। इन में 'ओटियर' पहलवान के रूप में नज़र अली के अखाड़े (असली और राजनीतिक दोनों ही अर्थों) में ताल ठोंकते नज़र आते हैं। बिक्रम अहीर जिसको फाँसी की सज़ा मिली—उसके पौत्र के नज़दीक चौरी चौरा कांड का दारोमदार *बल* और *छल* पर है, न कि *त्याग* और *तप* पर।[8]

डुमरी के ये गबरू पहलवान मुँडेरा बाज़ार के वृत्तान्त में 'चोर, लफंगे, बदमाश' के रूप में उभरकर सामने आते हैं। मुँडेरा में थाने का फुँकना बाज़ार के निजी इतिहास की मात्र एक कड़ी के रूप में याद किया जाता है।[9] मुँडेरा बाज़ार की इस कथा का नायक है ज़बर्दस्त और (काफ़ी हद तक) ज़ालिम, ज़मींदार सन्त बक्स सिंह और उसका चालाक कारिन्दा अवधू तिवारी। यहाँ स्मरणीय वाक़या थाने पर हुई हिंसा न होकर बाबू साहब का थाना जलने के उपरान्त पुलिस फ़ोर्स की लूट-मार से मुँडेरा बाज़ार को बचा लेना है। मुँडेरा के कारिन्दे अवधू के पौत्र चंडी तिवारी से जब मैं मौनहा टोला, गौनर में फ़रवरी, 1989 में मिला तब उन्होंने बाज़ार की प्रचलित स्मृति को कुछ इस प्रकार बयान किया—

> सन् 22 में चौरी चौरा (थाना) जल गया। हमारे बाबा अवधू तिवारी तब इन्तज़ामकार थे। जब चौरी चौरा जल गया तो उसके बाद वहाँ कलक्टर आए, और 'फोरस' आई, गवर्नमेंट का इन्तज़ाम होने लगा। जब बाबू साहेब गए—तब कॉलेट साहब कलक्टर थे—उनसे मिले, और बातचीत हुई तो कॉलेट साहेब ने कहा कि 'बाबू साहेब आपने अपनी बाज़ार बचवा लिया और हमारा थाना जलवा दिया'। उन्होंने कहा 'क्यों न आपका थाना जला दिया जाए जब आप क़ानून में बोरकर रोटी खानेवाले हैं ! ...आप क़ानून से काम लेते हैं : पहले छुच्छी फायर करो, तो उसके बाद आसमानी फायर करो, तो उसके बाद टाँग के नीचे मारो, तब कमर के नीचे मारो, इसलिए आपकी फ़ौज, आपका आदमी मारा गया, और आपका थाना फूँक दिया गया और हमको कोई नहीं। सीधे मैं मारना शुरू करूँगा सीने पर, सब गिर जाएगा।' तो ठीक कहा आपने बाबू साहेब। त उसके बाद कहा, अच्छा आप हमारी मदद कीजिए। कहा जो कहिए सो मदद करेंगे। कहा हमारे सारे आदमियों को खाने का इन्तज़ाम कर दीजिए और कुछ लेबर दे दीजिए और कुछ कपड़ा दिला दीजिए जिससे मुर्दों को कफ़न देकर कब्र में सुला दिया जाए, तो इन्होंने बुलाया बाबा हमारे और कहा : इलाक़े से गाड़ी पकड़ लो और मारवाड़ी से थान ले लो,

> और इलाके से आदमी पकड़कर गए और कारोबार होने लगा : पूड़ी-तरकारी, रसयावल और दाल। बाबू साहेब ने ऐसा इन्तज़ाम किया कि जो मुक़दमे का इंचार्ज था–प्यारे लाल इंस्पेक्टर–उसको मिला लिया गया कि हमारे इलाके में आपके सिपाही और आपकी फोर्स नहीं जाएगी...[10]

बाबू साहेब और कॉलेट साहब के बीच वार्तालाप चौंका देनेवाला और काल्पनिक दोनों ही है। सन्त बक्श सिंह 5 फ़रवरी को रेलवे स्टेशन पर कलेक्टर साहब के आमद-ओ-आगमन के मौक़े पर तो अवश्य हाज़िर थे, लेकिन चंडी के दादा अवधू को कॉलेट साहेब ने बक़लम-खुद आदेश दिया था तमाम इन्तज़ाम करने का। अवधू ज़ाहिर है अपने मालिक के मातहत थे और आज भी बाबू साहेब मुँडेरा में और अवधू के परिवार में इस तमाम ड्रामे के नायक के रूप में याद किए जाते हैं। स्थानीय स्मृति उनके सर पर अपनी प्रजा को क़ानूनी शिंकजे से मुक्त रखने का सेहरा बख़ूबी बाँधती है।

क़सबे के वैद्य, राघवेन्द्र सिंह 'झोंटहा बाबा' के अनुसार बाबू साहेब ने तहक़ीक़ाती इंस्पेक्टर से कहा–'हमारे क़सबे में कोई सिपाही नहीं आएगा–बकरी-शकरी सब थाने में सप्लाई कर दी : जो लिस्ट चाहिए दे दीजिए हम पकड़ के देंगे। इस तरह असली लोगों को किसी तरह बाबू साहेब ने बचा लिया और तमाम चोर-चिकार-लफंगों को पकड़वा दिया।'[11]

जहाँ मुँडेरा बाज़ार को सन्त बक्श सिंह ने अंग्रेज़ों से बचवाया, वहाँ छोटकी डुमरी पर ख़ास गढ़ होने के कारण भारी संकट पड़ा। मुक़ामी सीता अहीर के अनुसार–

> अ तोप जौन अंग्रज ले आइल रहल–तोप-त ओके छोड़े के उम्मीद रहल, बँकि मदन मोहन मालवीय साहब कहलाँ, बहस करलाँ–हजूर ! चरगोरा नाहिं न फुकलाँ, फुकलाँ त मनही न, दुगोड़ा वाला–ज तोप चली इ चिरई-चुरऊ, गोरू-बछड़ू ई सब मर जइहैं। त ई कल्पना पड़ी मालवीय साहब–तोप नाहिं छूटल।[12]

इस अद्भुत वृत्तान्त को हम किस तरह समझें ? बहस पुलिस के संग तो होती नहीं है, और मदन मोहन मालवीय जुलाई 1922 तक गोरखपुर आए भी न थे, लेकिन 4 फ़रवरी के फ़ौरन बाद से ही मालवीयजी कांड से उत्पन्न स्थिति के सम्पर्क में थे। गाँधीजी की तरह उन्होंने भी अपने पुत्र को मौक़ा-मुआयने के लिए गोरखपुर भेजा था, और हाईकोर्ट में पाँच अन्य सफ़ाई वकीलों के अलावा उन्होंने भी एक अहम् क़ानूनी नुक़्ते पर बहस की थी। मगर अप्रैल, 1923 में जब मुक़दमे पर आख़िरी फ़ैसला इलाहाबाद में सुनाया गया था तो उसमें मालवीयजी की दलील–कि 225 जनों का संयुक्त मुक़दमा ग़ैर क़ानूनी था और डुमरी सभा एवं दंगा दो भिन्न घटनाएँ थीं और दो अलग मुक़दमों की मुस्तहक़–नामंजूर कर दी गई थी। जब जज मायर्स और पिग्गट ने अपने निर्णायक जजमेंट में चौरीचौरा अभियुक्तों में से बहुतों की सज़ा फाँसी से घटाकर (लम्बे या फिर कम अरसे तक) क़ैद की थी तो उनके तर्क मालवीयजी की बहस से भिन्न थे।[13]

लेकिन सीता अहीर के लिए उन्हीं मालवीयजी ने बहुतों की जान बचाई थी। सीता के पास उसके अनुसार जजमेंट की एक कॉपी भी थी, मगर उसकी स्मृति में घुड़सवार पुलिस का छोटकी डुमरी को घेर कर छापा डालना, और क़रीब हर एक प्राणी का पुलिस की नज़र में मुलज़िम होना इतने स्पष्ट अंकित हैं कि अन्त में तोप से सर्वनाश की जगह केवल 19 की फाँसी एक मशहूर राष्ट्रीय नेता-वकील की अदभुत पैरवी का ही सिला प्रतीत होती है।

क्या मुँडेरा, क्या डुमरी, क्या रूद्रपुर के पास स्थित मदनपुर, जहाँ पर भी छापा पड़ा था—अमुक गाँव या क़सबा पुलिस आतंक में तबाह होते-होते अन्ततः कैसे बच निकला, यह एक क़ाबिल-ए-ज़िक्र मुद्दा है जो चौरी चौरा के आसपास के हर वृत्तान्त, हर याददाश्त में उभर कर सामने आता है।[14] राष्ट्रीय और स्थानीय स्मृति में कितना अन्तर है यहाँ ! चौरी चौरा के अतराफ़, कांड का परिणाम राष्ट्रीय स्तर पर असहयोग आन्दोलन का स्थगन न होकर स्थानीय लोगों का पुलिस की मार का सहना और विनाश से बचना है।

सीता अहीर की स्मृति में मालवीयजी की वकालत और सज़ायाफ़्ता लोगों की संख्या में आख़िरश भारी छूट तो हम देख चुके हैं। एक और बात जो बेमानी-सी होने के बावजूद दिलचस्प है, वह यह कि नौजादी पासन डुमरी के बटोर और कांड को याद करती सर्वदा 172 लोगों का ज़िक्र करती है। ''एक सौ बहत्तर लोग जुटलां काली माई के थाने (काली माई के स्थान पर खलिहान के पास) माघ में सनिच्चर के दिन'', ''हमार कगदा (कागज) पर 172 अदमी बानाँ''।[15] 172 क्या बला है, और नौजादी इसको लगातार क्यों रटे जा रही है, यह बात मुझे शुरू में समझ में नहीं आई, कि यकायक ख़्याल आया कि सेशन जज गोरखपुर ने 172 जनों को फाँसी की सज़ा सुनाई थी; हाईकोर्ट में अपील करने पर यह संख्या घट कर 19 हो गई थी, 40 लोग बरी कर दिए गए थे, और बाक़ी 110 को मुख़्तलिफ़ अरसे के लिए जेल या फिर डामुल हुई थी।

ताज़ीरात-ए-हिन्द दफ़ा 302/149 के तहत सेशन जज एच.ई. होम्स ने अपने हिसाब से ठीक ही 172 जनों को फाँसी की सज़ा अता फ़रमाई थी। धारा 302 ख़ून को दंडित करती है और 149 के अन्तर्गत किसी मजमे का हर एक आदमी उस जुर्म के लिए व्यक्तिगत रूप से क़सूरवार होता है जो उस मजमे ने मिलकर किया हो। इसलिए जज के हिसाब से हर उस शख़्स को जो 4 फ़रवरी को प्रमाणित रूप से थाने के बाहर मौजूद था, फाँसी मिलना न्यायोचित था। हाँ ! हाईकोर्ट अपील करने पर यह सज़ा कम हो सकती थी, और फिर हाईकोर्ट की अनुमति के बिना किसी भी अभियुक्त को फाँसी भी नहीं लग सकती थी।[16]

इस कारण ज़िला और सेशन जजों को एक प्रकार से स्थानीय इजलास में कड़ी-से-कड़ी सज़ा देने की छूट थी। यह अभियुक्तों की ज़िम्मेदारी थी कि इलाहाबाद में दौड़-धपट कर सज़ा को कम करा लें। स्थानीय स्तर पर तो किसी भी दंगे के अभियुक्तों को इंसाफ़ का जल्लादी चेहरा ही दर्शाया जाता था, और शायद अभी भी

ऐसा ही होता हो। नौजादी पासन के लिए, जो हर इतवार छोटकी डुमरी से गोरखपुर जेल अपने पति रमेशर और देवर नगेशर से मिलने जाती थी (इस केस के लिए इजलास जेल में ही था) एक सौ बहत्तर नम्बर बहुत ज़्यादा मानीख़ेज़, अत्यन्त ही महत्त्वपूर्ण हो गया था—यहाँ तक की उसकी याद में यह हिन्दसा घुल-मिल गया है; मजमा और सज़ायाफ़्ता दोनों गड्डमड्ड हो गए हैं इस अट्ठाइस—कम—दूसौ के अंक में।

नौजादी की याददाश्त की यह अजूबी कड़ी अदालती कार्यवाही के मख़सूस स्वरूप से ही जुड़ी हुई है। बिना अदालत की पद्धति को जाने नौजादी का यह 172 अंक एक बेतुकी बुढ़िया की घामड़-सी बात लगती है। इसी प्रकार अब्दुल्ला के बारे में एक सवाल के उत्तर में सीता अहीर कहता है—"हाँ अब्दुल्ला रहलां। पहिला फाँसी अब्दुल्ला ही के है'। अब्दुल्ला का नाम अंग्रेज़ी वर्णमाला के प्रथम अक्षर से शुरू होता है, और केवल इसी अर्थ में फाँसीयाफ़्ता लोगों की सूची में वह पहले नम्बर पर था—न कि उसको सबसे पहले फाँसी लगी थी। 'सबाल्टर्न' स्मृति का अदालती कार्यवाही से एक विचित्र अर्थपूर्ण तालमेल स्वाभाविक है : जजमेंट अब्दुल्ला और 171 अन्य अभियुक्तों के लिए ज़िन्दगी और मौत का पैग़ाम था। आज भी वह डुमरी में निजी इतिहास के अन्त के रूप में स्मरणीय है।

स्थानीय और पारिवारिक याददाश्त के अन्य आयाम भी हैं जिनका उल्लेख मैं अन्यत्र कर चुका हूँ। अब यहाँ मैं पाठकगण का ध्यान चौरी चौरा के 'ओटियरों' की ओर केन्द्रित करना चाहूँगा, और क्योंकि ओटियरगण इतिहास को नौजादी पासन की देन हैं, इसलिए बेहतर होगा कि हम इस नवीन भोजपुरी विशेषण को नौजादी के शब्दों में ही समझें। मेरे इब्तदाई सवाल : 'चौरी चौरा में का भइल ? बताईं' का 18 अगस्त 1988 को छोटकी डुमरी में, नौजादी ने कुछ यूँ जवाब दिया—

> 'चौरी चौरा में पहिले सब ओटियर रहलाँ। गाँधी महात्मा के जब राज आइल—ओटियर रहलाँ। भीख माँगत रहलाँ—बाबू के दादा रहलाँ (शिकारी के पुत्र, अब ग्राम प्रधान शरफुद्दीन की ओर इशारा करते हुए) ओहमें सिकारी बाबू रहलाँ, नज़र अली रहलाँ, नगेशर हमरे देवर रहलाँ, रमेशर रहलाँ (नौजादी इस नामांकन की झोंक में अपने पति को 'हमार परानी' न कहकर उसका नाम ले बैठती है।) अवधी रहलाँ...(नौजादी पास बैठे झकरी के बेटे जोखन को चुप कराती हुई कहती है। झकरी रहलाँ, तू न बोला हो हम बता तानी।) सुनत तानी (मुझे सम्बोधित करते हुए) उस समय के बात बा।
>
> ओकरे बाद में, इहाँ से सरकार जब अपने में लोग कुमेटी कइल, अ चुटकी माँगत रहलाँ, त ओही में खात-ओ रहलाँ, अ धरात-ओ रहल...मने खात-ओ अपने में रहलाँ, अ धरात जात रहल जो बेसी हो।
>
> खरियानी नहीं लेत रहलाँ, चुटकी माँगत रहलाँ, जैसे भिखमंगा माँगे लाँ नाहिं ?—ओही तरह लोग भीख माँगत रहलाँ। झंडा रहल, गुलाबी कुरता

रहल–गेरूआ रंग; धोती रहल, टोपी रहल, अ झंडा रहल'।[17]

नौजादी के इस रोचक वृत्तान्त में तीन बातें अहम प्रतीत होती हैं। *चुटकी, भिक्षा* और *गेरुआ वस्त्र* । चुटकी का ज़िक्र तो हमें कोर्ट रिकॉर्ड में भी मिलता है। मगर सरकारी वकील और सेशन जज की नज़र में चुटकी का कोई मख़सूस मायने न था, वह महज़ एक प्रकार का चन्दा थी। चुटकी की उगाही और उसके नक़दीकरण का प्रचलन पूर्वांचल के कई और आन्दोलनों (जैसे 1890-93 का गोरक्षणी सभा आन्दोलन) की एक आम बात थी।[18] शायद इसी कारण गोरखपुर ज़िला कांग्रेस कमेटी ने 1921 में युवा नेता रघुपति सहाय और बाद में मशहूर शायर फ़िराक़ गोरखपुरी को चुटकी उगाही का इंचार्ज बनाया था। ज़िला कांग्रेस कमेटी के 1921-22 के बजट में चुटकी एक मद भर थी; स्थानीय उगाही के बाद जिंस को बेचकर रुपया गोरखपुर कांग्रेस कोष में जमा करने का प्रावधान भी था। 1921-22 के बजट में एक रुपए का 12 सेर के हिसाब से ज़िला भर में एकत्रित चुटकी से अनुमानित आय पाँच लाख रुपए के ऊपर रखी गई थी।[19] चुटकी-अन्न एकत्रीकरण खाने के लिए न होकर भुनाने के लिए था।

मगर नौजादी के हिसाब से चुटकी ओटियरों के खान-पान के लिए ही थी : 'हमार दुआर पे आके खड़ा होइलां भिखमंगा ! हमरे जो कुछ जुटल–चाउर जुटल, दाल जुटल, पिसान जुटल दियाई'।[20] यहाँ पर चुटकी दान एक राष्ट्रीय/ज़िला स्तरीय अभियान न होकर एक गृहणी का कार्य विशेष था, राष्ट्रीय आन्दोलन के स्थानीय रूप से रोज़मर्रा के तौर पर जुड़ने का । नौजादी के वृत्तान्त में राष्ट्रीय आन्दोलन जाने पहचाने भिखमंगों (ओटियरों) के रूप में नौजादी और अन्य गृहणियों की ड्योढ़ी पर हर दूसरे दिन आकर ठहरता है। 'रोज नाहिं न कहें (चुटकी खातिर)...दुसरे-तिसरे दिन दियात रहल'। गृहणी से जो कुछ सपड़ता देती। चुटकी और खरियानी (खलिहानी) में काफ़ी फ़र्क़ था। जहाँ पहली, उत्पादन से जुड़ी हुई एक प्रकार की माँग थी जो साल में एक या दो बार कृषक को पूरी करनी होती थी, वहाँ चुटकी उपभोग से काटा गया दान थी जो कृषक दाता (या गृहणी) को 'भिखमंगों' से रोज़मर्रा तौर पर जोड़ रही थी। चुटकी इस अर्थ में चन्दा कदापि न थी जिसको आगे बढ़ाना लाज़मी था। चुटकी फुल-टाइम ओटियरों के निर्वाह के लिए स्थानीय स्तर पर जुटाई गई सामग्री थी, और अगर जमा की गई दाल, या फिर चावल एवं पिसान आवश्यकता से अधिक होता तो उसको गाँव में ही रख छोड़ा जाता, किसी अन्य सार्वजनिक कार्य के लिए।

नौजादी के अनुसार, महीनों से दान की जा रही चुटकी, बेसी बचने पर 4 फ़रवरी की डुमरी सभा के लिए भंडारा में गई–जहाँ थाने पर मार्च करने से पहले गर्मा-गर्मी हुई, वाद-विवाद हुआ और तगड़ा खाना-पीना हुआ।

'अरे मीठा आइल रहल, मने मीठा, तरकारी आइल रहल,

दाल-चाउर आइल रहल, दूसर-तीसर आइल रहल-बनल, खइलाँ, पियलाँ, तब उठलाँ'।[21]

डुमरी सभा के इस भंडारारूपी वृत्तान्त में अतिशयोक्ति तो है, लेकिन इसी

बढ़ाव-चढ़ाव के द्वारा ही नौजादी इस ऐतिहासिक सभा के सार्वजनिक और उल्लासपूर्ण स्वरूप को उभारने में सफल होती है।

> सूनी ! त माघ महिन्ना में इहां बटोर भइल। इहे महिन्ना है बटोर भइल त सब लोग आइलँ। जौन भर चुटकिया जमा रहल ऊ रकम तौन सब चुटकी उहाँ गइल काली माई के थाने। ओही जा बनल भंडारा–खाइलाँ पिउलँ गइलँ अ इत्तत-इत्तत माला गुन्धाइल, बाजा-आजा सब लगल बाजे।[22]

चुटकी और भंडारा नौजादी की स्मृति में एक ओटियर को अन्य ओटियरों से और पौलिक (Public) से जोड़ती है। ओटियरों को दी गई चुटकी घूम-फिर कर गाँव में ही रहती है, लेकिन उस छोटी 'रक़म' का एक ऐतिहासिक सार्वजनिक मीटिंग की सफलता में भारी योगदान रहा।

भीख, चुटकी, भंडारा–क्या इसका मतलब यह नहीं कि नौजादी ओटियरगण को साधु-संन्यासी के रूप में याद फ़रमा रही है और शायद वे उस समय इसी रूप में समझे भी गए हों ? मैं यहाँ इस तर्क, इस आसान समझ का विरोध करूँगा, कई कारणों से, कई वजूहात से, और मेरे इस विरोध में एक मसलेहत भी है। याद रहे कि नौजादी भिखमंगा शब्द इस्तेमाल करती है, न कि बाबा, जो साधुओं का एक जातिगत नाम है, ख़ासतौर से पूर्वांचल में। नौजादी नज़र अली और अपने देवर नगेशर पासी को राष्ट्रवादी बाबाओं के रूप में स्मरण नहीं करती है, और जब पास में बैठा एक नवयुवक नौजादी की बात पर 'वैराग्य में चले गए' कह कर एक हद तक घिसे-पिटे माने का जामा पहनाना चाहता है तो नौजादी न हुँकारी ही भरती है और न ही किसी अन्य इशारे या फिर शब्दों द्वारा अपनी सहमति का इज़हार करती है। वह तो ओटियरों की बात कर रही है। एक उत्सुक इतिहासकार के साथ सन 1922 के ओटियरों की बात : समय और इतिहास की विशिष्टता से परे बाबाओं से उसका कोई सरोकार नहीं।

नौजादी के लिए सन 1922 के चुटकी माँगनेवाले गाँव के राजनीतिक कर्मी थे–सब के सब गृहस्थ जिनको वह जानती-पहचानती थी, और जिनका शौर्य और बल (कई पहलवान भी थे), संगठन और चातुर्य वह सराहती भी थी। भिखमंगों की तरह वे चुटकी तो माँगते थे, पर वे संन्यासी या वैरागी कदापि न थे।

ध्यान रहे वॉलंटियर एक नया शब्द, एक नया भाव, एक नई परिभाषा, सन 22 में गाँवों में प्रवेश करता है। इस अंग्रेज़ी शब्द का हिन्दी अनुवाद (स्वयंसेवक) गाँवों में प्रचलित नहीं होता। इस अंग्रेज़ी शब्द का भोजपुरीकरण एवं कृषकीकरण होता है ओटियर के रूप में। 'ओटियर' जो स्वयं एक सार्थक अनुवाद है–किसानों द्वारा किया गया अनुवाद–इसको पुनः अनुदित कर संन्यासी के रूप में समझने से कोई मज़ीद फ़ायदा नहीं, नुक़सान ही है। अगर हम 'ओटियर' शब्द को उसके निजी रूप में समझने का प्रयास नहीं करते और संन्यासी के रूप में शरणागत होते हैं तो इसका अर्थ यह होगा कि हम आम जनता को नई शब्दावली, नए विचार, नई परिकल्पना अपने ढंग से

गढ़ने की छूट दे ही नहीं रहे हैं। डुमरी के ओटियरों की परिकल्पना में हमें जनसाधारण के राष्ट्रवादी मुद्दों को आत्मसात कर आगे बढ़ाने का एक क्रियात्मक उदाहरण मिलता है।

नौजादी पासन के चुटकी-आग्रही गुलाबी/गेरुआ वस्त्र धारण किए हुए थे। जब मैं फ़रवरी 1989 में नौजादी से डुमरी में दूसरी बार मिला तो उसने इन रंगीन वर्दीधारियों के बारे में कुछ यूँ कहा–

> गान्ही बाबा जब अइलाँ–गाँधी बाबा अइलाँ–त पहिले का दिहलाँ ? ओटियर कढ़लाँ, ओटियर, पहिले चिठियावँ कइलाँ जा ओटियर बना–लाल-काला,–काला नाहिं लाल लाल-गेरू...सब गेरू, त हई टोपी रँगाई, हई रँगाई-धोती, आ झंडा हेत-हेत बड़ा, अ लाठी...ओही झंडा में चुटकी माँगें के।[23]

बिहार और पूर्वी उत्तर प्रदेश में कपड़े की रँगाई किसी कार्य विशेष की ओर संकेत करती है। पूर्वांचल में धोती का कपड़ा अधिकांश मारकीन होता था–मिल के 'मार्क' (mark/marking) वाला कपड़ा 'मारकीन' : आम छाप, सिपाही मार (क), कैंची मार (क)–और होता था यह अमूमन सफ़ेद। दंगे में मृत स्थानीय चौकीदार शिवचरन अहीर के 80 वर्षीय पुत्र सीता का कथन : 'मारकीन ज़्यादा चले; रंगीन कम चले' भी सफ़ेद धोती की ही ओर इंगित करता है।[24] जहाँ श्वेत, या फिर (लगातार बरताव के कारण) धूमिल-श्वेत मामूल हो, वहाँ रंगरेज़ (लोकगत भाषा में अंग्रेज़) द्वारा रँगाई मामूल से पृथक ब्याह या अन्य विशेष अनुष्ठानिक क्रियाओं को परिभाषित करती थी।

गुलाबी, लाल; गेरूआ–नौजादी यह तीनों रंग मिलाकर ही इस्तेमाल करती है अपनी याददाश्त में। सेशन जज गोरखपुर के रिकॉर्ड में भी वॉलंटियरों का पहिरावा 'गेरूवा बस्तर' (वस्त्र), 'लाल' या फिर 'रंगीन वस्त्र'–इन्हीं रंगों द्वारा चित्रित किया जाता है। दरअसल सन 1920-22 के आन्दोलन के वॉलंटियर दस्तों का रंगीन वर्दी के प्रति एक प्रकार का विशेष आकर्षण था। एक ख़ुफ़िया रिपोर्ट के मुताबिक़ 'पीली (गेरूआ) क़मीज़' उत्तर प्रदेश में रायज थी; उत्तरी बिहार के राष्ट्रीय वॉलंटियर 'पियरे रामरज खद्दर' में मलबूस थे। राहुल सांकृत्यायन, जिन्होंने इस दौरान परसा में एक 'रँगीन वर्दीधारी स्वयंसेवक सेना' का गठन किया था, विख्यात राष्ट्रवादी-रासायनिक प्रफुल्ल चन्द्र राय की रंग और रँगाई पर लिखित रचनाएँ पढ़ने में लगे हुए थे।[25] उत्तर प्रदेश स्वयंसेवक बोर्ड ने जहाँ सफ़ेद-लाल-हरा कन्धों की पट्टी के लिए नियुक्त किया था, वहाँ कुसुम्बी और ज़ाफ़रानी वॉलंटियरों की पोशाक के लिए चुना था।[26] यह 'रंगारंग कार्यक्रम' महात्मा गाँधी के निर्देशों के बरख़िलाफ़ था।

गाँधीजी के अनुसार सत्याग्रही की वेशभूषा सफ़ेद खद्दर की होनी आवश्यक थी। रंगीन वस्त्र स्वराजोपरान्त भी पहने जा सकते थे; तत्काल आवश्यकता थी स्वयं सेवकों को मोटी सफ़ेद खादी की। 'भारतीयों को अभी कुछ और समय तक केवल सफ़ेद कपड़े पहने रहने से कोई नुक़सान नहीं होनेवाला है। श्वेत वस्त्र धारण किए हुए मंज़िल

पर पहुँचने पर वे चाहें तो रंग का भी व्यवहार कर सकते हैं', गाँधीजी ने 'बाम्बे क्रानिकल' के अंग्रेज़ सम्पादक को सहमतिपूर्वक उद्धृत करते हुए लिखा था, और उसके आगे यह अर्थपूर्ण वाक्य भी जड़ दिया था—'हम सफ़ेद खद्दर इसलिए पहनते हैं कि क्योंकि रँगाई इत्यादि का हमारे पास अवकाश नहीं है। और फिर हममें से कई रंगों के पक्ष में भी नहीं हैं क्योंकि ये विदेश निर्मित होते हैं'।[27]

जनवरी सन 1922 में—जब उत्तर भारत में वॉलंटियर अभियान अपनी चरम सीमा पर था—गाँधीजी के उचित वस्त्र सम्बन्धी आदेशों का बहुत कम पालन हो रहा था। क्या बनारस, क्या इलाहाबाद, क्या कलकत्ता, स्वयंसेवकगण अल्प संख्या में ही पूर्णरूपेण खद्दरधारी थे, जिसका गाँधीजी को बहुत मलाल था।

चौरी चौरा के ओटियर भी पोशाक के मामले में गाँधी के आदेशों का उल्लंघन ही कर रहे थे। नौजादी पासन के अनुसार वे गाँधी बाबा ही थे जो चौरी-चौरा डुमरी में ओटियरों के ईजादकर्ता थे: 'गाँधी बाबा पहिले का दिहलाँ ? ओटियर कढ़लाँ, ओटियर !' परन्तु डुमरी के ओटियर गेरुआ न कि खद्दरपोश थे। उपलब्ध (अधिकांशतः मशीन-निर्मित) कपड़े की रँगाई, न कि गाढ़े-गजी का व्यवहार, इन कृषकों के लिए अधिक मूल्यवान था अपने सामान्य जीवन का प्रतीकात्मक परित्याग कर ओटियरों की मुहिम में सक्रिय होने के लिए।

सेशन कोर्ट की कार्यवाही में भी अनेक जगह गेरूआ और वॉलंटियर का ही समीकरण देखने को मिलता है: 'कुछ तो सफ़ेद पहने थे और कुछ वॉलंटियरी पोशाक'; 'वॉलंटियर गेरूआ वस्त्र पहनते थे'; 'मैं जानता हूँ नज़र अली वॉलंटियर था क्योंकि वह मजमे की अग्रिम पंक्ति में था और गेरुआ वस्त्र पहिने हुए था।'। किसी ने भी खद्दर न पहिन रखा हो ऐसी बात भी न थी। चौरी चौरा से दक्षिण ब्रह्मपुर मंडल के नेता द्वारका पांडेय खद्दर धोती-कुर्ता में ही जेल में शिनाख़्त के लिए प्रस्तुत किए गए थे। मजिस्ट्रेट ने दो अन्य लोगों को भी पंक्ति में खद्दर पहिना कर खड़ा किया था जिससे कि सरकारी अभिज्ञान क्रिया न्याय संगत रहे। लेकिन 50 वर्ष बाद एक साक्षात्कार में द्वारका पांडेय ने भी 5,000 के मजमे का नेतृत्व करते हुए 400 अदद गेरूआ वस्त्रधारी वॉलंटियरों पर ही बल दिया।[28]

इसी कारण सफ़ाई वकीलों की यही कोशिश थी कि वे गवाहों से, विशेषकर चश्मदीद गवाहों, से यह कहवा लें कि अमुक अभियुक्त सफ़ेद कपड़े पहने हुआ था, न कि गेरूआ। यह वॉलंटियर न होने की एक दलील थी। अभियुक्त शहादत जुलाहा के जज द्वारा बरी करने का एक कारण यह भी था कि जिरह के दौरान मुख़बिर शिकारी से सफ़ाई वकील यह कहलवाने में सफल हो गए कि डुमरी निवासी शहादत 'वॉलंटियर नहीं था क्योंकि उसने सफ़ेद कपड़े पहने हुए थे'।[29]

चुटकी की तरह 'गेरुआ बस्तर' को भी संन्यासियत का जामा पहिनाना एक प्रकार के बौद्धिक आलस्य को बढ़ावा देना होगा। भिक्षा की तरह गेरूआ भी पुनः ओटियरों के विशिष्ट स्वरूप की ही पहचान कराता है। कहने का तात्पर्य यह कि

वालंटियर शब्द का भोजपुरीकरण और स्थानीय स्मृति और अदालती प्रस्तुति में उसका चुटकी और गेरूआ से सम्बन्ध गाँधी और उनके कृषक अनुयायियों के अनूठे, संश्लिष्ट और विरोधाभासी रिश्ते का द्योतक है।

आज से कई वर्ष पहले मैंने लिखा था—'ग्रामीण नायकों के गाँधी उनकी सोच की उपज थे, न कि जैसे वह वास्तव में थे।'[30]

उसी प्रकार ओटियरगण वैसे न थे जैसा राष्ट्रीय अभिजात नेतागण उन्हें चाहते थे। छोटकी डुमरी के नायक तगड़े, पहलवान-नुमा बन्दे थे, जो चुटकी पर निर्वाह करते, रोज़मर्रा की वेषभूषा का परित्याग कर गेरुआ पहिन दारू-करिया-मछली, न कि विदेशी कपड़ों की दुकानों पर धरना देते—और यह सब गाँधीजी के नाम पर। संन्यासियों से सतही समानता के बावजूद ओटियर ओटियर ही थे—न वालंटियर, न स्वयं सेवक और न ही बाबा या वैरागी।

अगर पाठकगण मेरी इस बात से सहमत हैं तो फ़िराक़ गोरखपुरी का यह शेर और भी सटीक लगता है—

दिल को आदाब-ए-बन्दगी भी न आए,
कर गए लोग हुक्मरानी भी।

सन्दर्भ एवं टिप्पणियाँ

1. राजेन्द्र प्रसाद, 'असहयोग आन्दोलन का एक संक्षिप्त ख़ाका' दिनांक 31 अगस्त, 1922, *यंग इंडिया, 1921-22,* महात्मा गाँधी रचित, स. राजेन्द्र प्रसाद (मद्रास, 1922) पृ. XI।
2. गाँधी की लड़ाई, उर्फ़ सत्याग्रह इतिहास (बुलन्दशहर, 1931), ज़ब्तशुदा पैम्फ़्लैट्स, हिन्दी, बी. 247, इंडिया ऑफिस लाइब्रेरी, लन्दन।
3. 'चौरी चौरा का जुर्म', *महात्मा गाँधी वाङ्मय,* xxii, पृ. 415-21, देखें, पृ. 419-20। इस लेख के एक विश्लेषण के लिए देखें, शाहिद अमीन, *इवेंट, मेटाफर, मेमरी : चौरी चौरा, 1922-1992* (ऑक्सफ़ोर्ड यूनिवर्सिटी प्रेस, दिल्ली, 1995), पृ. 47-50।
4. प्रताप, 6.3.1922, पृ. 8 इस कविता का एक अंश अन्यत्र भी उपलब्ध है। देखें ब्रह्मानन्द, *भारतीय स्वतन्त्रता आन्दोलन और उत्तर प्रदेश की पत्रकारिता* (दिल्ली, 1986), पृ. 102।
5. 'स्वतन्त्रता संग्राम में गोरखपुर-देवरिया का योगदान', *स्वतन्त्रता संग्राम के सैनिक (संक्षिप्त परिचय), जिल्द 35* (सूचना विभाग, लखनऊ, 1972), विशेषकर, पृ. 12।
6. चौरी चौरा 'कांड' का यह ख़ाका अदालती दस्तावेज़ों और क्षेत्र में स्थानीय लोगों से किए गए साक्षात्कारों पर आधारित है।
7. देखें शाहिद अमीन, 'अप्रूवर टेस्टेमनी एंड जुडिश्यिल डिस्कोर्स : द् केस ऑफ़ चौरी चौरा,' रणजीत गुहा (स.) *सबाल्टर्न स्टडीज़,* V (दिल्ली 1987), और *इवेंट, मेटाफर, मेमरी,* विशेषकर, भाग 4 और मेरा ही एक अन्य लेख,*सम कंसिडिरेशंस ऑन एविडेंस, लैंगवेज एंड हिस्टरी, इंडियन हिस्ट्री कांग्रेस, अलीगढ़, 1995* (सिंम्पोज़ियम पेपर नं. 10)।
8. शारदानन्द यादव से साक्षात्कार, छोटकी डुमरी।
9. मेवा लाल जयसवाल से साक्षात्कार, मुँडेरा बाज़ार।

10. चंडी तिवारी से साक्षात्कार, मौनहा टोला, गौनर।
11. राघवेन्द्र सिंह 'वैद्य' से साक्षात्कार, मुँडेरा बाज़ार।
12. सीता अहीर से साक्षात्कार, छोटकी डुमरी।
13. देखें, *ईवेंट, मेटाफर, मेमरी,* अध्याय 23।
14. इस मुद्दे पर अतिरिक्त बहस के लिए देखें, *इवेंट, मेटाफर, मेमरी,* अध्याय 22, 23, 28।
15. नौजादी पासन से साक्षात्कार, छोटकी डुमरी।
16. यह विवेचन इलाहाबाद हाईकोर्ट में चौरी चौरा केस के जज थियोडोर पिग्गट की किताब पर आधारित है। देखें थियोडोर पिग्गट, *आउटलॉस आई हैव नोन एंड अदर रिमिनसंज़ ऑफ़ एन इंडियन जज* (ऐडिंबर्ग एवं लन्दन, 1930) विशेषकर, पृ. 288-90।
17. नौजादी पासन से साक्षात्कार, छोटकी डुमरी।
18. देखें ज्ञानेन्द्र पांडेय, 'रैलीइंग राउंड दि काऊ' रणजीत गुहा (स.) *सबाल्टर्न स्टडीज़, II* (दिल्ली, 1983), पृ. 81। उत्तरी बिहार में चुटकी और मुठिया के विषय में कुछ रोचक सामग्री के लिए देखें, राहुल साँकृत्यायन, *मेरी जीवन यात्रा,* 1 (कलकत्ता, 1951), पृ. 21।
19. ज़िला कांग्रेस कमेटी गोरखपुर का 1921-22 का बज़ट भाग ब, एक्ज़िबिट 82, चौरी चौरा केस।
20. नौजादी से साक्षात्कार, छोटकी डुमरी।
21. वही।
22. वही।
23. नौजादी पासन से साक्षात्कार, छोटकी डुमरी, फ़रवरी, 1989।
24. पूर्वी उत्तर प्रदेश में कपड़ों पर रामगरीब चौबे का नोट क्रुक को 14/19 दिसम्बर 1900, विलियम क्रुक, *अ गलास्री ऑफ़ नार्थ इंडियन पेज़ेंट लाइफ़,* सम्पादक शाहिद अमीन (ऑक्सफ़ोर्ड यूनिवर्सिटी प्रेस, दिल्ली 1989), परिशिष्ट ख, पैरा 726; सीता अहीर से साक्षात्कार, छोटकी डुमरी।
25. उत्तर प्रदेश सी.आई.डी. की वॉलंटियर आन्दोलन पर रिपोर्ट, दिनांक 27.5.1922। जी.ए.डी. फाइल 658/1920, उत्तर प्रदेश अभिलेखागार, लखनऊ; राहुल साँकृत्यायन, *मेरी जीवन यात्रा,* भाग 1, पृ. 358-9, 335।
26. उत्तर प्रदेश प्रान्तीय स्वयं सेवक दल की दिनांक 3 दिसम्बर, 1921 की हिदायतें, चौरी चौरा केस।
27. गाँधी के इन विचारों के सन्दर्भ और अतिरिक्त परिचर्चा के लिए देखें, शाहिद अमीन, *इवेंट, मेटाफर, मेमरी : चौरी चौरा, 1922-92।*
28. भगवान अहीर की शहादत, दिनांक 25.4.1922; चौरी चौरा केस, I, पृ. 145, 287। अतिरिक्त व्याख्या के लिए देखें, शाहिद अमीन, *इवेंट, मेटाफर, मेमरी :* अध्याय 34 और 35।
29. देखें सेशन जज एच.ई. होम्स का जज़मेंट, पृ. 234-5 चौरी चौरा केस।
30. देखें शाहिद अमीन, 'गाँधी का माहात्म्य : गोरखपुर, पूर्वी उत्तर प्रदेश, 1921-22', शाहिद अमीन और ज्ञानेन्द्र पांडेय (स.) *निम्नवर्गीय प्रसंग, भाग 1* (राजकमल प्रकाशन, दिल्ली, 1995)।

ग़ैरियत का गद्य

ज्ञानेन्द्र पांडेय

> बँटवारे के दो-तीन साल बाद पाकिस्तान और हिन्दुस्तान की हुकूमतों को ख़्याल आया कि इख़्लाक़ी कैदियों की तरह पागलों का भी तबादला होना चाहिए, यानी जो मुसलमान पागल हिन्दुस्तान के पागलख़ानों में हैं उन्हें पाकिस्तान पहुँचा दिया जाए और जो हिन्दू और सिख पाकिस्तान के पागलख़ानों में हैं उन्हें हिन्दुस्तान के हवाले कर दिया जाए।
>
> –सआदत हसन मंटो, *टोबा टेक सिंह*[1]

> [आज़ादी के बाद] हिन्दुतान और पाकिस्तान की सरकारों ने आपस में यह तय किया...कि जो (मुग़विया) लड़की किसी दूसरे फ़िरक़े के पास ज़बर्दस्ती बरामद करके रिश्तेदारों को, और जब तक रिश्तेदार न मिलें उस वक़्त तक सरकार को दे दी जाए।
>
> –बेगम अनीस क़िदवई, *आज़ादी की छाँव में*[2]

1

सन सैंतालीस के तक़सीमे-हिंद की स्पष्टतम पहचान शायद उसके इर्द-गिर्द, दौरान, या सच पूछिए तो बतौर मूल तत्व के सर्वव्याप्त, भीषण हिंसा थी। और तकसीम/विभाजन या बँटवारे के इतिहास लेखन की एक अहम बात यह है कि इस हिंसा से रू-ब-रू होने की पहलक़दमी अब जाकर हुई है।[3] प्रस्तुत लेख इसी विडंबना के कारणों की छानबीन की कोशिश है। सवाल यह है कि इतिहास की विधा ने हिंसा के इस दौर को–न केवल मौक़े के रूप में बल्कि वारदात के विभिन्न पहलुओं को–कैसे निरूपित (या फिर नज़रअंदाज़) किया है। इस पड़ताल से अकादमिक इतिहास लेखन की विधियों से जुड़े कुछ आम मुद्दों को सुलझाने की गुंजाइश बनती है। एक अहम मुद्दा तो यह है कि क्या दीर्घकालिक परिवर्तन की संरचनाओं और प्रक्रियाओं पर केंद्रित रहकर इतिहास पहले से तय नहीं कर देता कि किन संरचनाओं और प्रक्रियाओं के ऐतिहासिक विवेचन

की छूट—या ज़रूरत—है?

एक मायने में उन्नीसवीं सदी के बाद के सारे इतिहास राष्ट्रीय इतिहास रहे हैं। विजयी इतिहास ने अपनी सफलता की राह में पड़े संघर्ष और हिंसा के निशान मिटाने की नियमित कोशिश की है : राष्ट्र की ही तरह राष्ट्रीय इतिहास के निर्माण में भी हिंसा स्वाभाविक लगती है। हाल के अध्ययनों ने बार-बार यह रेखांकित किया है कि यह प्रवृत्ति राष्ट्र निर्माण की प्रक्रिया का अनिवार्य हिस्सा है।[4]

विभाजन के बारे में संभवतः असाधारण बात यह है—हालाँकि यहाँ मैं 'संभवतः' पर ज़ोर देना चाहूँगा—कि जहाँ एक ओर उसका लिखित इतिहास 'राष्ट्रीय' संस्कृतियों और इतिहासों को समरस व सामान्य बनाने की आवश्यकता के अनुरूप है, वहीं दूसरी ओर, आधुनिकता और प्रगति की तड़प और राष्ट्रत्व एवं 'नए समाज' के अरमानों के संदर्भ में हिंसा की स्वीकृति में मुश्किलें पेश आती हैं।[5] इतिहासलेखन के लिए इसके परिणामों की चर्चा अपेक्षित है।

विभाजन और उसके इतिहासलेखन की विस्तृत चर्चा शुरू करने से पहले अच्छा होगा कि और भी सामान्य स्तर पर इतिहासलेखन में हिंसा के निरूपण की मुश्किलों पर कुछ बातें कह दी जाएँ। इतिहास में हिंसा के चित्रण का प्रयास करनेवाले इतिहासकार के सामने समस्या आती है भाषा की (मसलन दर्द और पीड़ा को कैसे बयान करें?[6]), विश्लेषणात्मक रवैये की (दुःख की बात 'वस्तुनिष्ठ' रहकर कैसे कही जा सकती है?), और साक्ष्यों की (क्योंकि व्यापक हिंसा अपने सबसे मुखर प्रमाणों को ही नष्ट कर देती है)। आसन्न प्रश्न यह भी है कि राज्य या 'तटस्थ' गवाह हिंसा के क्षण को कैसे दर्ज करता है, किस तरह वह अभिलेखागार की वस्तु बन जाती है और किस तरह इतिहासकार उसे वृहत्तर इतिहास में समाहित कर लेता है। यहाँ मेरा विशेष सरोकार अंत में उल्लेख की गई प्रक्रिया से ही है।

पहले यह ग़ौर करें कि इतिहास-लेखन राज्य की हिंसा को अलग ही श्रेणी में रखता है। अक्सर 'वैध' मान ली जानेवाली इस हिंसा को 'युद्ध', 'पुलिस-कार्यवाही', 'उग्रवाद-विरोधी कार्यवाई' जैसे विशेष शब्दों से व्यक्त किया जाता है। वास्तव में लिखित इतिहास के एक बड़े हिस्से में, जो इस बारे में 19वीं सदी के औपनिवेशिक और शासकवर्गीय वृत्तान्तों की तर्ज पर है, राज्य की हिंसा को हिंसा माना ही नहीं जाता।

राज्य की हिंसा और जनता की हिंसा के बीच ब्रिटिश उपनिवेशवादी इतिहासकारों ने जो अन्तर किया था, हाल में औपनिवेशिक भारत पर किए गए अनुसन्धानों ने उसे रेखांकित किया है। राज्य की हिंसा को सुसंगठित, सावधानी के साथ नियोजित (और इस कारण न्यूनतम) और ज़ाहिर है कि वैध बतलाया जाता था। स्वतः-स्पष्ट 'राज्य सम्बन्धी कारणों' से उसके उपयोग की व्याख्या होती थी और लेखन में राज्य की हिंसा अधिकाधिक अलोप होती गई। जनता की हिंसा ठीक उल्टी समझी जाती थी। अराजक, अनियन्त्रित, अत्यधिक, और लगभग हमेशा ही, अवैध। इन 'ज़्यादतियों' की व्याख्या विवेक से नहीं, भारतीय समाज की प्रकृति से की जाती रही। मिसाल के तौर पर

'हिन्दुओं' और 'मुसलमानों' की आवेशपूर्ण विध्वंसक और निरर्थक हिंसा। बताया जाता था कि ये दोनों हमेशा ही आपस में लड़ते रहते थे, हालाँकि फिर भी रहस्यमय ढंग से, ये कभी-कभी साथ-साथ हो जाते थे—मसलन औपनिवेशिक सुरक्षा-व्यवस्था और व्यापार को मज़बूत बनाने वाले क़ानूनों के ख़िलाफ।[7]

भारत में तथा अन्यत्र, हाल के इतिहास-ग्रन्थ हिंसा के प्रश्न पर बड़ी हद तक इसी औपनिवेशिक (और भी सामान्य स्तर पर कहें तो, शासकवर्गीय) वृत्तान्त का अनुसरण करते रहे हैं। इतिहासकार का ध्यान जनता की 'असंगठित', 'स्वतःस्फूर्त' और 'अराजक' हिंसा ही खींचती है। इस तरह इतिहासकार के खाते में किसान-विद्रोह, अनाज की लूट और मारकाट, लड्डवादी (Luddite) प्रतिरोध, राज्य के नए क़ानूनों को लागू करानेवाले अधिकारियों पर हमले, तथा पन्थगत या नस्ली 'दंगे' दर्ज़ होते हैं। यह 'जन-कार्यवाइयाँ' हैं, जिनमें जनता के बड़े समूह शामिल होते हैं, और लेखक के राजनीतिक रुझानों के अनुसार इन समूहों को लुच्चे, भीड़ या आवाम जैसा दर्जा दिया जाता है।

इतिहासकार द्वारा पहचानी जानेवाली इस 'हिंसा' का रोज़मर्रा की उस हिंसा से कोई सम्बन्ध नहीं होता जो आधुनिक नौकरशाहाना राजसत्ता के कार्यकलाप की और आमतौर पर आधुनिकता के आगमन की विशेषता है। 'अछूतों', प्रवासियों, स्त्रियों, बच्चों, घरेलू नौकरों तथा ऐसे ही दूसरे अनेक 'हाशियाई' समूहों की रोज़मर्रा की ज़िन्दगी से भी इसका कोई सम्बन्ध नहीं होता। ऐसी हिंसा और उससे भड़कनेवाली प्रतिहिंसा की छोटी-छोटी बहुत सी मिसालें इतनी 'सामान्य', इतनी 'मामूली' तथा सुरक्षा-व्यवस्था और व्यापार के लिए इतनी कम नुक़सानदेह, कि राज्य और संचार-माध्यमों द्वारा उसे दर्ज नहीं किया जाता—कभी-कभी 'आपराधिकता', 'विचलन' या 'पागलपन' के सनसनीख़ेज़ ब्यौरों को छोड़कर वे शायद ही कभी इतिहासकारों के इतिहास का अंग बनती हों।[8]

इतिहासकारों द्वारा लिखा गया, कम-से-कम पिछली कुछ शताब्दियों का इतिहास, संक्रमण का इतिहास रहा है।[9] इतिहासकारों ने जो हिंसा दर्ज की है, वो राज्य की समझदारी जैसी ही संक्रमण के लिए अदा की जानेवाली जरूरी कीमत लगती है। यहाँ हिंसा इतिहास की अग्रगति का एक दुर्भाग्यपूर्ण परिणाम बन जाती हैं : वो समझने योग्य, विवेकसंगत कारणों का एक नतीजा है और आमतौर पर राज्य की नीतियाँ लागू होने, एक प्रकार का मानक अपनाने, शोषण बढ़ने और विस्थापित होने के कारण सामने आई बतलाई जाती है। कुछ कम पक्के तौर पर इसका कारण 'आधुनिक' और 'पूर्व आधुनिक' संस्कृतियों का टकराव नज़र आता है। संक्रमण की ये वृहत्तर, 'ढाँचागत' विशेषताएँ जनविद्रोहों, दंगों आदि की व्याख्या करती हैं। जन-हिंसा के ऐतिहासिक विवरण में उन लाखों कर्ताओं की इच्छाओं और विवेक का कोई ख़ास महत्त्व नहीं होता जो इस हिंसा के भागी बनते हैं।[10]

कभी-कभी हिंसा इतने बड़े पैमाने पर होती है कि इतिहासकार के लिए ऐसे वक़्ती 'अपकार्यों' (डिस्फ़क्शंस) या 'ग़लतफहमियों' के सहारे उसकी व्याख्या करना कठिन हो

जाता है। हिंसा के ऐसे अवसरों को अक्सर मतिभ्रंश या असाधारण कह दिया जाता है। उनका चित्रण 'सामूहिक पागलपन' की ऐसी कार्यवाइयों के रूप में किया जाता है जिसमें वक़्ती तौर पर बुद्धि और सामान्य व्यवहार स्थगित हो गए हों। दूसरे शब्दों में 'असाधारण' का यह ठप्पा ख़ुद ही एक व्याख्या बन जाता है, और आगे उस अवसर को समझने का प्रयास ग़ैर ज़रूरी क़रार दिया जाता है।

यहाँ मेरे तर्क का एक पहलू यह है कि केवल ज़ारी प्रक्रियाओं के प्रतिबिम्बन या उनमें वक़्ती व्यवधान के रूप में हिंसा का वर्णन करना ख़ुद हिंसा को सामान्य का दर्जा प्रदान (normalize) करना है, इतिहास को आधुनिकता और प्रगति की विजय-यात्रा का एक कमोबेश सामान्यीकृत विवरण बनाकर रख देना है। इतिहासकारों का इतिहास जिन संरचनाओं और प्रक्रियाओं का प्रलेखन करना चाहता है, इस प्रकार के वृत्तान्त में आरम्भ से ही वे काफ़ी हद तक ज्ञात होती हैं। 19वीं सदी और उसके बाद के काल में इनका सम्बन्ध राष्ट्रवाद, पूँजीवादी और सर्वहारा तानाशाही, नौकरशाहाना बुद्धिवाद, विज्ञान और विकास की विचारधाराओं से रहा है, तथा आधुनिक राजसत्ता के निर्माण में इन सबका समावेश दिखाई देता है।

'आधुनिक' काल के इतिहास के साथ जुड़ी हिंसा को नए सामाजिक, आर्थिक और वैचारिक ढाँचों (पूँजीवाद, राष्ट्रवाद, राष्ट्र-राज्य) के निर्माण की प्रक्रिया का एक हिस्सा मानना, या इसे एक रोड़े (लड्डवाद, प्लेग से जुड़े दंगे, विभाजन के दौरान कत्लेआम) के रूप में देखना वास्तव में इन सारे विविध संघर्षों को आधुनिक राज्य के जीवन चरित में समाहित करना है। जैसे विवेक, तरक्की, संगठन, अनुशासन, (ख़ुद इतिहास भी?) राज्य और शासक वर्गों की थाती है और हिंसा उन दूसरों की है जो इतिहास के दौर में पीछे छूट गए हैं।

चूँकि निकट भविष्य में हम ऐसे ही इतिहास, ऐसी ही जीवनियाँ लिखने को अभिशप्त हैं, इसलिए ज़रूरी लगता है कि कम-से-कम इन्हें प्रश्नांकित किया जाए। इन्हें इनके अपने ही उत्पादन के इतिहास, स्मृति और विस्मृति के आयोजनों से जोड़ें। क्या-कुछ याद रखना और कितना भूलना है, इसे तय करने में इतिहास-लेखन की एक प्रमुख भूमिका होती है। इस बात को दिखाने के लिए 1857 के बारे में ब्रिटिश औपनिवेशिक कृतियों और विभाजन के बारे में भारतीय राष्ट्रवादी कृतियों के उदाहरण अच्छे हैं।

भारत के बारे में औपनिवेशिक इतिहास-लेखन के अधिक उल्लेखनीय तथ्यों में एक तथ्य यह है कि भारत से उनका सम्बन्ध बहुत ही कम है। यह भारत का ऐसा इतिहास है जिसके कर्ता-पुरुष अंग्रेज़ हैं। भारतीय इतिहास को बड़े कारगर ढंग से ग्रेट-ब्रिटेन के इतिहास में समो दिया गया है। जैसा कि जेम्स स्टुअर्ट मिल ने 'भारतीय' इतिहास के बारे में लिखा था, 'यह विषय ब्रिटिश इतिहास (!) का एक पूरा-का-पूरा और बेहद दिलचस्प हिस्सा है।'[11]

1857 सम्बन्धी औपनिवेशिक रचनाओं में भी यही परिप्रेक्ष विद्यमान है। यहाँ

भारत एक स्थल मात्र है उस घटना का जो ब्रिटिश राष्ट्र के लिए एक गम्भीर ऐतिहासिक संकट का सूचक है। 1857 अंग्रेजों और पूरब में उनकी उद्यमशीलता के लिए एक चुनौती भर है। यह भारत में मुट्ठी-भर अंग्रेजों के सामने पेश खतरों का, इन ख़ास लोगों–पुरुष, स्त्री, बच्चों, जवानों और नागरिकों की वीरता और पीड़ा, और उनके असाधारण अनुभवों से सबक सीखने का इतिहास है। 19वीं सदी के भारत के इस सबसे बड़े जन-विद्रोह में 'देसी' विद्रोही (सिपाही, किसान, नगरवासी), और इस उपमहाद्वीप के अनाम पुरुष, स्त्री और बच्चे, यहाँ फ़िल्मी दुनिया के 'एक्स्ट्रा' (फ़ालतू पात्र जो इधर-उधर खड़े रहते हैं) की भूमिका में आते हैं।

इसी तरह भारत के विभाजन पर इतिहासकारों का इतिहास भारतीय राष्ट्र और राष्ट्रवादी नेतृत्व के सामने आए संकट का इतिहास रहा है। यह इस घटना के पीछे मौजूद साज़िशों का तथा राष्ट्र द्वारा भविष्य के लिए सीखे जाने योग्य सबक़ का इतिहास रहा है। यह उस समय से गुज़रनेवाली जनता के जीवन और अनुभवों का, 1940 के दशक की घटनाओं की आम समझ का, विभाजन से उत्पन्न या पुष्ट पहचानों या अनिश्चितताओं का इतिहास नहीं है।

इसलिए भारतीय राष्ट्र के सामने आए संकट के इतिहास के रूप में भी यह इतिहास पर्याप्त नहीं है। कारण कि यह इस तथ्य को अनदेखा करता है कि सृष्टि के आरम्भ से न सही, बहुत प्राचीनकाल से सही, इस राष्ट्र का पूरा-पूरा निर्माण पहले से ही नहीं हो गया था। अन्यत्र की तरह यहाँ भी राष्ट्रत्व का जन्म टकरावों और संघर्षों की एक लम्बी प्रक्रिया के माध्यम से हो रहा था (और हो रहा है)। 1946-47 में यह संघर्ष अपनी चरम सीमा पर था और नए राष्ट्रों (भारत और पाकिस्तान, दोनों) की पहचान अन्य घटनाओं के साथ-साथ विभाजन द्वारा भी रची जा रही थी।

इसी सम्बन्ध में हम यह भी कह सकते हैं कि निजी कष्टों और दुखों, वैयक्तिक हानियों और शूरवीरता तक के ब्यौरे भी (जिन्हें आधुनिक 'वैज्ञानिक' इतिहास-लेखन में अक्सर मामूली या अप्रासंगिक माना जाता है) 1857 के औपनिवेशिक इतिहास-लेखन के सन्दर्भ में तभी तक पूरी तरह स्वीकार्य हैं जब तक उनका सम्बन्ध अंग्रेज़ों के कष्टों और उनकी बहादुरी से होता है। 20वीं सदी का उदाहरण लें, तो ये ब्यौरे आयरलैंड, स्पेन या भूतपूर्व सोवियत संघ की तरह भारत में मुक्ति के लिए लड़ रहे क्रान्तिकारी के राष्ट्रवादी वृत्तान्तों के सिलसिले में भी स्वीकार्य हैं। यहाँ जिस बात को रेखांकित करना ज़रूरी है वह यह है कि किसे कर्ता कहा जाएगा, किसका इतिहास हम लिखना चाहते हैं और किसके कष्टों और पीड़ाओं की अहमियत है–असल मुद्दा यही है।

रणजीत गुहा का कथन है कि किसान विद्रोह का, बल्कि तमाम निम्नवर्गीय प्रतिरोध का इतिहास दो परस्पर-विरोधी दृष्टिकोणों से लिखा जा सकता है–विद्रोही के दृष्टिकोण से और दारोग़ा के दृष्टिकोण से।[12] मैं इस तर्क को कुछ और आगे बढ़ाना चाहता हूँ, और यह कहना चाहता हूँ कि इतिहासकारों के इतिहास के सामने दारोगा या राजसत्ता के दृष्टिकोण को अपना लेने का ख़तरा बराबर बना रहता है। कारण कि

राजकीय अभिलेखागार का वर्चस्व और इतिहासकार के कर्म की प्रकृति (वृहत्तर प्रतिमानों तथा परिवर्तन की निहित शक्तियों की तलाश) दोनों से इस प्रवृत्ति को बढ़ावा मिलता है। यह ऐसा रुझान है जिसका मुकाबला इतिहास-लेखन पहले से कहीं अधिक आत्ममन्थन करके ही कर सकता है। इस लेख के शेष भाग में हिन्दू-मुस्लिम राजनीति और वैमनस्य, और ख़ासकर देश-विभाजन सम्बन्धी रचनाओं की रौशनी में इन प्रस्थापनाओं को विस्तार से रखने और पुष्ट करने का प्रयास किया गया है।

2

भारत में ब्रिटिश उपनिवेशवादी प्रस्तुतियों में 'देसी' को लगातार आदिम प्रवृत्ति वाले ग़ैर के रूप में देखा गया और हिंसा–और कभी-कभी उसके ठीक उलट, यानी पूर्ण निष्क्रियता–को उसके इतिहास के रूप में। भारतीय राष्ट्रवाद ने अपने तईं एक ख़ास तरह की हिंसा, और ज़्यादातर जन-हिंसा को 'पिछड़े'–दुर्भाग्यवश अशिक्षित और अल्प-प्रवुद्ध–लोगों का कारनामा बताया। पन्थगत या सांप्रदायिक हिंसा के संदर्भ में इतिहासकारों के इतिहास ने इस परंपरा को निबाहे रखा है।

'देसी' हिंसा के औपनिवेशिक विवरणों के प्रमुख शब्द थे–'धर्म', 'कट्टरता' और 'ज़हालत।' मिसाल के तौर पर 1860 के दशक में 'मुसलमानों' के 'धार्मिक' आन्दोलन के बारे में भारत सरकार के एक सचिव ने लिखा–

> असन्तोष–वास्तविक धार्मिक उत्पीड़न न सही, उसके (मुसलमान के) धार्मिक विचारों के कारण उपेक्षा का एहसास–बेहतर शिक्षा से लैस लोगों के दिलों में भी बैठ गया है। उनकी कट्टरता जिसके लिए कुरआन से पर्याप्त औचित्य प्राप्त हो सकता है, उग्र होकर चरम पर पहुँच गई है और आखिरकर अब यह ख़तरा पैदा हो गया है कि एक ओर पूरा मुहम्मडन समुदाय तेज़ी से बदलकर ग़ैर-वफ़ादार जाहिल कट्टरों की भीड़ का रूप ले लेगा, और दूसरी ओर बड़े संकीर्ण ढंग से उच्च शिक्षा पानेवाले व्यक्तियों का छोटा सा, अत्यधिक कट्टर और मुनासिब तौर पर असन्तुष्ट वर्ग अपने अज्ञानी मुहम्मडन भाइयों पर बेपनाह असर डालेगा।[13]

इस प्रकार धार्मिक उत्पीड़न की भावना पर आधारित 'असन्तोष' यहाँ बदलकर 'कट्टरता' बतलाया जाता है। लेकिन विरोधाभास यह है कि यह 'कट्टरता' भी पहले से मौजूद है और उसे कुरआन की शिक्षाओं पर आधारित बतलाया गया है। इस तरह पूरी मुस्लिम जनता को एक तरफ़ 'ग़ैर-वफ़ादार जाहिल कट्टरों की भीड़' और दूसरी तरफ़ 'संकीर्ण ढंग से शिक्षित' और 'अत्यधिक कट्टर व्यक्तियों के एक वर्ग' में विभाजित किया गया है। 'कट्टरों' और 'कट्टरों' में तमामशुद।

20वीं सदी में इसी में 'राजनीतिक' नेताओं के 'बाहरी भड़कावे' की समस्या जोड़ दी गई। मिसाल के तौर पर, मैं यहाँ 2 नवम्बर, 1921 के एक फ़ैसले से उद्धरण दे रहा

हूँ जो उस वर्ष के मापिल्ला विद्रोह के बाद 1921 के मुक़द्दमा नम्बर 7, 'अली मुसलियार और 37 दीगर बनाम ताजदारे-हिन्द' में मलाबार स्पेशल ट्रिब्यूनल के न्यायाधीशों द्वारा दिया गया था–

> कम-से-कम पिछले सौ वर्षों में मापिल्ला समुदाय वक़्त-वक़्त पर कातिलाना कारनामों के कारण बदनाम होता रहा है...अतीत में ये कारनामे कट्टरता के चलते किए गए। ये आमतौर पर एर्नाड तालुक़ा में हुए जहाँ के मापिल्ला ज़्यादातर निचले दर्जों की हिन्दू जनता से धर्म-परिवर्तन करनेवाले लोग हैं। ये लोग बेहद ग़रीब और मायूसकुन हद तक जाहिल थे और उनके अपरिष्कृत मन ख़ासतौर पर भड़काऊ शिक्षा का असर कुबूल करते थे, कि काफ़िरों को मारने से जन्नत मिलती है...वे लोग लड़ाकू ढंग से हिन्दुओं को, चाहे वे कोई भी हों, मारते और फिर उनसे दूसरे कट्टर लोग आकर मिल जाते, और तब वे फ़ौजों के साथ आमने-सामने टकराकर मौत को दावत देते। मुमकिन है कि कुछ मिसालों में वे किसी ख़ास ज़मींदार के प्रति अपनी नफ़रत के कारण भड़कते रहे हों, मगर उन्हें वहशीपन के रास्ते पर ले जाने के लिए कोई भी तकलीफ़ ज़रूरी दिखाई नहीं देती। एर्नाड और वलुवनाड तालुकों के मापिल्लों को एक बर्बर और जंगली जाति बतलाया गया है और अफ़सोस कि यह वर्णन आज तक उचित दिखाई देता है...
>
> लेकिन (इस बार) यह सिर्फ़ कट्टरता का मुआमला नहीं था। यह कोई कृषक विद्रोह न था। यह कोई तबाह-हाली नहीं थी जिसने अली मुसालियर और उसके पैरोकारों के मन को उत्तेजित किया। प्रमाणों से साफ़ दिखाई देता है कि उन्हें इस अपराध के लिए ख़िलाफत और असहयोग आन्दोलनों के प्रभाव ने प्रेरित किया। यही तत्त्व है जो इस विद्रोह को पिछले सभी विद्रोहों से अलग करता है...
>
> ...इस मुआमले में हमने पाया कि अली मुसालियर और उसके 37 लोगों ने आत्मसमर्पण किया था। यह उल्लेखनीय है (क्योंकि पिछले विद्रोहों में कभी ऐसी बात नहीं हुई), लेकिन इसकी सरल व्याख्या यह है कि अबकी वे सिर्फ़ कट्टरता से नहीं बल्कि केवल विद्रोह की इच्छा से प्रेरित हुए थे...[14]

इस तरह 'देसी' लोगों के हिंसा के इतिहास में एक नया आयाम जुड़ गया–'बाहर से उकसावा', खिलाफ़त और असहयोग आन्दोलनों का असर। पर इससे कोई ज़्यादा फ़र्क नहीं पड़ा। अब विद्रोही 'केवल कट्टरता' से नहीं, बल्कि 'विद्रोह की इच्छा मात्र' से प्रेरित है। सिर्फ़ कट्टरता ही नहीं बल्कि बढ़ी हुई कट्टरता। सिर्फ़ अविवेक नहीं बल्कि, द्विगुणित अविवेक। पूरब के विद्रोह की व्याख्या विद्रोही के चरित्र से होती है। 1921 के विद्रोह को कुचलने में भाग लेनेवाले एक पुलिस अफ़सर आर.एच. हिचकाक

ने इससे पहले, 1896 के एक मापिल्ला विद्रोह के बारे में लिखा था : 'इस पूरे मुआमले का सबसे अफ़सोसजनक पहलू उसमें विवेक का अभाव था।'[15] इस तरह के ख्याल में कभी कोई तबदीली नहीं आई।

औपनिवेशिक दृष्टि में 'कट्टरता' और 'जहालत', अबुद्धि', 'अबुद्धि' की समस्या का सही जवाब 'शिक्षा' में था जिससे 'पश्चिमी शिक्षा' मुराद थी–यानी 'पश्चिम का धीर-गम्भीर और स्वस्थ ज्ञान', जो अपने आप पूरब की हर एक वस्तु से श्रेष्ठ था। 'देसी' लोगों के भावी आन्दोलनों और हिंसा को रोकने के लिए राजकीय सहायता से पश्चिमी शिक्षा के प्रसार सम्बन्धी तर्क को विलियम हंटर की पुस्तक *इंडियन मुसलमांस* ने इस तरह सूत्रबद्ध किया था–

> इस रास्ते पर चलकर मुसलमानों की नई पीढ़ी भी उस तरफ़ बढ़ेगी जिधर बढ़ते हुए हिन्दू–जो अभी बहुत दिन नहीं हुए धरती के सबसे धर्मांध जनगण थे–आज की सहज सहिष्णुता तक पहुँचे हैं। ऐसी सहिष्णुता का मतलब है उनके पूर्वजों की अपेक्षा विश्वासों की कम कट्टरता, लेकिन इसने उन्हें मुक्त किया है, और इसी तरह मुक्त करेगी मुसलमानों को, उन बेरहमियों से जिनसे वे ग्रस्त थे, उन अपराधों से जो उन्होंने किए, उन बदहालियों से जिन्हें उन्होंने झूठे धर्म के नाम पर उचित ठहराया।[16]

इन प्राच्यवादी घोषणाओं की ध्वनि 'हम' और 'वो' के मूलभूत विरोध को ही पुष्ट करती है। 'हिन्दुओं' और 'मुसलमानों' की 'क्रूरताएँ', 'अपराध' और 'बदहालियाँ' हैं। और इसके विपरीत 'पश्चिम' की 'सहज सहिष्णुता', 'विवेकशीलता', प्रत्यक्ष तौर पर अच्छाई है जिसे विरासत में ज्ञानोदय (एनलाइटेनमेंट) और ईसाइयत मिले हैं। अर्थात् अच्छाई, ज्ञानोदय, पश्चिमी शिक्षा के अभाव के कारण हिंसा ('अपराध', 'क्रूरता') उपजी है। यह तर्क न केवल भोंडा है, यह गोल-गोल घूमता है। कारण कि यहाँ प्रस्थापना यह रखी गई है कि हिन्दू और मुसलमान (बंगाल के, भारत के, या दुनिया के ?) मूलतः एक हिंसक जनगण/समुदाय हैं जो अगर निहत्थे नहीं किए गए, अर्थात मुख्य रूप से पश्चिमी शिक्षा के द्वारा 'सभ्य' नहीं बनाए गए, अनुशासित और लाइसेंस शुदा हथियार रखने के क़ाबिल नहीं बनाए गए, तो वह कभी भी हिंसा के रास्ते पर जा सकते हैं।

यहाँ इतिहास की संभावनाओं के बारे में एक टिप्पणी लाज़मी है। निहत्थे किए जाने का, ऊपर वर्णित सुधार के प्रयासों का, पश्चिम के सभ्यताकारी मिशन का एक इतिहास बनता है, और इस दृष्टिकोण से बख़ूबी जंचता भी है। पूरब में हिंसा का घटनाचक्र न होकर इतिहास होना असंभव है, चूँकि हिंसा यहाँ आदिम, जाति-सुलभ, नैसर्गिक आचार है। इसका कोई इतिहास नहीं होता : यह बस होती है।

3

थोड़े अचरज की बात है कि इस उपमहाद्वीप में जन-हिंसा का राष्ट्रवादी विवरण उपनिवेशवादी विवरण से काफ़ी समानता रखता है। ख़ासकर पन्थगत टकरावों सम्बन्धी

राष्ट्रवादी रचनाओं में उपनिवेशवादी प्रस्थापनाएँ उल्लेखनीय बारम्बारता के साथ दोहराई गई हैं। फिर भी यहीं पर दो महत्त्वपूर्ण अन्तर बतला देना उपयोगी होगा। पहला, ये प्रस्थापनाएँ पूरी तरह तो नहीं मगर मुख्य रूप से हिंसा के कुछ ख़ास 'प्रतिगामी' रूपों के लिए सुरक्षित हैं जिनके बारे में समझा जाता है कि ये राष्ट्र की वांछित एकता के लिए चुनौती हैं। दूसरे, ज़ाहिर है कि 'देसी' अब 'ग़ैर' नहीं हैं, हालाँकि मैं कहना यह चाहता हूँ कि इस 'देसी' का एक हिस्सा ग़ैर हो सकता है।

मूल रूप से औपनिवेशिक और राष्ट्रवादी वृत्तान्तों का अन्तर इस प्रकार है– राष्ट्रवादी विवरण में अबुद्धि का क्षेत्र उपनिवेशीय क्षेत्र या जनगण की भौगोलिक या जनांकीय सीमाओं के समकक्ष नहीं है। यहाँ जैसा कि हम यूरोप के निम्न वर्गों के बारे में 19वीं और 20वीं शताब्दी के शुरुआती भाग की बहुत सी यूरोपीय रचनाओं में पाते हैं, वर्णनकार और वर्णित 'जनसमूह'/'जनता' के बीच वर्गीय भेद, 'विवेक के क्षेत्र' का वर्गीय चरित्र साफ़-साफ़ अलग दिखता है। इस अर्थ में हम कह सकते हैं कि निम्नवर्गीयता और प्राच्यवाद की निर्मिति साथ-साथ होती है।

राष्ट्रवादी विवरण में जनता के 'पिछड़े' हिस्से, निम्नवर्ग और हाशियाई समूह ही हैं जो अब भी आदिम-वृत्ति के शिकार हो जाते हैं। वास्तव में 'पिछड़ों' को शिक्षित करके 'पिछड़ेपन' से बाहर निकालने की तात्कालिक आवश्यकता (और सम्भावना) में व्यापक विश्वास राष्ट्रवादी उद्यमशीलता की विशेषता है। जन-हिंसा के बारे में तरह-तरह के अनेक राष्ट्रवादी वक्तव्यों में पाए जानेवाले ये तर्क पन्थगत वैमनस्य (या जैसा कि भारत में कहा जाता है, 'साम्प्रदायिक टकराव') के राष्ट्रवादी विवरण में अपने अतिवादी रूप में प्रकट होते हैं।

'सम्प्रदायिकता' पर राष्ट्रवादी लेखन का आरम्भ, और कभी-कभी अन्त, इस प्रस्थापना के साथ होता है कि भारत में विभिन्न धार्मिक समुदायों के सदस्यों का आपसी वैमनस्य अंग्रेज़ों की साजिश का परिणाम था।[17] लेकिन 'दंगों' में तथा दूसरे धार्मिक समुदायों से जुड़े लोगों को लूटने और क़त्ल करने में साधारण हिन्दुस्तानियों (हिन्दुओं, मुसलमानों, सिखों) द्वारा अदा की जानेवाली बड़ी और अक्सर भयानक भूमिका को देखते हुए राष्ट्रवाद को 'हममें ही ग़ैर' का मुश्किल रास्ता तय करना पड़ा, भले ही उसने विजातीय ग़ैरों के अपराध की घोषणाएँ कीं। इस प्रकार राष्ट्रवादी वृत्तान्त में अनेक महत्त्वपूर्ण भाव (मोटिफ़) पाए जाते हैं।

नगरों में उद्दंड, बाहर से आए, 'भूमिगत' तत्त्वों की उपस्थिति और टकराव के प्रमुख दृष्टान्तों में 'अपराधी' गिरोहों की प्रमुख भूमिका ऐसा ही एक महत्त्वपूर्ण भाव है। हिंसा के पूरे कारनामें में 'गुंडे' और 'लफ़ंगे' केन्द्रीय स्थान पर देखे जाते हैं : वे औपनिवेशिक संवाद के 'कट्टर तत्त्वों' की जगह ले लेते हैं। 1931 के कानपुर के दंगे पर कांग्रेस जाँच समिति की मिसाली रिपोर्ट इस तर्क का एक बहुत ही अच्छा दृष्टान्त है।[18]

हिंसा को भड़काने में सरकार की 'ज़िम्मेदारी' और सी.आई.डी. के एजेंटों की भूमिका की निशानदेही करने के बाद इस रिपोर्ट में आगे 'अपराधी' तत्त्वों की भूमिका

पर ज़ोर दिया गया है। कमेटी के निष्कर्षों का यह ख़ास पहलू रिपोर्ट में बहुत शुरू में ही बयान कर दिया गया है जहाँ 1931 तक कानपुर के इतिहास की चर्चा की गई है। इस भाग के पहले पैराग्राफ में कहा गया है कि कानपुर प्रवासियों का नगर है। पूरे के पूरे मुहल्ले 'आसपास के ज़िलों के लोगों से भरे हुए हैं' जो 'पिछले कुछ दशकों में एक साथ' कानपुर आए। 'प्रान्त का सबसे बड़ा गुंडा संगठन भी सम्भवतः' कानपुर में ही है,[19] और यह 'उत्तरी भारत में कोकीन की तस्करी का सबसे बड़ा केन्द्र नहीं तो सबसे बड़े केन्द्रों में एक तो निश्चित ही है' (पृ. 183)। इससे जो निष्कर्ष निकालने की आशा हमसे की जाती है, वह यह है कि ऐसा एक नगर–प्रवासियों, गुंडों, कोकीन के तस्करों, जुएख़ानों और तवायफ़ों (पृ. 183-86) का यह नगर–हमेशा से क़ानूनशिकनी, हिंसा और टकराव का सम्भावित शिकार रहा है। दूसरे शहरों के बारे में इसी तरह बातें कहकर ऐसा ही निष्कर्ष औपनिवेशिक अधिकारियों ने भी समय-समय पर निकाला था।[20]

कानपुर दंगा जाँच समिति की रिपोर्ट में 1920 के दशक में कानपुर में साम्प्रदायिक संगठनों की तथा तीखे हिन्दू-मुस्लिम वैमनस्य और तनावों की वृद्धि की भी विस्तृत चर्चा की गई है।[21] लेकिन इसके बाद इसमें यह दिलचस्प प्रस्थापना रखी गई है कि इन बातों के बावजूद 'दंगों' से हिन्दू-मुस्लिम ऐक्य की एक बुनियादी भावना सामने आती है। भले ही दोनों समुदायों के 'लफ़ंगे' लूटपाट करते फिरते हों (पृ. 332 और आगे)। रपट में कहा गया है कि सरकार के एजेंट हाथ पर हाथ रखकर बैठे रहे जबकि अपराधी तत्त्वों ने नगर को अपने हाथों में ले लिया : 'जो बात समझ से बाहर है, यह है कि लफंगे हर जगह आसानी से, शान्तिपूर्वक और सहजता से, बिना किसी विरोध या चुनौती के अपना काम करते फिरते रहे' (पृ. 299) । स्थानीय कांग्रेसी नेता जी.जी. जोग ने दो अफ़सरों से बात की और सुझाव दिया कि तमाम हिन्दू-मुसलमान बदमाशों को अन्दर कर दिया जाए, 'लेकिन दोनों डिप्टी कलेक्टरों ने मुझसे कहा कि वे असहाय हैं क्योंकि ...इस बारे में कलेक्टर से बार-बार प्रार्थना करने के बावजूद कलेक्टर ने उनकी राय पर अमल करने से इनक़ार कर दिया था' (पृ. 306)। जाँच समिति की रिपोर्ट में कहा गया था : 'उत्पात करनेवालों और ऐसे उत्पात को बढ़ावा देनेवालों के बारे में मजिस्ट्रेटों और पुलिस अफ़सरों को जानकारी होनी चाहिए और अक्सर उन्हें होती भी है। उन्हें उनके ख़िलाफ़ निरोधक कार्रवाई करनी चाहिए' (पृ. 357)। रिपोर्ट का निष्कर्ष इस प्रकार था : 'अगर इस पद्धति का पालन किया जाए तो हमें विश्वास है कि ऐसे दंगों की बहुत कम सम्भावना रह जाएगी' (पृ. 357)।

गाँवों और नगरों में क़त्लो-ग़ारत का बाज़ार गर्म करने तथा तनाव के बढ़ने के समय निशाना बननेवाले समुदायों के सदस्यों में बौखलाहट फैलाने में संगठित गुंडों के छोटे-छोटे गिरोहों की अहमियत इतनी बार दिखाई जा चुकी है कि उसे रेखांकित करना ग़ैरज़रूरी है।[22] फिर भी कांग्रेस की कानपुर जाँच समिति द्वारा साम्प्रदायिक हिंसा की पूरी-पूरी ज़िम्मेदारी 'अपराधी तत्त्वों' पर डाल देने में कहीं कुछ ऐसी बात ज़रूर है जो बुनियादी तौर पर अखरती है। इसका मतलब उन लोगों की भागीदारी को अनदेखा

करना है जो 'अपराधी तत्त्वों' से काम लेते और उन्हें मदद देते हैं। इसका मतलब वृहत्तर समुदाय के ख़ौफ़ और उसकी भावनाओं को अनदेखा करना भी है जो कभी-कभी इन तत्त्वों को अपना रक्षक बल्कि अपने नायक भी समझने लगता है। यह युक्ति लेखक/प्रेक्षक को उनके पद, शिक्षा, और वर्ग की विशिष्टता की आड़ में घटना से दूर करने और इतिहास की जिम्मेवारी ग़ैर तबक़ों पर थोपने की है—आपराधिक वर्ग, प्रतिक्रियावादी ज़मींदार और स्वार्थी नेता, फिरंगी शासन के एजेंट पर, न कि शहरों-गाँवों के सामान्य बाशिंदों, ख़ुदा से ख़ौफ़ खानेवाले हिंदू और मुसलमानों, यानी हम-आप जैसों पर। इस विमर्श में हिंसा हमेशा 'बाहरी', 'उधर की' चीज़ है।[23]

ऐसी हिंसा को 'ग़ैर' के क्षेत्र की वस्तु बतलाने के दूसरे तरीके भी हैं। एक उपाय उसे प्रकृति से जोड़ना है।[24] यह ऐसा उपाय है जो राष्ट्रवादी रचनाओं में बार-बार नज़र आता है जैसे कि पहले औपनिवेशिक रचनाओं में नज़र आता था। मिसाल के लिए कानपुर दंगा जाँच रिपोर्ट में अन्तिम अध्याय का पहला भाग, जिसका शीर्षक 'दि एंड' (समापन) है, इस प्रकार शुरू होता है : 'अपनी शक्ति खो चुकने के बाद वह ज्वालामुखी स्वाभाविक था कि शान्त पड़ने लगा' (पृ. 319)। हिंसा को एक प्राकृतिक विपदा के रूप में देखने से उसे मानव-विवेक और कर्त्तव्य के क्षेत्र से बाहर करने में मदद मिलती है।

1946 में बिहार के देहातों में बड़े पैमाने पर होनेवाली अभूतपूर्व मुस्लिम-विरोधी हिंसा के बारे में नेहरू की टिप्पणियाँ भी काफ़ी-कुछ ऐसा ही प्रभाव छोड़ती हैं। नेहरू ने लिखा था : 'यह आन्दोलन एक स्वतःस्फूर्त (किसान) विद्रोह जैसा दिखाई देता था। लोगों पर पागलपन छा गया था।' 'यह उत्पात एक जन-किसान विस्फोट था।'[25] ये रूपक बड़े अजीब लगते हैं। लोगों पर पागलपन 'छा जाता' है। किसान वर्ग रोगी शरीर की तरह, ज़मीन की तरह 'हिलता है', 'फूट पड़ता है'।

हिंसा के इन असाधारण कृत्यों को 'जन-किसान विस्फोट' कहने पर भी सवाल-जवाब करना ज़रूरी है। यह ज्वालामुखी के विस्फोट या सबकुछ अपने साथ बहा ले जानेवाली बाढ़ की तरह एक प्राकृतिक कृत्य है। इसमें (जन-आन्दोलन और उसमें सम्मिलित हिंसा में) सोच का कोई तत्त्व नहीं, बल्कि यह सोचने के क़ाबिल भी नहीं। मगर ज़ाहिर है कि यह समझ भी सरलतावादी है। कारण कि बाहरी, भौतिक दुनिया और इंसानों की दुनिया में अन्तर होता है। कहा यह जाएगा कि मानव प्रकृति के अन्दर मौजूद आदिम तत्त्व कभी-कभी उस पर हावी हो सकते हैं : तब, इस दृष्टिकोण के मुताबिक, यह बाक़ी लोगों, हममें से अधिक प्रबुद्ध और जागरूक लोगों, की ज़िम्मेदारी है कि हम इन तत्त्वों पर अंकुश लगाएँ और उन्हें रूपान्तरित करें। उपदेश का तत्त्व यहाँ बहुत ही साफ़ है।

कानपुर दंगा जाँच समिति ने इस 'आदिम' से अपनी दूरी भी ज़ाहिर की और 'जनसमूह' को शिक्षित करने की आवश्यकता के प्रति अपनी जागरूकता भी। मसलन नगर के विभिन्न भागों में उसकी छानबीन के दौरान जमा होनेवाली छोटी-छोटी भीड़ों से समिति के सदस्यों का सवाल होता था : 'आप लोग सचमुच एक-दूसरे से इतनी नफ़रत करते हैं ? क्या सचमुच आप लोग अपनी मर्ज़ी से लड़ते रहे हैं ?' रिपोर्ट में कहा

गया है : 'इस बात पर वे लोग ख़ामोश हो जाते थे, सर झुका लेते थे और फिर थोड़ी देर बाद आह भरकर कहते थे : "ख़ुफ़ियावालों ने लड़वाया है"।' (पृ.347)।

बिहार पर नेहरू की 1946 की रिपोर्ट ऐसा ही रवैया अपनाती है। बड़े पैमाने पर हत्याओं और लूटपाट में भाग लेनेवाले किसानों के बारे में वह लिखते हैं : 'वे बिहार के साधारण किसान लोग थे...बहुत सीधे-सादे, अपरिष्कृत और थोड़े-बहुत प्यारे लोग। वे चिल्लाए 'महात्मा गाँधी की जय' और जब मैंने उनसे कड़ाई से बात की (!) तो लगा कि जो कुछ उन्होंने किया है उस पर शर्मिंदा हैं।'[26] सुहरावर्दी के नाम पहली जनवरी, 1947 के पत्र में वे कहते हैं : 'मुझे बिहार के किसानों के बारे में अच्छी जानकारी है और उन पर मेरा थोड़ा-बहुत असर भी है। मेरे दिल में यह बात बिल्कुल साफ़ है कि जिस भारी तेज़ी के साथ बिहार का उत्पात ठंडा पड़ गया वह पुलिस और फ़ौज की मौजूदगी का नतीजा उस क़दर नहीं थी, हालाँकि इनसे भी मदद मिली, जितनी हममें से बहुतों और साथ ही (बिहार की कांग्रेस) सरकार द्वारा किए गए गहन और व्यापक प्रचार का नतीजा थी।"[27]

और तो और, 'आधुनिकता' और 'सभ्यता' की बहसों से या केन्द्रीकृत राज्य व्यवस्थाओं की आवश्यकता से सबसे कम प्रभावित, गाँधी जैसे नेता ने भी समाज के 'पिछड़े' तत्त्वों की शिक्षा की आवश्यकता पर ऐसे ही शब्दों में बातें की हैं। 1921 के मापिल्ला विद्रोह के बाद उन्होंने अब 'पगला चुके', 'इतने वर्षों तक...ग़ैर-अनुशासित' 'हमारे मापिल्ला भाइयों' की बातें की हैं। उनकी अपील 'हमारे भाइयों', राष्ट्रीय परिवार के उपेक्षित सदस्यों के नाम है जिनको आधुनिक बनना, अनुशासन तथा वैयक्तिक अधिकारों का सही उपयोग करना सिखाना चाहिए। कानून और व्यवस्था सम्बन्धी आख्यान को अपने ख़ुद के भाषण में प्रतिबिम्बित करते हुए गाँधी ने कहा था : यह बात 'सचमुच ब्रिटिश प्रशासकों के चलन को दर्शाती है कि उन उत्पाती क़बीलों पर अंकुश लगाने और उन्हें शान्तिपूर्ण बनाने की बजाय उन्होंने इन्हें अपने नाकारा मक़सदों के लिए इस्तेमाल किया है।' आगे : 'ऐसी सरकार का फ़ायदा ही क्या जो वर्षों तक मापिल्लों की प्रकृति से परिचित होने के बावजूद उनको शान्ति का पाठ पढ़ाने में नाकाम रही है ?'[28]

अपनी बाद की रचनाओं में उन्होंने इसी बात को ज़ोर देकर कहा है और मापिल्लों के प्रति कर्त्तव्य-पालन में असफल रहने के लिए केवल अंग्रेज़ों की ही नहीं, भारतीय नेताओं की भी भर्त्सना की है : 'वे (मापिल्ले) जानते हैं तो सिर्फ़ लड़ना (!) जानते हैं। वे हमारे अज्ञानी भाई हैं। सरकार ने यक़ीनन उन्हें सुधारने के लिए कुछ नहीं किया है मगर हमने भी तो कुछ नहीं किया है।' आगे–

> हमें अपने देशवासियों के किसी भी हिस्से को घोर अँधेरे में छोड़कर यह आशा भी नहीं करनी चाहिए कि वह हमें नहीं ग्रसेगा। मापिल्लों के व्यवस्था-प्रेमी नागरिक बनने तथा सहिष्णुता के गुण और इस्लाम की सच्चाई सीखने में हमारे अंग्रेज़ 'मालिकों' की कोई दिलचस्पी नहीं थी।

> लेकिन हमने भी तो सदियों तक अपने अज्ञानी भाइयों की उपेक्षा की है। हमने प्रेम के इस तक़ाज़े को महसूस नहीं किया है कि कोई भी व्यक्ति मानवीयता की आवश्यकता से अनजान न रहे...[29]

उपनिवेशवादी वृत्तान्तों की तरह राष्ट्रवादी वृत्तान्तों में भी जो बात बहुत स्पष्ट है वह है *'हम'* और *'वे'* का, 'शिक्षित' और 'अज्ञानी' का अन्तर। मापिल्ले 'अज्ञानी' हैं, वे सिर्फ़ 'लड़ना' जानते हैं, वे 'घोर अँधेरे' में घिरे हुए रहे हैं। 1931 में कानपुर या 1946 में बिहार में हिंसा करनेवाले ज़्यादातर 'बहुत सीधे-सादे', 'अपरिष्कृत' अज्ञानी लोग थे जिन्होंने 'ग़लत-व्यवहार' किया, बुरी तरह से गुमराह किए गए या दुर्भाग्य से 'जन-किसान विस्फोट' में फँस गए। आरम्भिक राष्ट्रवादी नेताओं द्वारा बहुत पहले शुरू किया गया शिक्षा-कार्य अभी तक पूरा होने से कोसों दूर था।

4

तो इतिहासकारों के इतिहास ने हमारे भूत में हुई हिंसा के रूपाकार, उसके मायने से जुड़े मुद्दों को कैसे देखा-परखा है ? यह एक मुश्किल सवाल है। भिन्न-भिन्न देशों में, अलग-अलग अकादमिक परंपराओं में दीक्षित कई क़िस्म के इतिहासकार हैं, जिनकी राजनीति बहुधा उपनिवेशवादियों या राष्ट्रवादियों से ज़्यादा अस्पष्ट होती है। फिर भी किसी युग-विशेष के इतिहासकारों का एक साझा सोच-संवाद होता है जो अकादमिक कार्य के बढ़ते अन्तर्राष्ट्रीयकरण के कारण पहले से अधिक समरस बना है। इतिहासकारों का इतिहास अपना कार्यआधार और इसके व्यवहार ख़ुद तय करता है। इस बात को मानते हुए मैं यह सवाल उठाना चाहता हूँ कि भारत के विभाजन के सिलसिले में यह कार्यआधार कैसे तैयार किया गया है और यह कि भारतीय इतिहास-लेखन ने हमारे बीच की हिंसा के तकलीफदेह तथ्य को कैसे निपटाया है।

इस इतिहास लेखन के संभवतः सबसे उल्लेखनीय पहलू की ओर मैंने पहले ही इशारा किया है : यह कि इसमें विभाजन के इतिहास को भारतीय राष्ट्र-राज्य के जीवन-वृत्तान्त से या, फिर दूसरी सूरत में, भारत में ब्रिटिश साम्राज्य की कथा से जोड़ा गया है। भारत में इसका मतलब यह हुआ कि पाकिस्तान के आन्दोलन के इतिहास पर बेहद चलताऊ ढंग से विचार किया गया है। यह असली राष्ट्रवाद से अलग, उसका उल्टा है। यह राजनैतिक चेतना के गलत रस्ते चले जाने का इतिहास है और इसे बेहद नकारात्मक दिखाया गया है।

विभाजन के सवाल पर भारतीय इतिहास-ग्रन्थों की स्थिति बड़ी विरोधाभासी है। एक तरफ़ तो विभाजन राष्ट्रवादियों और पेशेवर इतिहासकारों की चेतना पर उल्लेखनीय सीमा तक हावी रहा है। उसकी केन्द्रीयता सुस्पष्ट है। भारत के विभाजन को 20वीं सदी के इतिहास की सबसे महत्त्वपूर्ण घटना कहा जा सकता है, कम-से-कम उत्तरी भारत की जनता के लिए। फलस्वरूप 19वीं और 20वीं सदी के 'सम्प्रदायिकता' या और भी मोटे तौर पर कहें तो 'हिन्दू' और 'मुस्लिम' राजनीति के इतिहासकारों ने अपने-अपने

इतिहास इस तरह लिखे हैं गोया वे और कुछ नहीं, विभाजन के प्रागैतिहास रहे हों। या तो वो 1940 के दशक के मध्य की विभीषिका की ओर ले जानेवाली घटनाओं के या, फिर उसे रोकने के लम्बे संघर्ष की बात करते हैं।[30]

दूसरी ओर भारत के स्वाधीनता-संग्राम पर—भारत की एकता और उसकी मुक्ति के लिए ज़ारी बहुमुखी संघर्ष पर—ध्यान केन्द्रित करके विभाजन के इतिहास को बड़े कारगर ढंग से दबा दिया गया है। वास्तव में इसका निहितार्थ यह है कि राष्ट्रवादियों की परियोजना विभाजन और उससे जुड़ी घटनाओं से अप्रभावित रहकर जारी रही। विभाजन के इतिहास को (जिसे कभी-कभी 'साम्प्रदायिकता' का इतिहास कहा जाता है) अलग से या अधिक-से-अधिक भारत के स्वतन्त्रता-संघर्ष नामक वृहत्तर नाटक के एक गौण और ज़ाहिरा तौर पर (दीर्घकालिक दृष्टि से) मामूली रूप में प्रस्तुत किया जाता है।[31]

विभाजन के इतिहास को एक और तरीक़े से भी दबाया जाता है। विभाजन से जुड़ी (उसका मूल तत्त्व बनी) भारी पैमाने की हिंसा, उसमें शामिल या उससे प्रभावित जनता के अनुभवों और भावनाओं की छानबीन करने से भारतीय और अ-भारतीय इतिहास-लेखन हमेशा गुरेज़ करता रहा है। जो इतिहास-लेखन लम्बे समय से अभिजातवादी इतिहास-लेखन रहा है, उसमें भी विभाजन सम्बन्धी इतिहास (या और भी सामान्य ढंग से कहें तो ब्रिटिश राज के अन्तिम वर्षों का इतिहास) सबसे ज़्यादा अभिजातवादी रहा है। जैसा कि सुमित सरकार ने कहा है, 'ब्रिटिश, कांग्रेसी और (मुस्लिम) लीगी राजनीतिज्ञों की उन कष्टकर वार्ताओं पर ढेरों ऐतिहासिक साहित्य मौजूद है जिनका अन्त ऐसी स्वतन्त्रता में हुआ जो साथ ही एक दुखद विभाजन भी थी।' आगे वे कहते हैं कि इसके विपरीत इस काल के जुझारू जन-आन्दोलनों पर या उनसे पड़नेवाले राजनीतिक दबावों पर बहुत कम अनुसन्धान या लेखन-कार्य किया गया है।[32]

इस तर्क को हम और आगे बढ़ा सकते हैं। भाषाई समुदायों, गाँवों, घरों, परिवारों के विभाजन, उसे भोगनेवालों के लिए विभाजन के अर्थ, उससे उत्पन्न त्रासदी और उससे होनेवाले रूपान्तरण, या उसकी संकीर्णता और कटुता की धरोहर, तथा उसके कारण हिन्दुओं, मुसलमानों और सिखों के बीच शेष रह गए तीखे भेद और स्मृतियाँ—लोक-दृष्टि में इनका जो रूप रहा है, इतिहास-लेखन इससे पूरी तरह विरक्त रहा है। अंशत : इतिहास-लेखन की कार्यसूची तय करने के ढंग के कारण, और अंशतः इसलिए कि ऐसे विषयों को, विभाजन की विभीषिका को, 1946-47 के 'दंगों' से जुड़ी तकलीफ़ों, दुखों और वहशीपन को इतिहास-लेखन में दर्शाना कभी आसान नहीं रहा है। और ये विषय लगभग पूरी तरह कथाकारों और फ़िल्मकारों के लिए छोड़ दिए गए हैं।[33]

गोया इतिहासकारों का इतिहास विभाजन नहीं, विभाजन के साए से सम्बन्धित हो। यह उस अनुभव पर रौशनी डालने में असमर्थ है, अनिच्छुक भी, जिसने 20वीं सदी के भारत के मानचित्र को ही नहीं बल्कि पूरे जीवन को बुनियादी तौर पर बदलकर रख दिया। इसका एक कारण यह है कि विश्वविद्यालयों और विद्यालयों में, तथा पूरे भारत में जारी विद्वतापूर्ण संवादों में, 'आधुनिक भारतीय इतिहास' ज़्यादातर 1947 और

आजादी पर ही आकर ठहर जाता है। मतलब यही हुआ कि इतिहास-लेखन का कार्याधार एक संकीर्ण परिभाषावाले और पूर्व-निर्धारित राष्ट्रवाद के दृष्टिकोण से तय किया गया है। विभाजन के अनुभव से सीधे-सीधे आँख न मिलाने की इस असफलता के पीछे कुछ और कारण भी हैं।

पहली बात, 'हिन्दुओं' और 'मुसलमानों' या शीघ्रता से 'हिन्दुओं' और 'मुसलमानों' के रूप में पहचाने जानेवाले समूहों के तनाव और टकराव स्वतन्त्र भारत के जीवन की भी विशेषता रही है। इसलिए 1946-47 की अनकही हिंसा और हानियों को दुहराने से हमेशा यह डर बना रहता है कि पुराने घाव रिसने लगेंगे। दूसरी बात, भारत या अन्यत्र के इतिहासकारों के लिए ऐसी दुखदायी हानियों को प्रस्तुत करने का ढंग अभी भी ढूँढ़ना है और उसकी ज़िम्मेदारी स्वीकार करने का भी। हम चाहें या न चाहें, यह हमारा इतिहास और कई मानों में हमारी आज की परिस्थिति है। इसके विपरीत, टकरावों के इतिहास को दबाना यह कहने का एक ढंग है कि यह वास्तव में हमारा इतिहास नहीं है, या कम-से-कम हमारे इतिहास का बहुत महत्त्वपूर्ण तथ्य नहीं है।

ऐसा नहीं है कि ब्रिटिश राज्य के आख़िरी दशकों में बड़े पैमाने पर जारी साम्प्रदायिक हिंसा के तथ्य को भारत में इतिहासकारों ने पूरी तरह दबाकर रखा हो। विद्वानों में इस बात पर सहमति बढ़ती हुई दिखाई देती है कि भारत के विभाजन में साम्प्रदायिक हिंसा और ख़ासकर अगस्त, 1946 में कलकता में शुरू होकर पूर्वी बंगाल, बिहार और दूसरे प्रान्तों में फैले जानेवाली क़त्लो-ग़ारत की मुहिम की निर्णायक भूमिका रही है। इतिहासकारों का तर्क यह है कि गृह युद्ध के पैमाने पर होनेवाली हिंसा के इसी तजुर्बे ने बहुत से ऐसे लोगों को भी जो तब तक पाकिस्तान के घोर विरोधी थे, इस बात का विश्वास दिला दिया कि कोई भी दूसरा रास्ता इससे भी अधिक घातक होगा : इसके कारण कांग्रेस नेतृत्व ने ही नहीं बल्कि बड़ी तादाद में साधारण 'अराजनीतिक' हिन्दुओं, मुसलमानों और सिखों ने भी विभाजन को मुक़द्दर समझकर क़ुबूल कर लिया।

> अगस्त, 1946 का 'कलकत्ता का क़त्ले-आम' भारतीय इतिहास का एक मोड़ था...(यह) एक गृह युद्ध के समान था जिसमें (मुस्लिम लीग की) प्रान्तीय सरकार भी पक्षधर बन चुकी थी...ब्रिटिश सरकार ख़ुद को क़ानून-व्यवस्था बनाए रखने में असमर्थ महसूस करने लगी...अब भारतीय नेताओं को भी यह बात साफ़ दिखाई दे रही थी कि देश को गृहयुद्ध और अराजकता के दलदल में फँसने देने की बजाय पाकिस्तान को स्वीकार कर लेना अधिक बुद्धिमतापूर्ण होगा।

> अगस्त, 1946 के बाद भारत को क़रीब एक साल तक हिंसा की अभूतपूर्व लहर का सामना करना पड़ा...यह प्रक्रिया 16 अगस्त, 1946 के कलकत्ता के उत्पातों से शुरू हुई, बिहार और नोआखाली में जारी रही, और मार्च 1947 में पंजाब की विभीषिका पर समाप्त हुई। इन दंगों ने हिन्दुओं और

> मुसलमानों के विशाल बहुमत को यक़ीन दिला दिया (!) कि उपमहाद्वीप का विभाजन अपरिहार्य है।[34]

इतिहासकारों के विवरण में साम्प्रदायिक हिंसा की ये मिसालें भी जिस सन्दर्भ में सामने आती हैं, उस पर ध्यान देना प्रासंगिक होगा। जैसा कि ऊपर के उद्धरणों से ही संकेत मिलता है, विभाजन के 'कारणों' की पहचान करना इस प्रयास के काफ़ी बड़े भाग का उद्‌देश्य है। देश के विभाजन का कारण क्या था ? वास्तव में ज़िम्मेदार कौन था ? और इससे जुड़ा यह सवाल : वे प्रशासनिक भूलें और राजनीतिक गणनाएँ क्या थीं जिन्होंने इस अभूतपूर्व हिंसा को जन्म दिया और विभाजन को इतनी बड़ी त्रासद घटना बना दिया ? विभाजन सम्बन्धी इतिहास-ग्रन्थों के केन्द्रीय सरोकार क्या हैं, इस पर हाल की कुछ बहसों का हवाला रोशनी डालने में सहायक होगा।[35]

मैं अपनी विवेचना का आरम्भ एक प्रश्न से सम्बन्धित लेखों से करूँगा, जो देखने में संकीर्ण सांविधानिक प्रश्न है, मगर जिसमें फिर भी हिंसा की बात बहुत प्रमुखता के साथ सामने आती है। सुस्थापित राष्ट्रवादी दृष्टिकोण के एक सुप्रमाणित पुनर्वक्तव्य में वाई. कृष्णन ने तर्क दिया है कि विभाजन के दोषी अंग्रेज़ ही थे। उनका विशेष कथन यह है कि बड़े पैमाने पर हुई हिंसा के लिए प्रमुख रूप से ज़िम्मेदार तो सत्ता के शीघ्र हस्तान्तरण के बारे में माउंटबेटन की अशोभनीय जल्दबाज़ी थी जो खुद भी भारत को राष्ट्रमंडल में बनाए रखने की चिन्ता से प्रेरित थी। वे ख़ासतौर पर उत्तर-पश्चिमी और उत्तर-पूर्वी भारत में रेडक्लिफ आयोग द्वारा की गई उस नई सीमाबन्दी के घातक परिणामों को रेखांकित करते हैं जो मोटे तौर पर पहले से निर्धारित थी और उनके विचार में अनावश्यक तेजी से स्वीकार कर ली गई। साथ ही वे भारत और पाकिस्तान की औपचारिक स्वाधीनता के समय तक इस आयोग के फ़ैसले को गुप्त रखने में माउंटबेटन की खास ज़िम्मेदारी को भी रेखांकित करते हैं।[36]

पंजाब के विभाजन के बारे में लिखते हुए इयन टालबट ने कृष्णन के ठीक विपरीत दृष्टिकोण अपनाया है। 'नियन्त्रण की ब्रिटिश व्यवस्था' टालबट के इतिहास का विषय है और उनका केन्द्रीय सरोकार है : यह सफल कैसे रही, और यह असफल क्यों हुई ? इस दृष्टान्त में लेखक के पूर्वाग्रह ढके-छिपे नहीं हैं, लेकिन उनकी (लन्दन विश्वविद्यालय की एक पी.एच-डी. पर आधारित) कृति की पद्धतियाँ फिर भी ध्यान देने योग्य हैं–

> दूसरे विश्वयुद्ध ने पंजाब में नियन्त्रण की स्थानीय ब्रिटिश व्यवस्था को खोखला कर दिया था। 1946 में बिगड़ती हुई साम्प्रदायिक स्थिति ने आख़िरकार उसे तहस-नहस कर दिया...मार्च 1947 में जब मुस्लिम क़बायलियों ने पश्चिम पंजाब के बिखरे हुए सिख समुदायों पर हमले किए तो अंग्रेज़ों ने खुद को असहायता की हद तक अकेला पाया। जब तक वे अपनी फ़ौजें भेजते, एक क़त्ले-आम को रोकने की दृष्टि से काफ़ी देर हो चुकी थी; इससे जवाबी क़त्ले-आम का एक सिलसिला शुरू हो गया

और पूरा इलाक़ा ब्रिटिश नियन्त्रण से निकल गया...[37]

इसी तर्ज़ पर उन्होंने अपनी सहमति के साथ एक पत्र को उद्धृत किया है जो पंजाब के गर्वनर जेनकिंस ने अप्रैल, 1947 में माउंटबेटन को लिखा था : 'मेरे समेत आई सी एस (इंडियन सिविल सर्विस) और आई पी (इंडियन पुलिस) के हर ब्रिटिश अधिकारी को कल ही (पंजाब) छोड़ने में बेहद ख़ुशी होगी। छः माह पहले हालत बिलकुल जुदा थी, मगर अब हमें लगता है कि हमारा सरोकार *ऐसी जनता से है जो ख़ुद को तबाह करने पर तुली है...*'[38]

जहाँ तक इस आरोप का सवाल है कि जल्दबाज़ी में किए गए और अस्वीकार्य सीमा-निर्धारण का पंजाब में हिंसा के पैमाने से भी कोई सरोकार था, यह इतिहासकार लिखता है–

> रैडक्लिफ़ अपने विचार-विमर्श में चाहे जितना समय लगाते, मुसलमानों और सिखों दोनों के दावों को स्वीकार करना बेहद मुश्किल होता। विभाजन से जुड़ी क़त्ले-आम रैडक्लिफ की 'अविवेकपूर्ण विधि' का परिणाम न थी बल्कि राजनीति से प्रेरित *साम्प्रदायिक घृणा की पैदावार थी जिसके कारण ख़ुद उनकी (रैडक्लिफ की) माथापच्ची की ज़रूरत पड़ी।* उन्होंने अपनी रिपोर्ट इस मान्यता के आधार पर प्रस्तुत की कि विभाजन से जुड़ी कठिनाइयाँ सौहार्द्र और सहयोग के साथ हल कर ली जाएँगी। *अगर वे निराधार थे तो यह उनकी ग़लती नहीं थी* (!)[39]

यह एक बहुत पुराना, बल्कि सख़्तजान औपनिवेशिक नज़रिया है। टालबट यहाँ बयान कर रहे हैं भारत में मौजूद 'बुद्धिसंगत' गोरों का जो किसी और युग की 'काली' ताक़तों के आगे बेहद कमज़ोर पड़ गए थे और अन्ततः पराजित हो गए। लेकिन अपनी तमाम थोथी पूर्वधारणाओं के बावजूद टालबट इस मुआमले में अकेले भी नहीं हैं। विभाजन पर हाल की ऐतिहासिक कृतियों में सभ्यता के लिए आदिम से पैदा होनेवाले ख़तरे का भाव कितनी बारम्बारता के साथ सामने आता है–यह बात वास्तव में बरबस ध्यान खींच लेती है।

मिसाल के लिए, जिन्ना, मुस्लिम लीग और पाकिस्तान की माँग पर आएशा जलाल के परिष्कृत अध्ययन में भी यही बात देखने को मिलती है। जैसा कि स्वाभाविक है, यहाँ बहुत ही भिन्न नायक और खलनायक हमारे सामने आते हैं लेकिन अन्त में जो चीज़ उन सब पर छा जाती है वह है आदिम, अराजक शक्तियों की अधोधारा– जो टालबट के 'ख़ुद को तबाह करने पर आमादा' कट्टर मुसलमानों, हिन्दुओं और सिखों से बहुत भिन्न भी नहीं है। जलाल ने यहाँ उस काल की उच्चस्तरीय राजनीति का ही विवरण हमारे सामने प्रस्तुत किया है जो 1940 के दशक के नाटक में शामिल प्रशासकों और कुछ प्रमुख उपमहाद्वीपीय अभिनेताओं के निजी और आधिकारिक काग़ज़ात पर आधारित है। वे ऐलान करती हैं : 'राज के अन्तिम दिनों में इतने हिंसक ढंग से फूट पड़नेवाले साम्प्रदायिक आवेगों के जटिल सामाजिक और आर्थिक तत्त्वों का

विस्तृत विश्लेषण इस रचना के दायरे से बाहर है।'[40] फिर भी 'साम्प्रदायिक आवेग' और 'दंगाई भीड़' उनकी कहानी के आवश्यक और महत्त्वपूर्ण अंग हैं।

इसीलिए उनके ऐतिहासिक विवरण के दो भाग हैं। एक तरफ़ तो हैं कठोर विवेकशील अभिनेता–चाहे वे जिन्ना की तरह पक्के हिसाबी, साफ़-नज़र और धुन के पक्के हों या हिसाबी, दिग्भ्रमित और अक्सर असंगत कांग्रेसी नेतृत्व। दूसरी तरफ़ इन नेताओं की सियासी चालों और जवाबी चालों की पृष्ठभूमि में अराजक और अविवेकशील शक्तियों की विशाल भीड़ है। ये शायद ही पहचाने गए, भूगर्भ में विलीन तत्व भारतीय इतिहास का अँधेरा पहलू हैं। इनका अध्ययन और व्याख्या नहीं ही किया जाता है। प्रकृति की ताकतों की तरह वे केवल हैं और केवल उपनिवेशवाद की भाषा में ही वर्णित हो सकते हैं।

जलाल लिखती हैं : 16 से 20 अगस्त, 1946 की कलकत्ता की हत्याओं ने '(भारी) कुव्वतवाली...अराजकता की दबी हुई शक्तियों को मुक्त कर दिया...' सितम्बर, 1946 तक बंगाल 'जहन्नुम का उपमहाद्वीपीय संस्करण' बन चुका था। 'ख़ून-खराबा और चुनाव साथ-साथ जारी रहे।'[41] यहाँ एक बार फिर इतिहासकार को औपनिवेशिक अधिकारी की रिपोर्टों में इस काल के (नगरीय) भारत की दशाओं का समुचित वर्णन दिखाई देता है : 'भारत के नगर सचमुच ऐसे दंगों की मनोदशा में हैं, और गुंडा तत्व क़ाबू से बाहर हैं।'[42] हिन्दुस्तानी तो तमाशबीन होते हैं। जब भी मन की मौज उठती है, भीड़ दंगे कर बैठती है। इस समूची समझ को देखते हुए यह बात उपयुक्त ही लगती है कि कभी-कभी औपनिवेशिक अधिकारी की भाषा इतिहासकार की अपनी भाषा बन जाती है।[43]

औपनिवेशिक अधिकारियों की तरह जलाल के विवरण में भी गुंडा तत्त्व और भीड़ उस भारत के प्रतिरूप हैं जो औपनिवेशिक नगर और औपनिवेशिक व्यवस्था की सतह के नीचे लरज़ रहा है : ये 'सभ्यता' के सामने आदिम भारत के ख़तरे के प्रतिरूप हैं। यहाँ ऐसे दौर भी आते हैं जब 'दंगाई भीड़' की शक्ल में यह आदिम भारत मुहम्मद अली जिन्ना जैसे उस्ताद रणनीतिज्ञों और होशियार (संविधानवादी) राजनीतिज्ञों के क़ाबू से भी बाहर चला जाता है। 1946 के आख़िरी और 1947 के शुरुआती महीनों का ज़माना ऐसा ही था। इस तरह टालबट के इतिहास की तरह जलाल का इतिहास भी आख़िरकार 'नेकी बनाम बदी', 'विवेक बनाम अविवेक', 'महापुरुष बनाम भीड़' का ही इतिहास है। फ़र्क सिर्फ़ इतना है कि इनकी महापुरुषों (महापुरुष) की पहचान जुदा है। दोनों के ख्याल में ज़ाहिर है कि सिर्फ़ महापुरुषों का इतिहास ही लिखा जा सकता है या लिखा जाना चाहिए।

अन्त में एक और सवाल पूछने की ज़रूरत है। भारत के प्रगतिवादी इतिहासकार जो इतिहास में अवामी ताक़तों की भूमिका पर एक निरंतर गहरी खोज और बहस के माहौल में अपना इतिहास लिख रहे हैं, वे अपने इतिहास लेखन में कितने भिन्न हैं ? इसके लिए मैं एक ऐसे वक्तव्य का हवाला दूँगा जो निश्चित रूप से 1940 के दशक

के मध्य में होनेवाले राजनीतिक घटनाक्रमों पर अभी तक प्रकाशित सबसे परिष्कृत वक्तव्यों में एक है। यह है सुमित सरकार का लेख 'पापुलर मूवमेंट्स एंड नेशनल लीडरशिप, 1945-47'। इसमें पाया जानेवाला ऐतिहासिक वृत्तान्त ऊपर दिए गए वृत्तान्तों से बहुत भिन्न है। सरकार ने किसी व्यक्ति या व्यक्ति-समूह का इतिहास न लिख के एक उदीयमान राष्ट्र का इतिहास लिखा है। बल्कि उनके पेचीदा तर्क को समुचित महत्त्व दिया जाए तो उन्होंने राजसत्ता के परिवर्तन तथा नए राज्यों और शासक वर्गों की उत्पत्ति के कठिन क्षण में कार्यरत समूहों, वर्गों और समुदायों का इतिहास लिखा है। यहाँ प्रमुख कर्ता के पद पर (अच्छे या बुरे) महापुरुष विराजमान नहीं हैं हालाँकि विवरण में उनका उल्लेख भी मिलता है, बल्कि वृहत्तर अवैयक्तिक शक्तियाँ–आर्थिक विकासक्रम, वर्गीय हित और जन-भावनाएँ–विराजमान हैं।

लेखक ने इस काल के राजनीतिक इतिहास की दो धाराओं की पहचान की है : एक तरफ़ तो भारतीय और ब्रिटिश नेताओं की सांविधानिक वार्ताएँ और दूसरी तरफ़ 'छिटपुट, स्थानबद्ध लेकिन अक्सर अत्यन्त जुझारू और संगठित जन-कार्यवाइयाँ।' वे कहते हैं कि '(इन) नेताओं के फ़ैसलों और कामों को...नीचे से उठनेवाले दबावों द्वारा प्रस्तुत जवाबी दृष्टिकोण के बिना सचमुच नहीं समझा जा सकता। (कारण कि) सबसे पहले देखें तो जन-कार्यवाइयों ने ही ब्रिटिश शासन का ज़ारी रहना असम्भव बना दिया।'[44]

सरकार ने इस काल में ज़ारी साम्प्रदायिक हिंसा की गम्भीरता और उसके परिणाम पर तथा देश के विभिन्न भागों में जनता के बड़े-बड़े समूहों पर छा जानेवाले 'पागलपन' पर सावधानी से ध्यान दिया है। उनका तर्क भी यही है कि 'जनता की ज्यादतियों' के डर से कांग्रेस के नेता वार्ता और समझौते की राह पर टिके रहे, और अन्ततः उन्होंने विभाजन तक को स्वीकार कर लिया...'[45] लेकिन अहम बात यह है कि पूरे उत्तर भारत में हिन्दुओं और मुसलमानों के बीच ज़ारी साम्प्रदायिक टकराव और उनके बीच की तेज़ी से बढ़ती खाई सरकार के तर्क के केन्द्रीय ढाँचे के अंग नहीं हैं। साम्प्रदायिक हिंसा (या 'साम्प्रदायिक दंगों') को उन 'जुझारू और संगठित जन-कार्यवाइयों' का अंग समझना मुश्किल है जिनकी पहचान सरकार ने इस काल के राजनीतिक इतिहास की दूसरी धारा के रूप में की है। राजनीति के इस दूसरे क्षेत्र की प्रमुख घटनाओं के सिलसिले में उन्होंने जो उदाहरण दिए हैं–जैसे आज़ाद हिन्द फ़ौज़ के गिरफ़्तार सैनिकों की रिहाई का आन्दोलन, युद्ध के बाद औद्योगिक हड़तालों की लहर, तेभागा, तेलंगाना और पुन्नप्रा-वायलार–उनमें राजनीति और झगड़े का यह क्षेत्र क़तई नहीं आता।

ऊपर हमने जिन इतिहासकारों के हवाले दिए हैं, उनसे सरकार का दृष्टिकोण वाक़ई बहुत भिन्न है। फिर भी साम्प्रदायिक टकरावों के इतिहास को उन्होंने जिस प्रकार से हाशिये पर डाल दिया है उससे निकलनेवाला परिणाम उन विवरणों के निष्कर्षों से मिलता-जुलता है जो 'अनियन्त्रित' भीड़ की हिंसावाले कारक पर 'ज़रूरत से ज़्यादा ज़ोर

देते हैं। यह परिणाम है : साम्प्रदायिक झगड़ों के इतिहास को भारत का 'वास्तविक' इतिहास नहीं (या कोई भी इतिहास नहीं ?) बल्कि किसी *ग़ैर* क्षेत्र का अंग बना देना। अगर टालबट की नज़रों में भारत में ब्रिटिश प्रशासन की प्रगति का विवरण ही 'इतिहास' है और जलाल की नज़रों में जिन्ना और दूसरे 'बुद्धिवादी' राजनीतिक नेताओं के कर्मों की जाँच-पड़ताल ही इतिहास है, तो सरकार की नज़रों में गहराता हुआ वर्गीय अन्तर्विरोध और बढ़ता साम्राज्यवाद-विरोधी आन्दोलन ही इतिहास है।

सुमित सरकार का लेख 1945-47 के दौर के मज़दूर और किसान उभारों तथा दूसरे 'धर्मनिरपेक्ष' संघर्षों के महत्त्व की मान्यता पर आधारित है। वे अपने लेख के आरम्भ में ही लिखते हैं कि 'कुछ सुस्पष्ट अन्तर्राष्ट्रीय घटनाक्रमों को छोड़ दें तो जन-कार्यवाइयों ने ही ब्रिटिश शासन का जारी रहना असम्भव बना दिया।'[46] फिर लेख के अन्त में वे उस बढ़ती वर्ग-चेतना और बढ़ते वर्ग-संघर्ष के विषय पर लौटते हैं जो सम्भवतः एक अपेक्षाकृत भिन्न प्रकार के साम्राज्यवाद-विरोधी आन्दोलन का आधार बन सकते थे।

> दंगों से पैदा व्यवधान के बावजूद 1946-47 के जाड़ों तक में (साम्राज्यवाद और उसके भारतीय सहयोगियों के ख़िलाफ एक संगठित जुझारू जनसंघर्ष की) सम्भावना किसी भी एतबार से पूरी तरह समाप्त नहीं हुई थी। अगस्त के दंगों (अगस्त, 1946 के कलकत्ता के क़त्ले-आम) के पाँच माह बाद कलकत्ता के छात्र फ्रांसीसी जहाज़ों द्वारा दमदम हवाई अड्डे के इस्तेमाल के ख़िलाफ़, 'वियतनाम से दूर रहो' का नारा लगाते हुए 21 जनवरी, 1947 को फिर से सड़कों पर प्रदर्शन कर रहे थे, और उसी दिन कम्युनिस्ट नेतृत्व में आरम्भ होकर 85 दिन चली, पूरी तरह एकजुट और अन्ततः विजयी ट्राम हड़ताल में ऐसा लगता था जैसे सारे साम्प्रदायिक भेदभाव भुला दिए गए हों...।[47]

इस कहानी में विभाजन सचमुच एक छोटा साइड-शो (side-show) है। फिर इतिहास-लेखन की कार्य-सूची जिस तरह तैयार की गई है उसे देखते हुए साम्प्रदायिक हिंसा की विभीषिका या उसके अर्थ पर बहस की भी कोई गुंजाइश नहीं बचती। जिन बातों को इस काल के ऐतिहासिक विकासक्रम के 'सच्चे' या गहरे पैठे हुए तत्त्व कहा जा सकता है, साम्प्रदायिक हिंसा उसकी ठीक उलट लगती है : गोया कि यह एक ऐसा 'इतिहास' हो जिसका इस काल के वास्तविक भारतीय इतिहास की समकालीन कड़ियों से एक बेमानी सा रिश्ता रहा हो। इस संदर्भ में राजनीति/इतिहास के फलक के उन तीन मान्यताप्राप्त 'वास्तविक' पहलुओं पर ध्यान देना रोचक है जिन्हें सुमित सरकार हिन्दु-मुसलमान विवाद के इतिहास से सीधे सम्बन्धित और इसमें योगदान करनेवाला मानते हैं।

पहला पहलू यह है : कलकत्ता में जब हिन्दुओं और मुसलमानों के बीच टकराव शुरू हुए तो हिंसा को दबाने के सिलसिले में सरकार द्वारा अपने कर्त्तव्य की पूर्ण उपेक्षा

तथा फ़ौरी और सख़्त क़दम उठाने से इनकार। सरकार ने इस पुराने राष्ट्रवादी तर्क का भी शक्तिशाली और विश्वासजनक समर्थन प्रस्तुत किया है, मगर ज़ाहिर है कि उसके फलस्वरूप उनके लेख में साम्प्रदायिक भावनाओं और साम्प्रदायिक टकरावों का महत्त्व और भी कम हुआ है।

दूसरे पहलू का सम्बन्ध 1946 के ठीक पहले के वर्षों में कलकत्ता के 'अपराध-जगत' की शक्ति के बढ़ने से है। 1943 के विनाशकारी अकाल के बाद पाँच या छः वर्ष तक बंगाल की मृत्यु-दर सामान्य से अधिक रही, ऐसा कहने के बाद सरकार लिखते हैं : 'इसके कारण हुए सामाजिक प्रथाओं के विघटन ने बड़े नगरों के 'लम्पट' तत्त्वों को काफ़ी मज़बूत बनाया जिन्होंने अगस्त, 1946 के बाद एक पूरी तरह अभूतपूर्व पैमाने पर हुए साम्प्रदायिक दंगों के लिए पर्याप्त ज्वलनशील सामग्री प्रदान की।'[48]

यह एक सावधानी-भरा वक्तव्य है तथा 1946 के कलकत्ता के दंगों में 'लम्पट' तत्त्वों के स्पष्ट महत्त्व को देखते हुए शायद ही इस पर आपत्ति की जानी चाहिए। लेकिन ध्यान देने की बात यह है कि सरकार की तरफ़ से कर्त्तव्य की उपेक्षा को छोड़ दें तो उन वर्षों में बड़े पैमाने पर हुई हिंसा में सिर्फ़ इसी एक विशेष कारक का योगदान बताया गया है। यह सोचकर ताज्जुब होता है कि 'साम्प्रदायिक दंगों' के वास्तविक अपराधियों के रूप में अपराध-जगत पर इतिहासकार ने जो भारी ज़ोर दिया है—और सरकार इस मुआमले में अकेले भी नहीं हैं[49]—वह एक बार फिर क्या ऐसी घटनाओं को *ग़ैर* के इतिहास में धकेलने का काम नहीं करता ?

इस दौर में 'सांप्रदायिकता' की वृद्धि के लिए ज़िम्मेदार सामाजिक शक्तियों के बारे में सरकार की एक और टिप्पणी भी इसी क़दर उल्लेखनीय है। वे लिखते हैं—

> भारतीय व्यापारिक समूह...'राष्ट्रीय बुर्जुआ' के आदर्श रूप से बेहद कम थे...वे अक्सर अपने देशव्यापी वर्गीय हितों पर संकीर्ण हितों को वरीयता देते थे। ब्रिटिश शासन के अन्तिम वर्षों में यह बात ख़ासतौर पर अहम हो गई क्योंकि, जैसा कि 1945-47 की घटनाओं ने बड़े दुखद रूप से सिद्ध किया, समझौते के जरिए 'सत्ता के हस्तान्तरण' की क़ीमत फूटपरस्त ताक़तों की बढ़ोत्तरी थी जिसका हश्र विभाजन में हुआ।[50]

इस प्रकार के इतिहास-लेखन में वर्गीय हितों और इतिहास की धारा की आदर्श अभिव्यक्ति के रूप में 'देश' ('राष्ट्र') और वर्ग-एकता पहले से मौजूद दिखाई देते हैं। यहाँ 'राष्ट्रीय-बुर्जुवा आदर्श रूप' एक अन्य इतिहास का सूचक है—उस इतिहास का जिसे हम पसन्द करते हैं न कि वो इतिहास जो हमारा था। वास्तव में इससे यह संकेत भी मिलता है कि 'राष्ट्रीय-बुर्जुवा आदर्श-रूप' एक प्रकार की अनुभवातीत प्रवर्ग बन जाता है, ठीक उसी तरह जैसे गुंडा/कट्टर/दंगाई भीड़ एक तरह का अन्तर्भूत प्रवर्ग बन जाती है। इस सन्दर्भ में राजनीति सम्बन्धी एक नारीवादी प्रस्थापना प्रासंगिक दिखाई देती है, जेसिका बेंजामिन का तर्क है कि हमें ज़रूरत अनुभवातीत (पुरुष) या अन्तर्भूत (स्त्री) राजनीति की नहीं है; हमें ज़रूरत है संयोगिक और ऐतिहासिक की राजनीतियों

की।[51] सम्भवतः एक आलोचनात्मक इतिहास-लेखन के लक्ष्य को भी इसी से मिलते-जुलते ढंग से व्यक्त किया जा सकता है। प्रस्तुत लेख के अन्तिम खंड में मैं इसी संकेत के कुछेक निहितार्थों को स्पष्ट करने का प्रयास करूँगा।

5

ऊपर मैंने यह बात कही है कि इतिहासकार का इतिहास 'जनसमूह' और ख़ास तौर पर जन-साम्प्रदायिक हिंसा का वर्णन करते हुए ग़ैरियत की भाषा पैदा करता है। ज़ाहिर है यह केवल विभाजन के इतिहास की या भारत सम्बन्धी इतिहास-लेखन की समस्या नहीं है। औपनिवेशिक और राष्ट्रवादी इतिहास-लेखन का यह साझा आधार 'आधुनिकता' के एक अनसुलझे (या न सुलझनेवाले) अन्तर्विरोध का अंग हो सकता है : (आधुनिक) व्यक्ति की कल्पना उसकी सारी स्वतन्त्रताओं के साथ करने के लिए उस 'क़ानून' (उस केन्द्रीय, समरूप करने वाली सत्ता) की कल्पना भी आवश्यक है जो इन स्वतन्त्रताओं का हनन करता है।

समाज-वैज्ञानिक/राजनीतिक चिन्तन के इतिहास में शायद अभी तक 'वैयक्तिक स्वतन्त्रता' और 'राजकीय नियन्त्रण' की परस्पर-विरोधी माँगों से निबटने का कोई रास्ता नहीं है। अगर आधुनिक समाज को वैयक्तिकता के लिए अन्तहीन क्षमतावान व्यक्तियों का समूह माना जाए तो 'समाज' के सामने असंगठित 'भीड़ों' में बँट जाने का ख़तरा हमेशा बना रहता है। मिसाल के लिए दुर्खीम के यहाँ 'असंगत स्थिति' के, बहुत सी औपनिवेशिक और राष्ट्रवादी रचनाओं में 'घुमक्कड़' और 'हाशियाई' समूहों के तथा मार्क्स की रचनाओं में 'लम्पट सर्वहारा' के भय को देखा जा सकता है।[52]

इतिहासकार द्वारा राज्य के दृष्टिकोण को विशेष महत्त्व देना इसी तनाव का एक परिणाम रहा है। ऐसा लगता है कि राज्य, राष्ट्र, नवोदित राष्ट्र-राज्य के (पूर्व-निर्धारित और निश्चित) हित वैयक्तिक स्वतन्त्रता की सीमाओं का निर्धारण करते हैं। वास्तविक या उदीयमान राजसत्ता की माँगों के अनुरूप वैयक्तिक स्वतन्त्रता के व्यवहार को 'विवेकसंगत' क़रार दिया जाता है। जो कुछ इन माँगों के अनुरूप नहीं होता उसे अविवेक के क्षेत्र की वस्तु बताया जाता है। ऐसा लगता है कि प्रगतिशील इतिहास-ग्रन्थों तक में 'अच्छे' और 'बुरे' अधोजगत का भेद इसी आधार पर किया जाता है।

जो क्रियाएँ राज्य के निर्माण पर केन्द्रित नहीं होतीं या जिन्हें अन्यथा आधुनिकता और प्रगति के अभियान में योगदान देनेवाला नहीं समझा जाता उन्हें ग़ैरियत की श्रेणी में रख देना इस पद्धति का अन्तर्निहित तत्त्व है। पर आधुनिकता और प्रगति का यह अभियान, याकि इसका आत्म चित्रण, सम्पूर्ण इतिहास के रूप में स्वीकार नहीं किया जा सकता है। क्योंकि यह अभियान अनिवार्य तौर पर आधुनिक राज्य के निर्माण के इतिहास के कई और पहलुओं और आधुनिकता (पूँजीवाद) और राष्ट्र-राज्य की ताकतों की बरपाई हिंसा को दबा देता है।

जहाँ इतिहासकार के इतिहास का सरोकार एक ही साथ संरचना और सांयोगिकता

से अनिवार्य रूप से होना चाहिए, वहीं इतिहासकार के लिए ज़रूरी है कि वह इन 'हाशियाई' आवाज़ों और यादों, भूले-बिसरे सपनों और प्रतिरोध के चिह्नों को फिर से सामने लाने के लिए संघर्ष करे ताकि इतिहास राष्ट्र-राज्य, नौकरशाहाना बुद्धिवाद, पूँजीवाद, विज्ञान और प्रगति जैसी कुछ विजयी धारणाओं और शक्ति के गुणगानकारी अभियान तक ही सीमित न रह जाए।[53] यह ऐसा कार्य है जिस पर ऊपर बताए गए कारणों से विभाजन के इतिहास-ग्रन्थों ने ध्यान नहीं दिया है।

विभाजन के बारे में इतिहासकारों का इतिहास कभी भी काफ़ी हद तक इस प्रश्न तक सीमित है कि 'भारत के विभाजन का कारण क्या था ?' विभाजन की परिभाषा भी दो नए राज्यों की सांविधानिक स्थापना और उससे जुड़े ख़ून-ख़राबे के क्षण के रूप में की जाती है। लेकिन विभाजन का चित्र बनाने के दूसरे ढंग भी हैं, विभाजन के अन्य पहलू भी हैं; जो दबा दिए गए हैं। और (कम-से-कम सार्वजनिक तौर पर) भुला दिए गए हैं। यह बात कथा और अ-कथा साहित्य को देखने से स्पष्ट हो जाती है। यहाँ मैं केवल दो उदाहरण लेना चाहूँगा वह दो रचनाएँ जिनको इस लेख के आरम्भ में उद्धृत किया गया है। मंटो से ली गई सतरें उनकी प्रसिद्ध कहानी *टोबा टेकसिंह* की शुरुआती सतरें हैं। 1947 और 1949 के बीच दिल्ली और उसके आसपास के क्षेत्रों में शरणार्थियों के बीच किए गए कार्यों पर अनीस क़िदवई का हाल में प्रकाशित संस्मरण-ग्रन्थ *आजादी की छाँव में* एक दिलचस्प समानान्तर उदाहरण प्रस्तुत करता है जो अपहृत स्त्रियों और बच्चों के सवाल पर मंटो से एक बेहद मिलती-जुलती टिप्पणी है।[54] मंटो की कहानी की चर्चा करने से पहले, मैं आजादी की छाँव की थोड़ी-बहुत विवेचना करना चाहूँगा।

उपरोक्त वक्तव्य में क़िदवई का शब्दों का चयन चुभनेवाला है। जो 'लड़कियाँ'– न कि स्त्रियाँ–'दूसरे सम्प्रदाय (फिरक़े) के पास हैं', 'जबर्दस्ती बरामद' की जानी चाहिए (यह क्रिया बरामद करना वही है जिसका राज्य द्वारा अक्सर चुराई गई वस्तुओं की बरामदगी या पकड़-धकड़ के सिलसिले में इस्तेमाल किया जाता है) और उन्हें उनके रिश्तेदारों या 'उनकी सरकारों' को वापस किया जाना चाहिए। दोनों नए राज्यों के इतिहास के लिए इस फ़िकरे 'दूसरे फ़िरक़े' के क्या निहितार्थ हैं, इसकी ओर हम फिर ध्यान देंगे। उससे पहले मैं औरतों की 'जबरन बरामदगी',–वैसे ही जैसे चुराई गई चीज़ें बरामद की जाती हैं–पर कुछ और बातें कहना चाहूँगा।

क़िदवई हमें बतलाती हैं कि लेडी माउंटबेटन की निगरानी में जनवरी 1948 में ऐसी 'बरामदगी' के लिए एक नियमित विभाग स्थापित किया गया था। भारत और पाकिस्तान, दोनों में 'लेडी वर्कर्स' (मूल में इन्हीं अंग्रेज़ी शब्दों का प्रयोग किया गया है) के पूरे दल थे और इनके कामों का समन्वय इसी सेंट्रल रिकवरी सेल द्वारा किया जाता था।

मार्च से लेकर लगभग सितम्बर 1948 तक अपहृत स्त्रियों की 'बरामदगी' का काम ठीक-ठाक चलता रहा। उसके बाद लगता है इसमें कुछ ढील आ गई। मगर क़िदवई लिखती हैं कि उन्होंने सुना था, दोनों सरकारों ने फिर फ़ैसला किया था कि यह काम

नए सिरे से शुरू किया जाए ताकि किसी एक फ़िरक़े की जो भी (अपहृत) लड़की दूसरे फ़िरक़े के पास (या क़ब्ज़े में) हो, उसे 'बिना किसी रियायत' के बरामद किया जाए। कार्यक्रम के इस नए चरण का क्रियान्वयन दिल्ली में फ़रवरी, 1949 में शुरू हुआ। वे कुछ पृष्ठ बाद एक पाद-टिप्पणी (पृ. 314-15, और पाद-टिप्पणी पृ. 319) में कहती हैं, 'भगाई हुई लड़कियों को बरामद करने का काम' 1955 तक चलता रहा। 'विभाजन' सचमुच एक बहुत-लम्बी चौड़ी प्रक्रिया थी।

अपहरण और बलात्कार का शिकार बनने और 'बरामद' किए जाने का अर्थ क्या था, और 'एक स्त्री के रूप में', वे इस स्थिति की भयानकता को कैसे महसूस करती थीं–इसके बारे में क़िदवई की विवेचना उनकी कहानी के कुछ अधिक गम्भीर निहितार्थों को स्पष्ट करती है। 'और फिर एक दिन अचानक पाकिस्तान से ग्यारह सौ हिन्दू औरतों और बच्चों का क़ाफ़िला दिल्ली में आया।' इनमें से अनेक स्त्रियाँ शिक्षित थीं और अपेक्षाकृत प्रतिभासम्पन्न थीं, तथा वे नए सिरे से काम करने और ज़िन्दगी बनाने पर तैयार थीं, दूसरी बहुत सी स्त्रियाँ कठोर और नाराज़ थीं और उन्हें क़ाबू में रखना मुश्किल था।

''उन्हें उनके हाल पर नहीं छोड़ दिया गया या, हालाँकि भविष्य की तरफ़ से उनके लिए भी निराशा ही थी। उनको भी अन्देशा था कि वे फिर अपने पति या माँ-बाप के घर इज़्ज़त के साथ न रह सकेंगी।'' (पृ. 156)।

लेखिका ने ऐसी स्त्रियों के अनेक उदाहरण दिए हैं जो बहिष्कार के डर से वापस लौटने से कतराती थीं। उन्हें लगता था कि वे 'दाग़दार' हो चुकी हैं, या वे फिर से बेसहारा होने और (सम्भवतः) नए सिरे से ग़रीबी का सामना करने के ख़्याल को बर्दाश्त नहीं कर पाती थीं, या फिर वे अपने नए शौहरों और परिवारों की एहसानमन्द थीं कि उन्होंने उन्हें (और अधिक ?) ज़िल्लत से बचा लिया था और उन्हें थोड़ी-बहुत सुरक्षा दी थी (पृ. 143-44, 316 और आगे)। वे ऐसी 'सैकड़ों लड़कियों' के बारे में बतलाती हैं जिनको उन्होंने दिल्ली का चक्कर मारते हुए देखा था, जो 'बिना किसी उम्मीद या सहारे के पाकिस्तान चली गई थीं', जो सचमुच बलपूर्वक भेजी गईं और जाते वक़्त चीखती, बकती और गालियाँ देती सवार हुईं (पृ. 156)। इसमे शक नहीं कि पाकिस्तान में भी ऐसे ही दृश्य देखे जा रहे थे–

> वालंटियर ने मुझे बताया कि बहुत-सी औरतों की पेशानियों पर 'पाकिस्तान ज़िन्दाबाद' खुदा हुआ है और हाथों या सीनों पर न जाने कितनों के नाम गुदे हुए हैं।...ऐसी सैकड़ों मुसलमान लड़कियाँ मेरे पास लाई गईं जिनके हाथों पर बदमाशों ने अपने नाम और गुनाह की तारीख तक लिख दी थी। (पृ. 156-57)

क़िदवई लिखती हैं–

> चूँकि औरत हूँ, इसलिए मेरा कलम ही नहीं उठता कि खुलकर वह तमाम

> अश्लीलता पाठकों के सामने रख दूँ जो पंजाब के दोनों हिस्सों और रियासतों में की गई। दूसरे उसके बयान से फ़ायदा भी क्या होगा ? अपनी इज़्ज़त गँवाना है।...अपनी ही इज़्ज़त थी और अपनी ही बेइज़्ज़ती। अपनों ही के हाथों सब कुछ हुआ। (पृ. 306)।

इन दरिन्दगियों को अच्छा ही है कि भुला दिया जाए। मगर कुछ बिम्ब तो रह जाते हैं–

> ये हरामी बच्चे जिन पर ज़िन्दगी भर के लिए शर्म का बोझ लादा गया है, ये ग्यारह-बारह साल की कुँवारी लड़कियाँ जो मुज़स्सम जिंसी भूख बनकर रह गई हैं, ये पागल फटी हुई आँखों वाली नौजवान लड़कियाँ जो मुज़स्सम फ़रियाद हैं, जब तक ज़िन्दा रहेंगी उस मनहूस दौर की याद करती रहेंगी। (पृ. 307)।
>
> हम माँएँ हैं और हमारा अपना अनुभव भी है कि वह ज़माना एक माँ के लिए कितना खतरनाक होता है जब बच्चा पेट में हो और माँ दिमागी, ज़िस्मानी और रूहानी पीड़ा में सारे वक़्त गिरफ़्तार रहती हो। (पृ. 317) हमारे पास इस बात पर विश्वास करने के भी कई कारण हैं कि पचहत्तर फीसदी (अपहृत) लड़कियाँ अब तक हाथों हाथ बेची जा रही हैं। (यह बात सम्भवतः 1949 में लिखी गई थी)। (ये) कमसिन लड़कियाँ अब तक न कहीं टिक पाई हैं और न अभी कई साल तक (टिक) सकेंगी। उनकी ज़वानी सैकड़ों और हज़ारों के मोल बिक् रही है और लोभी मर्द कुछ दिन उनको रखने के बाद पैसा कमाने की बात सोचने लगता है। (पृ. 317)। हमारे सामने इस वक़्त भी (1949 के आख़िरी महीनों में ?) (ऐसी) दो लड़कियाँ मौजूद हैं। उनमें एक की उम्र सत्रह साल की होगी और दूसरी की मुश्किल से चौदह बरस। सत्रह साल की लड़की एक ही बार में दो मर्दों के पैसे से ख़रीदी गई और दोनों की मिली-जुली दिलचस्पियों का खिलौना बनी। चौदह वर्ष की लड़की अब से दो साल पहले इस मुसीबत का शिकार हुई ज़बकि उसकी उम्र सिर्फ़ बारह साल की होगी और आज वह ख़ामोश प्रश्न-चिह्न बनी हुई मेरे पास बैठी है। उसकी डरावनी, फटी हुई आँखें मुझसे पूछती हैं और हर इंसान से सवाल करती हैं कि बताओ मैं क्या हूँ ?...न दिल में कोई उमंग बाक़ी है, न जिस्म में फ़ुर्ती है, न क्वारीं होने का अल्हड़पन, न ज़वानी की खूबसूरती। क्या पढ़नेवाले हमें बता सकते हैं कि उनको वापस लाकर हमने पाप किया है ? या न लाते तो गुनाह था ? (पृ. 318-19)

इस सबकी तुलना अब मंटो से कीजिए। टोबा टेकसिंह की शुरू की सतरें, जो इस लेख के आरम्भ में दी गई हैं, 'पागल' हिन्दुस्तानियों और पाकिस्तानियों का तबादला

करने के पागलाना फ़ैसले में मौजूद विरोधाभास को दर्शाती हैं। इन सतरों के बाद मंटो फिर यह विडम्बना से भरा सवाल करते हैं : 'मालूम नहीं, यह बात माकूल थी या गैर-माकूल', और फिर आगे कहते हैं : 'बहरहाल दानिशमन्दों के फ़ैसले के मुताबिक़ इधर-उधर ऊँची सतह की कानफ्रेंसें हुईं और बिल-आख़िर पागलों के तबादले के लिए एक दिन मुक़र्रर हो गया।'[55] आगे की सारी कहानी, जो लाहौर के एक पागलखाने में घटती है, इस तबादले के प्रति पागलों के विरोध और इसे पूरा करने के लिए आवश्यक हिंसा के बारे में है। मंटो लिखते हैं कि जब दोनों सरकारों के इस फ़ैसले की ख़बर पागलखाने में पहुँची तो एक लम्बी और नाराज़गी-भरी बहस शुरू हो गई। पागलों या उनके पहरेदारों को भी पता न था कि पाकिस्तान कहाँ था और यह कि वे इस वक़्त हिन्दुस्तान में थे या पाकिस्तान में । इन अनिश्चितताओं के चलते काफ़ी-कुछ अटकलें लगाई गईं, डर पैदा हुआ और अनेक पागलाना कार्यवाइयाँ सामने आईं। पागलों और नीम-पागलों ने अज्ञात की इस यात्रा के निहितार्थों का विरोध किया। जब लाहौर से पागलों के तबादले की तारीख़ आ गई तो हिन्दू और सिख पागलों को हिन्द-पाक सरहद तक ले जानेवाली लारियों में चढ़ाना और फिर उनसे निकालना मुश्किल हो गया। कुछ ने तो जाने से ही इनकार कर दिया, कुछ कपड़े फाड़ते रहे, दूसरों ने अफ़सरान को गालियाँ दीं, कुछ और थे जो रोते या गाते रहे, और कई एक तो लड़ बैठे। 'कान पड़ी आवाज़ सुनाई नहीं देती थी–पागल औरतों का शोरो–ग़ोग़ा अलग था।'[56]

कहानी का मुख्य पात्र बिशनसिंह है जिसे पागलख़ाने का हर शख़्स (उसके गाँव के नाम पर) टोबा टेकसिंह कहकर बुलाता है। उसे अभी तक बार-बार पूछने पर भी अपने सवाल का जवाब नहीं मिलता कि टोबा टेकसिंह है कहाँ–हिन्दुस्तान में या पाकिस्तान में ? यह तो कोई जानता ही न था। जब उसे सरहद पर एक मेज पर बैठे अफ़सर के सामने लाया जाता है तो वह फिर पूछता है; और जब अफ़सर हँसकर बताता है कि 'पाकिस्तान में...' तो वह वापस मुड़कर भाग उठता है। पाकिस्तानी सिपाही उसे क़ाबू में करके हिन्दुस्तान की ओर धकेलने की कोशिश करते हैं। लेकिन बिशनसिंह अपनी जगह जमा रहता है। वह चीख़कर कहता है, 'टोबा टेकसिंह यहाँ है', और फिर पूरी ताक़त के साथ चिल्लाता है, 'औपड़ दी गड़ गड़ दी बेहयानाँ दी मुंग दी दाल ऑफ़ दी टोबा टेकसिंह एंड पाकिस्तान...।' (कई साल से उसके बोलने का यही ढंग चला आ रहा था।)

अफ़सरान उसे समझाने की कोशिश करते हैं कि टोबा टेकसिंह अब हिन्दुस्तान का हिस्सा है ('हिन्दुस्तान में चला गया है') और अगर नहीं है तो फ़ौरन हो जाएगा ('उसे फ़ौरन वहाँ भेज दिया जाएगा'), मगर बिशनसिंह कुछ सुनने से इनकार कर देता है। जब उसको जबर्दस्ती दूसरी तरफ़ ले जाने की कोशिश की गई तो वह दरमियान में एक जगह–ज़मीन के उस टुकड़े पर जिसका कोई नाम नहीं था–इस अन्दाज में खड़ा हो गया जैसे अब उसे कोई ताक़त नहीं हिला सकेगी। आदमी बूढ़ा और बेज़रर था, पन्द्रह साल तक न बैठने या सोने के कारण उसकी टाँगें सूज गई थीं; इसलिए उसे वहीं खड़ा रहने को छोड़ दिया गया और पागलों के तबादले का काम ज़ारी रहा।

> लेकिन सूरज निकलने से ठीक पहले बिशनसिंह के हलक से एक फ़लक-शिगाफ़ (आकाशभेदी) चीख निकली। इधर-उधर से कई अफ़सर दौड़े आए और उन्होंने देखा कि वह आदमी जो पन्द्रह वर्ष तक दिन-रात अपनी टाँगों पर खड़ा रहा था, औंधे मुँह लेटा है–उधर ख़ारदार तारों के पीछे हिन्दुस्तान था; इधर वैसे ही तारों के पीछे पाकिस्तान। दरमियान में ज़मीन के उस टुकड़े पर जिसका कोई नाम नहीं था, टोबा टेकसिंह पड़ा था।[57]

इस तरह ऐसा लगता है कि मंटो ने अपनी कहानी के आरम्भ में जो विरोधाभास सामने रखा था, यहाँ उसने उसी का समाधान प्रस्तुत किया है, और वह विरोधाभास यह था कि 'पागलपन' के इस दौर में सिर्फ़ 'पागलों' ने अपना होश क़ायम रखा था।[58] अनीस किदवई द्वारा विभाजन के दुःख दर्द के बयान–अपहृत स्त्रियों के तबादले से उत्पन्न पीड़ा का चित्रण इसी का एक उदाहरण है–की त्रासदी यही है कि यहाँ कोई समाधान संभव ही नहीं है। सरहद के 'ग़लत' तरफ़ रह गई अपहृत हिन्दू, मुस्लिम और सिख स्त्रियों की 'जबरन' बरामदगी और तबादले के सवाल पर कोई भला कैसे कह सकता है कि विवेक का दृष्टिकोण क्या होता, क्या 'सही' था और क्या 'ग़लत', क्या 'नैतिक' और क्या 'अनैतिक', क्या 'अक्लमन्दाना' और क्या 'पागलाना' ? ख़ुद अनीस क़िदवई अपनी 'डायरी' में अलग-अलग जगहों पर कभी एक तो कभी दूसरे छोर पर नज़र आती हैं।

1948 के आरम्भिक दिनों के बारे में वे लिखती हैं–

> पहले दोनों हुकूमतों ने तय कर लिया था कि जो लड़की किसी दूसरे फ़िरक़े के पास हो, बरामद कर ली जाये। लेकिन नौकरशाही ने इस समझौते का इस तरह पालन किया कि हर लड़की का बयान मजिस्ट्रेट के सामने हो। अगर वह जाना चाहे तो रिश्तेदारों के पास पहुँचा दी जाय, न जाना चाहे तो उसी शख़्स के पास वापस कर दी जाए।[59]

यह पद्धति माकूल ज़रूर नज़र आती है, मगर यह बात याद रहे कि इन नौजवान औरतों और लड़कियों में ज़्यादा तादाद उनकी थी जो पहले शायद ही कभी घर से बाहर निकली थीं; और जनता के सामने आकर बयान देने का काम तो उन्होंने शायद ही कभी किया हो। और अब जबकि वे अदालत में बयान देनेवाली थीं, तरह-तरह के दबाव और धमकियाँ उन पर थोपी जा सकती थीं। क़िदवई लिखती हैं कि इस तरह, 'बहुत सी लड़कियाँ उन्हीं बदमाशों के घर वापस हो गईं। मगर जब संगठित ढंग से ज़ाँच शुरू हुई तो यह मुसीबत भी कम हो गई।'[60]

लेकिन जैसा कि हम देख चुके हैं, साल भर या 18 माह बाद, 1949 में अनीस क़िदवई को इस बारे में पहले से काफ़ी कम भरोसा रह गया था कि कौन सी पद्धति या कार्यवाई वास्तव में उचित थी। वे लिखती हैं, उस वक़्त तक 'मुग़विया औरतों की बरामदगी के कार्यक्रम' के ख़िलाफ़ अच्छा-ख़ासा विरोध पैदा हो चुका था। लोग पूछते थे कि :

आखिर हो क्या रहा है ? इतना जुल्म क्यों इन लड़कियों पर किया जा रहा है ?...उनको फिर उखाड़ने से क्या फ़ायदा होगा ! दुबारा उनको बेघर करना हिमाक़त नहीं तो और क्या है ? एक औरत जो अपने (नए) घर में इज़्ज़तदार घरवाली है और बच्चे की माँ बन चुकी है, उसे फिर पुराने घर और माँ-बाप के पास वापस जाने पर मजबूर करना उसके लिए भलाई नहीं उसके साथ पाप होगा। छोड़ो इस किस्से को। जो हिन्दुस्तान में रह गईं और जो पाकिस्तान में रह गईं सब अपनी जगह सन्तुष्ट हैं।...[61]

क़िदवई के अपने दुख भरे सवालों का सन्दर्भ यही है : इन नौजवान लड़कियों को जबरन 'बरामद' करना क्या गुनाह था ? क्या उन्हें नई अन्तर्राष्ट्रीय सीमा के 'ग़लत तरफ़, जहाँ वे थीं वहीं छोड़ देना और भी बड़ा गुनाह होता ?

जैसा कि मैंने पहले ईशारतन कहा है, सरहद के 'ग़लत' तरफ होने का सवाल और इसके साथ 'दूसरे (धार्मिक) समुदाय' से जुड़ाव की बात भारत और पाकिस्तान, दो नए राज्यों के इतिहास की पुनर्रचना के लिए काफी महत्व रखता है। भारत सरकार का यह कहने का क्या मतलब था कि 'दूसरे मज़हबी फ़िरक़े' के सदस्यों के घरों में पाई गई अपहृत स्त्रियाँ उनके रिश्तेदारों या उनकी सरकार को लौटा दी जाएँगी ? कौन सी सरकार 'उनकी' थी ? कौन सा देश 'उनका' था ?[62]

मुग़विया औरतों के सवाल को जाने दें, क़िदवई ने व्यक्तियों या समुदायों के रूप में ऐसे मुसलमानों के बहुत से उदाहरण दिए हैं जो कई मुआमलों में अपनी मुखर इच्छा के विरुद्ध पाकिस्तान जाने के लिए मज़बूर किए गए। ये वे लोग थे जो सरकारी विभागों में नौकर थे या दिल्ली और आसपास के इलाक़ों में रहते थे जहाँ अब हिन्दू और सिख शरणार्थी आकर रहने लगे थे। ऐसा लगता है कि 1948 और 1949 में दिल्ली प्रशासन का बल्कि भारत सरकार के कुछ अंगों का व्यवहार भी ऐसा था गोया दिल्ली और उसके आसपास का इलाक़ा अब सिर्फ़ हिन्दुओं और सिखों का है, और अगर कोई मुसलमान यहाँ रहता है तो उसे सब कुछ बर्दाश्त करके रहना होगा। किदवई ख़ासतौर पर यह बात कहती हैं कि नए भारतीय राज्य की विचारधारा के रूप में 'धर्मनिरपेक्षता' को स्वीकार किया जाना अभी बाक़ी है।[63] धर्मनिरपेक्षता के पैरोकार दूसरी विचारधाराओं पर जीत का दावा कर सकें, इसमें अभी भी कुछ समय लगना था और जैसा कि 1980 के दशक की घटनाओं से स्पष्ट हो गया है, बाद में भी इस दावे को गम्भीर चुनौती मिलती ही रही।

'धर्मनिरपेक्षता' के बारे में यह एक अहम नुक़्ता है; यह हमें उन अनिश्चितताओं, चुनौती पानेवाले दावों और लड़ाइयों में काफ़ी-कुछ बताता है जिनसे होकर भारत और पाकिस्तान नामक दो नए राज्य वजूद में आए। इस दौर से निबटनेवाले इतिहासकारों को इस अंतर्विरोध से जूझना पड़ेगा कि एक नव-स्वतंत्र 'धर्मनिरपेक्ष' राज्य किस प्रकार 'हिन्दू' और 'मुसलमान' की पहचान और स्थिति—ऐसी पहचान जो कई मामलों में अभी

तक निश्चित राष्ट्रीय स्थिति तो दूर, निश्चित ठिकाने तक से महरूम थी–के बारे में एक नव स्थापित 'भारतीय मुसलमानों के देश' के साथ वार्त्ता और समझौता करता है। इस काल में क्या भारतीय राजसत्ता क़ैदियों या मुग़विया औरतों या पागलों के तबादले के सवाल को, उन्हें 'हिन्दुओं' ('हिन्दू/सिख') और 'मुसलमानों' और इस तरह 'भारतीय' या 'पाकिस्तानी' में बाँटे बिना किसी और ढंग से निपटा सकती थी, यह सवाल भी पूछना पड़ेगा।

कुछ ऐसे दूसरे धुँधले सवाल भी हैं जिनसे इतिहास लेखन को रूबरू होना है। मसलन एक 'साम्प्रदायिक दंगे' का शिकार होने का मतलब क्या होता है ? या, विभाजन कब हुआ ? बेगम अनीस क़िदवई, कमलाबेन पटेल और दूसरे लोगों ने जिस प्रकार के साक्ष्य प्रस्तुत किए हैं, उनके आधार पर हम कह सकते हैं कि जो लोग इस त्रासदी को भुगतते रहे उनमें से बहुतों के लिए विभाजन–बेसहारा होने, देश छोड़ने तथा हिन्दुस्तान और पाकिस्तान के अर्थ (बल्कि उनकी भौगोलिक स्थिति तक) से तालमेल बिठाने का यह यथार्थ–एक पर्याप्त लम्बे कालखंड की घटना है जो इतिहासकारों द्वारा दर्ज विभाजन के बाद भी जारी रहा।

अन्ततः हमें ऐतिहासिक विचार-बहस की भाषा तथा उसकी हिंसा, दुखों और रोज़मर्रा के संघर्षों को चित्रित कर सकने की क्षमता के सवाल पर लौटना ही होगा।[64] इससे मुराद इतिहासकारों को उपलब्ध शब्दावली से ही नहीं है बल्कि उनके संवाद के ढाँचे से भी हैं। जो इतिहास हम लिखते हैं उसका ढाँचा हमें कैसे तय करना चाहिए ताकि उन जिस्मों के लिए भी कुछ गुंजाइश रहे जिन पर इन 'रोज़मर्रा' की घटनाओं के निशान बाक़ी हैं, और इस तरह जो अक्सर इतिहास की 'वृहत्तर' घटनाओं और प्रक्रियाओं का सृजन करते हैं ?[65]

सन्दर्भ और टिप्पणियाँ

इस लेख के पहले के एक मसौदे पर टिप्पणियाँ करने के लिए मैं डेविड आर्नल्ड, दीपेश चक्रवर्ती, सुधीरचन्द्र, पार्थ चटर्जी, वीणा दास, डेविड हार्डिमन, अनुराधा कपूर और पीटर रीव्स का आभारी हूँ। रणजीत गुहा के प्रति मेरा ऋणी-भाव इस पूरे लेख में व्यक्त है।

1. सआदत हसन मंटो, *'टोबा टेकसिंह', देखें मंटो के नुमाइंदा अफसाने* (संकलन : अतहर परवेज़, अलीगढ़, 1981), पृ. 224।
2. अनीस क़िदवई, *आजादी की छाँव में,* हिन्दी अनुवाद (नई दिल्ली, 1990), पृ. 151 की टिप्पणी।
3. हाल की प्रकाशित कृतियों में एक कृति जो 'दंगों' पर केन्द्रित है और 1946 के कलकत्ता के क़त्ले-आम की विवेचना करती है वह है सुरंजनदास की *कम्यूनल रायट्स इन बंगाल, 1905-47* (दिल्ली, 1991), हालाँकि इसके सरोकार अपेक्षाकृत सीमित और परम्परागत हैं। इन्हीं दंगों में शामिल एक कलकतिया गुंडे 'मल्लबीर' के बारे में दिलीप बसु का प्रकाशनाधीन अध्ययन विशेष रूप से रोचक है और देखिए उर्वशी बुटालिया तथा रीतू मेनन और कमला भसीन के लेख 'रिव्यू

ऑफ़ वुमनूस स्टडीज़', इकोनोमिक एंड पोलिटिकल वीकली, XXVIII, 7 (अप्रैल, 1993) में; तथा अपहृत स्त्रियों और समुदायों और राज्य की हिंसा पर, वीणादास, क्रिटिकल इवेंट्स (दिल्ली, 1995), अध्याय 3। आशा है, आगे के पृष्ठों से यह बात स्पष्ट हो जाएगी कि विभाजन के प्रश्न से व्यक्तियों तथा भीड़ द्वारा की गई लूटपाट और हत्याओं के अलावा और भी कुछ जुड़ा हुआ है और यह कि मेरी अपील जान और माल के नुक़सान की सूची या इर्द-गिर्द की तमाम बातों से कटकर, 'हिंसा' का इतिहास तैयार करने की नहीं है।

4. मिसाल के लिए बेनेडिक्ट एंडरसन, *इमैजिंड कम्युनिटीज़ : रिफ़्लेक्शंस आन दि ओरिजन एंड स्प्रेड ऑफ़ नेशनलिज़्म* (लन्दन, 1983)' अर्नेस्ट गेलनर, *नेशंस एंड नेशनलिज़्म* (ऑक्सफ़ोर्ड, 1983); पार्थ चटर्जी, *नेशनलिस्ट थाट एंड दि कोलेनियल वर्ल्ड : ए डेरिवेटिव डिस्कोर्स ?* (लन्दन और दिल्ली, 1986) देखें।

5. ज़ाहिर है कि यह बात भारतीय इतिहास-लेखन के बारे में सही है जिससे इस लेख में निश्चित ही मेरा सरोकार है, मगर मैं समझता हूँ कि यह पाकिस्तान और बँगलादेश में इतिहास-लेखन को भी प्रभावित करता है, जैसा कि सम्भवतः यहाँ उद्धृत अईशा जलाल की रचना से स्पष्ट है।

6. तुलना करें एलेन स्कैरी (*दि बाडी इन पेन : दि मेकिंग एंड अनमेकिंग ऑफ़ दि वर्ल्ड,* न्यूयार्क, 1985) से, जो अपने तर्क के पक्ष में वर्जीनिया वुल्फ़ और दूसरों को उद्धृत करते हुए कहती हैं कि मानवजाति के लिए अभी भी ऐसी भाषा का विकास करना बाक़ी है जिससे दुख का वर्णन किया जा सके।

7. इस तर्क को विस्तार से मेरी पुस्तक *दि कंस्ट्रक्शन ऑफ़ कम्युनलिज़्म इन कोलोनियल नार्थ इंडिया* (दिल्ली, 1990), अध्याय 2 में रखा गया है।

8. जे.सी. स्काट की रचना वेपंस ऑफ़ दि वीक : एव्रीडे फ़ार्म्स ऑफ़ पेज़ेंट रेसिस्टेंस (न्यू हेवेन, 1985) से प्रेरित 'दैनिक' जीवन पर हाल के अध्ययनों, और बहुत सी नारीवादी रचनाओं ने इतिहास के लिए इस क्षेत्र की छानबीन शुरू कर दी है।

9. तुलना करें दीपेश चक्रवर्ती, 'पोस्ट-कोलोनियालिटी एंड दि आर्टिफ़िस ऑफ़ हिस्टरी : हू स्पीक्स फ़ार 'इंडियन' पास्ट्स ?' *रेप्रेज़ेंटेशंस,* 37 (शरद, 1992) से।

10. यह बात रणजीत गुहा ने कही है : 'हमारा इतिहास-लेखन मात्र एक अस्तित्वमान व्यक्ति या एक वर्ग के सदस्य रूप में किसान विद्रोही की विवेचना करके ही सन्तुष्ट रहा है, न कि ऐसी इकाई के रूप में जिसकी इच्छा और बुद्धि विद्रोह नामक व्यवहार (प्रैक्सिस) का निर्माण करती हैं', 'दि प्रोज़ ऑफ़ काउंटर-इनसर्जेंसी', रणजीत गुहा (सं.) : *सबाल्टर्न स्टडीज़* II (दिल्ली, 1983), पृ. 2 देखें। एक बहुत ही भिन्न सन्दर्भ और पहले के एक काल के बारे में ऐसी ही समालोचना के लिए कार्लो गिंत्ज़बर्ग की रचना *एक्सटैसीज़ : डिसाइफ़रिंग दि विचेज़ सैब्बथ,* अंग्रेज़ी अनुवाद (लन्दन, 1990) ख़ासकर प्रस्तावना देखें जिसमें उन्होंने यूरोपीय भूत-विद्या से सम्बन्धित ऐतिहासिक कृतियों की विवेचना की है। गिंत्ज़बर्ग ने कीथ, टामस के आत्मरक्षा में दिए गए इस वक्तव्य को भी दर्ज किया है कि 'गहन सामाजिक संरचना' की धारणाओं से इतिहासकारों का कुछ परिचय अवश्य रहा है, मगर उन 'अदृश्य मानसिक संरचनाओं' की छानबीन की उन्हें बहुत कम आदत है...जो बेख़्त और कम-दर्ज विचार-प्रणालियों में निहित होती हैं और जो केवल खंडित रूप में ही व्यक्त होती हैं' (पृ. 5)।

11. यह पैराग्राफ़ रणजीत गुहा के लेख 'डोमिनेंस विदाउट हेजेमनी एंड इट्स हिस्टोरियोग्राफ़ी', रणजीत गुहा (सं.) : *सबाल्टर्न स्टडीज़* V (दिल्ली, 1989) पर आधारित है। मिल का उद्धरण इसी लेख में पृ. 287 पर दिया गया है। औपनिवेशिक इतिहास-लेखन के कुछ और पहलुओं की विवेचना के लिए मेरी पुस्तक *कंस्ट्रक्शन ऑफ़ कम्युनलिज़्म,* अध्याय 2 देखें।

12. रणजीत गुहा, *एलिमेंटरी एस्पेक्ट्स ऑफ़ पेज़ेंट इनसर्जेंसी इन कोलोनियल इंडिया* (दिल्ली, 1983),

पृ. 108 देखें। गुहा का ही लेख 'दि प्रोज़ ऑफ़ काउंटर-इनसर्जेंसी', पूर्वोक्त भी देखें।

13. डब्ल्यू.डब्ल्यू. हंटर, *दि इंडियन मुसलमान्स* (1871; पुनर्मुद्रण : कलकत्ता, 1945), पृ. 143 में उद्धृत।

14. आर.एच. हिचकाक, *ए हिस्टरी ऑफ़ दि मलाबार रेबेलियन 1921 (कंफ़िडेंशियल),* (मद्रास, 1925) के परिशिष्ट में दिया गया फ़ैसला; आर.एच. हिचकाक, *पेज़ेंट रिवोल्ट इन मलाबार : ए हिस्टरी ऑफ़ दि मलाबार रेबेलियन* (नई दिल्ली, 1983) के रूप में पुनर्प्रकाशित, पृ. 245 देखें।

15. उपरोक्त, पृ. 13।

16. हंटर, *इंडियन मुसलमान्स,* पृ. 205।

17. भारतीय राष्ट्रीय कांग्रेस द्वारा 1931 के कानपुर दंगों की जाँच के लिए नियुक्त समिति की रिपोर्ट इसकी एक उम्दा मिसाल है; इसका शीर्षक *ए हिस्टरी ऑफ़ दि हिन्दू-मुस्लिम प्राब्लम इन इंडिया फ़्राम दि अर्लिएस्ट कांटैक्ट्स अपटू दि प्रज़ेंट फेज़ विद सजेशंस फ़ार इट्स सोल्यूशन,* (इलाहाबाद, 1933) है। साथ में रजनी पाम दत्त, *इंडिया टुडे* (संशोधित और परिवर्धित संस्करण, 1947; पुनर्मुद्रण : कलकत्ता, 1979), पृ. 453 भी देखें।

18. इसके आगे के पैराग्राफ़ों में कोष्ठकों में दी गई पृष्ठ संख्याएँ 1933 की प्रकाशित रिपोर्ट के सिलसिले में हैं जिसे इससे पहले की टिप्पणी में उद्धृत किया गया है।

19. आज का उत्तर प्रदेश; पहले का संयुक्त प्रान्त (आगरा और अवध)।

20. 19वीं सदी के बनारस के बारे में इसके बहुत मिलते-जुलते उपनिवेशवादी तर्कों के लिए (इंडिया ऑफ़िस लाइब्रेरी, लन्दन), बोर्ड्स कलेक्शंस, खंड 365 (एफ/4/365) और खंड 323 (एफ./4/323); और एल./पी. एंड जे./6/301, 1891 का नम्बर 907 देखें।

21. (1922 के बाद) 'साम्प्रदायिक आन्दोलनों के उदय', 'मुसलमानों में कांग्रेस-विरोधी आन्दोलन', 'तंज़ीम आन्दोलन', 'बढ़ते आपसी अविश्वास' आदि की विस्तृत विवेचना के बाद कानपुर दंगा जाँच समिति की रिपोर्ट कहती है (पृ. 210) कि कानपुर एक 'बारूद का ढेर' था जिसमें कोई भी आग लगा सकता था। इसके अगला अध्याय (पृ. 211 और आगे) का शीर्षक 'दि इनएविटेबिल फ़ालोज़' है।

22. हरबर्ट हाइडेनरिख़, 'दि एनाटमी ऑफ़ ए रायट : एक केस स्टडी फ़्राम बिहार 1965', *जर्नल ऑफ़ कामनवेल्थ पोलिटिकल स्टडीज़,* वर्ष 6 (1968) से तुलना करें। साथ में दिलीप बसु का आगामी अध्ययन, 'मल्लबीर', जवाहरलाल नेहरू का गाँधी के लिए 'नोट' 6 नवम्बर, 1946, दुर्गादास (सं.) : *सरदार पटेल्स करेस्पांडेंस,* खंड 3 (इलाहाबाद, 1972), पृ. 169; तथा सुमित सरकार की रचना *ए क्रिटीक ऑफ़ कोलोनियल इंडिया* (कलकत्ता, 1985), पृ. 134, में उद्धृत, 1946 के कलकत्ता दंगों पर मौलाना आज़ाद का साक्ष्य, भी देखें। दिसम्बर 1992 में अयोध्या की बाबरी मस्जिद गिराए जाने के बाद बम्बई और कलकत्ता में हुई हिंसा सम्बन्धी रिपोर्टें अपराधी गिरोहों के महत्त्व पर और अधिक रौशनी डालती हैं।

23. एक पूरी तरह भिन्न सन्दर्भ में इस तर्क की एक शक्तिशाली प्रस्तुति के लिए एम. ताउसिग, 'टेरर ऐज़ यूजुअल, *सोशल टेक्स्ट,* 23 (हेमन्त/शरद, 1989) देखें।

24. रणजीत गुहा ('प्रोज़ ऑफ़ काउंटर इनसर्जेंसी', पृ. 2) के शब्दों में : 'यह (इतिहास के सरोकार के क्षेत्रों से कृषक चेतना का) निष्कासन...अधिकांश वृत्तान्तों में रूपकों के द्वारा किसान विद्रोह को प्राकृतिक घटनाओं में समाहित करने का रंग लिए हुए है : वे तूफ़ान की तरह फटते हैं, ज़लज़ले की तरह गड़गड़ाते हैं, दावानल की तरह फैलते हैं, महामारी की तरह जिस्म से लग जाते हैं।'

25. दुर्गादास (सं.) : *सरदार पटेल्स करेस्पांडेंस,* खंड 3, पृ. 165, 169 में वल्लभभाई पटेल और एम. के. गाँधी के नाम नेहरू के 5 और 6 नवम्बर, 1946 के पत्र देखें। राजेन्द्र प्रसाद पेपर्स, फ़ाइल 6-बी/46, भाग 1, क्रम संख्या 80 (भारतीय राष्ट्रीय अभिलेखागार, नई दिल्ली) में सुहरावर्दी के

नाम नेहरू का 1 जनवरी, 1947 का पत्र भी देखें।

26. दुर्गादास (सं.) : *सरदार पटेल्स करेस्पांडेंस,* खंड 3, पृ. 165 देखें। तुलना करें 1921 में फैज़ाबाद के एक ज़मींदार की सम्पत्ति पर हमला करनेवाले किसानों की 'मूर्खता' पर नेहरू की टिप्पणियों से। एक मीटिंग का वर्णन यह है : '(किसानों) ने खुद पर और हमारे ध्येय पर जो कलंक लगाया, उसके कारण मैंने उनसे सख़्ती से बातें कीं...बाद में जब मैंने अकेले में उनमें से कइयों से बातें कीं, और उन्हें कैसे गुमराह किया गया था, इसके बारे में उनकी सीधी-सादी कहानी सुनी तो मुझे...इन मूर्ख और भोले-भाले लोगों के बारे में...बहुत अफ़सोस हुआ...', जवाहरलाल नेहरू, *ऐन आटोबायोग्राफी* (लन्दन, 1936), पृ. 61 देखें।

27. राजेन्द्र प्रसाद पेपर्स, फाइल 6-बी/46, भाग 1, देखें। 'बिहार के उत्पातों' पर तेज़ी से क़ाबू पा लिया गया, नेहरू के इस तर्क को सन्दर्भ में रखना आवश्यक है। इससे पहले कलकत्ता और नोआखाली में बंगाल सरकार ने जो फुर्ती दिखाई थी, उसके मुक़ाबले दंगाइयों से निपटने में बिहार सरकार ने यक़ीनन बहुत ज़्यादा फुर्ती से काम लिया। लेकिन फिर भी ये 'दंगे' 25 अक्टूबर से लेकर 7 नवम्बर, 1946 तक बड़े पैमाने पर ज़ारी रहे; 'छिटपुट' घटनाएँ उसके बाद भी ज़ारी रहीं।

28. *कलेक्टेड वर्क्स ऑफ़ महात्मा गाँधी,* खंड 21 (अहमदाबाद, 1966), पृ. 112, 120, 153।

29. उपरोक्त, पृ. 204, 322।

30. मिसाल के लिए 'मुस्लिम राजनीति' को पाकिस्तान के आन्दोलन और इसलिए मुस्लिम लीग के इतिहास का पर्याय बताया जाता है, और इसलिए उसका उद्‌गम 1906 में लीग की स्थापना या, अनेक दृष्टान्तों में, 19वीं सदी के अन्तिम भाग में सैयद अहमद ख़ान की 'अलगाववादी' राजनीति में ढूँढा जाता है।

31. मेरी पुस्तक *कंस्ट्रक्शन ऑफ़ कम्युनलिज़्म,* अध्याय 1, और मेरे लेख 'इन डिफ़ेंस ऑफ़ दि फ्रैगमेंट : राइटिंग्स एबाउट हिन्दू-मुस्लिम रायट्स इन इंडिया टुडे', *रिप्रेजेंटेशंस,* 37 (शरद, 1992) से तुलना करें।

32. सरकार, *ए क्रिटीक ऑफ़ कोलोनियल इंडिया,* पृ. 116।

33. यहाँ अनेक उल्लेखनीय योगदान में से मैं केवल तीन का उल्लेख करूँगा : सआदत हसन मंटो की कहानियाँ, ऋत्विक घटक की फ़िल्में, और एम.एस. सथ्यू की और हाल (1972) की फ़िल्म *गर्म हवा।*

34. वाई. कृष्णन, 'माउंटबेटन एंड दि पार्टिशन ऑफ़ इंडिया', *हिस्टरी,* 68 (1983), पृ. 22; सुरंजन दास, *कम्युनल रायट्स इन बंगाल,* पृ. 161 देखें। ऐसे ही एक और वक्तव्य के लिए अनीता इन्दरसिंह, *दि ओरिजिंस ऑफ़ दि पार्टिशन ऑफ़ इंडिया, 1936-47* (दिल्ली, 1987), पृ. 201-2,231 देखें।

35. आगे के पृष्ठों में मैंने सांविधानिक वार्ताओं या 1930 और 1940 के दशकों की पंजाबी और बंगाली राजनीति सम्बन्धी सभी कृतियों का मूल्यांकन करने का कोई प्रयास नहीं किया है। नेताओं और पार्टियों के सामाजिक-राजनीतिक सम्बन्धों पर इनमें से कुछ कृतियाँ तो अत्यन्त ही उत्तम हैं। मिसाल के लिए डी गिलमार्टिन कृत *एम्पायर एंड इस्लाम : पंजाब एंड दि मेकिंग ऑफ़ पाकिस्तान* (बर्कले, 1989) देखें।

36. कृष्णन, पूर्वोक्त।

37. इयान टालबट, *पंजाब एंड दि राज, 1849-1947* (दिल्ली, 1988), पृ. 224-25।

38. उपरोक्त, पृ. 230, ज़ोर हमारा।

39. उपरोक्त, पृ. 233, ज़ोर हमारा।

40. अईशा जलाल, *दि सोल स्पोक्समैन : जिन्ना, दि मुस्लिम लीग एंड दि डिमांड फ़ार पाकिस्तान* (कैम्ब्रिज, 1985), पृ. 5।

41. उपरोक्त, पृ. 159, 215-16, 219।
42. उपरोक्त, पृ. 178।
43. देखिए उपरोक्त, पृ. 158।
44. सरकार, *ए क्रिटीक ऑफ़ कोलोनियल इंडिया,* पृ. 116।
45. उपरोक्त, पृ. 116-17।
46. उपरोक्त, पृ. 116।
47. सुमित सरकार, *माडर्न इंडिया, 1885-1947* (नई दिल्ली, 1983), पृ. 438-39 देखें। विवेचनाधीन पुस्तक *ए क्रिटीक ऑफ़ कोलोनियल इंडिया,* पृ. 136 में यही वक्तव्य एक खंडित रूप में रखा गया है।
48. उपरोक्त, पृ. 119।
49. सी.ए. बेली (सं.) : *ऐन इलस्ट्रेटेड हिस्टरी ऑफ़ माडर्न इंडिया* (ऑक्सफ़ोर्ड, 1991), में पृ. 413 पर 1946-47 के हिन्दू-मुस्लिम दंगों और क़त्ले-आम के बारे में बेली की इस टिप्पणी से तुलना करें : 'आधुनिक अनुसन्धानों से संकेत मिलता है कि अपराधी तत्त्व और हाल में फ़ौज से निकाले गए सिपाही अक्सर इन निर्मम हमलों में सक्रिय रहते थे...'
50. सरकार, *ए क्रिटीक ऑफ़ कोलोनियल इंडिया,* पृ. 120।
51. 'शेम एंड सेक्सुअल पॉलिटिक्स', *न्यू जर्मन क्रिटीक,* 27 (हेमन्त, 1982) देखें।
52. इस नुक़्ते के लिए मैं दीपेश चक्रवर्ती का आभारी हूँ।
53. मैंने यहाँ केवल उसी बात को नए सिरे से रखा है जो आरम्भ से ही *सबाल्टर्न स्टडीज़* परियोजना का केन्द्रीय तत्त्व रही है। 'हाशियाई' के सवाल पर तथा 'बहुमत के हाशियाई बनने' की बढ़ती प्रवृत्ति पर एम.दि. सेर्तो कृत *दि प्रेक्टिस ऑफ़ एव्रीडे लाइफ़,* स्टीवेन रेंडल द्वारा अनूदित (बर्कले, 1988), से तुलना करें।
54. यह संक्षिप्त संस्मरण शरणार्थियों के बीच अपने काम के दौरान सुश्री क़िदवई द्वारा सुरक्षित रखे गए विस्तृत ब्यौरों पर आधारित है। आगे के पैराग्राफ़ों में कोष्ठकों में दी गई पृष्ठ संख्याएँ 1990 में प्रकाशित हिन्दी अनुवाद से सम्बन्धित हैं।
55. *टोबा टेकसिंह,* पृ. 224।
56. उपरोक्त, पृ. 231।
57. उपरोक्त, पृ. 232।
58. मुझे अहसास है कि यह बात कहकर 20वीं सदी के साहित्य की महानतम कहानियों में एक, इस कहानी के प्रति मैं शायद कुछ अन्याय कर रहा हूँ। लेकिन यह बात माननी होगी कि यह भी इस कहानी की एक सम्भावित व्याख्या हो सकती है।
59. क़िदवई, *आज़ादी की छाँव में,* पृ. 148।
60 उपरोक्त, पृ. 148-49।
61. उपरोक्त, पृ. 313।
62. या यही सोचा जाय कि उनका 'धार्मिक समुदाय' कौन सा था ? भारत और पाकिस्तान की सरकारों के बीच समझौता हुआ था कि मार्च 1947 के बाद होनेवाले 'बलात्, धर्म-परिवर्तनों' को मान्य नहीं समझा जाएगा। लेकिन ख़ास तौर पर 1946 और 1947 के हालात में यह बात कैसे तय हो कि 'बलात्' क्या था और क्या नहीं था ? और फिर धार्मिक पहचान के सिलसिले में हम 'अछूत' समुदायों को कहाँ रखेंगे जो उस समय दावा कर रहे थे (और कभी-कभी आज भी करते हैं) कि वे न हिन्दू हैं न मुसलमान।
63. उपरोक्त, पृ. 125।
64. 'रोज़मर्रा' के संघर्ष की धारणा को 'सुबह से शाम तक' के साधारण अर्थ में नहीं बल्कि 'हाशियाई'

के अर्थ में समझा जाना चाहिए जिसका मतलब केन्द्रीकृत उत्पादन और प्रतिनिधित्व से बाहर रहना नहीं बल्कि उसके परिणामों को दोबारा गतिमान बनाना (रिवर्किंग) है। दि सेर्तो कृत *दि प्रेक्टिस ऑफ़ एव्रीडे लाइफ़* देखें। साथ में हेनरी लेफ़ेव्र कृत *एव्रीडे लाइफ़ इन दि माडर्न वर्ल्ड* (लन्दन, 1971) से तुलना करें : 'दमन और बचाव, बलप्रयोग और अनुकूलन का अन्तहीन संघर्ष ही *रोज़मर्रा की ज़िन्दगी का वह इतिहास है* जिसकी रूपरेखा अभी तक हमने मुश्किल से ही पहचानी है...' (पृ. 145, ज़ोर लेफ़ेव्र का।)

65. 'असाधारण' की साधारणता पर एक महत्त्वपूर्ण वक्तव्य के लिए देखें हैन्ना अरेंट, *आइख़मान इन जेरूशलम : ऐन एस्से आन दि बैनालिटी ऑफ़ ईविल* (लन्दन, 1964)।

●●●